MERIAN
Reiseführer

Südtirol

Die Autorin *Nina Schröder, Jahrgang 1961, aufgewachsen in Berlin. Freie Journalistin u.a. für RAI, Autorin historischer Sachbücher. Studium der Germanistik, Theaterwissenschaft, Kunstgeschichte und Politik in München und Berlin mit dem Abschluss Mag. phil. Danach Journalistenprüfung in Rom. Lebt in Südtirol.*

TRAVEL
HOUSE
MEDIA

WILLKOMMEN über den Wolken **Seite 28**

Schlemmen UNTER RITTERN **Seite 44**

Festung mit KELTENBRAUCH **Seite 78**

Einkehrschwung **HOPFEN & CO** **Seite 184**

WAALWEGE im Vinschgau **Seite 242**

Titelbild: Kirchlein St. Johann im Villnösstal, darüber die Geislerspitzen mit dem Sass Rigais
Foto: Arco Images/D. Meissner

Im Land der HAFLINGER **Seite 266**

ABGRENZUNG mit Geschichte **Seite 300**

Moderne ARCHITEKTUR **Seite 284**

Der Meister der **ALTÄRE** **Seite 269**

NOSTALGIE Rittnerbahn **Seite 306**

ROUTEN UND TOUREN

Herausnehmbare Faltkarte
im Maßstab 1: 220 000 (vordere Tasche)

Karten und Pläne

Herausnehmbare Tourenkarten
(hintere Tasche)

HINWEISE

Erläuterung der Symbole

- Für Familien und Kinder besonders geeignet
- Behindertengerechte Einrichtung
- Hunde erlaubt
- CREDIT Alle Kreditkarten akzeptiert
- Keine Kreditkarten akzeptiert

Preise für eine Ü im DZ ohne F

••••	über 200 Euro	•••	100–200 Euro
••	50–100 Euro	•	bis 50 Euro

Preise für ein Menü ohne Getränke

••••	über 50 Euro	•••	rund 40 Euro
••	rund 30 Euro	•	rund 20 Euro

Querverweise

in ein Planquadrat der Übersichtskarte auf Seite 8/9 oder in die Karte im Kapitel »Der gute Tipp von MERIAN« auf S. 66/67, z.B. ➤ **S. 66/67, [a 2]** oder in einen Stadtplan, z.B. ➤ **S. 175, [a 2]** sowie zusätzlich (mit Großbuchstabe) in das entsprechende Planquadrat der herausnehmbaren Faltkarte ➤ **[B 2]**

1 SELLA RUNDE

Ob mit Rad oder zu Fuß von Hütte zu Hütte wandernd, ob im Winter auf Skiern oder einfach im Auto: Wer die gigantischen Felstürme einmal umrundet hat, trägt von nun an ein Gefühl für die Erhabenheit der Schöpfung in sich (S. 109).

2 KLOSTER NEUSTIFT MIT BIBLIOTHEK

In dem altehrwürdigen Kloster gibt es eine Bibliothek voller schwerer Folianten, sorgsam verziert – ein Schreibtisch würde unter ihnen zusammenbrechen –, eine Bibliothek wie die Schatzkammer des Alibaba (S. 122).

3 KLOSTER SÄBEN

Ein schroffer Felsen wie ein Adlerhorst in einer engen Schlucht: Ganz oben bauten die ersten christlichen Herrscher des Landes ihr Domizil. Heute leben hier Nonnen, Einsiedlerinnen auf dem Ausguck zur Welt (S. 134).

4 PRAGSER WILDSEE

Das tiefgrüne Wasser in träumerischer Pracht ist umstanden von hohen Bergen, die Felswände an seinen Ufern steigen steil in den Himmel auf: An diesem Bergsee ist man dem Himmel ein Stück näher (S. 160).

5 SEE VON MISURINA

Hinauf über felsige Serpentinen zum Juwel unter den Alpenseen: Das Herz der Dolomiten schlägt blau. Hier wetteifert die stille Oberfläche des Wassers mit der grandiosen Felsarena um die Aufmerksamkeit der Blicke (S. 162).

6 BOZNER OBSTMARKT

Ein Bild wie Südtirol: üppig drapiertes Obst vor bunt bemalten, mit Erkern und Zinnen verzierten Häuserfassaden. Der Bozner Obstmarkt ist seit Jahrhunderten das Herz der Handelsstadt, und noch immer pulsiert hier das Leben (S. 177).

7 ÖTZI

Es schickt sich nicht, einen Toten zu betrachten, aber schon ein Blick auf diese seltsame Gestalt auf ihrem ewig kühlen Bett lässt Jahrtausende zusammenschmelzen.

Das Archäologiemuseum ist ein echtes Zeitfenster (S. 182).

8 NEUMARKTER LAUBEN

Wo die Kulturen sich berühren, der Norden und der Süden, wo die Nächte schon zu Ostern lau sind, stehen die schönsten Lauben Südtirols: weiße, niedrige Steinbogengänge, vorbei an einem plätschernden Rinnsal – wie im Mittelalter (S. 194).

9 GÄRTEN VON SCHLOSS TRAUTTMANSDORFF

Windbewegtes Gras, heilende Kräuter, Frucht tragende Bäume: Es ist – inzwischen offiziell – der schönste Garten Italiens. Dort, wo schon Kaiserin Sisi urlaubte, entfalten die Pflanzen der Welt ihre Pracht (S. 213).

10 CHURBURG

Ein Schloss für heimliche Ritter und ihre Burgfräulein: Lauben und Kemenaten, feine Wandmalerei und eine Rüstkammer mit der größten privaten Sammlung an Rüstungen überhaupt (S. 257).

Innsbruck
Imst
Silz
Oetz
Wenns
Landeck
Umhausen
St. Leonhard
Langenfeld
Neustift
Igis
Schönberg
Matrei
Steinach
Lanersbach
Hintertu
ÖSTERREICH
Gries
Mittelberg
Sölden
Brennerbad
St. Jakob
Kematen
Gossensaß
Sterzing
Thuins
Wiesen
Ratschings
Freienfeld
Kalch
Mauls
Nauders
Martina
Schönau
Obergurgl
Moos Passeier
Passeiertal
Walten
Mittewald
Vintl
Reschen
Graun i. Vinschgau
Ötztaler Alpen
St. Leonhard in Passeier
Franzensfeste
Mühlb
Kloster Neustift
Reschensee
Kurzras
Meran
Weißenbach
Pens
Vinschgau
Vernagt
Texelgruppe
Saltaus
Brixen
Brix
Burgeis
Matscher Tal
Schenna
Mals
Karthaus
Dorf Tirol
und
Albeins
Taufers
Schluderns
Churburg
Astfeld
Kloster Säben
Glurns
Spondinig
Kortsch
-Tschars
Plaus
Sarnthein
Klausen
Teis
Goldrain
Naturns
Bundschen
Umgeb
Prad
Laas
Schlanders
Kastelbell-
Lana
Burgstall
Bozen
Waidbruck
St. U
Gargazon
Barbian
Gomagoi
Vinschgau
Grödner Tal
Trafoi
und
Wangen
Kastelruth
Nebentäler
Prissian
Terlan
Seis
Wolken
Suldental
Martelltal
Unsere liebe Frau i. Walde
Bozen
Völs
Ortlergruppe
Umgebung
St. Pauls
Blumau
St. Michael
St. Jakob
Tiers
Fondo
Umgebung
Lombardei
Birchabruck
Welschnofen
Kaltern
Branzoll
Rauth
St. Josef
Aldein
Cles
Malé
Auer
Tramin
Etschtal
Kaltenbrunn
Predazzo
Neumarkt
Cavalese
Ponte di Legno
Kurtinig
Altrei
San di C
Salurn
Madonna di Campiglio
Pinzolo
Molveno
Lavis
Trentino
Trento
Vezzano
Roncegno

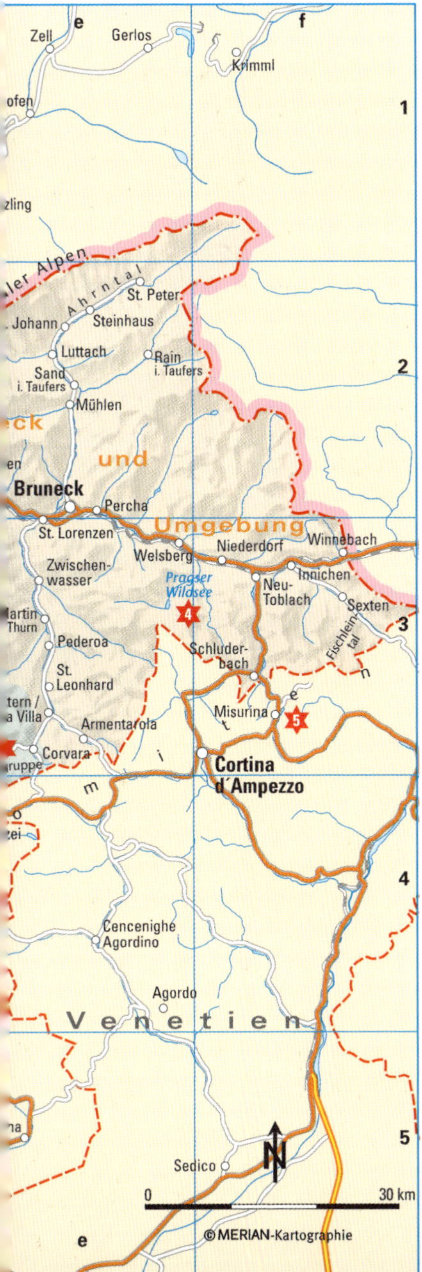

MERIAN TOPTEN

Höhepunkte Südtirols, die Sie kennen müssen, siehe Seite 6/7

Staatsform: Autonome Provinz des Staates Italien
Einwohner: 482 650
Fläche: 7400 km^2
Hauptstadt: Bozen
Bevölkerungsdichte: 65,2 Ew./ km^2
Amtssprache: Italienisch, Deutsch, Ladinisch
Religion: 98 % römisch-katholisch

Die Geschichte: Das Landeswappen entstand aus den Wappen früherer Herrscherdynastien. Die Grafen von Tirol wählten bereits in der Zeit von 1190 den roten Adler zu ihrem Wappen. Das von der Südtiroler Landesregierung am 30. Juli 1982 einstimmig beschlossene Landeswappen wurde durch das Dekret des Präsidenten der Republik vom 21. März 1983 genehmigt.

Die Bedeutung: Der rote Adler mit goldenen Waffen, roter Zunge und goldenen Flügelspangen versinnbildlicht die Grafschaft Tirol. Es handelt sich dabei um den roten Adler von 1370, wie er auch auf dem Altar der Kapelle von Schloss Tirol abgebildet ist.

WILLKOMMEN IN SÜDTIROL

Imposante Gipfel und bezaubernde Täler entdecken? Charmante Orte und stille Dörfer bereisen? Unter südlicher Sonne einen Espresso genießen, während hoch oben unter azurblauem Himmel die Eiskristalle auf den Bergriesen glitzern? Südtirol ist das Land, in dem Goethes Träume beginnen, es ist das Land, in dem Nord und Süd aufeinandertreffen – eine prickelnde, eine faszinierende Liaison, auch wenn sie nicht immer ganz reibungslos verläuft.

Herzhafte Versuchung – die Bäuerin Erika Pitscheider aus Pedratsch serviert regionale Kost.

Ein Postkartenidyll zum Hineinwandern – der Naturpark Puez-Geisler bezaubert mit klassischer Dolomitenlandschaft (S. 324).

Südtirol. Südtirol? Wo liegt das eigentlich? Ach ja genau, Tirol. Das gehört zu

Österreich, stimmt's? Da war ich auch schon einmal. – Das ist die häufigste Reaktion, wenn man jemandem erzählt, man lebe in Südtirol. Doch auch wenn man dann die geografische Fehleinschätzung rücksichtsvoll korrigiert (»nein, eigentlich stimmt das nicht so ganz. Eigentlich liegt Südtirol in Italien, im Norden Italiens«), heißt das noch längst nicht, dass nun Klarheit herrscht. Meist kommt dann ein irritiertes: »Im Norden Italiens? Mehr bei Mailand, oder?« Und das wiederum ist eigentlich ziemlich weit weg von dem Fleckchen Erde, in dem ich nun seit vielen Jahren lebe. Meist behelfe ich mich dann mit den Dolomiten, und dieses Wort zaubert verlässlich ein Lächeln auf das Gesicht meines Gegenübers. Zum Teil, weil jetzt endlich klar ist, wo ich lebe – denn interessanterweise wissen alle ungefähr, wo und was die Dolomiten sind –, zum Teil, weil beinahe alle lächeln, wenn sie das Wort »Dolomiten« hören. Das muss eine dieser reflexartigen Reaktionen sein, so wie wenn die Pizza gebracht wird und eine Wolke von Wohlgerüchen am Tisch ankommt, noch bevor der Kellner den Teller abstellen kann.

»Dolomiten« bedeutet Lächeln, die Dolomiten sind so ja etwas wie der Gran Canyon Europas. Verwegen und sanft im selben Atemzug, schweißtreibendes Abenteuer und entspannte Ruhe im Licht der untergehenden Sonne zugleich, die Dolomiten – das sind Wildwasserfahrten und besinnliche Spaziergänge über blühende Almwiesen, das ist Sonne und Schnee zur selben Zeit, das ist wüster Fels gleich neben saftigem Grün, kurz, das ist für viele Menschen nur wenige Stufen entfernt von der Glückseligkeit.

»Da also lebst du«, kommt nun meist, und nicht selten schwingt in dieser schlichten Feststellung auch ein bisschen Neid mit. Wenn ich diesen Unterton übersetze, meint er: Da also lebst du, da, wo alle Menschen Urlaub machen wollen! Je nachdem, woher mein Gegenüber kommt, liegt nun etwas mehr oder etwas weniger Sehnsucht in der Tonlage, aber Sehnsucht ist da fast immer.

Interessanterweise wissen das auch die Südtiroler selber. Reisebüros hatten es hier viele Jahre lang schwer, ihre Träume von einer verheißungsvollen Ferne an den Mann oder an die Frau zu bringen. »Werden wir doch nicht von hier wegfahren, wenn alle Welt hierher will«, lautet ein viel gehörtes Argument gegen die Urlaubsreise. Nur die Fahrt ans Meer, an den nahe gelegenen nördlichen Teil der Adria oberhalb von Venedig, gehört zum allsommerlichen Ritual der Südtiroler. Aber es gibt nicht wenige, die vor der Haustür in einer Almhütte Urlaub machen oder einfach nur auf »Balko-

> Fernweh ist für die meisten Südtiroler ein Fremdwort – wen mag das verwundern?

nien«. Und das will einiges heißen über ein Land, wenn selbst seine Bewohner es für ein begehrenswertes Urlaubsziel halten. Das unterscheidet Südtirol von den meisten Orten der Welt.

Unlängst fragte ein deutscher Architekt, der inzwischen seinen Wohnsitz nach Südtirol verlegt hat, einen Südtiroler Schriftsteller während einer Lesung, ob man als Südtiroler nicht ständig gegen die Schönheit dieses Landes anschreiben müsse. Er kenne keinen Ort, der so häufig und in so schillernden Farben beschrieben worden sei wie dieser. Der befragte Schriftsteller dachte eine Weile über die Frage nach, bevor er mit einem entschuldigenden Lächeln antwortete: »Südtirol ist schön.«

Das war alles. Mehr ist dazu eigentlich auch nicht zu sagen. Südtirol ist wirklich schön. Wie nur selten ein Stückchen Land.

Mit der Klärung des »Wo« ist die »Südtirolfrage« allerdings noch längst nicht erschöpfend behandelt. Im Allgemeinen folgt nun die Feststellung, dass

Fast überall spricht man deutsch, **nur in Bozen ist die** Mehrheit italienischsprachig.

ich dann ja auch fließend italienisch sprechen müsse. Und dann muss ich – leider – erklären, dass dies nicht der Fall sei. Da in Südtirol die meisten Menschen deutsch sprächen. Nur in Bozen ist das anders: Dort ist die Mehrheit der Bevölkerung italienischsprachig. Aber ein Urlauber kann – mit ein bisschen Zufall – gut und gerne drei Wochen in Südtirol verbringen, ohne ein einziges Wort Italienisch dabei zu hören. Wenn ihm die zweisprachigen, mancherorts auch dreisprachigen Schilder an den Ortseingängen und Geschäften nicht auffallen, könnte er vielleicht tatsächlich meinen, er wäre noch in Österreich.

Als ich vor Jahren hier ankam, ist es mir allerdings ganz umgekehrt ergangen: Ich hatte im Norden Italiens, in der Nähe von Venedig, einen Mann kennengelernt, der sich als Italiener zu erkennen gab, mit mir allerdings deutsch sprach. Als ich ihn fragte, was er denn nun sei, italienisch oder deutsch, war ich bereits in das größte Fettnäpfchen getreten, das Südtirol für alle Ortsfremden bereit hält. »Südtiroler«, antwortete er kurz angebunden, als sei

An Festtagen und zu Familienfeiern wird in Südtirol Tracht getragen.

damit alles erklärt und als sei allein schon die Frage eine Beleidigung.

Dummerweise ist es die häufigste Frage, die Menschen, die mit den Gepflogenheiten des Landes nicht vertraut sind, einem Südtiroler stellen. Und sie birgt gleich mehrere Fallstricke, die hier gleich zu Beginn einmal geklärt gehören:

Erstens ist die Alternative – italienisch oder deutsch – bereits falsch, sie beinhaltet nämlich den Zwang, sich zu dem einen oder anderen Staat bekennen zu müssen, und damit haben die Südtiroler in ihrer jüngeren Geschichte mehrfach schlechte Erfahrungen gemacht. Die meisten Menschen auf der Welt besitzen durch ihre Geburt eine Staatsbürgerschaft, sie sind deutsch, französisch, amerikanisch oder italienisch etc. und denken nicht viel darüber nach. Bei den Südtirolern ist dies nicht ganz so einfach.

Erst wollte Mussolini sie loswerden, die deutschen Italiener, die ständig Sand im Getriebe waren. Und als sich die meisten dann für das »Deutschsein« entschieden und viele von ihnen in das »Deutsche Reich« auswanderten, stellte sich bald heraus, dass sie vom Regen in die Traufe gekommen waren. Und auch die, die »dageblieben« waren, mussten erkennen, dass die »Befreiung« durch die Deutschen 1943 eigentlich eine Besetzung war.

Doch auch als sie nach dem Zweiten Weltkrieg von den Siegermächten neuerlich Italien zugesprochen wurden, waren sie noch längst

> Auch nach dem Zweiten Weltkrieg war die Demokratie noch lange nicht in Sicht.

nicht in der Demokratie angekommen. Deutschsprachige waren benachteiligt bei der Wohnungsvergabe, sie konnten sich in den Behörden nicht durchsetzen und bekamen in den öffentlichen Ämtern keine Jobs. Bei den ersten freien Wahlen in Italien durfte Südtirol nicht einmal mitwählen. Und in den 1960er-Jahren flogen schließlich die Bomben der »Südtirolaktivisten« auf Strommasten und andere Symbole italienischer Vorherrschaft.

Spätestens jetzt wurde die Frage der Identität ganz verfahren. Denn nun, in den wilden 70ern, hatte Südtirol endlich eine echte Autonomie innerhalb des italienischen Staates, die nicht nur auf dem Papier stand. Nun wollten plötzlich viele nicht mehr ganz so deutsch sein, selbst wenn sie deutsch sprachen. Italienisch zu sein war in diesen Jahren der Entdeckung der Dolce Vita ohnehin wesentlich modischer als das Treudeutsche. Außerdem war es weniger reaktionär und brachte einen nicht in den Verdacht, ein

Mit der Entdeckung der Dolce **Vita kam das »Italienischsein«** in Südtirol plötzlich in Mode.

Deutschtümelnder zu sein. Deutsch war ganz entschieden nicht mehr schick. Für die einen ...

Für die anderen wiederum kam das von vorneherein nicht in Frage, das »Deutschsein«. Wenn schon, dann hätte für sie die Alternative heißen müssen: Was bist du also, österreichisch oder italienisch? Denn diese Gruppe von Südtirolern hielt unbeirrt an weit älteren Träumen fest: Sie sehnten sich zurück in die Zeit, als Südtirol vor dem Ersten Weltkrieg noch wohl aufgehoben war in dem großen Vielvölkerstaat der österreichisch-ungarischen Monarchie.

Doch auch wer die Frage so stellt, ist damit noch längst nicht allen Fettnäpfchen ausgewichen. Denn zurück in die Monarchie geht es ja wohl nicht. Und das heutige Österreich? Will ein Südtiroler heute wirklich Österreicher sein? Bei einer Umfrage vor nicht allzu langer Zeit haben das die meisten verneint. Denn Südtirol geht es in Italien mittlerweile sehr gut, es ist eines der wohlhabendsten Gebiete auf dem Stiefel, Tendenz weiterhin aufstrebend. Es gibt kaum eine Ecke in Europa, in der die Arbeitslosigkeit noch immer marginal und das Vorwärtsstreben seiner Bewohner so ungebrochen ist. Während Europa in der Rezession versinkt, prosperiert Südtirol, auch dank des Tourismus.

Auch diese Frage – österreichisch oder italienisch – ist also die falsche Alternative. Aber Italiener, ganz ungebrochen und ohne Wenn und Aber, sind die Südtiroler deswegen trotzdem noch lange nicht. Das fängt schon damit an, dass die meisten deutsches, österreichi-

Festlicher Trachtenumzug – zu Ehren von Heimat und Heiligen

sches und Schweizer Fernsehen sehen und schon allein deswegen vielfach besser über die Situation im Norden informiert sind als über das Land, dessen Staatsbürger sie eigentlich sind. Auch viele Schulbücher stammen aus dem deutschsprachigen Norden und transportieren so automatisch die deutsche oder österreichische Kultur ins Land.

»Eingeklemmt« seien sie, hat einer der mittlerweile bekanntesten Südtiroler 1978 geschrieben: »ich bin ein tiroler dissident geworden & bleibe mit mut und zorn & ekel meinem tal treu.« Und: »wir sind ueberhaupt eine recht eingeklemmte generation. rueckwaerts geht es nimmer & vor dem vorwaerts graut es uns.«

So schrieb der Brunecker Dichter Norbert C. Kaser 1978 an eine Freundin in Berlin, im selben Jahr starb er, gerade einmal 31 Jahre alt. Doch sein Lebensgefühl wurde zum Lebensgefühl vieler in der Nachkriegsgeneration.

Damit ist man im Grunde auch schon bei dem letzten Klischee angekommen, das mit der Realität im Südtirol von heute kaum noch etwas zu tun hat: Denn wenn jetzt ein Bild von der Südtiroler Kultur als blaskapellenspielendem, lederhosentragendem, rotwangig touristenfreundlich lächelndem Völkchen vor dem inneren Auge erscheint, dann täuscht man sich. Und zwar täuscht man sich überraschenderweise ganz gewaltig. Natürlich gibt es die »Kastelruther Spatzen«, und wenn sie alljährlich zum »Spatzenfest« rufen, kommen auch heute noch gut und gerne 30 000 Fans nach Kastelruth angereist – damit sind die Spatzen so etwas wie das Dolomit-Gestein der Volksmusik. Eines ihrer Geheimrezepte ist ihre bewusst inszenierte Normalität: Sänger Norbert Rier, als der »ungekrönte König der Frauenherzen« gefeiert, füttere sogar noch selber allmorgendlich sein Vieh, wenn er zu Hause ist, wird gerne verbreitet.

Die »Kastelruther Spatzen« sind **ganz normale Bürger** wie jeder andere hier auch.

Doch die Südtiroler wissen genauso gut wie die Liebhaber der volkstümlichen Musik, dass der besungene Zauber der alpenglühenden Bergwipfel eine Welt der Sehnsüchte ist, eine Träumerei für sonnendurchwirkte Abende.

Ein Großteil der Südtiroler ist mittlerweile längst bei anderen kulturellen Vergnügungen angekommen: Weltberühmte Dirigenten wie Claudio Abbado, Mikhail Pletnev oder Christoph von Dohnany geben sich im Festspielsommer zwischen dem Hochpustertal, Bozen und Meran gegenseitig die Klinke in die Hand. Aber auch Avantgarde-Komponisten wie Vinko Globokar oder Choreographinnen wie die umjubelte kanadische Tanzkünstlerin Marie Chouinard sind im sommerlichen Kulturprogramm keine Ausnahme bei Festivals wie

Kultur wird hier groß geschrieben, **besonders im Sommer finden in Südtirol viele Festivals statt.**

»Transart«, »Tanz in Bozen« oder dem »Festival zeitgenössischer Musik«. Auch Südtirol ist längst in der Gegenwart angekommen, und weil es ein so schöner Flecken Erde ist, kommen auch erstklassige Künstler im Sommer gerne in das Land. Komiker wie Eisi Gulp oder Gerhard Polt spielen in sommerlichen Freilichtarenen, und daneben sind auch die einheimischen Kreativen nicht träge: Auch der Sommer der Freilichttheater ist kein Geheimtipp mehr, wenn in Lengmoos auf dem Ritten, im Unterland, in der Gaulschlucht in Lana und in den vielen Burgen des Landes aufwändige Inszenierungen auf die Bühnen gebracht werden.

Und Zehntausende pilgern in die Museen, die Südtirol im vergangenen Jahrzehnt mit großem finanziellen Aufwand zu spannenden Attraktionen ausgebaut hat: Zum Gletschermann »Ötzi« zum Beispiel in seinem glitzernden Eissarg inmitten eines wirklich exzellenten archäologischen Museums kommen fast 250 000 Besucher im Jahr. Aber auch das Tourismusmuseum in den botanischen Gärten von Schloss Trauttmansdorff bei Meran, das historische Museum auf Schloss Tirol oder die Museen sakraler Kunstschätze in Brixen – in der Hofburg und im Kloster Neustift – brauchen international keine Vergleiche zu scheuen. Wissen wird hier museumspädagogisch auf dem neuesten Stand inszeniert, ein Spaziergang durch diese Häuser ist ein Abenteuerparcours des Geistes – und manchmal wird er auch ganz wortwörtlich zum Abenteuer, etwa wenn im Ladinischen Landesmuseum im Gadertal plötzlich unvermittelt die Bilder an der Wand miteinander zu streiten beginnen oder wenn man im Schnalstaler Archeopark wie die Steinzeitmenschen »Steckenbrot« am offenen Feuer backt in einer nachgebauten steinzeitlichen Holzhaussiedlung.

Südtirol ist das Land der Widersprüche und Gegensätze, nicht nur in der Natur. Es ist nicht immer ganz einfach, diese Gegensätze miteinander zu vereinen, weder für das Land noch für die Menschen, die darin leben. Aber für die, die tief in seine Geheimnisse eintauchen wollen, bietet es etwas ganz Außergewöhnliches: eine Menge besonderer Plätze für Menschen, die Reisende sind und nicht nur Touristen.

Museum kunst Meran – sehr viel mehr als eine Schlechtwetter-Alternative (S. 216)

MARKENZEICHEN

Die stämmigen Haflingerpferde gehören zu Südtirol wie das klotzige Schlern-massiv, das als Wahrzeichen des Landes gilt.

LIAISON

Sigmundskron und Reinhold Messner – zwei Südtiroler mit Geschichte.
Der Bergsteiger hat in der Burg ein Bergmuseum realisiert.

GOTTVERTRAUEN

Religion, Natur und Kultur – eine Dreifaltigkeit, die in Südtirol untrennbar miteinander verwoben ist.

MACHTSPIELE

Nach leidvollen Jahren zwischen den Fronten gilt Südtirol heute als Vorzeigeregion eines zusammenwachsenden Europas.

EINBLICKE

In den Bergen strebt der Mensch nach neuen Horizonten und gewinnt intensive Erkenntnisse – auch über sich selbst.

LITERARISCHE STIMMEN

Ob Carl Zuckmayer vom Eppaner Wein schwärmte oder Heinrich Heine sich über die »unergründliche Geistesbeschränktheit« der Tiroler lustig machte – das Land zwischen Brenner und Salurn hat viele Schreiber inspiriert, die hindurchgefahren oder auch länger geblieben sind. Der Südtiroler Schriftsteller Josef Oberhollenzer sieht es mit einem anderen Blick: Er schaut von innen nach außen.

Quellennachweis: stadtstiche-dorfskizzen, 30 Autorinnen und Autoren aus Nord-, Süd- und Osttirol entwerfen und zeichnen stadtstiche-dorfskizzen und führen uns auf eine literarische Reise durch Tirol. hrsg. von Brigitte Messer, skarabaeus Innsbruck – Bozen – Wien, 2005

Auf alten Schmugglerpfaden – den Überblick zu behalten ist nicht nur im Gebirge von Vorteil.

Wer hoch hinaufsteigt, kann weit hinausschauen. Beste Voraussetzungen dazu bietet ein klarer Herbsttag.

Hinter den Bergen ist die Erde rund, schreibt der Südtiroler Schriftsteller

Josef Oberhollenzer: »Hinter den Bergen ist die Erde rund wie der Mond, hat meine Großmutter gesagt, ist die Erde rund wie der Bauch einer schwangeren Frau, ist die Erde rund wie der Bauch eines verhungernden Kinds.«

In den Bergen ist die Erde genau das nicht: rund nämlich. Hier greifen die Berge mit ihren schroffen Felsfingern in den Himmel. Und selbst wenn einer sich die Mühe macht und ganz hinaufsteigt und nun ganz oben steht, gibt es doch noch immer keinen Horizont. Immer ist da noch etwas dahinter. Das ist eine der grundlegenden Erfahrungen in den Bergen, egal, ob man hier aufwächst oder als Tourist herkommt. Hier ist die Erde nicht rund, hier ist der Blick verstellt, denn hinter jedem Bergkamm scheint sich ein neuer aufzutürmen.

Es sind erst zwei Jahrhunderte vergangen seit der Zeit, in der man die Alpen mit wahrem Schauder betrachtete, als die Welt die armen Gebirgsbewohner nur bemitleidete, weil sie in dieser »schrecklichen Natur«, in diesen »abscheulichen« Bergen wohnen mussten. Als die Ersten dann kamen, aus Berlin oder Wien oder London, die Knickerbocker an den Beinen, einen Rucksack auf dem Rücken, und auf die Gipfel stürmten, hielten die Einheimischen sie schlicht für verrückt.

In den Bergen ist die Erde eben nicht rund. Die Wege gehen nicht immer weiter in irgendeine endlose Ferne hinein. Hier haben die Wege manchmal auch ein Ende. Im Ahrntaler Luttach etwa warnt ein Schild diejenigen, die davon nichts wissen. Am Ortseingang ist eine Tankstelle mit einer aufgestellten Tafel davor, »letzte Tankstelle« steht da, damit einer am Ende der Welt nicht einfach liegen bleibt mit seinem Auto.

»Prettau, heißt es, liege am Ende der Welt – zwischen der Klamme (weil einem so klamm wird, hinauf zwischen Felswand und Schlucht, durch die die Ahr kaum gebändigt ins Ahrntal stürzt, weil einem so klamm wird: von 1300 auf 1500 m hoch) und diesem Gebirge rundum, **steil in den Himmel gepreßt.«**

Prettau ist also so ein Ende der Welt. Im hintersten Ahrntal gelegen, ist es heute die nördlichste Gemeinde Italiens, der äußerste Zipfel des Stiefels.

»Prettau war einmal südlich, als man noch für Kaiser und Gott; und dann lag es plötzlich nördlichst, wie es seinem Klima entsprach. Und wenn nicht Kasern noch wär, ca. 1600 m hoch, und der Glockenkarkopf drüber, der Gipfel Italiens oder die Vetta d'Italia, bis man exakt vermaß: Prettau, die breite Au, läge am Anfang der Welt.«

Ob Anfang oder Ende – heute ist das eine Frage des Blickwinkels. Es gab aber Zeiten, da war es eine Frage von weltpolitischer Größenordnung. Die Vetta d'Italia wurde so zu einem Eckpfeiler der Geschichte. Den Namen Vetta d'Italia, was so viel wie Gipfel Italiens bedeutet, trägt der Berg erst seit 1904. In diesem Jahr nämlich bestieg ein gewisser Ettore Tolomei den Klockerkarkopf oder auch Glockenkarkopf, so hieß der Berg damals noch.

Seit 1886 propagierte Tolomei die Italienisierung Südtirols, gestützt auf die Theorie der Wasserscheide als der »natürlichen Staatsgrenze« der italienischen Nation. Die wirkliche Grenze Italiens verlief damals vor dem Ersten Weltkrieg freilich noch wesentlich südlicher, und der Krieg war noch in weiter Ferne. Der Klockerkarkopf war nichts als ein Berg mitten in Tirol, einem Land des großen Vielvölkerstaates Österreich-Ungarn. Doch Tolomeis erfundene Ortsnamen fanden die Aufmerksamkeit der Geschichte – als der Krieg viele Jahre später für Österreich verloren war, wurde der Berg tatsächlich zur Vetta d'Italia. Und auch heute noch darf er nicht einfach nur Berg sein. 2002 erst brachten Mitglieder des Alpenvereins, der Südtiroler Schützen und des Bauernbundes eine Kupfertafel mit eingraviertem Tiroler Adler und der Inschrift »Klockerkarkopf 2912 Meter mitten in Tirol« an einem großen Stein am Gipfel an.

Apropos Kupfer: Prettau war immer schon ein Ort, an dem sich die Kulturen mischten. »Wo die Knappen von hinter den Bergen und von woanders, wo: Von dort, heißt es, und von überall her: solln die die Welt, wenn nicht in Kraxen, so doch im Kopf nach Prettau. Und in dieser engen breiten Au, da habe das Fremde gegärt, eine andre und also luthrische Gedankenwelt:

Was von draußen kommt – und wieder und wieder gewendet wie das Heu: **Prettau sei ein Melting-Pot im kleinen, vielleicht ist es New Yorks Nachbardorf:** Wie anders, fragte mich einer, erklärst du dir sonst, dass Prettau **die höchste Akademikerdichte Italiens hat.«**

In Prettau gab es das Kupferbergwerk, das erst vor wenigen Jahrzehnten seinen Betrieb einstellte. Inzwischen ist es ein Schaubergwerk. In ratternden offenen Loren kann man in den Berg hineinfahren. Asthmakranke finden in der immer staub- und pollenfreien Luft im Inneren der Erde ihre Linderung für ihre Krankheit.

»Wer mit den umgebauten Hunten, offenen Waggonen gleich, durch den Ignazstollen in die Unterwelt fährt, erfährt nichts von der Qual derer, die sich einst geschunden untertag, im gespenstischen Dämmer des Petroleumlichts: erfährt nichts von ihrem sisyphosgleichen Tun, das vier lange Jahrhunderte sich hier begab – und wär doch Prettaus Herz, seine Erinnerung: die hier begraben liegt (und im nimmer endenden Tropfen des Wassers, aus dem Felsen heraus).«

Die Knappen, die in früheren Jahrhunderten hier arbeiteten, waren so etwas wie Gastarbeiter. Viele von ihnen waren »lutherisch«, also evangelisch und in den Augen der einheimischen Bevölkerung einfach nur Ungläubige. Der Zusammenprall der Kulturen verlief nicht immer unblutig. Wer heute den Blick über das Tal schweifen lässt, erkennt die Spuren dieser Zeit nur noch im Kahlschlag der Wälder: Das Holz wurde für die Kupfer-Schmelzöfen benötigt.

»Prettau ist nicht häßlicher (oder minder schön) als jedes andere Dorf, durch das ein Prettauer, der in die Stadt fährt, fährt: Es ist so häßlich wie jeder Ort, durch den er bis Bruneck kommt: Wie an all diesen Orten sei nichts Erbauliches an ihm – und es sei ihm schleierhaft, hat einer gesagt,

auf dem großen Stein vor dem Kirchlein zum hl. Geist (während grad ein Esel hineinging, den Touristen nach, während der Himmel blau sich spannte, **von Berg zu Berg zu Berg, postkartenschön**), mit was ein Prettauer (...) sich einmal Gäste werben will, wenn denen die Natur nicht mehr genügt, die **so majestätisch gewaltige.«**

Doch der Schriftsteller Josef Oberhollenzer spart auch nicht mit Kritik. Seit den 70er-Jahren ist der Tourismus auch in das Ahrntal eingezogen und mit ihm ein Baustil, der Disneys Märchenlandschaften alle Ehre machen würde. Das gesamte Pustertal ist heute durchzogen von Bauten mit immer wuchtiger werdenden Holzbalkonen, mit Zinnen, Erkern und Türmchen, die sich vordergründig »tirolerisch« geben, aber mit der traditionellen Bauweise nichts mehr zu tun haben. Das Ahrntal ist da keine Ausnahme. Was, so fragt sich der Schriftsteller, wenn die so grandiose Natur nicht mehr sich selbst genügt, was, wenn die Blicke tatsächlich gefesselt würden von den unzähligen Schlösschen der heutigen Freizeitträume, wenn die neuen Sehnsüchte der Gäste nach Märchen und Grandezza die alte Realität der ärmlichen Bergbauerngegend überlagern, bis diese kaum noch zu erkennen ist? »Denn an der Architektur könne es nicht liegen, an der baulichen Schönheit des Dorfs: Die sei – wie überall anders, wo die Ahr vorbei fließt – längst in die Geschichte hinab: Prettau, das einmal schön auf dieser Erde lag, das wie alles hier atmete im bäuerlichen Notwendigkeits-Stil: nämlich in der Beschränkung.«

»Aber in Prettau wachsen die Krokusse so weit wie nirgends sonst, und wenn der Schnee das Dorf zudeckt massig und weiß, möchte ich nimmer irgendwo anders geboren sein!

Weil wer im Mai, wenn noch **Schneefelder auf den Feldern sind**,
nach Prettau kommt und hinauf nach Kasern und durch diesen
Gasthaus-Weiler, der befindet sich inmitten **wunderbarer Krokuspracht**,
weiß allüberall, zart-blau, Erinnerung an einen Frühling,
Erinnerung in die verschwundne, verwunschene Kindheit hinein.

Weil wer im Winter, der hier noch ein fetter Winter ist und sich dehnt mitten in den Herbst und über den Frühling hin: Wer im Winter in Prettau ist, ist in Stifters Bergkristall (Warum sonst wurde diese Novelle beide Male hier verfilmt?), und er sehnt sich nicht länger den tiefen, den alten, den Märchen-Winter herbei, in welchem alle Hast, alle Eile erstickt: Denn er ist mitten drin! – und vielleicht verwandelt er sich in jenen Flaneur aus Benjamins Passagen-Werk und entdeckt wieder die Langsamkeit, aus der er fiel.«

In Stifters Novelle »Bergkristall« (1845) wandern zwei Kinder am Weihnachtsabend über einen Gebirgspass zu ihren Großeltern. Auf dem Nachhauseweg werden sie von Schneefall überrascht und verirren sich im Eis des Berges. Eingebettet in diese anrührende Weihnachtsgeschichte zeigt Stifter das Leben zweier verfeindeter Dörfer und einer Familie, die an dieser Fehde zu zerbrechen droht. Zweimal wurde diese Geschichte verfilmt, beide Male in Prettau, 1948 von dem Innsbrucker Harald Reinl (»Winnetou«, »Edgar Wallace« etc.) als deutscher Heimatfilm schlechthin und 2004 noch einmal von Joseph Vilsmaier (»Schlafes Bruder«).

Prettau ist so etwas wie der Inbegriff der Südtiroler Berge. Wer in Prettau ist, ist in Stifters »Bergkristall«, ist dort, »wo der Himmel blau sich spannte: von Berg zu Berg zu Berg, postkartenschön«, wie der Schriftsteller Josef Oberhollenzer es nennt.

Vor allem im Frühling zieht es nicht nur die Touristen, sondern auch die Einheimischen hinauf auf die Almmatten bei Kasern, die dann überzogen sind mit einem zarten Schleier aus weißen, violetten und blassrosa Krokussen. Wenn die Einheimischen dort Witze machen, ist häufig auch der über den Sommer darunter. Und der geht in etwa so: Wann war eigentlich heuer Sommer? Donnerstag oder Freitag?

Der Schnee im Langkofelmassiv wird
den Frühling nicht aufhalten können.

DER GUTE TIPP VON MERIAN

Ritterspiele und Bilderburgen, abenteuerliche Schluchten und sanfte Wiesen nahe dem Himmel – die Faszination des Landes rund um die Dolomiten ist ungebrochen. Nicht nur in der Natur, auch kulturell hat Südtirol viel zu bieten: Leben wie zu Ötzis Zeiten oder der pure Luxus auf der Alm, kleine Paradiese für Kinder und Tiere oder romanische Steinportale auf dem Urschloss des Landes, von dem es den Namen hat.

Zahlreiche Sonnenterrassen in Südtirol laden zum Draußensitzen ein.

Das »Hotel Elephant« in Brixen: Tradition und Gegenwart könnten nicht vollkommener miteinander harmonieren.

HOTELS

Die Reise des Elefanten

Als der Elefant samt seinem Gefolge im Dezember 1551 vor den Toren Brixens stand, kam er in eine Kleinstadt, die ihre besten Jahre vorerst hinter sich hatte. Wie ein Lauffeuer verbreitete sich die Nachricht, dass dieses seltsame Fabelwesen, 12 Schuh hoch, im Anmarsch sei. Als der Dickhäuter kam, schritt er durch ein Spalier von staunenden Menschen. Heute noch wäre ein Elefant in den Gassen Brixens etwas Besonderes. Damals aber, als viele noch glaubten, die Erde sei flach wie eine Scheibe, war es wie ein Ausflug in eine andere Welt. Der indische Elefant war auf der Durchreise. Sein Ziel war Wien. Er war ein Geschenk König Johannes III. von Portugal an seinen Neffen Maximilian. Am 2. Januar 1552 verließ der Elefant Brixen wieder und setzte seine Reise ins kalte Wien fort. Tatsächlich kam er im Mai, fünf Monate später, dort an. Allerdings überlebte er seine »Tour de force« nicht sehr lange. Schon ein Jahr später starb der Dickhäuter in der Menagerie des Schlosses Kaiserebersdorf.

Die exotische Begegnung zwischen Mensch und Tier in Brixen aber war der Beginn des Aufstieges eines Brixner Gasthauses, das sich bis heute nach seinem prominenten Gast **Hotel Elephant** nennt. Die Geschichte dieses Hotels liest sich wie das »Who is Who« des Adels. Fünf Jahrhunderte sind hier die Großen und ihr Gefolge abgestiegen, ob Kaisertöchter oder Bayernkönige. Damals waren Herbergen in der Regel große Gehöfte, sie waren nicht nur landwirtschaftliche Selbstversorger, sondern stellten ihren Gästen auch Kutschen und Pferde zur Verfügung. Aus dieser Zeit stammt auch die Großzügigkeit der Hotelanlage des heutigen »Elephant«. Das Hotel liegt zwar mitten in Brixen, aber dennoch kann man in einer weitläufigen Parkanlage mit Swimmingpool, geschützt durch eine hohe Mauer, bis heute herrlich entspannen.

WEGWEISER 1

Hotel Elephant

➤ S. 66/67, [d 3] ➤ [J 3] **Weißlahnstr. 4, 39042 Brixen; Tel. 04 72 83 27 50, Fax 04 72 83 65 79; www.hotelelephant.com; Restaurant Mo geschl., 6. Jan.–Ende Feb. und 6.–26. Nov. geschl. •••**

CREDIT

Im Laufe des 19. Jahrhunderts wurde das Hotel zu einem komfortablen Haus umgestaltet. Noblesse oblige, damals wie heute. Die großzügige Parkanlage wurde ebenso gepflegt wie die alten Gemälde und Kunstgegenstände, kein Wunder, dokumentieren sie doch zum Teil die prominente Geschichte des Hauses. Bis heute wissen illustre Gäste, vom Industriellen bis zum Literaten, die kultivierte Atmosphäre dieses Hotels zu schätzen.

Weit über dem Tal – das »Mountain Resort« am Vigil-Joch bietet höchstes Niveau.

Luxus auf der Alm

Almhütte ist nicht gleich Almhütte. Und in diese Almhütte passt das kleine Schwarze beinahe besser hinein als die Bergstiefel, denn es handelt sich um die wohl luxuriöseste Almhütte der Alpen, die architektonisch schönste und modernste Hotelarchitektur ist es allemal. Stardesigner **Matteo Thun** hat hier am Vigiljoch ein geradliniges, aber dennoch warmes Ambiente aus Lindenholz, Lehm und Glas geschaffen. Unter dem Dach des **Vigilius Mountain Resort** befindet sich nicht nur ein großzügiges Wellness-Refugium mit fernöstlich gestimmten Entspannungsbereichen, sondern sogar ein Hallenbad. Mit 35 Zimmern und sechs Suiten scheint das Haus eher für grandiose Feste gerüstet als für heimelige Almhüttenromantik. Und doch läuft die Zeit hier oben anders als unten im Tal. Hinzu kommt, dass man dieses Hotel nicht mit dem Auto erreichen kann. Mit allen Alpen-Klischees von der Geierwally bis zur Heidi wird hier bewusst gebrochen. Der Kontrast könnte größer kaum sein, wenn man in der altertümlichen Seilbahn zum Vigiljoch die städtischen Gefilde von Meran und Umgebung unter sich lässt. Allein diese **Seilbahn** ist bereits ein Erlebnis, denn sie ist eine der ältesten der Welt. 1912 wurde sie erbaut – und natürlich inzwischen längst modernisiert. Trotz aller Modernität passt sich das Haus bestens in die gelb leuchtenden Wiesen und die Lärchen- und Föhrenwälder auf 1500 Meter Höhe ein. Das ist Programm. Es wurden nur beste Baumaterialien verwendet und energiesparend eingesetzt, selbst 300 Jahre altes Holz eines Stadls wurde mit eingebaut. Das schönste aber ist der Blick aus der Fensterfront: ein spektakuläres Alpenpanorama, über dem sich blau der Himmel spannt.

WEGWEISER 2

Vigilius Mountain Resort

➤ S. 66/67, [c 3] ➤ [E 4] **Vigiljoch, 39011 Lana; Tel. 04 73 55 66 00, Fax 04 73 55 66 99; www.vigilius.it; 35 DZ, 6 Suiten; So und Mo geschl., Mitte Nov.–Mitte Dez. geschl. ••••**

CREDIT

Bergidylle für die ganze Familie

In der Familienalm Taser oberhalb von Schenna hat die Familie Gamper ein kleines Paradies für Kinder abseits von Verkehr und Lärm geschaffen, mit Almhütte und einfachem Hotelbetrieb, mit Stall und Indianerdorf und mit der großen Attraktion – einem **Hochseil-Klettergarten**. Das ist Abenteuer pur. Über schlingernde Hängebrücken (45 Meter lang!) können die Kinder klettern, sich an Seilen in luftiger Höhe entlang hangeln und über »Rutschen« abwärts gleiten. Das nennt sich dann »Flying Fox« und geht in ziemlich rasanter Fahrt abwärts.

Zugegeben, da schlottern den meisten am Anfang die Knie. Doch haben die Kleinen diese anfängliche Furcht erst einmal überwunden, dann ist es ein fantastischer Spielplatz. Die Kinder müssen allerdings mindestens neun Jahre alt sein und 1,30 Meter groß.

Und selbstverständlich ist alles gesichert: Die Kinder hängen an Sicherungsseilen, und ein ausgebildeter Führer bringt den Kids alles bei, was sie wissen müssen, und führt sie sicher durch den Hochseil-Parcours auf 15 Meter Höhe. Der wurde übrigens mit etwa 1500 Meter Stahlseilen und 2000 Meter Kunststoffseilen zwischen den hohen Bäumen gespannt, die diese Alm am oberen Rand begrenzen.

Der Gasthof Taseralm bietet aber noch wesentlich mehr: Die Kinder (ab drei Jahren) werden sechs Tage die Woche betreut – damit die Eltern zu zweit lange Wanderungen durch die schöne Umgebung unternehmen können – mit Indianerfest und Würstchenbraten oder beim Beobachten der Tiere auf der Alm. Und ein kleiner Streichelzoo ist auch da. Auf Wunsch wird auch ein Babysitter-Dienst organisiert.

Man kann die Alm über eine schmale Bergstraße erreichen, spannender ist aber die kleine Seilbahn, die von Schenna aus startet.

WEGWEISER 3

Familienalm Taser

➤ S. 66/67, [c 3] ➤ [F 4] **Familie Gamper, Bergstr. 33, 39017 Schenna; Tel. 04 73 94 56 15, Fax 04 73 94 54 88; www.familienalm.com; nur Klettergarten: Erwachsene 37 €, Kinder 27 €, Gruppen- und Familienermäßigungen. Kein Ruhetag, ganzjährig geöffnet. Restaurant tgl. ab 11.30 Uhr, außer Mitte Jan.–Ende Feb. nur So geöffnet ••**

ESSEN UND TRINKEN

Speisen wie Freifrau und Ritter

Unter dem schönen Deckengemälde von Stephan Kessler im großen Festsaal von **Schloss Fahlburg** speist es sich nicht nur hervorragend, sondern auch nobel. Kaum jemand wird sich dem Gefühl entziehen können, in eine andere Zeit, in eine andere Welt versetzt zu sein. Auf dem Deckengemälde des Brixner Meisters gibt sich gerade eine höfische Gesellschaft den leiblichen Genüssen hin: Spitzen und Rüschen blitzen aus den bestickten sattroten Gewändern des alten Adels, eine Kapelle spielt, Männer und Frauen tändeln durch eine fiktive Landschaft voller Ruinen. Darunter im großen Speisesaal stehen ausladende runde Tische, die liebevoll arrangierten Speisen wetteifern mit dem opulenten Gemälde – hier isst man wie ein Graf. Und von Grafen wird dieses Schloss auch immer noch geführt.

Auf Schloss Fahlburg kommen Schlemmer und Gelegenheits-Ritter auf ihre Kosten.

Ursprünglich war das Schloss im malerischen Dorfkern von Prissian eine Wehrburg. Doch um 1600 wurde sie von den **Grafen Brandis** aufgekauft und zu einem Renaissanceschloss umgebaut. Damals wurde die Sonnenterrasse oberhalb von Meran mit den kleinen Orten Prissian und Tisens zu so etwas wie der »Bel-Etage« des Adels, der »Villengegend« des 17. Jahrhunderts. Überall entstanden Schlösser auf dieser erhöhten Terrasse, wo es nicht nur ein wenig frischer war als im Talboden, sondern auch die Aussicht auf das geschäftige Treiben in den Niederungen den Adel über den Rest der Welt erhob.

Diese Lebenskunst spürt man in der Fahlburg auch heute noch in jedem Winkel, besonders aber in dem ummauerten Garten, unter alten Bäumen sitzend. Hier schrieb übrigens **Jakob Andrä Brandis** seine berühmte »Geschichte der Landeshauptleute von Tirol«, nachdem er die Wehrburg 1597 erstanden hatte. Mit ihr, so sagt man, nimmt die Tiroler Geschichtsschreibung ihren Anfang. Geschichtsträchtig sind auch die ledergebundenen Gästebücher, in denen man auf einige erlesene Namen der k.u.k. Monarchie stößt. Selbst die **Schlosskapelle** besteht noch: Sie ist doppelstöckig und Allerheiligen geweiht.

WEGWEISER 4

Schloss Fahlburg

➤ S. 66/67, [c 3] ➤ [F 5] **Prissian 83, 39010 Tisens/Prissian; Tel. /Fax 04 73 92 09 30; www.fahlburg.com ••• CREDIT**

Ursprünglich diente das Schloss als Sommerresidenz und Gerichtsburg. Heute ist es ein ausgesuchter Platz für Feste und Konferenzen. Als die Spitzen der deutschsprachigen Literatur etwa 2006 den Hermann-Lenz-Preis vergaben, traf man sich hier. Denn in der Fahlburg ist man mitten drin und doch ganz für sich.

Bis heute hat die Fahlburg ihren Charakter bewahrt: Noch aus der Spätrenaissance stammen die prächtigen Möbel, Kachelöfen, die schönen Kassettendecken. Ölgemälde, ausladende Kerzenleuchter und Luster geben dem Schloss die gemütliche Atmosphäre einer Wohnburg. Und wenn die Neuzeit nicht so viel elektrisches Licht mit sich brächte, würde man sich wohl wie Ritter und Freifrau fühlen.

Das Schloss ist ein gastliches Haus mit Restaurant und Café, und es wird als Refugium für gehobene Veranstaltungen (private Feste, Hochzeiten, Konferenzen, Klausurtagungen) geführt. Hinter den hohen Mauern entflieht man der Welt und taucht ein in ein zeitloses, lichtdurchflutetes Parallel-Universum, in eine von aller Rastlosigkeit unberührte Welt, in der es sich bestens entspannen und verweilen lässt.

Besichtigungen der Fahlburg sind nur beschränkt und nach telefonischer Vereinbarung möglich.

In den Gärten oberhalb Merans

Unter der Nordkette an den Hängen der Mutspitze liegt **Schloss Thurnstein** wie in einem paradiesischen Garten. Palmen in jeder Form und Größe, gefächert, hochstämmig oder ausladend, Blüten und Hängepflanzen, die sich über altes Mauerwerk ergießen, dazwischen immer wieder Weingärten – die Lage ist einfach umwerfend. Und dann auch noch die Aussicht: Zu Füßen liegt einem das Burggrafenamt und der halbe Vinschgau, gerade weit genug entfernt, um alles überblicken und doch noch das eine oder andere Detail erhaschen zu können. Das Schloss selber ist ein massiver, zinnenbewehrter hoher Turm, verbunden mit einem Wohnbau aus dem 16. Jahrhundert. Heute ist das Schloss ein Familienbetrieb mit Gastwirtschaft, wo man gerne den berühmten Napoleon-Wein trinkt. Den Namen erhielt diese Weinsorte beim Eintreffen der Nachricht von der Gefangennahme des französischen Kaisers Napoleon III. bei Sedan. Die Speisekarte bietet einen Mix aus guter mediterraner Küche und Tiroler Hausmannskost.

WEGWEISER 5

Schloss Thurnstein
➤ S. 66/67, [c 3] ➤ [E/F 4] **St. Peter 8, Dorf Tirol; Tel. 04 73 22 02 55; www.thurnstein.it; geöffnet März–Mitte Nov., Do geschl. ••** MASTER VISA

BESONDERE FESTE/RITUALE

Ritter der Neuzeit

Es ist ein Ammenmärchen, dass nur kleine Jungen gerne Ritter spielen. Die großen tun es ebenso gerne. Und weil wir längst im 21. Jahrhundert angelangt sind, gibt es auch eine ganze Reihe von Ritterinnen, die sich in dieses Turnier wagen. Seit der **Oswald-von-Wolkenstein-Ritt** 1983 aus der Taufe gehoben wurde, ist er ein Publikumsmagnet erster Klasse geworden: Das mittelalterliche Treiben mit Dorffest und sportlichem Wettstreit an vier verschiedenen Orten rund um die **Seiser Alm** lockt massenweise Menschen an. Das liegt an der guten Mischung des Spektakels: schöne Pferde, geschickte Reiterinnen und Reiter, Nervenkitzel und ein bisschen Folklore – sehr viel anders kann das bei den Turnieren vor 800 Jahren auch nicht gewesen sein.

Vier Etappen gilt es für die Wettkämpfer durchzustehen: Das erste der vier Turnierspiele, das sogenannte »Ringstechen«, findet auf dem **Kastelruther Kofl** statt. Jeder Reiter muss dabei das Banner seiner Mannschaft durch drei hängende Ringe stechen und es dann dem nächsten Reiter sei-

Auf Augenhöhe: Wilde Reiter können auch Zöpfe haben.

ner Mannschaft übergeben. Der »Ritt durchs Labyrinth« wird in **Seis** im Schatten von Oswalds Heimat Hauenstein ausgetragen. Hierbei preschen vier Reiter, gemeinsam eine Stange haltend, nebeneinander auf die Festung zu und passieren einzeln ein Labyrinth. Bei der dritten Etappe am **Völser Weiher** galoppiert die Mannschaft geschlossen auf Hindernisse zu, die teils rückwärts bewältigt werden müssen. Der »Torritt« schließlich, der auf den Wiesen unterhalb von Schloss Prösels stattfindet, bildet den krönenden Abschluss. 36 Mannschaften dürfen daran teilnehmen, jede besteht aus vier Reitern. Alle Wettkämpfe werden an nur einem Tag ausgetragen, einem Sonntag im Frühjahr, Ende Mai oder Anfang Juni. Allerdings fängt das große mittelalterliche Dorffest mit Schwertkämpfen und Fahnenschwingern, Musikkapellen und festlich geschmückten Kutschen bereits am frühen Freitag Abend an. Als Preis wird neben Geld die Oswald-von-Wolkenstein-Standarte verliehen, die die siegreiche Mannschaft für ein Jahr behalten darf. Erst wenn eine Mannschaft dreimal gesiegt hat, darf sie die Standarte für immer ihr eigen nennen.

WEGWEISER 6

Oswald-von-Wolkenstein-Ritt

➤ S. 66/67, [d 3] ➤ [H 5] **Ritterliches Reitturnier im Frühjahr bei Kastelruth, Seis und Völs, mit mittelalterlichem Dorffest. Oswald-von-Wolkenstein-Str. 7, 39040 Kastelruth; Tel. 04 71 70 63 33; www.ovw-ritt.com**

Wenn der Mann mit der Egge heiratet

In Tramin ist der Fasching eigentlich eine Hochzeit. Aber Vorsicht: Wenn man nicht aufpasst, wird man dabei ganz schwarz – vor allem weibliche Neugierige in hübschen Kleidern gehören zu den liebsten Opfern dieser Faschingsattentate mit Ruß.

In den ungeraden Jahren zieht am **Faschingsdienstag** ein ganz besonderer Umzug durch die Gassen von Tramin: Der Egetmann, der Mann mit der Egge, feiert Hochzeit. Schon am Vormittag machen überdimensionale »Schnappviecher« – in Tramin »Wudelen« genannt – die Straßen unsicher. Sie machen viel Lärm, denn ein einfacher Mechanismus mit Stangen sorgt dafür, dass sie ihre hölzernen Mäuler ständig auf und zu klappen, »schnappen« eben. Aber Viecher, die bellen, beißen bekanntlich nicht. Besonders Kindern gegenüber sind sie, weil ohnehin schon Furcht einflößend, meist eher liebevoll im Umgang.

Am frühen Nachmittag setzt sich der Faschingszug in Bewegung. Der Egetmann, symbolisiert durch eine **Puppe im Frack**, ist ein wohlhabender Bauer. An seiner Seite hat er seine Braut im weißen Hochzeitskleid. Ursprünglich war der Egetmann wohl einmal ein Pflugzieher, der mit viel Radau durch die Dorfgassen schepperte. Erstmals urkundlich belegt wurde das bunte Faschingstreiben im März 1591.

Der Egetmann und seine Braut werden bei ihrem Zug durch das Dorf von jeder Menge eigenwilliger Gestalten begleitet, neben den Schnappviechern sind Goassl-Schnöller (Männer, die mit Peitschen knallen), wilde Männer und Hexen, Waschweiber und Bärentreiber unterwegs, aber der Fantasie sind keine Grenzen gesetzt. Der Bräutigam wird von einem Ausrufer begleitet, der an jedem Brunnen im Dorf das **Protokoll** der Hochzeit verliest. Das »Protokoll« ist eigentlich eine Art »cronique scandaleuse«, allerdings sind die alten Verse im Laufe der Zeit verloren gegangen. Ursprünglich wurden hier alle Ereignisse des Dorflebens noch einmal verkündet, die sich im Laufe des vergangenen Jahres zugetragen hatten, von dem unehelichen Kind bis zur geplatzten Verlobung – jedes bedeutende Geschehnis im Dorf kam zur Sprache. Von diesem Usus ist man allerdings abgekommen, nachdem er hin und wieder zu heftigen Zwischenfällen geführt hat. Einmal soll ein erboster Mann sogar sein Gewehr genommen und in die Menge geschossen haben. Seitdem sind die Sprüche des Protokolls unverfänglich

WEGWEISER 7

Faschingsumzug in Tramin

➤ S. 66/67, [c 4] ➤ [F 7] **In ungeraden Jahren am Faschingsdienstag, Info beim Tourismusverein Tramin; Tel. 04 71 86 01 31; www.tramin.com**

Nur vordergründig vornehm gibt sich eine Spaß-gesellschaft beim Faschingsumzug in Tramin.

allgemein gehalten: Seit 1965 wird ein neues Protokoll mit derben Sprüchen, aber ohne Wahrheitsgehalt verlesen, und die Devise: »Ja, meine Traminer Menscher, nehmts enk in acht, dass enk der Herr Egetmann koane Questionen macht!« ist nichts als eine leere Drohung.

Hinter dem Hochzeitspaar fahren die verschiedenen Handwerker im Zug mit: Schuster und Bäcker, Scherenschleifer und selbst Fischer sind dabei, die ein großes Schiff mit sich ziehen. Besonders farbenprächtig sind die Zigeunerwagen, die armen wie die reichen, und auch die »Altweibermühle« darf nicht fehlen. Hierbei handelt es sich, um es derb auszudrücken, um eine »Frischfleischanlage« – vorne gehen die alten Weiber hinein, und hinten kommen die jungen Mädchen wieder heraus.

Der Traminer Egetmann-Umzug ist einer der traditionsreichsten Umzüge Tirols. Er ist dafür bekannt, dass bei der ausgelassenen Stimmung der Teilnehmer auch die Zuschauer in das wilde Treiben einbezogen werden. Strapazierfähige Kleidung ist daher äußerst ratsam.

Beim traditionellen Scheibenschlagen sind Geschick und Schnelligkeit gefordert.

Feuriges Spiel für die Dorfjugend

Am Abend des ersten Fastensonntags, etwa Mitte Februar, lebt im oberen Vinschgau der traditionelle Brauch des **Scheibenschlagens** wieder auf. In früheren Jahrhunderten war es ein weitverbreiteter Brauch in den Alpen, der durch seine Gefährlichkeit allerdings an den meisten Orten verdrängt wurde. Im Vinschgau wurde er in jüngster Zeit wieder belebt.

WEGWEISER 8

Scheiben schlagen

➤ S. 66/67, [b 3] ➤ [C 4] erster Fastensonntag (im Feb.), ab Vetzan bei Schlanders aufwärts im oberen Vinschgau, Tourismusverband Vinschgau; Tel. 04 73 62 04 80; www.vinschgau.suedtirol.com

Traditionell ist es ein Spaß für die Dorfjugend, ein feuriges Spiel, das einiger Vorbereitungszeit bedurfte. Denn die Haselstöcke, die zum Hinausschleudern der glühenden Scheiben verwendet werden, mussten bereits im Herbst geschnitten werden, ebenso die Scheiben, von denen mancher 20 bis 30 Stück an einem Strick umhängen hat. Die Scheiben sind drei bis sechs Zentimeter groß und haben ein Loch in der Mitte. Mit einem 1,5 bis zwei Meter langen Stecken wird die rot glühende Scheibe weit hinausgeschleudert. Meist werden felsige Gelände zum Schleudern ausgesucht, und natürlich gilt der am meisten, der seine Scheiben am weitesten schleudern kann. Unter Gesängen und Sprüchen werden sie den Berg hinabgeschlagen, wenn die Dunkelheit einsetzt, und bieten so wunderbare Fotomotive. Inzwischen hat sich der alte Brauch von

Vetzan bei Schlanders talaufwärts wieder über den gesamten oberen Vinschgau ausgebreitet.

»Wenn viele Scheiben stiegen, so gewährt dies von der Ferne einen ganz zaubervollen Anblick, besonders wenn ein Wasser in der Nähe ist, in dem diese fliegenden Feuerräder sich spiegeln, ehe sie darinnen zischend versinken«, schwärmte bereits der Tiroler Autor Ludwig von Hörmann im Jahr 1909. Heute ist das nicht viel anders. Bereits die Vorbereitungen, das Feuermachen, das Warten auf die einsetzende Dunkelheit sind ein Fest für die Jugend.

Vermummt gegen den Winter

Wenn die Nächte am längsten sind, sind die Dämonen am gefährlichsten. Das ahnen die Sarner seit langem, und deswegen vertreiben sie sie lauthals und unter dem teilnehmenden Geschrei der Dorfleute. Wenn die **Klöckler im Sarntal** ihr Unwesen treiben, fürchten sich nicht nur die kleinen Kinder. Unter ihren Masken treiben die Truppen der Sarner Burschen so viel Unfug, dass sich inzwischen jede Klöckl-Gruppe registrieren lassen muss, bevor sie loszieht. Im Sarntal, einem der ursprünglichsten Täler Südtirols, sind auch die Rituale noch kraftvoller als anderswo.

Das **Klöckeln** ist wohl einer der ältesten Bräuche im alpinen Raum. Die Wurzeln dieses Brauchs reichen zurück bis zum Julfest, der Feier der Wintersonnenwende der Germanen. Einmal im Jahr am Donnerstagabend vor dem Weihnachtsfest ziehen die Klöckler über die verschneiten Sarntaler Berge von Einödhof zu Einödhof, um ihr Lied zu einer uralten Melodie zu singen. Im Dorf angelangt, versuchen sie mit Lärm den ewig langen Winter zu verjagen. »Klöckln« kommt von **Anklopfen** und war ursprünglich ein Bild für die Herbergssuche von Josef und Maria. Jede Gruppe schart sich um das »Zusslmandl« und das »Zusslweibl«, ebenfalls dargestellt von einem verkleideten jungen Mann. Erst in jüngster Zeit sollen sich klammheimlich vereinzelt auch Frauen unter die Furcht erregenden Gestalten gemischt haben, in ihrer Vermummung nicht erkennbar. Mit Fellen und Flechten zu Walddämonen gewordene andere Burschen begleiten das Paar auf seinem Weg von Tür zu Tür. Ist das Lied einmal gesungen, müssen die Bewohner des Hauses den Klöcklern Essen oder eine andere Gabe geben.

WEGWEISER 9

Klöckler im Sarntal

➤ S. 66/67, [c 3] ➤ [G 4] **Sarnthein, Dorf; am Do Abend vor Weihnachten; Info: Tourismusverein Sarntal; Tel. 04 71 62 30 91; www.sarntal.com**

Wettkampf für Groß und Klein

Wenn Männer in den Alpen ihre Kräfte messen wie schon anno dazumal, dann »ranggeln« sie. Und das sieht fast genauso aus, wie es sich anhört: Es ist ein wildes Geraufe und Geringe, allerdings hat natürlich auch dieser Kampf-Sport feste Regeln. Und er hat sogar seine Meisterschaften. Die größten und beliebtesten finden jedes Jahr zu Pfingsten im Pustertaler **Terenten** unter freiem Himmel statt.

Vor schöner Kulisse und unter den Anfeuerungsrufen der zahlreichen angereisten Fans werden die Wettkämpfe ausgetragen, zu denen in der Regel etwas weniger als 100 Teilnehmer vor allem aus Österreich, Südtirol und Bayern antreten.

Ranggler sind starke Männer, ein wenig mehr Gewicht ist dabei oft von Vorteil. Die japanischen Sumo-Ringer jedoch haben den alpinen Ringern doch noch etliche Kilo voraus. Gekleidet sind Ranggler ganz in Weiß, wichtig ist, dass die Hose mit einem festen Gürtel gehalten wird. Denn genau darum geht es, um den festen Griff. Zu Beginn des Kampfes umschleichen sich die Gegner, tasten sich heran, belauern sich, um den anderen in diesen festen Griff zu bekommen. Sie warten auf eine Unachtsamkeit ihres Gegners, um ihn dann mit einem gezielten Wurf aufs Kreuz zu legen. Im wahrsten Sinne des Wortes. Denn wer als Erstes mit beiden Schultern am Boden liegt, hat den Kampf verloren und scheidet aus.

So gesehen unterscheidet sich das Ranggeln nicht sehr von der olympischen Disziplin des Ringens. Aber die Unterschiede liegen – wie immer – im Detail. Und diese Unterschiede im Regelwerk machen es aus, dass die Ranggler den Zuschauern ein äußerst aktionsgeladenes Schauspiel bieten.

Es ranggeln übrigens schon die ganz Kleinen. Sechs bis acht Jahre alt sind die Pimpfe, wenn sie anfangen. Auch für diese Kleinen gibt es bereits eine Wettkampfklasse. Für die Senioren gibt es keine Altersbegrenzung. Man ranggelt, solange es Spaß macht. Hart umkämpft ist der sogenannte »Hogmoar«, jener Einzelwettbewerb, der für die Alpen-

Nicht Kraft und Gewicht, sondern Wendigkeit und Taktik entscheiden letztendlich, wer beim Ranggeln wen aufs Kreuz legt.

cup-Wertung herangezogen wird. Hochburgen des Ranggl-Sports sind in Südtirol vor allem das Sarntal, das Passeiertal, Rodeneck, Terenten und das Ahrntal. Im Ahrntal dürften auch die Wurzeln dieser Sportart liegen, auch wenn dies noch nicht bis zum letzten Grund erforscht ist. Aber die Ahrntaler Burschen haben sich schon in grauer Vorzeit Wettkämpfe mit den Jungmännern aus dem Zillertal und dem Salzburger Pinzgau geliefert. Heute sind die Hochburgen des Ranggelns eben dort: in Tirol und im Salzburger Land. Aber auch in Südtirol gibt es derzeit ungefähr 70 aktive Ranggler.

WEGWEISER 10

Pfingstranggeln

➤ S. 66/67, [d/e 2] ➤ [J 2] Terenten;
Informationen beim Tourismusbüro Terenten;
Tel. 04 74 54 61 40; www.terenten.com

Insgesamt finden in Südtirol jährlich etwa zehn Wettkämpfe statt, die **Pfingsttrophäe** von Terenten allerdings gehört zu den wichtigsten. Immerhin lockt das Ereignis etwa 500 Zuschauer an.

Am Ende übrigens siegen doch nicht die Kilo. Am Ende siegt – auch bei dieser Sportart – der Verstand: »Das Wichtigste spielt sich beim Wettkampf im Kopf ab«, sagt der aus dem Ahrntal stammende Obmann des Südtiroler Rangglerverbandes Hermann Kirchler. Am Ende entscheiden Schnelligkeit, eine gute Technik und Konzentration über Sieg und Niederlage.

SEHENSWERTES

Eigenwilliges Museum aus Neu und Alt

Die drei großen »Ms« sehen aus wie eine Bergkette auf dem Logo zum **Messner Mountain Museum Firmian**, kurz MMM Firmian. So gesehen hat Reinhold Messner Glück gehabt mit seinem Namen. Messners Mountain Museums sind mittlerweile eine ganze Kette geworden. Vier davon haben bereits ihre Tore geöffnet, ein weiteres ist in Planung. In Sulden steht das »MMM Ortles«, ein Museum über die Eisregionen der Berge mit vielen Gemälden, sein fantastisch skurriles »MMM Schloss Juval«, das privateste der Museen, thront nahe von Naturns im Vinschgau, und das »MMM Dolomites« errichtete er in der benachbarten Provinz Belluno auf 2181 Meter Höhe auf dem Monte Rite bei Cadore, das »Museum in den Wolken«, das Messners Lieblingsbergen, den Dolomiten, gewidmet ist.

Der imposanteste Ableger aber ist im Mai 2006 nahe Bozen eröffnet worden, auf Schloss Sigmundskron oder auch »Castel Firmian«, so der italienische Name.

Vermutlich hat bereits jeder, der auf dem Weg nach Italien war, einmal einen Blick auf dieses Schloss erhascht. Denn es liegt südlich von Bozen, rechts der Autobahn auf einem Hügel. Die mattroten alten Mauern der Burgruine ziehen sich allzu imposant über diesen Hügel, als dass man sich nicht unwillkürlich fragte: Was mag wohl dahinter sein?

Hinter den rund 750 Metern Mauer verbarg sich jahrzehntelang nicht viel. Die Ruine lag brach, es gab nur einen Gastbetrieb in ihrem Inneren. Jetzt wurde sie vom Land Südtirol aufwändig saniert. Der Vinschger Architekt Werner Tscholl setzte dem Porphyr nichts als Stahl entgegen. Das ist seine Klammer in die Gegenwart. Tscholl hat schon einige alte Gemäuer auf diese ebenso kunstvolle wie eigen-

Vielschichtig sind die Botschaften, die Reinhold Messner im Bergmuseum Firmian auf Sigmundskron vermittelt.

willige Art saniert, etwa die Fürstenburg in Burgeis (Vinschgau). Sein Baukonzept gehört zu den attraktivsten Erlebnissen im Messner Mountain Museum auf Sigmundskron. Das Neue gebärdet sich nicht als das Alte – es steht im scharfen Kontrast dazu und windet sich in immer neuen Wegen und Stiegen über die mittelalterliche Bausubstanz. 400 Höhenmeter würden die Besucher hinter sich bringen, wenn sie vom Parkplatz aus den vorgeschlagenen Museumsparcours abschritten. Allerdings lässt der Bezwinger von 14 Achttausendern die Besucher nicht einfach durch sein Museum schlendern, er lässt sie steigen, in diesem Fall vor allem Stiegen hinauf und hinab, über Abgründe hinweg, die Befestigungsmauer entlang, die Türme hinauf und hinunter. Gutes Schuhwerk anzuhaben ist kein schlechter Tipp.

Messner zeigt dabei nicht nur die Geschichte des Bergsteigens, sondern er will Gefühle vermitteln. Er setzt eine Vision in die Wirklichkeit hinein und sucht die Synthese zwischen Mensch und Berg. Wie aber zeigt man Berge im Museum?

Bereits dieser Parcours ist die halbe Ausstellungsgestaltung: Es geht um Ausblicke und Einblicke, und der Ort ist dafür bestens geeignet: Auf der einen Seite der Schlern, der Symbolberg Südtirols, auf der anderen Seite das Weiß der schneebedeckten Texelgruppe. Und zu Füßen grünt das fruchtbare Land rund um Etsch und Eisack.

Berge bedeuten Ausblicke und Einblicke, aber auch Abenteuer und Fremdheit. Deswegen lauert in jedem Winkel des Museums eine Überraschung. Chinesische Löwenfiguren empfangen die Besucher am Eingang, in den engen Schießscharten verstecken sich kleine afrikanische Skulpturen, auf der Wiese hockt breit ein japanischer Buddha, und in einer Nische sind die Bilder von 100 berühmten Toten auf Fliesen gebrannt.

WEGWEISER 11

Messner Mountain Museum Firmian

➤ S. 66/67, [c 3] ➤ [G 6] **Schloss Sigmundskron, Sigmundskronerstr. 53, Bozen; Tel. 04 71 63 12 64, Fax 04 71 63 38 84; www.messnermountainmuseum.de; Mitte Feb.–24. Dez. Di–So 10–18 Uhr; Eintritt Erwachsene 8 €, Gruppen (ab 15 Personen), Studenten, Senioren 6 €, Kinder (6–14 Jahre) 3 €, Familienkarte 18 €, Führungen stdl., Gebühr 2 € pro Person**

Die Zeichen der Religionen dürfen ebenso wenig fehlen wie Reliquien. Der **Biwaksack** des italienischen Alpinisten Walter Bonatti etwa, den er 1955 bei seinem sechstägigen Alleingang auf den Südwest-Pfeiler des Petit Dru, heute »Bonattipfeiler« genannt, dabei hatte, womit er Alpingeschichte schrieb. Ein Biwaksack allein sagt gar nichts. Wenn er ihn aber mit einem Menschen verbinden könne, so Messner gegenüber Journalisten, »und der Mensch und der Biwaksack müssen zusammen etwas Großartiges erlebt haben, dann spüre ich, rieche ich, sehe ich.«

Das Urschloss des Landes

Es ist nicht alles alt, was alt aussieht. Der Turm dieses alten Schlosses zum Beispiel ist eigentlich ein romantischer Zusatz, den unsere Großväter an das Schloss angebaut haben. Sie fanden, dass ein hoher Bergfried zu einem anständigen Schloss gehöre, zumal wenn dieses Schloss dem Land den Namen gegeben hat. Also bauten sie 1902 einen ansehnlichen Turm an das Stammschloss der Grafen von Tirol. Vielleicht haben die Museumsmacher deswegen in den neuesten Teil der Burg die jüngste Geschichte Tirols platziert. Auf einem rostigen Metallgerüst, das den Turm von unten bis nach ganz oben durchzieht, können die Besucher nun die vergangenen 100 Jahre Tiroler und Südtiroler Geschichte nachvollziehen.

WEGWEISER 12

Schloss Tirol

➤ S. 66/67, [c 3] ➤ [E 4] **Museum für Kultur- und Landesgeschichte, Dorf Tirol, Schlossweg 24; Tel. 04 73 22 02 21; www.schloss-tirol.it; Mitte März–Ende Nov. Di–So 10–17 Uhr, im Aug. bis 18 Uhr. Nur zu Fuß nach einem etwa 20-minütigen Spaziergang zu erreichen.**

Und weil Geschichte in Ausstellungen nur allzu oft staubtrocken ist, haben sich die Ausstellungsmacher hier etwas Besonderes einfallen lassen und sich dabei eine gute Portion Humor gegönnt: Einzelne Jahre werden herausgehoben und – manchmal durchaus ironisch – in Einzelstücken thematisiert. Das imperiale Italien in den 1940er-Jahren etwa erscheint auf einer silbernen Salatschüssel, und die 1970er-Jahre werden durch Häkelbikinis und Jimi-Hendrix-Platten in den Vitrinen symbolisiert.

Wer die Geschichte Südtirols verstehen will, der muss Schloss Tirol besuchen.

Innehalten und staunen – das Kapellenportal ist umrahmt von Bildern einer archaischen Welt.

In der Stammburg der Tiroler ist mit Unterstützung von Künstlern, Pädagogen und Historikern ein hochmodernes Museum entstanden, das ganz unbescheiden den Anspruch hegt, die Geschichte Tirols aufzuarbeiten. Mit Artefakten aus der ruhmreichen Zeit des Schlosses, die nun in der Krypta aufgereiht liegen, mit jahrhundertealten Alltagsgegenständen im ehemaligen Küchenhof und vor allem mit Hörbildern werden die Besucher auf eine Zeitreise geschickt. Spannend ist dabei, dass die meisten Stücke auch tatsächlich bei Grabungen auf dem Areal von Schloss Tirol gefunden wurden.

Nichts allerdings kann so beeindrucken wie die beiden berühmten romanischen Steinportale des Schlosses. Da ist zum einen das **Palas-Portal**, auf dem Menschen und Tiere in Ruhe und Gelassenheit zu sehen sind wie im Paradies. Auf dem anderen Portal – dem **Kapellenportal** – türmen sich seltsame Mischwesen wie in Ekstase auf: Es ist ein Sinnbild für das Meer der Welt, die Heimat des Ungesicherten. Diese Fabelwesen und Schreckensbilder sind die steinernen Boten des Mittelalters. Wer die beiden Portale betrachtet, wirft einen Blick in eine andere, ferne Welt. Das ist äußerst beeindruckend, so beeindruckend, dass die Südtiroler Filmkünstlerin Carmen Tartarotti aus dem Puzzle mittelalterlicher Traumbilder eine Video-Installation gestaltet hat, um auch diejenigen Besucher zu bremsen, die an den eigentlichen Schätzen der Burg vorbeihetzen wollen.

Entstanden ist so eine Ausstellung, die ein dichtes Netz von Bezügen webt. Hier bestimmen die Besucher selber, wie tief sie eindringen wollen. In der obersten Schicht sieht man einfach nur ein Schloss mit gewichtigem Namen, einem grandiosen Ausblick (auf der höchsten Etage des Bergfrieds). In der darunter liegenden Schicht geht es um Herrscher und Beherrschte, um Landesordnungen, um Kriege, Siege und Friedensschlüsse. Und noch eine Schicht tiefer geht es um den Alltag unserer Vorfahren.

Ein Bollwerk gegen die Zeit

Die Festung aus massigen Granitquadern, die das Tal abschließt, ist kraftstrotzend. In den Jahren 1833 bis 1838 errichtet und nach Kaiser Franz I. von Österreich benannt, war die **Franzensfeste** seinerzeit das stärkste Festungswerk Europas.

Seine militärische Bedeutung bekam der gleichnamige Ort **Franzensfeste** im Eisacktal während des Tiroler Freiheitskampfes 1809. Anfang August zogen damals die Franzosen, Sachsen und Bayern durch das Eisacktal in Richtung Süden. In der Nähe von Franzensfeste warteten rund 500 Tiroler Schützen unter **Andreas Hofer** im Hinterhalt auf sie. In der Sachsenklemme wurden die Franzosen unter General Lefèbre mit ihren immerhin 2500 Mann aufgerieben.

Diesen Vorteil wollte der Kaiser nach den Napoleonischen Kriegen nutzen: So plante er an der natürlichen Wegkreuzung zwischen Nord und Ost eine gigantische Befestigungsanlage gegen künftige Eindringlinge. 1835 wollte man das gesamte Tal mit meterdicken Festungsmauern versperren. Die Mauern wurden aus Granit errichtet, was ihre Zerstörung beinahe unmöglich machte, denn an dem harten Gestein würden die meisten Granaten beim Aufprall zerschellen. In den Kavernen, die im oberen Bereich der Festung in den Fels gehauen waren, wurde Munition gelagert. Im Talbereich waren die Unterkünfte untergebracht, aber auch die Kampfplätze.

Das gewaltige Bauwerk, an dem je nach Jahreszeit zwischen 3500 und 4600 Mann gearbeitet haben, erstreckt sich heute über eine Fläche von rund 50 Hektar. Während ihrer stärksten Armierung besaß die Franzensfeste 44 Verteidigungskanonen (12-pfündig), 28 Verteidigungskanonen (6-pfündig), 4 Feldkanonen (6-pfündig), 3 Verteidigungskanonen (18-pfündig), 4 Haubitzen (7-pfündig) und 7 Mörser (30-pfündig). Außerdem war der gesamte Festungsbereich mit Schießscharten versehen. Doch als das Bollwerk 1839 schließlich fertiggestellt worden war, hatte die Geschichte den Festungsbau eigentlich schon überholt. Kämpfe haben hier letztendlich nie stattgefunden.

WEGWEISER 13

Franzensfeste

➤ S. 66/67, [d 3] ➤ [H 3] **Führungen 1. Mai–30. Sept. jeden Di um 15 Uhr, Gruppen nach Vereinbarung, Treffpunkt: Eingang Festung (Parkmöglichkeiten); Dauer: ca. 1,5 Std.; Eintritt Erwachsene 6,50 €, Kinder 3,50 €; Information und Anmeldung: Verein Oppidum, Fax 04 72 45 89 06**

Teuer war der Mammutbau übrigens auch. Als Ferdinand I. im August 1838 etwas zu früh, dafür aber höchstpersönlich zur Einweihung kam, so erzählt man sich, habe er gefragt, ob die Festung aus Silber erbaut worden sei.

Nach der Unterzeichnung des Dreibundes zwischen Deutschland, Österreich und Italien im Jahr 1882 verlor die Anlage an strategischer Bedeutung, wodurch die Franzensfeste immer mehr zum reinen Lagerort für Waffen und Munition wurde. Von nun an hatte das gigantische Mauerwerk mehr Bedeutung für Schatzsucher als für Militärstrategen. Hatten die Nazis hier zum Beispiel ihr Gold versteckt?

In jüngster Zeit wird die Franzensfeste verstärkt zum kulturellen Veranstaltungsort, denn in ihren Mauern herrscht eine ganz eigentümliche Atmosphäre: In der weitläufigen Anlage verläuft man sich ohne Führer, ist der Raum aber abgesteckt, so bietet er vor allem bildenden Künstlern und Musikern ein hervorragendes Ambiente. In den Sommermonaten werden nun Ausstellungen veranstaltet, aber auch Festivals wie das Bozner Transart-Festival nutzen den maroden Charme dieses Verteidigungsmolochs.

Geschichten und Geheimnisse ranken sich um den größten erhaltenen Festungsbau der Habsburger.

Mittelalterliche Heldengeschichte

Eine feste Brücke, ursprünglich eine Zugbrücke, ist der einzige Zugang zu dem 886 Meter hohen, steil abfallenden Quarzphyllitfelsen. Diese Burg war eine wehrhafte Festung: Von drei Seiten umflossen von der Rienz, war sie kaum einnehmbar. Ende des 11. Jahrhunderts ließ Friedrich I. von Rodank **Schloss Rodenegg** errichten. Erst in jüngerer Zeit (1972) entdeckte man den eigentlichen Schatz des Schlosses: einen der ältesten profanen Freskenzyklen Europas, datiert auf den Anfang des 13. Jahrhunderts, der die Wände der Trinkstube ziert. Die Wandbilder erzählen die Geschichte von Iwein, ein frühes **Heldenabenteuer**, das Hartmann von Aue geschrieben hat, damals so etwas wie ein Bestseller, den man sich in langen Nächten im Schein des Feuers erzählte.

WEGWEISER 14

Schloss Rodenegg
➤ S. 66/67, [d 3] ➤ [J 3] **Rodeneck; Tel. 04 72 45 40 56; nur mit Führung (deutsch, italienisch und englisch), 15. Mai–15. Okt. Di–So 11 und 15 Uhr, 15. Juli–Ende Aug. auch um 16 Uhr und nach Vereinbarung**

Als Verfasser der ersten beiden mittelhochdeutschen Artusromane (Erec, Iwein) zählt **Hartmann von Aue** zu den bedeutendsten Autoren der Blütezeit der deutschen Literatur des Mittelalters. Seinen »Iwein« schrieb er nur wenig früher, als der Freskenzyklus auf Rodenegg entstand, in den Jahren um 1200. Er gilt als ein äußerst lebendiges und mit großem rheto-

rischen Können erzähltes Werk. Diese Lebendigkeit scheint den Maler der Fresken in der Trinkstube direkt inspiriert zu haben. Elf Szenen aus dem ersten Teil des Romans traten zu Tage, als sich Nicolo Rasmo 1972 dran machte, die unter der Tünche hervortretenden Fresken in der vermeintlichen Burgkapelle von Rodeneck freizulegen. Erwartet hatte man Heiligenfiguren oder das Leben Jesu oder Ähnliches. Ein dramatisches Heldenepos in Bildern aber war ein gänzlich unvorhergesehener Fund.

Es ist die Geschichte von einem, der auszog, um sich im Abenteuer zu erproben. **Iwein**, der Held des Romans, ist einer der zwölf Ritter der Tafelrunde am Hofe von König Artus. Zum Lohn dafür, dass er den Unhold besiegt, bekommt er Land und Gemahlin. Die Bilder in der alten Trinkstube sind an Unmittelbarkeit und Farbenprächtigkeit kaum zu überbieten. Warum der Text von Hartmann von Aue bereits zu seinen Lebzeiten Berühmtheit erlangte und in bildende Kunst umgewandelt wurde, ist bis heute eines der ungelösten Rätsel der Geschichte.

Im Dunkeln liegt auch der Urheber der Fresken. Man nimmt an, dass sie von einem im Dienste von Bischof Konrad von Brixen stehenden Maler geschaffen worden sind, der für diesen mehrere Kapellen und Kirchen ausgemalt hat. Vielleicht hat sich der damalige Burgherr diesen Künstler von seinem Vetter, dem Bischof, »ausgeliehen«. Sein Name ist jedoch unbekannt.

Bis heute weht den Besucher von Schloss Rodenegg der raue Wind einstiger Zeiten an: Unter einem der wenigen erhaltenen Fallgitter hindurch betritt man den Innenhof der Burg und wirft einen Blick in das einstige Verließ, in das die Gefangenen hinabgestoßen und meist vergessen wurden. In der Waffenkammer scheint einen die Henkermaske mit den blutrot bemalten Lippen tatsächlich ins finstere Mittelalter jagen zu wollen, und im Innenhof sieht man noch die erste Bauschicht dieser Burg: Damals mussten die Wohnräume im Bergfried noch mit einer Leiter erstiegen werden. Rund zehn Meter hoch liegt das kleine Einstiegsfenster, ehedem der »Haupteingang«. Eine Kapelle, eine Gartenanlage und ein Brunnenhaus machen den Schlossrundgang zu einem Erlebnis.

Als könnten jeden Moment die Ritter der Tafelrunde daher galoppieren: Schloss Rodenegg bei Mühlbach

Ein unvergleichlicher Kunstschatz

Oberhalb von Naturns liegt auf einem sanften Hang, etwas abseits, die von Wiesen und Obstgärten umgebene, altersgraue kleine **Kirche St. Prokulus.** So unscheinbar dieses Kirchlein von außen wirkt, so groß sind seine Schätze im Inneren. Denn die Kirche wurde bereits im 7. Jahrhundert im Gedenken an den **heiligen Prokulus,** Bischof von Verona, erbaut, der später als Viehpatron und Wasserheiliger verehrt wurde. Die erhaltenen Fresken stammen ebenfalls aus dieser noch vorkarolingischen Zeit. Damit gehören sie zu den bedeutendsten Kunstschätzen Mitteleuropas.

Die Kirche mit ihrer verwitterten Umfriedungsmauer birgt ein von der karolingischen Formensprache noch unbeeinflusstes, einzigartiges Zeugnis frühmittelalterlicher Malerei. Umstritten ist bis heute ihre Herkunft. Die Kunsthistoriker sind sich nicht einig, ob hier ein irisch-keltischer Stil vorliegt, der in merowingischer Zeit durch die vorwiegend von irischen Mönchen getragene Mission Verbreitung fand, oder ob hier spätantike Vorbilder Pate standen, die von Süden kamen. Die Einmaligkeit der Fresken ist Ursache für diesen wissenschaftlichen Disput. Außerdem wurden sowohl römisch-antike Mäanderbänder verwendet wie nordische Flechtbandornamente. Und die spätantik anmutenden Engel der Triumphbogenwand stehen in ihrer entrückten Haltung in deutlichem Gegensatz zu den naturalistischer gestalteten Figurengruppen mit ihren bewegten Physiognomien.

WEGWEISER 15

St. Prokulus-Kirche und Museum

➤ S. 66/67, [b 3] ➤ [D 4] St. Prokulusstraße, 39025 Naturns, E-Mail: prokuluskirche@gmx.net; Gruppenführungen und Öffnungszeiten Museum: Tel. 3 48 28 04 40 83, Ostern–Nov. Di–So 9.30–12 und 14.30–17.30 Uhr, ab 15. Okt. 14–17 Uhr, Mo geschl.; Prokulus-Kirche: wie das Museum, ab 15. Okt. aber auch 9.30–12 Uhr, Mo geschl., Führungen um 10 und 15 Uhr. Für Gruppen sind jederzeit Führungen möglich: Tel. 04 73 66 73 12 bei telefonischer Anmeldung außerhalb der Öffnungszeiten.

Um das Rätsel zu lösen, wurden seit 1985 Grabungen unternommen, die interessante Befunde zur Baugeschichte erbrachten. Unter dem Kirchenbau fanden sich die Reste eines spätantiken Hauses. Vermutlich hat ein bajuwarischer Grundherr die Kirche auf seinen Grundmauern errichtet und den kleinen Friedhof daneben für seine Familie genutzt. Seit dem 14. Jahrhundert diente die Kirche den Dornsberger Grafen als Gottesacker, in dieser Zeit wurden die ersten gotischen Fresken aufgemalt, unter denen die frühmittelalterlichen Bilder verschwanden. Etwa 50 Jahre später kam noch einmal eine Schicht Fresken an den Langhauswänden dazu.

Über die Bedeutung der Darstellung des Heiligen auf der Schaukel streiten sich die Gelehrten.

Erst 1912 entdeckte man den frühmittelalterlichen Kunstschatz unter den späteren Bildschichten. Das berühmteste und zugleich das anrührendste Bild ist der sogenannte »Schaukler«, die Darstellung eines Heiligen, der auf einem Seil sitzt wie auf einer Schaukel. Ob dies tatsächlich auf die Flucht des Bischofs Prokulus aus den Stadtmauern Veronas verweist, der mit seiner Gemeinde im 4. Jahrhundert Verona fluchtartig verließ, ist nach wie vor strittig. Aber es ist die überzeugendste Hypothese. Flankiert ist das Bild rechts und links von zwei Personengruppen, dicht gedrängten Gestalten in faltenreichen Gewändern mit riesigen Augen, einem Ausdruck, der offensichtlich die Neugierde ausdrücken soll, mit der sie das Geschehen beobachten. Unbeholfen ist noch die Perspektive, eine Person greift an einem Tuch vorbei, der Schaukler selber am Seil.

An einer anderen Wand, vom späteren Durchbruch einer Tür sehr in Mitleidenschaft gezogen, tummeln sich Rinder, geführt von zwei Hirten. Auf der Nordwand erkennt man noch fünf sitzende Heilige und einen Engel. Oberhalb der vorkarolingischen Bilder ist ein umlaufender Zyklus gotischer Fresken erhalten geblieben. Besonders der bewegte »Zug der Könige« an der Nordwand ist beeindruckend. An der südlichen Außenwand sind die Schöpfungsgeschichte und Episoden aus dem Leben Adam und Evas dargestellt.

Bei den Grabungen stieß man übrigens auf weitere überraschende Funde: Man entdeckte eine Massenbegräbnisstätte des 17. Jahrhunderts, einen sogenannten Pestfriedhof, darunter mittelalterliche Gräber und ein herrschaftliches Grab, das aus der Gründungszeit der Kirche um 650 stammt.

In einem vollständig unterirdisch angelegten Museum wird die Geschichte der Prokoluskapelle in einer modernen Ausstellung aufgearbeitet. Leicht verständlich werden dem Besucher die vier Raum-Zeit-Stationen der Epochen Spätantike, Frühmittelalter, Gotik und Pestzeit vermittelt.

BESONDERE ORTE

Der versunkene Kirchturm

Die Uhr am Kirchturm, der mittlerweile aus dem Wasser des Reschensees ragt, trägt keine Zeiger mehr. Bevor das alte Dorf Graun samt Höfen und Kirche im Jahr 1950 unter Wasser gesetzt wurde, haben seine ehemaligen Bewohner alles herausgeholt und abmontiert, was einen Wert besaß. Und doch, heute sieht dieser Kirchturm im Wasser auf eine merkwürdige Art idyllisch aus. Kaum einer fährt an ihm vorbei, ohne einen Blick über die glatte Oberfläche des Sees zu werfen, in der sich der Turm spiegelt. Doch hinter diesem idyllischen Bild von heute verbirgt sich eine Geschichte, und diese Geschichte hat zwei Seiten: Die einen feiern sie als den Triumph des Fortschritts. Sechs Kilometer ist der Reschensee lang, mit einer Wassermenge von 116 Millionen Kubikmetern erzeugt er rund 250 Millionen kWh Strom im Jahr, eine stolze Leistung.

Für die Familien, die hier seit Generationen leben, ist es jedoch die Geschichte einer Katastrophe. Denn Graun war einst ein stattliches Dorf, wohlhabend geworden durch den Durchgangsverkehr, mit Erkern und Fresken an den Häusern und mit einer Poststation.

Bereits vor dem Zweiten Weltkrieg unter den Faschisten sollten die Anwohner der hoch gelegenen Ebene rund um die alten Orte Graun und Reschen enteignet werden. Doch der Krieg verzögerte die Überflutung ihrer Heimat. Im Sommer 1950 wurden schließlich die Gebäude von Alt-Graun, Reschen und einigen Orten mehr gesprengt und geflutet. Nur den romanischen Kirchturm ließ man aus Gründen des Denkmalschutzes stehen.

Das Dorf ist in den Fluten des Stausees versunken. Nur der Kirchturm blieb stehen – und wurde zum Mahnmal.

70 Prozent der Bevölkerung wanderten damals ab. Insgesamt wurden 181 Wohnhäuser und landwirtschaftliche Gebäude gesprengt für den See, der heute 677 Hektar einnimmt. Rund 1000 Menschen waren insgesamt von der Katastrophe betroffen und wurden ihrer Existenzgrundlage beraubt.

Waren die ersten Pläne und Projekte noch vergleichsweise umweltschonend, so stellte sich bereits 1939, als der Konzern **Montecatini** (heute Edison) die Konzession übernahm, heraus, dass das Vorhaben einschneidende Konsequenzen haben würde. Schon damals war eine Stauung von 22 Meter Höhe geplant worden. Damit war klar, dass die Menschen ihre Häuser würden verlassen müssen.

Sechs Tage nach der Unterzeichnung des Options-Abkommens zwischen Hitler und Mussolini, am 29. Juni 1939, legte der Konzern sein neues Ausführungsprojekt vor; es sah eine Stauung der Seen von 1475 auf 1497 Meter vor. Die Art, wie diese Pläne der Bevölkerung mitgeteilt wurden, grenzte an eine Vertreibung. Ausschließlich in italienischer Sprache publiziert, hätten die Anwohner ihre Einwände vorbringen sollen. Nach nur acht Tagen konnte vermeldet werden, dass keine Einwände vorhanden seien. Schon 1940 ermächtigte das zuständige Ministerium in Rom die Montecatini zum Bau. Doch dann kam der Krieg dazwischen.

Kaum schwiegen die Waffen, wurde das Projekt mit aller Eile vorangetrieben. Selbst ein Bittgang des Pfarrers und des Fürstbischofs Johannes Geißler beim Papst konnten die Stauung nicht mehr verhindern. Statt mit Grund und Boden wurden die Betroffenen mit Geld »entschädigt«. Eines der schlagenden Argumente damals war übrigens die vorgebliche Armut des Vinschgaus: Die Montecatini argumentierten hartnäckig, der oberste Vinschgau sei eine ertragsarme und unfruchtbare Gegend, in der es sich nicht zu leben lohne. Wer heute durch diese blühende Landschaft fährt, kann sich vorstellen, welche Motive hinter dieser Argumentation standen. 1950 dann wurden die Schleusen im Staudamm nach einigen Probedurchläufen endgültig geschlossen.

Inzwischen haben die Menschen versucht, das Beste aus ihrer Situation zu machen und selbst den gehassten See in ihr Leben mit einzubeziehen. Eine der witzigsten Ideen ist die **Schifffahrt** in den Alpen: Man kann den See nämlich per Schiff erkunden. Eine Stunde dauert die Fahrt mit der »MS Hubertus Interregio«.

WEGWEISER 16

Reschensee

➤ S. 66/67, [a 2] ➤ [B 3] **Schiffsausflug von Mitte Juli bis Anfang Sept. tgl. um 15 Uhr, Abfahrt in Reschen, in der Hochsaison außerdem um 11 und um 17 Uhr. Achtung: Jacken mitbringen. Auf fast 1500 m Höhe kann es auch im Sommer kalt werden!**

a
b
c
d
1
2
3
4
5
Innsbruck
Igls
Schönberg
Matrei
Steinach
Lanersbach
Hintertu
Neustift
Gries
Silz
Imst
Oetz
Wenns
Landeck
Umhausen
St. Leonhard
Langenfeld
Ö S T E R R E I C H
Mittelberg
Sölden
Brenner-bad
St. Jakob
Kematen
Gossensaß
Sterzing
Thuins
Wiesen
Ratschings
Freienfeld
Kalch
Mauls
Nauders
Martina
Schönau
Obergurgl
Moos
Passeier
Passeiertal
Walten
Mittewald
Vintl
Mühl
Reschen
Graun
i. Vinschgau
Ötztaler Alpen
St. Leonhard in Passeier
Franzens-feste
Pens
Meran
Weißenbach
Neust
Brix
Kurzras
Vinschgau
Brixen
Vernagt
Texelgruppe
Saltaus
Burgeis
Mals
Matscher Tal
und
Karthaus
Dorf Tirol
Schenna
Albeins
Schluderns
Meran
Astfeld
Taufers
Glurns
Spondinig
Kortsch
-Tschars
Plaus
Sarntal
Sarnthein
Klausen
Teis
Umgeb
Goldrain
Naturns
Bundschen
Waidbruck
St. U
Prad
Laas
Schlanders
Kastelbell-
Lana
Burgstall
Gargazon
Bozen
Barbian
Gomagoi
Vinschgau
Grödner Tal
Kastelruth
Trafoi
Suldental
Neben-
täler
Martelltal
und
Prissian
Terlan
Wangen
Seis
Wolker
Unsere liebe Frau i. Walde
Bozen
Schloss Runkelstein
Völs
Ortlergruppe
Umgebung
St. Pauls
Blumau
St. Michael
St. Jakob
Tiers
Fondo
Umgebung
Lombardei
Kaltern
Birchabruck
Welschnofen
Branzoll
Rauth
Cles
St. Josef
Aldein
Malé
Auer
Tramin
Kaltenbrunn
Predazzo
Neumarkt
Cavalese
Etschtal
Ponte di Legno
Kurtinig
Altrei
Salurn
Madonna di Campiglio
Pinzolo
Molveno
Lavis
Trentino
Trento
Vezzano
Roncegno

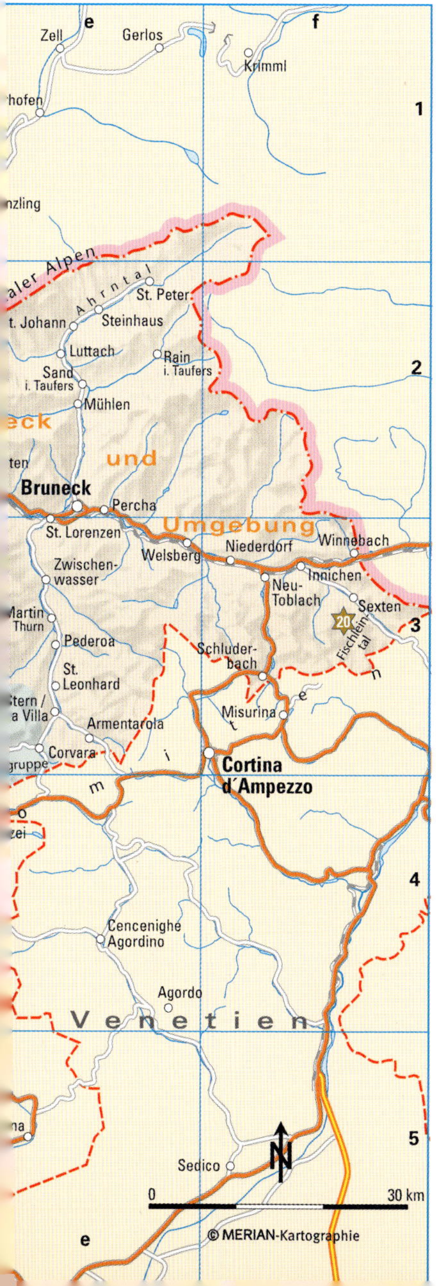

DER GUTE TIPP VON MERIAN

Spezielle Autorenempfehlungen, mit denen Sie vor Ort mehr erleben, ab S. 40

HOTELS

1 Hotel Elephant, S. 41
➤ S. 66/67 [d 3] ➤ [J 3]
2 Vigilius Mountain Resort, S. 42
➤ S. 66/67 [c 3] ➤ [E 4]
3 Familienalm Taser, S. 43
➤ S. 66/67 [c 3] ➤ [F 4]

ESSEN UND TRINKEN

4 Schloss Fahlburg, S. 44
➤ S. 66/67 [c 3] ➤ [F 5]
5 Schloss Thurnstein, S. 46
➤ S. 66/67 [c 3] ➤ [E/F 4]

BESONDERE FESTE/RITUALE

6 Oswald-von-Wolkenstein-Ritt, S. 46
➤ S. 66/67 [d 3] ➤ [H 5]
7 Faschingsumzug in Tramin, S. 48
➤ S. 66/67 [c 4] ➤ [F 7]
8 Scheiben schlagen, S. 50
➤ S. 66/67 [b 3] ➤ [C 4]
9 Klöckler im Sarntal, S. 51
➤ S. 66/67 [c 3] ➤ [G 4]
10 Pfingstranggeln, S. 52
➤ S. 66/67 [d/e 2] ➤ [J 2]

SEHENSWERTES

11 Messner Mountain Museum Firmian, S. 54
➤ S. 66/67 [c 4] ➤ [G 6]
12 Schloss Tirol, S. 56
➤ S. 66/67 [c 3] ➤ [E 4]
13 Franzensfeste, S. 58
➤ S. 66/67 [d 3] ➤ [H 3]
14 Schloss Rodenegg, S. 60
➤ S. 66/67 [d 3] ➤ [J 3]
15 St. Prokulus-Kirche und Museum, S. 62
➤ S. 66/67 [b 3] ➤ [D 4]

BESONDERE ORTE

16 Reschensee, S. 65
➤ S. 66/67 [a 2] ➤ [B 3]
17 Glurns, S. 70
➤ S. 66/67 [a 3] ➤ [B 4]
18 Knottn-Kino, S. 71
➤ S. 66/67 [c 3] ➤ [F 4]
19 Frühlingstal, S. 72
➤ S. 66/67 [c 4] ➤ [F 6]
20 Fischleintal, S. 73
➤ S. 66/67 [f 3] ➤ [N 4]
21 Johanniskofel in der Sarner Schlucht, S. 74
➤ S. 66/67 [c 3] ➤ [G 5]
22 Tartscher Bühel bei Mals, S. 75
➤ S. 66/67 [a 3] ➤ [B 4]

LAND UND LEUTE

23 Teufelssessel bei Matschatsch, S. 76
➤ S. 66/67 [c 4] ➤ [F 6]
24 Fruchtbarkeitsrutsche, S. 78
➤ S. 66/67 [c 4] ➤ [F 7]
25 Schloss Runkelstein, S. 80
➤ S. 66/67 [c 4] ➤ [G 5]

Bildlegenden:
In schwindelerregende Höhen begibt sich mancher Kletterer.

Nächste Seite: Tor in der Stadtmauer von Glurns.

Zauberhafte Stadt

Als Kind hat man sehr genaue Vorstellungen davon, wie die Dinge zu sein haben. Jedes Kind weiß z.B., wie eine Prinzessin aussieht, aber auch wie ein Schloss und wie die Stadt darunter. Meist wird man dann später enttäuscht, und nichts sieht so aus, wie man es sich als Kind vorgestellt hat. Aber es gibt Ausnahmen. Das Städtchen Glurns ist so eine Ausnahme. Glurns ist genau das, was sich Kinder unter einer Stadt vorstellen, aufs i-Tüpfelchen genau.

WEGWEISER 17

Glurns

➤ S. 66/67, [a 3] ➤ [B 4] **Tourismusverband Ferienregion Vinschgau, Büro Glurns, 39024 Mals; Tel. 04 73 73 70 73; www.vinschgau.is.it**

Glurns ist die kleinste Stadt Italiens. Im Jahr 1304 wurde Glurns das Stadtrecht zugesprochen, damals war seine Größe noch keine Besonderheit. Doch heute haben die pittoresken Winkel und Gassen innerhalb der alten Ringmauer, die Bürgerhäuser und Laubengänge einen ganz besonderen Charme. Es ist, als habe das Rad der Zeit an diesem Winkel der Welt vergessen, sich weiter zu drehen.

Diese kleine Stadt zählt heute 900 Einwohner, und die haben wie vor 700 Jahren innerhalb der alten Mauern Platz. Damit hält Glurns einen kuriosen Rekord: Es hat die geringste städtische Einwohnerzahl Europas. Drei wuchtige Türme und eine ganze Reihe von Wehrtürmchen umschließen den alten Dorfkern und zeugen von dem einst wehrhaften Charakter des Städtchens. Dass es heute das am besten erhaltene Stadtbild Tirols hat, zeigt aber auch, dass es bald nicht mehr im Brennpunkt von Kämpfen lag. Die Schlacht an der Calven 1499 war das letzte nennenswerte Intermezzo. Damals allerdings wurde Glurns von den feindlichen Angreifern aus Graubünden zerstört. Die Chronik verzeichnet, Kaiser Maximilian habe Tränen geweint. Wenn er geahnt hätte, dass ausgerechnet diese Stadt ein halbes Jahrtausend später zum Inbegriff städtischer Idylle werden sollte, wäre ihm das erspart geblieben. Also auf, zum Streifzug durch Gassen und Hinterhöfe, in denen das Gebrüll der Kühe zur Melkzeit noch zum städtischen Alltag gehört.

Leben von heute in Mauern von gestern – Glurns ist einzigartig.

Einst waren sie Schutz – heute locken Stadtmauer und Wehrtürme Besucher.

Cinema Paradiso – der Anblick der grandiosen Bergkulisse kann faszinierender sein als jeder Kinofilm.

Ein Kino für die wichtigen Dinge im Leben

Wer unversehens auf dieses »Kino« stößt, wundert sich einfach nur. Gut platziert stehen Kinosessel in Reih und Glied, 40 Stück sind es insgesamt. Sie sind aus Kastanienholz und Stahl und stehen seit dem Jahr 2000 mitten in der Landschaft als **Knottn-Kino**. Doch da, wo andere Kinos ihre Leinwand haben, öffnet sich hier der Blick: In der Ferne die weißen Riesen der Texelgruppe, zu Füßen das Etschtal. »Die Abwechslung kommt mit dem Sitzenbleiben«, schrieb die Südtiroler Kulturjournalistin Inga Hosp. Und tatsächlich wird das Programm, je länger man sitzt, umso spannender. Plötzlich verändert sich die Zeit. Sie kommt nicht mehr in rasenden Schritten auf einen zu, sondern zieht gemütlich am Sitzenden vorbei.

Denn dieses »Kino« zeigt einen Film, der nie aus der Mode kommt: die Natur pur. Jemand hat das Ganze eine »Oscar-reife Aussicht auf die Südtiroler Bergwelt« genannt. Der Rittner Landartkünstler Franz Messner setzte diese Idee in die Wirklichkeit um und platzierte seine Kinosessel so auf einem Hügel oberhalb von Burgstall, dass man die Landschaft gut im Blickfeld hat, und nannte das Ganze »Knottn-Kino«, denn »Knottn« heißt im Südtiroler Dialekt so viel wie »Fels«. Zu erreichen ist das »Kino« in einer halbstündigen Wanderung ab Vöran.

WEGWEISER 18

Knottn-Kino

➤ S. 66/67, [c 3] ➤ [F 4] **Informationen beim Tourismusverein Hafling/Vöran/Meran 2000, St. Kathrein-Str. 2/b, Hafling; Tel. 04 73 27 94 57, Fax 04 73 27 95 40; E-Mail: info@hafling.com**

Bei Montiggl ist der Frühling zu Hause

Wenn in Zeichentrickfilmen der Frühling ausbricht, beginnt er immer von einem Ort aus, seine Blumenpracht über die weiß-graue Winterlandschaft auszustreuen. Wie ein Flächenbrand zieht sich der bunte Segen dann über die gesamte Leinwand. Alles nur ausgedacht? Nein, Irrtum, die Zeichner der Trickfilme hatten offensichtlich ein reales Vorbild, und das liegt in Südtirol: Der Frühling hat hier tatsächlich ein Zuhause.

Der Ort, an dem der Frühling anfängt, ist das Frühlingstal, südlich von Montiggl, etwas abseits der Südtiroler Weinstraße. Dort beginnt jedes Jahr Anfang März der Zauber des Frühlings. Beinahe so, wie ihn sich die Zeichner von Walt Disney und Co. vorstellen. Allerdings ist der Frühling nicht bunt, das ist tatsächlich ein Irrtum der Zeichentrickfilmmacher – nein, der Frühling ist grün, blau und weiß. Er kommt mit Abertausenden von Schneeglöckchen und blauen Leberblümchen. Er wird auch nicht etwa aus der Luft auf die Erde gestreut, sondern er gräbt sich aus dem Unterholz hervor, durch das kahle Geäst der Büsche.

WEGWEISER 19

Frühlingstal

➤ S. 66/67, [c 4] ➤ [F 6] **Das Frühlingstal beginnt etwas südlich von Montiggl. Der gut ausgezeichnete Wanderweg führt bis zum Kalterer See. Jausenstation am Kleinen Montiggler See; Tel. 04 71 66 31 27; geöffnet Ostern–Okt., im April, Mai und Sept. Do geschl.**

Das Naturschutzgebiet Montiggl mit seinem bunten Mischwald und den beiden romantisch eingebetteten Badeseen laden zum Verweilen und zum Entspannen ein. Ob im Frühlingstal, wo im März tausende Schneeglöckchen blühen, auf den vielen Wanderwegen oder an den beiden Seen - hier kommen Naturliebhaber und Wasserratten gleichermaßen auf ihre Kosten. Am besten durchstreift man die Landschaft zu Fuß, denn hier gilt es, die kleinen Schönheiten am Wegesrand zu entdecken.

Montiggl ist ein kleiner, hübscher Ort inmitten von Wäldern, Weingärten und Obstwiesen. Von diesem Weiler aus zieht sich das »Frühlingstal« an einem Bachlauf entlang durch einen sonnendurchwirkten Mischwald. Sobald die erste Frühlingssonne den Frost aus dem Boden treibt, beginnen hier die Blumen zu sprießen. Und weil dieses Tal so zauberhaft ist, zieht es Frühling für Frühling die Spaziergänger an. Lauschiger als hier kann der Frühling kaum beginnen. Und wenn man schon gerade in der Gegend ist, sollte man auch einen Abstecher zum kleineren und ruhigeren der beiden Montiggler Seen machen. Im Sommer sind beides Badeseen. Am kleinen Montiggler See hat eine Jausenstation mit Gastgarten aber auch außerhalb der Badesaison geöffnet.

Die größte Sonnenuhr der Welt

Wenn der Frühling eine Heimat hat, so auch der Winter. Der Winter haust natürlich ein Stück weiter nördlich, im Fischleintal. Wenn man in diesem Tal ist, dann möchte man am liebsten, dass er gar nicht mehr aufhört. Denn das **Fischleintal** bei Sexten ist wie ein Traum. Am schönsten ist dieser winterliche Traum, wenn man ihn mit ein bisschen Mühe selbst erringt: Von Sexten aus führen in leichtem Anstieg Loipen das Fischleintal hinauf, eine Tour, die auch Ungeübte leicht bewältigen können. Oben angekommen, breitet sich eine kleine Hochebene vor einem aus, umringt von den bizarren Felsformationen der Sextner Dolomiten. Die weichen Formen des im Winter meist meterhoch liegenden Schnees stehen in wunderbarem Kontrast zu der schroffen Kargheit der bleichen Berge, ein kristallklarer Himmel spannt sich hoch über der Winterlandschaft. Die Berge werden auch die »Sextner Sonnenuhr« genannt. Gemeinsam bilden sie die größte **steinerne Sonnenuhr** der Welt: Der Neuner-, Zehner-, Elfer-, Zwölfer- und Einserkofl, so heißen die Bergspitzen, die das Fischleintal abschließen. Und sie heißen nicht etwa zufällig so: Zur Wintersonnenwende steht die Sonne um 12 Uhr genau über dem Zwölfer und um 13 Uhr (WOZ) genau auf der Spitze des Einsers. Am Beginn der Hochebene finden sich ein Hotel und die Fischleinbodenhütte. Auf der Ebene sind die Loipen im Rundkurs gespurt und führen an der Talschlusshütte vorbei.

WEGWEISER 20

Fischleintal

➤ S. 66/67, [f 4] ➤ [N 4] **Ausgangspunkt von den Parkplätzen bei Bad Moos, Sexten**

Der wild gezackte Zwölferkofel zählt zu den markantesten Berggestalten der Sextener Dolomiten.

Schwindelerregende Ausblicke

Wer das erste Mal von Bozen aus durch die Sarner Schlucht ins Tal fährt, duckt sich unwillkürlich ein wenig tiefer in seinen Autositz hinein. 100 Meter und mehr geht es senkrecht in die Tiefe hinunter, gleich neben der Straße, hinter einer kleinen gemauerten Begrenzung, die kaum nennenswerten Schutz bietet. Diese Straße hat es in sich: Zwar sind in den vergangenen Jahren einige neue Tunnel hinzugekommen, aber man sieht der Straße noch immer die Mühe ihres Entstehens an: In den Fels gehauen schlängelt sie sich auf einem schmalen Absatz entlang der Steilwände in das Sarntal. Wer im Cabrio unterwegs ist, hat den Eindruck, die Felsen müssten auf ihn herabstürzen. Wirklich beeindruckend aber ist das Ganze von einer etwas erhöhten Sichtposition aus, und die hat man am besten in einem der Busse, die täglich mehrmals vom Bozner Busbahnhof aus in das Sarntal pendeln.

WEGWEISER 21

Johanniskofel in der Sarner Schlucht

➤ S. 66/67, [c 3] ➤ [G 5] **Parkmöglichkeit für das Auto am Nordausgang des Tunnels Nr. 16, kurzer Abstieg zur Hängebrücke am Südausgang des Tunnels Nr. 14, gleichzeitig eine Bushaltestelle. Taschenlampe mitnehmen, da man ein Stück die Staatsstraße entlang durch zwei Tunnel zurückgehen muss. Buschenschank Steinmannhof; Tel. 04 71 60 20 42**

Es gibt aber natürlich auch eine andere Möglichkeit, den Schauder der schroffen Tiefe zu genießen: auf einer Wanderung zu Fuß. Mitten in der Sarner Schlucht ragt eine Art Zuckerhut steil auf, der sogenannte **Johanniskofl**. Dieser mächtige, 230 Meter hohe Porphyr-Brocken mit seinen senkrecht abfallenden Wänden hat etwas Dramatisches. Im krassen Gegensatz dazu bildet die von Laubbäumen umstandene kleine Wiese auf seiner Spitze eine regelrechte Idylle. Auf dem Rondell steht außerdem noch ein Kirchlein. Von hier aus bietet sich ein wahrhaft schwindelerregender Blick ins Bachbett hinab und durch die gesamte Sarner Schlucht hindurch.

Zu erreichen ist dieses Kirchlein auf einfachem, aber schweißtreibendem Fußmarsch zunächst über eine Hängebrücke über die Schlucht hinweg, dann in Serpentinen den Johanniskofel hinauf. Eine knappe Stunde braucht man, dann ist man oben. Für Durstige gibt es den **Steinmannhof**, einen Buschenschank, der zur Törggelenzeit ein echter Tipp ist und der von dem Kirchlein noch einmal ca. 15 Minuten entfernt liegt.

Die Kirche am Tartscher Bühel ist Bestandteil einer Sage – von menschlichem Übermut und gerechter Strafe.

LAND UND LEUTE

Die versunkene Stadt

Der obere Vinschgau ist mit seinen sanften Hügeln eine besonders reizvolle Landschaft. Wenn der Wind durch die Wiesen und Kornfelder weht, liegt eine herbe Schönheit über dem Land, eine Hochterrasse auf immerhin schon mehr als 1000 Höhenmetern. Das **Dorf Mals** ist der romantische Mittelpunkt dieser eigentümlichen Schönheit und prägt mit seinen fünf markanten Türmen das Landschaftsbild. Drei dieser Kirchtürme stammen noch aus der romanischen Stilepoche, einer aus der gotischen, und der Bergfried der Fröhlichsburg ist ein Überbleibsel einer Vogstburg. Ganz in der Nähe erhebt sich ein runder Hügel, auf dessen Höhe sich eine kleine Kirche befindet, die St. Veitskirche, mit der es in der Sagenwelt des Vinschgaus eine ganz besondere Bewandtnis hat. Ihre Mauern gehen wohl auf vorromanische Zeit zurück, angeblich haben die frühesten Christen hier als Erstes einen geweihten Ort gebaut, denn der **Hügel** verbirgt eine scheußliche Geschichte.

Einst soll hier ein reiches Dorf gestanden haben, dessen Bewohner ganz und gar gottlos waren. Von ihrem Leben erzählt man sich absonderliche Geschichten, aus purem Übermut hätten sie Tiere gequält. Einmal, so die Sage, trieben sie es besonders arg. Um sich an einem grausamen Schaustück zu ergötzen, zogen sie einem Ochsen die Haut ab und rieben die Wunde mit Salz ein. Das gequälte Tier sei laut brüllend durch das Dorf gerannt in seiner Todespein. Schließlich habe es innegehalten und habe in einem einzigen grauenvollen Schrei den Himmel um Vergeltung an den Bewohnern des Dorfes angerufen. Und der Himmel ließ das gepeinigte Tier nicht im Stich: Ein Wind erhob sich, und die Erde begann zu beben, und mit einem Mal versank das ganze Dorf mit Mann und Maus im Abgrund. Dort, wo es

WEGWEISER 22

Tartscher Bühel bei Mals

➤ S. 66/67, [a 3] ➤ [B 4] **Info zu Führungen: Tourismusverein Mals; Tel. 04 73 73 70 70; Mitte April bis Mitte Okt. jeden Di, Treffpunkt um 15 Uhr an der Pfarrkirche Tartsch. Anmeldung bis spätestens 18 Uhr am Vortag erforderlich. Die Tour dauert ca. 90 Min., Gebühr 2 € pro Person**

einst gestanden haben soll, erhebt sich nun der **Tartscher Bühel.** Ganz hohl klinge es, wenn man hier mit den Füßen kräftig auf den Boden aufstampfe, so wird gesagt. Einmal, so die Sage weiter, habe ein Hirte nachgeforscht und ein Loch gegraben. Unvermittelt sei er in eine darunterliegende Kammer gefallen, in der einige menschliche Gestalten um einen Tisch herum saßen, Skelette nur noch, die bei der leisesten Berührung zu Staub zerfielen. Der Hirte überlebte sein Abenteuer und ließ sich wieder hinaufziehen, der »Tempel« blieb unentdeckt. Aber zwei heidnische **Glocken** mit eigenwilligem Klang sind noch heute im Turm der uralten Kirche zu hören.

Tatsächlich kann man auf **Luftbildern** eine ausgedehnte stadtartige Siedlung erkennen. Ausgrabungen haben Hausbauten hervorgebracht, eingetieft, zweigeschossig, mit Mauersockeln und Holzaufbau. Heute nimmt man an, dass sich hier eine der zahlreichen Brandopferstellen des oberen Vinschgaus befunden hat. Kleine, kalzinierte Knöchelchen, die man bei Grabungen gefunden hat, weisen auf eine solche Brandopferstelle, die wohl zu jeder frühzeitlichen Siedlung gehört hat. Zu besichtigen ist noch die Kirche zum Heiligen Vitus, ein romanischer Bau, deren Ursprünge wahrscheinlich im frühen Mittelalter liegen. – Und wen die ganze Sagenwelt nicht interessiert, der genießt den herrlichen Blick über das Land.

Wo der Teufel sein Unwesen trieb

Am Fuße des Mendelgebirges oberhalb von Eppan, dort, wo das Plateau allmählich zum Gebirge ansteigt, hat die Eiszeit einige fantastische Plätze hinterlassen. Hier kann man auch Tausende von Jahren später noch sehen, mit welcher Gewalt die Eismassen die Landschaft formten. Deutlich lässt sich der Schliff durch den Gletscher erkennen, der einst das Etschtal ausfüllte. Der freiliegende geschliffene Buckel umfasst eine Fläche von etwa 11 000 Quadratmetern. Rillen und Furchen im Felsen zeigen, wie sich das Eis in Nord-Süd-Richtung vorwärts geschoben hat, seitlich, dort wo heute Weinberge sind, blieb das Moränenmaterial liegen. In dieser von den Urgewalten der Natur geformten Landschaft befindet sich weni-

ge Schritte hinter der Gleifkapelle, die man von Eppan aus sieht, ein Fels, den die Bevölkerung den **Teufelssessel** nennt. Wenn man vom südwestlichen Ende des Gletscherschliffes am Gleifhügel auf einem Steig in den Buschwald eintritt, gelangt man nach wenigen Minuten zu einer kleinen Gruppe von Gletschertöpfen. Es sind schalenförmige **Vertiefungen** im Quarzporphyr, von denen die größte aussieht, als sei sie ein Sessel. Dieser »Lehnsessel« im Fels befindet sich knapp 100 Meter südwestlich von der Gleifkirche, am Rande eines Weinberges.

WEGWEISER 23

Teufelssessel bei Matschatsch

➤ S. 66/67 [c 4] ➤ [F 6] **Informationen beim Tourismusverein Eppan, Tel. 04 71 66 22 06**

Der Sage nach wurde der Fels so geformt, als sich der Teufel in höchsteigener Person nach getaner Arbeit hier niederließ, um sich auszuruhen. Ein liederliches Frauenzimmer, Magd auf der nicht allzu fernen Burg Schloss Moos-Schulthaus, soll es mit der Keuschheit nicht allzu genau genommen haben und ihre Küsse vielen geschenkt haben. In dem rosaroten Porphyr, der von rotvioletten Streifen durchzogen ist, soll ihr Blut geronnen sein. Als sie es allzu wild trieb, kam der Teufel aus seinen Tiefen herauf, um sie zu holen. Durch die Lüfte sei er geflogen und habe sie am Gleifhügel zu Tode geschliffen. In dem rosaroten Porphyr, der von rotvioletten Streifen durchzogen ist, soll ihr Blut geronnen sein. Schließlich ließ er sich ermattet nieder, und als seine feurige Gestalt den Ruheort wieder verließ, hatte sich der Sessel in den Fels eingegraben.

Tatsächlich handelt es sich bei den Gletschertöpfen um die Auswaschungen durch die Schmelzwasser des Etschtalgletschers. Die Schmelzwasser stürzen durch Spalten in die Tiefe, wo sie in Strudeln Löcher in den harten Fels schleifen. Den »Teufelssessel« erreicht man von Eppan aus über den Kalvarienberg gleich hinter dem Eisstadion auf leichter Wanderung zur Gleifkapelle. Wenn man sich auf der anderen Seite des Gleifhügels weiter auf der Asphaltstraße nach links wendet, erreicht man Schloss Moos-Schulthaus, den Ort des liederlichen Treibens, der heute ein hervorragendes Museum mittelalterlicher Lebenskultur ist.

Profane Erklärung für ein Naturphänomen – der leibhaftige Teufel soll hier am Werk gewesen sein.

Wer's glaubt ... der Besuch der Fruchtbarkeitsrutsche soll schon mancher Familie zu Nachwuchs verholfen haben.

Alter Keltenbrauch in herrlicher Lage

Ist Ihr Kinderwunsch noch unerfüllt? Dann sollten Sie rutschen, rittlings oder bäuchlings, allerdings weiß man nicht mehr ganz genau, wie die **Fruchtbarkeitsrutsche** auf den Hügeln von Castelfeder funktioniert hat. Manche raten, mit bloßem Hintern zu rutschen, andere sind überzeugt, dass nur der Bauch den Kindersegen bringt. Fest steht: Im Glauben der Kelten mussten die Frauen im gebärfähigen Alter die Fruchtbarkeitsrutsche hinunterrutschen. Ob die Rutsche noch immer wirksam ist, ist nicht bezeugt. Die Christen jedenfalls versuchten, dem hartnäckigen Wunderglauben entgegenzuwirken, indem sie ein Kreuz in die Rutsche aus Stein meißelten. Wie man es heute tut, bleibt der eigenen Fantasie überlassen. Und es gibt kaum eine Gegend, die die Fantasie so anregt wie das Hochplateau bei Castelfeder.

Castelfeder war durch die Jahrtausende ein Mittelpunkt menschlicher Besiedlung: Stein- und bronzezeitliche Volksstämme, Räter, Römer, Rätoromanen, Ostgoten, Langobarden, Franken und Bajuwaren und mittelalterliche Adelsgeschlechter – sie alle haben sich hier niedergelassen. Die Hinweise auf eine Besiedlung reichen bis in die Bronzezeit zurück. Diese Vorliebe für einen Ort, über alle Zeiten hinweg, muss mit dem milden Klima und der herrlichen Lage zu tun haben.

Wenn man nicht weiß, ob man sich auf dem griechischen Peloponnes oder noch immer in Südtirol befindet, dann ist man mit ziemlicher Sicherheit auf dem sagenumwobenen Hügel von Castelfeder, südlich von Auer,

der ein außergewöhnlich schönes Biotop und gleichzeitig ein archäologisches Ruinenfeld ist. Am Ostrand des Etschtales erhebt sich diese etwa 1,5 Kilometer lange und 600 Meter breite, flach gewölbte, von Gletschern abgeschliffene Porphyrkuppe: ein inselartiges Naturparadies auf 405 Meter Höhe. Bläulinge und Tagfalter taumeln durch die Lüfte, Smaragdeidechsen sonnen sich auf heißem Gestein.

Die Römer errichteten hier eine Befestigungsanlage. Von den Schutzmauern der alten Festungsanlage sind heute nur noch drei Bögen geblieben, der Volksmund nennt sie »Kuchelen«, sie sind das Wahrzeichen von Castelfeder.

Auch die Mauerreste der Burg Castelfeder und Teile des Barbarakirchleins sind erhalten, eine um 600 n. Chr. dem Hl. Vigilius geweihte Kirche. Noch bis zum Ende des 18. Jahrhunderts wurden dort Messen gefeiert. Danach allerdings verfiel die Kirche schnell. Heute machen vor allem diese Schichtungen vergangenen Lebens den besonderen Reiz dieses Ortes aus.

»Arkadien Tirols« nannten ihn Maler der Romantik, und tatsächlich scheint Castelfeder direkt aus der Gedankenwelt eines Caspar David Friedrich entsprungen zu sein. Die Gletscher der Eiszeit haben hier eine sehnsuchtsvolle Hügellandschaft geschliffen. In den sanften Mulden grasen Schafe, dazwischen wuchert das Strauchwerk, morastige Tümpel und Steppengras, rätselhafte Ruinen und Wasser mit Seerosen: eine Wärmeoase mit mediterranen Pflanzen.

Zu erreichen ist Castelfeder über eine leichte **Halbtagestour** ab Auer: Start ist am Erholungszentrum Schwarzenbach. Auf dem Weg rechts neben der Turnhalle weiter bis zur Fleimstalerstraße, dann 200 Meter aufwärts bis zum Parkplatz (rechts). Hier beginnt der Anstieg auf Pfad Nr. 5A, nach 10 Minuten ist die erste Anhöhe mit schöner Rundschau erreicht. Der Pfad 5B beginnt 50 Schritte die Straße aufwärts an der großen Kehre, führt am Rand einer Wiese aufwärts, wendet dann nach rechts und vereinigt sich oben mit Pfad Nr. 5A. Der von nun an mit Nr. 5 markierte Pfad führt auf die Hügelkuppe. Rückweg: auf dem weiß-blau markierten Weg zur Straße nach Montan und auf Weg Nr. 4 nach Auer.

WEGWEISER 24

Fruchtbarkeitsrutsche

➤ S. 66/67, [c 4] ➤ [F 7] **Castelfeder, Tourismusverein Castelfeder, Hauptplatz 5, Auer; Tel. 04 71 81 02 31; www.castelfeder.info**

Kaiser, Riesen und Zwerge

Man nennt sie die Bilderburg und das zu Recht, denn auf **Schloss Runkelstein** im Eingang des Sarntales ist der größte profane Fresken-Zyklus Europas erhalten geblieben. Ob König Ludwig I. von Bayern, der Runkelstein als »schöne Ruine« bezeichnete, oder die vielen Künstler des 19. Jahrhunderts, die sie immer wieder zeichneten und malten: Sie alle waren hingerissen von diesen Bildern, die nicht etwa Adlige in Auftrag gaben, sondern ein Bozner Brüderpaar aus bürgerlicher Familie, hoch angesehen und vermögend, aber eben keinesfalls »Ritter«.

Die »Bilderburg« zeigt die höfische Idealwelt des Mittelalters, festgehalten in Fresken. Die Bilder waren im 14. Jahrhundert von den zwei Brüdern Nikolaus und Franz Vintler in Auftrag gegeben worden, nachdem sie die Burg 1385 gekauft hatten. Sie ließen die Wände der Burg mit Fresken aus dem höfischen Ritterleben auskleiden, und schon damals haftete ihnen eine nostalgische Sehnsucht nach einer glorreicheren Vergangenheit an:

Die Figuren sind von merkwürdiger Leichtigkeit, gekleidet in zarte, fein gewirkte Gewänder, und es scheint, als würden die mittelalterlichen Gestalten ihr Leben eher durchschweben als durchwandern. Zimmer für Zimmer wurde mit Szenen aus dem mittelalterlichen Leben bei Hofe und aus der Literatur der Zeit ausgeschmückt: Jagdszenen, Ritterspiele, Tänze und Ballspiele bevölkern dieses außergewöhnliche Schloss. Im Turniersaal sieht man kämpfende Ritter-Paare beim Lanzenstechen, von der Burg her schauen die Zuschauer dem Treiben zu. Berühmt ist der Tristan-und-Isolde-Zyklus. In Nischen und Quergängen des Schlosses tändeln die Damen und ihre Kavaliere in märchenhaft kapriziöser Kleidung, Bilder aus dem »Wigalois«, einem frühen Ritterroman, sind ebenso zu finden wie die Galerie der Superlative: die drei größten Helden der Antike, die frömmsten Kaiser, die stärksten Riesen, die mächtigsten Zwerge und die herrlichsten Liebespaare.

Vom Frühjahr bis in den Herbst werden außerdem Sonderausstellungen gezeigt, und durch abendliche Konzert- und Theateraufführungen ist die Burg zu einem kulturellen Treffpunkt geworden.

WEGWEISER 25

Schloss Runkelstein

➤ S. 66/67, [c 4] ➤ [G 5] **Kaiser Franz Joseph Weg, Bozen; Vormerkungen für Besichtigungen unter Tel. 800 21 00 03 (nur Italien) oder 04 71 32 98 08, www.gemeinde.bozen.it/runkelstein; anzjährig geöffnet Di–So 10–18 Uhr**

Einzug der feinen Herrschaften – die Fresken auf Schloss Runkelstein regen die Fantasie der Betrachter an.

ZU GAST IN SÜDTIROL

Als die ersten Touristen ins Land kamen, waren sie fasziniert von der wilden Berglandschaft und von der Gastfreundlichkeit seiner Bewohner. Das ist 200 Jahre her. Seitdem haben Generationen von Südtirolern an ihren Spezialitäten gefeilt. Der Himmel über Südtirol hängt voller Sterne und Hauben: Leib und Seele der Gäste werden nach Kräften verwöhnt.

In der grünen Wiese und nah dran an den Bergen – so könnte das Paradies aussehen.

Wohlfühlatmosphäre mit Stil – in der Bar des »Parkhotel Laurin« gehören Luxus und Tradition zusammen.

ÜBERNACHTEN IN SÜDTIROL

Ob Luxus pur im Designer-Hotel, ob im Schloss, auf der Almhütte oder auf dem Bauernhof: Südtirol bietet seinen Gästen die unterschiedlichsten Übernachtungsmöglichkeiten für einen rundherum gelungenen Urlaub.

Südtirols Hotels und Gastbetriebe bieten verbilligte Pauschalangebote an, die speziell auf bestimmte Bedürfnisse zugeschnitten sind, ob das eine Woche mit Kinderbetreuung auf der Alm oder drei Tage Verwöhnprogramm für Paare ist – es lohnt sich, nach Angeboten zu fragen.

In der Regel gelten die Preisangaben pro Person mit Halbpension, für Zimmer mit Frühstück gibt es Preisnachlässe zwischen zehn und 20 Prozent. Kinder bis sechs Jahre zahlen häufig nichts, wenn zwei voll zahlende Erwachsene dabei sind. Bei älteren Kindern gibt es Preisnachlässe mit Altersstaffelung. Übrigens: Auch viele Hotels haben unter ihrem Dach Appartements für Selbstversorger. Hier muss man beim Preis allerdings ein wenig rechnen, denn wer dennoch im Hotel frühstückt, muss extra bezahlen, häufig kommt zum Wochenpreis des Appartements eine Pauschale für die Grundreinigung hinzu. Familiengeführte »Garnis« sind kostengünstige Pensionen mit Frühstück.

Ab zwei Sternen bereits nächtigt man in Südtirol sauber und gut versorgt. Modernen Komfort bieten die Häuser ab drei Sternen. Dabei sind die Standards in Südtirol generell hoch, verglichen etwa mit Hotels derselben Kategorie im restlichen Italien. Südtirols Hotels punkten vor allem mit der Größe ihrer Zimmer und mit der Zahl der Mitarbeiter pro Zimmer. Gebucht wird in der Regel wochenweise von Samstag zu Samstag.

Engpässe gibt es vor allem bei Kurzurlauben, wenn der Feiertagskalender eine kurze Stippvisite in die Berge erlaubt. Im Herbst und im Frühjahr, wenn sich solche Feiertage häufen, sind vor allem die Hotels der mittleren Kategorie häufig ausgebucht, weil auch viele Betriebe und Vereine diese Gelegenheiten zu Gruppenausflügen nutzen.

Frühzeitiges Buchen ist auch für die Zeit um Weihnachten und Silvester anzuraten. Denn inzwischen haben sich in fast allen größeren Städten Südtirols Weihnachtsmärkte und Silvesterfeuerwerke durchgesetzt, die Touristen in großer Zahl anlocken. Besonders der Bozner Weihnachtsmarkt ist ein Publikumsmagnet ersten Ranges, aber auch in Meran, Brixen oder Bruneck ist die sogenannte »Bergweihnacht« eine heiß begehrte Urlaubszeit, zumal – dank Schneekanonen – auch die Ski-Touristen mit schneesicheren Pisten rechnen können.

Ein ebensolcher Engpass ist der »Ferragosto« rund um den 15. August, der die traditionelle Reisezeit Italiens darstellt. In der Woche um Ferragosto hält es kaum einen Italiener noch zu Hause, und dementsprechend voll sind die Südtiroler Urlaubsorte und Straßen.

Gebucht wird am besten über die großen Reiseveranstalter oder direkt vor

Ort. Weil inzwischen auch viele kleinere Häuser eine Web-Site im Internet haben, kann man sich auch vorab ein klares Bild von seiner Unterkunft machen. Die offizielle Internetadresse Südtirols ist die Seite der Südtiroler Marketinggesellschaft www.suedtirol.info. Sie bietet u.a. eine gut sortierte Suchmaschine für Unterkünfte und verschickt kostenlos Kataloge (Südtiroler Marketing Gesellschaft; Tel. 04 71 99 98 88).

Bisher existierte für Südtirol kein System, bei dem man bei geschützter Verbindung mittels Kreditkarte direkt buchen konnte. Bei den meisten Internetseiten geht bei Buchungswünschen eine E-Mail an das angeschlossene Hotel hinaus. Ausnahme ist das Portal www.alpenluft.com, das mit deutschen Reisebüros und Banken zusammenarbeitet und ähnlich funktioniert wie bei Bahn- oder Flugbuchungen.

Ist man erst einmal im Urlaubsort angelangt, führen in den größeren Ortschaften farbige Verkehrs-Leitsysteme zum auserkorenen Urlaubsdomizil.

Aussteigerleben auf der Alm: Spätestens seit das Fernsehen tief dekolletierte Starlets zum Holzhacken und Kühemelken auf die Alm schickte, sind Südtirols Almen zum Inbegriff uriger Gemütlichkeit geworden. Aber Achtung: Erstens gibt es gar nicht so viele Almhütten in Südtirol, in denen Touristen das Aussteigerleben erproben können, und zweitens ist Almhütte nicht gleich Almhütte. Es gibt sie inzwischen in allen Varianten: von der voll klimatisierten Luxushütte bis zum rudimentären Holzhäuschen ohne Strom und Dusche. Wer sich für die letztere Variante entscheidet, sollte früh genug buchen, denn das Aussteigerleben wie zu Großvaters Zeiten fordert den Gästen zwar einiges an Anpassungsfähigkeit ab, aber derartige Hütten sind sehr gefragt und meist bereits ein Jahr im Voraus ausgebucht. Denn auch bei den Südtirolern selbst gilt der Urlaub auf der Hütte als eine der erholsamsten Varianten des Sommerurlaubs.

»Echte« Almhütten ergattert man in der Regel weder über ein Reisebüro noch über das Internet. Die Touristenvereine des jeweiligen Gebietes aber halten Listen der Privatvermieter bereit. Wer sich

Typisch Südtirol – alte Bausubstanz mit modernem Innenleben

darauf einlässt, muss damit rechnen, auch im Sommer einheizen und für ein Steak weite Wege zu Fuß zurücklegen zu müssen. Und eine richtige Almhütte erreicht man nicht mit dem eigenen Auto – nur die Bauern haben eine Fahrerlaubnis und fahren die Lebensmittel und das Gepäck zu Beginn des Urlaubs hinauf auf die Alm.

Urlaub auf dem Bauernhof: Immer mehr Besucher verbringen ihren Südtirolurlaub auf einem Hof. Nicht nur, dass man den Bauern bei der Arbeit über die Schulter blicken kann – es gibt auch gute Hausmannskost, und so manches Rezept kann man sich sicherlich auch abschauen. Für Kinder ist das Leben zwischen Ziegen und Katzen, Hühnern und Kühen ohnehin ein Erlebnis. Wer sich für diese besondere Art des Urlaubs interessiert: Mehr als 1000 Höfe in Südtirol sind auf der Internetadresse www.roterhahn.it gesammelt.

Es gibt aber auch noch eine andere Art, das Leben auf dem Bauernhof gründlich kennenzulernen: Man kann den Bauern bei ihrer Arbeit helfen. Die Einsatzmöglichkeiten sind breit gefächert und die Einsatzorte über ganz Südtirol verstreut. Vor allem in der Zeit der Ernte (Mai bis Oktober) werden freiwillige Helfer dringend benötigt, aber auch während des restlichen Jahres sind helfende Hände immer willkommen: für die Erntearbeiten auf Feld und Wiese, im Stall, im Wald, auf den Almen, im Haushalt sowie bei älteren oder behinderten Menschen. Geholfen wird dabei ausschließlich bedürftigen Bauernfamilien. Weitere Informationen gibt der Verein freiwillige Arbeitseinsätze, c/o Südtiroler Bauernbund, Schlachthofstr. 4/d, 39100 Bozen; Tel. 04 71 99 93 09; www.bergbauernhilfe.it.

Empfehlenswerte Hotels und andere Unterkünfte finden Sie bei den jeweiligen Orten im Kapitel »Unterwegs in Südtirol«. In unserem »Spezial« auf S. 88/89 stellen wir Ihnen außerdem fünf besondere Häuser vor.

Die Aufschlüsselung unseres Preisklassensystems nach Punkten finden Sie im Inhaltsverzeichnis auf S. 5.

HERAUSRAGENDE HOTELS

Stammgäste schätzen den Lifestyle in Südtirols Gastbetrieben, der sich – je nach Spezialisierung – unterschiedlich ausdrückt.

CASTEL FRAGSBURG

Ein fürstliches Jagdhaus in wahrhaft königlicher Lage. Das kleinste Vier-Sterne-Hotel Merans liegt in atemberaubender Hanglage, 700 Meter oberhalb der Kurstadt in einem riesigen Park mit mediterraner Pflanzenvielfalt. Wer hier absteigt, hat das Gefühl, im nächsten Augenblick könne Kaiserin Sisi inkognito am Ende des Flurs erscheinen. Die Zimmer sind alle mit Balkon und Wintergarten ausgestattet und teilweise mit lärchenen Holzböden, Vertäfelungen und alten Möbeln bestückt. Das Besondere an diesem Hotel ist der Wellness- und Beautybereich mit allen erdenklichen Bädern, Anwendungen, Massagen und Schönheitsbehandlungen. Ganz abgesehen davon gehört das Restaurant zu den besten Südtirols – Gault Millau 2007 war es 2 Hauben und 15 Punkte wert.

Fragsburger Str. 3, 39012 Meran; Tel. 04 73 24 40 71; www.relaischateaux.com ••/••• MASTER VISA

HOTEL LA MAJUN

Das »La Majun« ist ein Hip-Hotel unterm Alpenglühen der Kreuzkofelgruppe in dem früheren Bauerndorf La Villa im Gadertal, ein Bergdomizil mit ganz persönlichem Flair. Dieses Vier-Sterne-Haus mit 30 Zimmern und Suiten beweist, dass sich ein modernes Designerkonzept nicht mit Tiroler Tradition und italienischer Grandezza beißen muss: Geölte Naturholzböden und antike Bauernmöbel stoßen auf knallrote Sofas, kostbare Stoffe treffen auf internationale Designer wie Philipp Starck oder Catellani & Smith. Besonders einnehmend ist ein großzügig angelegter Wellnessbereich zum Abtauchen. Von der Sauna geht es in Whirlpool und Eisgrotte – danach gibt es Tee, der nach Heu duftet, und einen weiten Blick auf die Dolomitengipfel.

Stern/Gadertal, Colzstr. 59; Tel. 04 71 84 70 30; www.lamajun.it ••/••• MASTER VISA

BAD SCHÖRGAU

Relax auf Sarner Art unter dem Duft der Alpenrose und der Latschenkiefer bietet das Wellnesshotel Bad Schörgau. Eine gelungene Vermählung von Althergebrachtem und zeitlos moderner Innenarchitektur. Hier setzt man auf Gegensätze. Die alte Kultur des Bades, mit Essenzen aus der traditionellen Sarner Latschenkiefer-Brennerei, einer fast vergessenen, aber umso bewährteren »Bauernmedizin«, trifft auf modernes Design. Bad Schörgau hat eine jahrhundertealte Tradition als Bauernbad. Hier lockt kein aufwendiger Wellnesstempel, sondern ein gemütliches Badehaus mit eigener eisen-, schwefel- und mineralhaltiger Wasserquelle. Aber auch die weitläufige Eingangshalle mit den verstreuten Sitzoasen und Kaminecken ist ein Ruhepol in diesem verträumten Haus am Waldrand. Mit exklusiver Haubenküche.

39058 Sarnthein; Tel. 04 71 62 30 48; www.bad-schoergau.com •• AmEx MASTER VISA

Der Traum vom perfekten Urlaub – dem Himmel näher sein als dem Stress des Alltags

ANSITZ FONTEKLAUS

Ein einfacher Holzsteg, ein rechteckiges Wasserbecken und dahinter der alte, kastenförmige Ansitz mit seinen rot-weißen Fensterläden – viel mehr braucht man nicht zum Glück. Denn das Eisacktal liegt weit und grün tief unter den Schwimmern, der Ausblick ist grandios von diesem blauen Wasser aus, übrigens ist es biologisch gereinigt mit Schilf und Kies. Nichts stört hier die sanfte Wiesenruhe. Der mittelalterliche Ansitz ist von massiver Schlichtheit und bietet mit Kind und Kegel wunderschöne Ferien. Die Zimmer in dem verwinkelten Gemäuer sind modern und zweckmäßig eingerichtet, alle mit Dusche und WC, Telefon und Fernseher ausgestattet. Und als wäre das alles nicht genug: In diesem Familiendomizil schlafen Kinder in den Zimmern ihrer Eltern gratis.

39043 Klausen; Tel. 04 71 65 56 54; www.fonteklaus.it • MASTER VISA

SCHLOSS NEUHAUS

Wohnen wie ein Ritter: Schloss Neuhaus im Tauferer Tal hat schon dem Minnesänger Oswald von Wolkenstein Zuflucht geboten. Es ist eine veritable Ritterburg, mit Türmen, Zinnen und kleinen Fenstern, verschachtelten Innenhöfen und schroffen Steinmauern. Die Herren von Taufers, so ist es überliefert, ließen Schloss Neuhaus im 12. Jahrhundert erbauen. Und noch immer ist es eine Zeitreise direkt ins Mittelalter. Nur wenig haben die heutigen Eigentümer modernisiert. Noch immer sind die Zimmer klein, führen verwinkelte Treppen zu Nischen und Kammern, noch immer scheint die Geschichte aus jedem gemauerten Stein zu sprechen. Eine Kapelle im Hof, Pfauen und Hennen dahinter, vervollständigen das Bild einer mittelalterlichen Burg. Besonders beliebt ist Schloss Neuhaus für Hochzeiten und andere Feste, denn man isst gut und wird freundlich bewirtet.

39030 Gais; Tel. 04 74 50 42 22; www.schloss-neuhaus.com •

Das Schüttelbrot ist wegen seines herzhaften Geschmacks
und der langen Haltbarkeit nie aus der Mode gekommen.

SPEZIALITÄTEN AUS SÜDTIROL

Die Zeiten, als die Südtiroler Familie noch das Mus aus einer Pfanne mitten auf dem Tisch gegessen hat, jeder einen Löffel in der Hand, sind noch gar nicht so lange her.

Glücklicherweise haben Südtirols Küchenchefs die Arme-Leute-Küche von damals wieder aufleben lassen. Die alten Südtiroler Gerichte, die Tirtlan und Nocken, die Milzschnittensuppen und Fastenknödel, sind eine Bereicherung für jede Küche. Die »Brennsuppe«, eine Suppe, die als ehemaliges Arme-Leute-Essen eigentlich nur aus Mehl, Wasser, Fett und Gewürzen gemacht wird, gehört dabei ebenso dazu.

Knödel gibt es in der Südtiroler Küche in allen Formen und Größen. Besonders beliebt sind Kasnocken und Spinatknödel, Speckknödel oder Leberknödel. Die sogenannten »Fastenknödel« sind die Variante für die Fastenzeit. Sie bestehen aus nichts weiter als altbackenem Brot, ein paar Eiern und gerösteten Zwiebeln, wahlweise mit Schnittlauch oder anderen Kräutern abgeschmeckt. Doch Kenner wissen sie zu schätzen: Im Gegensatz zu ihren geschmacksintensiveren Kollegen passen sich die Fastenknödel fast jedem Hauptgericht an. Eine besondere Spezialität sind auch die »Schwarzplentenen Kasknödl«, Käseknödel aus Buchweizenmehl. Wie überhaupt gern und häufig mit Buchweizen gearbeitet wird, auch bei Kuchen.

Und natürlich gibt es Knödel auch in vielen süßen Abwandlungen: Marillenknödel sind besonders im Vinschgau eine Spezialität, denn der Vinschgau ist berühmt für die gute Qualität seiner Marillen (Aprikosen). Aber auch Zwetschgen- oder Topfenknödel sind ein Gaumenschmaus.

Auch die Ackerkräuter haben Eingang in die Südtiroler Küche genommen: Brennnessel und Löwenzahn sind kein Unkraut, sondern in Suppen und Salaten zu finden, genauso wie Sauerampfer und selbst Heu.

Eine klassische Suppe, die im Grunde ein Hauptgericht ist, ist die Gerstsuppe, eine kräftige sämige Suppe aus Gemüse, Gerste und geräuchertem Fleisch. Und eine typische Südtiroler Vorspeise und äußerst delikat ist die Milzschnittensuppe: Milz, Eier und Majoran werden hierfür zu einer Paste verarbeitet, die auf Brot gestrichen wird. Alles zusammen wird geröstet und in schmale Streifen geschnitten, so dient es als Einlage für eine einfache Fleischbrühe.

Schöpsernes ist ein traditionelles Fleischgericht. »Schöps« heißt in der Mundart eigentlich der Hammel, Schöpsernes ist aber auch das Fleisch vom Schaf. Sollte es tatsächlich – wie in der alten Südtiroler Küche – Hammeleintopf sein, so riecht man das bereits von fern: Hammel muss lange gekocht werden, und er riecht ungut. Das Ergebnis aber ist äußerst schmackhaft, wegen des Aufwandes in der Herstellung aber ist in den Gasthäusern häufig Schaf in Schöpsen-

gerichten. Sie müssen übrigens sehr heiß gegessen werden, da ihr Fett rasch stockt.

Südtirol ist besonders bekannt für seine guten Mehlspeisen. Jeder Landstrich hat eine eigene Spezialität, mal süß, mal würzig, gemeinsam ist ihnen, dass sie im heißen Öl ausgebacken werden. Im Sarntal und in der Bozner Gegend etwa vergeht kein Kirchtagsfest ohne »Strauben«. Aus Mehl, flüssiger Butter, Milch, Schnaps und Eiern wird ein dickflüssiger Teig verrührt, der dann langsam ins siedende Öl eingelassen wird. So entsteht ein langes, etwa fingerdickes Teigband, das dann in einem Knäuel, dick bestäubt mit Puderzucker, serviert wird.

Im Pustertal hingegen dürfen »Tirtlan« nicht fehlen. Auch diese halbmondförmigen Teigtaschen werden in Öl ausgebacken, allerdings werden sie je nach Landstrich mit Sauerkraut und Kartoffeln, mit Spinat oder mit Topfen (Quark) gefüllt.

Im Ahrntal etwa werden immer zum Almabtrieb »Schmalznudeln« gebacken, kleine, sehr fette Teigkugeln, die in Schmalz ausgebacken wurden. Und sollte man »Apfelküchl« entdecken, so sollte man sie nicht verschmähen. Besonders lecker sind sie im Verbund mit Vanilleeis, bestreut mit Zimt und Zucker.

Während diese Mehlspeisen den Sprung in den Norden noch nicht geschafft haben, ist der Kaiserschmarrn längst in aller Welt bekannt, ein gehaltvoller »Pfannkuchen« aus Mehl, Eiern und Rosinen, der schließlich mit zwei Gabeln in Stücke zerrupft und meist mit Preiselbeeren serviert wird.

In den Dreißigerjahren hielt die italienische Küche Einzug in hiesige Kochtöpfe. Es ist, nach einem Dreivierteljahrhundert, die wohl einzige dauerhaft harmonische Liaison der beiden Kulturkreise. Doch den Düften von Makkaroni und Spaghetti, der Paradeissugo und Parmesankäse, der Risotti und bunten Minestroni konnte auch der standhafteste Deutschtiroler nicht widerstehen. Und Südtirols Hausfrauen waren viel zu praktisch und sparsam, um die Vorzüge von Nudeln und Polenta nicht gleich zu erkennen. Polenta, der Maisgries, ist die

Traditionelle Küche – stets gepflegt und heute beliebter denn je

ideale Beilage für alle Pilz- und Fleischgerichte.

Heute ergänzen sie sich optimal: Die Südtiroler sind wahre Teigkünstler, die Pasta-Kür der mediterranen Küche setzt das i-Tüpfelchen oben drauf. Zusammen mit dem kurz gebratenen Fleisch, den bunten Blattsalaten und der ganzen Palette der eleganten italienischen Vorspeisen vom Nationalfarbenteller mit Mozzarella-Tomaten-Basilikum bis zum Carpaccio wird daraus die typische Südtiroler Küche von heute. Die meisten Restaurants bieten diese Mischung an, es ist exakt das, was Südtiroler Hausfrauen auf den Tisch bringen.

Auch der Pizza hat der Zusammenstoß der Kulturen nicht schlecht getan. Zwar wird die beste Pizza noch immer südlich des Gran Sasso gebacken, aber auch die Südtiroler Pizzaioli (Pizzabäcker) können mithalten: Die Pizza ist so saftig, dass sie auch den Nordländern schmeckt, aber dennoch bereits so dünn, dass die Südländer ihr Traditionsessen noch wiedererkennen.

Insgesamt ist das kulinarische Niveau ausgesprochen gehoben. Aufpassen sollte man nur, wenn ein Restaurant »Klosterstube« oder »Jägerheim« heißt und kein Wald und kein Kloster in der Nähe sind: Dann haben meist findige Gastwirte versucht, den Nerv der Touristen zu treffen, und bieten häufig Touristen-Einheitsküche.

Die Essenszeiten werden rigoros eingehalten: von 12–14 Uhr und 18–21 Uhr.

Das Rauchen ist in allen Gastbetrieben, die Essen ausgeben, verboten, und auch in den Bars, die keine Belüftungsanlage haben, gilt striktes Rauchverbot. Erlaubt ist es dagegen in eigenen Raucherzimmern, falls vorhanden, und auf Terrassen und in Gärten.

Empfehlenswerte Adressen finden Sie bei den jeweiligen Orten im Kapitel »Unterwegs in Südtirol«. Im »Spezial« auf S. 94/95 stellen wir Ihnen außerdem fünf besondere Restaurants vor.

Die Aufschlüsselung unseres Preisklassensystems nach Punkten finden Sie im Inhaltsverzeichnis auf S. 5.

SÜDTIROLER KÜCHE

Südtiroler, egal ob deutsch-, ladinisch- oder italienischsprachig, schätzen eine hervorragende Küche. Darin sind sich alle einig.

In den Restaurants und Pizzerien findet man nicht nur Touristen, sondern auch die Einheimischen haben das gepflegte gemeinsame Essengehen zu einer Lieblingsbeschäftigung erkoren. Mit Ausnahme der großen Hotels, die über kein öffentliches Restaurant verfügen, sondern nur für die Hausgäste kochen – dort sind Einheimische unerwünscht –, ist das Publikum also fast immer durchmischt. Viele Einheimische in einem Gastbetrieb sind zudem ein Garant für gute Qualität.

STÜA DI MICHIL

Nirgendwo in Europa leuchten in einem relativ kleinen Gebiet so viele Michelin-Sterne wie in Alta Badia oder, wie der deutsche Name wäre, dem Hochabteital mit seinem Hauptort Corvara. Einer der jüngeren Sterne (seit 2003) leuchtet über der Stüa di Michil. In der gemütlichen Bauernstube aus dem 18. Jahrhundert treffen sich Feinschmecker aus aller Welt: warmes hausgemachtes Brot, Gazpacho mit Hummer und Olivencreme, Hirschrücken mit Maroni oder für Schokoladenliebhaber ein Soufflé – und selbst die einfache Südtiroler Traditionsküche wie »Schluzer«, gefüllte Teigtaschen, sind hier ein verfeinerter Hochgenuss. Im liebevoll dekorierten Ambiente wird nicht nur der Gaumen verwöhnt, sondern auch das Auge. Der riesige Keller offeriert rund 1400 der besten Weine, und die Weinkarte ist dick wie ein Buch.

Col-Alt Str. 105, 39033 Corvara; Tel. 04 71 83 61 32; www.hotel-laperla.it; Mo geschl. ●●●● CREDIT

FINSTERWIRT

Es ist gar nicht so finster im Finsterwirt, auch wenn der Firniss der Zeit das Lokal in dunkle Farben getaucht hat. Ein halbes Jahrtausend bietet dieses Kleinod der Eisacktaler Gastlichkeit Speis und Trank. Gusseiserne Verzierungen, dunkle Vertäfelungen und kaum ein weißer Fleck auf der Wand, der nicht mit einem Gemälde behängt wurde: Manche davon sind vor Zeiten von einem Künstler zurückgelassen worden, der im Finsterwirt hat speisen dürfen. Den Namen bekam die einstige Kapitelschenke übrigens, weil hier, in Domnähe, früher ausgeschenkt werden durfte, bis es dunkel wurde. Die Küche allerdings ist hochmodern und gehört zu den erlesenen in Südtirol. Im »Künstlerstübele« im ersten Stock speisen die Gourmets heimisches Wild, verfeinert mit einem Hauch von Süden, im romantischen Gastgarten werden die bodenständigen Köstlichkeiten angeboten.

Domgasse 3, 39042 Brixen; Tel. 04 72 83 53 43; www.finsterwirt.com; So Abend und Mo geschl. ●● CREDIT

HASELBURG

Über den Dächern von Bozen thront die Haselburg, gerade erst zu einem ebenso edlen wie hippen Gasthaus ausgebaut – behut-

Bodenständige Haute Cuisine – Kastaniensuppe mit Alba-Trüffel

sam, ohne den Charakter der verfallenden Burg zu zerstören. Halb Ruine, halb Glaspalast, so präsentiert sich nun die Haselburg. Auch der mittelalterliche Flair ist erhalten geblieben: Im Rittersaal unter den Fresken von Barthelmä Till Riemenschneider speist es sich ebenso gut wie im verglasten Tiefparterre mit Blick auf die Schlossmauern.

Kuepachweg 48, 39100 Bozen; Tel. 04 71 40 21 30; www.haselburg.it •• MASTER VISA

STAFLER

Das Haus stammt aus dem 13. Jahrhundert, seit dem 18. Jahrhundert verköstigt man hier unter dem Zeichen des Einhorns die Italienreisenden auf ihrem Weg in den Süden. Ein massiges Gasthaus aus alter Zeit, vor den Fenstern die roten Geranien und an der Tür die gusseiserne Laterne – so wirkt das Haus von der Straße aus gesehen. Im Inneren mausert es sich zu einem zeitgemäß ausgebauten Romantikhotel mit verschiedenen Stuben, einem großen Park hinter dem Haus mit Ententeich und Fitnessstrecke. Hier gehen die Genüsse unserer Zeit eine Mesalliance mit dem heimeligen Charme vergangener Zeiten ein. Hinter den dicken Mauern verbirgt sich ein 2-Hauben-Restaurant mit Südtiroler Küchen- und Kellertradition, zum Teil mit Produkten aus eigener Jagd und Landwirtschaft, und Neukreationen aus der internationalen Küche. Es ist die Liebe zum Detail, die dieses Haus auszeichnet, die sich in jedem nostalgischen Erker zeigt, oder in der fantasievollen Dekoration der Nachspeisen.

39040 Mauls; Tel. 04 72 77 11 36; www.stafler.com; Mi geschl. •• MASTER VISA

HERMANS

Wenn Prominenz in Bruneck weilt, steigt sie in »Hermans« Keller hinab. Denn das Hermans ist angesagt. Das verdankt es seinem Styling: Die Gäste sitzen aufgereiht an wenigen Tischen in einem Meer von Kissen. Gleich daneben kann man den Köchen in die Pfannen schauen, denn die Küche ist im Gastraum, hinter einem Tresen. Das Rauchverbot in geschlossenen Gasträumen hat man hier fantasievoll umgangen: Es gibt einen kleinen Innenhof für Raucher, liebevoll gestaltet. Im Winter liegen dicke Decken auf den Stühlen. Die Speisekarte ist reduziert und bietet kleine Köstlichkeiten rund um den Globus von Sushi bis zu Kürbisravioli in Balsamico-Essig.

Oberragen 13, 39031 Bruneck; Tel. 04 74 41 06 01 •

SÜDTIROL KULINARISCH

A

Apfelküchel – *Apfelscheiben in Teig in Öl ausgebacken, meist mit Zimt und Zucker und Vanillesoße serviert*

al dente (ital.) – *bissfest (gilt für Nudeln)*

B

bistecca milanese (ital.) – *Wiener Schnitzel*

Blaukraut – *Rotkohl*

Bozner Soße – *vor allem zu Spargel, Soße mit Ei, Essig und Senf, Sardellen, Kapern, Gurken und Zwiebeln*

Breatl – *traditionelles Bauernbrot*

Brotsuppe – *mit altem Schwarzbrot, Ei, Sahne und Würstchen gemachte Suppe*

Buchteln – *Hefekuchen, häufig mit Marmelade gefüllt, gern mit Vanillesauce serviert*

C

calzone *(ital.) – längliche gefüllte Pizzatasche*

carbonara – *Nudeln, meist Spaghetti, mit Ei, Speck und Parmesan*

carpaccio *(ital.) – hauchdünnes rohes Rindfleisch mit gehobeltem Parmesan*

E

Erdäpfel – *Kartoffeln*

F

Fastenknödel – *wie Speckknödel, nur ohne Speck*

Fleischkrapflan oder Fleischlaibele – *Frikadellen*

Fritattensuppe – *Pfannkuchensuppe*

G

Germmäuse – *süße Hefeteig-Knödel, in heißem Öl goldgelb ausgebacken*

Gerstsuppe – *kräftige Suppe mit Gerstgraupen und Geräuchertem*

Gigger – *Brathähnchen*

gnocchi *(ital.) – Kartoffelklößchen*

Graukas – *ein kräftiger, magerer einheimischer Käse, ähnlich wie Harzer, gerne mit Zwiebeln, Essig und Öl serviert*

Graukasnocken – *kleine Käseknödel*

Griesnockerlsuppe – *Griesklößchen in klarer Suppe*

H

Hauswurst – *frische gekochte Schweinswurst, vor allem beim Törggelen gehört sie auf die Schlachtplatte mit Sauerkraut*

Halbmittag – *vormittägliche Zwischenmahlzeit (zwischen 10 und 11 Uhr)*

Herrengeröstl – *Pfanne mit Kalbfleischstreifen, Zwiebeln und Bratkartoffeln, i.G. zum Bauerngeröstl mit viel mehr Fleisch*

I

insalata mista (ital.) – *gemischter Salat*

K

Kafiol – *Blumenkohl*

Kapuzinerfleisch – *Kalbsnierenbraten mit grünen Bohnen und Räucherspeck*

Kaminwurz – *kleine, hart geselchte Wurst*

Kastanienreis – *Süßspeise aus gekochten und passierten Kastanien, mit dem Reibeisen reisartig aufgetürmt*

Keschtn – *Kastanien*

Kono – *von cono (ital.) Hörnchen, Waffeleistüte*

Krapfen – *diverse Formen von Teigwaren, in Öl ausgebacken, je nach Gegend unterschiedlich gefüllt, besonders beliebt sind Mohn und Preiselbeeren*

Krautsalat – *Weißkohl in dünnen Streifen mit geröstetem Speck*

Krenfleisch – *gekochtes Schweinefleisch mit Wurzelgemüse, mit geriebenem Meerrettich bestreut*

M

Maisl – *Krapfen ohne Füllung (Pustertal)*

Marende – *frühnachmittäg-*

liche Zwischenmahlzeit (zwischen 14 und 15 Uhr)

Marille – *Aprikose*

Marillenknödel – *beliebte Süßspeise: Knödel mit Aprikosen als Kern, in Butterbröseln ausgebacken*

Melanzane – *Aubergine*

Milzschnittensuppe – *klare Fleischbrühe, die angereichert wird durch schmale Streifen von mit Milz bestrichenem und gebackenem Weißbrot, die Südtiroler Hochzeitssuppe*

minestrone (ital.) – *Gemüsesuppe*

Mus – *das Arme-Leute-Gericht schlechthin: aus weißem, feinem Maismehl in einer großen Eisenpfanne gekocht und mit viel brauner Butter serviert*

O

oglio e aglio – *Nudeln, meist Spaghetti, mit Knoblauchöl*

ossobuco – *Kalbsbeinscheiben mit Loch, ital. Nationalgericht*

P

panna cotta – *Sahnedessert, beliebte ital. Nachspeise*

Paradeis – *Tomaten*

pasta *(ital.)* – *Teigwaren, Nudelgerichte*

Pferscher – *Pfirsich*

Pims (auch Bims) – *belegtes Brot, auch Panino (ital.)*

polenta (ital.) – *Maisbrei*

R

Ribisel – *Johannisbeeren*

Risotto – *Reisgericht*

risotto alla milanese – *Mailänder Safranreis*

Ronen – *rote Bete*

S

Saltimbocca (ital.) – *heißt wörtlich Spring in den Mund: Kalbsschnitzel mit Salbei und Schinken in Marsalawein*

Saure Suppe – *auch Trippa genannt, Suppe mit Kutteln (Rinder- oder Schweinemagen), mit Essig abgeschmeckt*

Schlosserbuben – *Süßspeise in Bierteig ausgebacken mit getrockneten Pflaumen und Schokolade*

Schluzer oder Schluzkrapfen – *gefüllte Teigtaschen mit Spinat oder Kartoffeln, ähnl. wie Ravioli, Pustertaler Spezialität*

Schmarrn – *Kaiserschmarrn*

Schöpsernes – *Hammelbraten, typische Südtiroler Spezialität in Berggasthöfen*

Schüttelbrot – *schwarzes Bauernbrot, durch Trocknen haltbar gemacht und knusprig-hart*

Schwarzplent – *Buchweizen, wegen seines nussigen Geschmacks vor allem bei Kuchen geschätzt*

Schwarzbeeren – *Heidelbeeren*

Selchkarée – *geräuchertes Schweinefleisch, Kassler*

Strauben – *neben dem Gigger die wichtigste Zutat zum Dorffest: goldgelb in Öl gebackene Endlosteigschlange, mit Puderzucker bestreut*

sugo – (ital.) *Tomatensoße*

T

Terlaner Weinsuppe – *Starke Fleischbrühe mit Terlaner Weißwein, Rahm und Eigelb*

Topfen – *Quark*

Topfenstrudel – *Süßspeise, wie Apfelstrudel, nur mit Quark gefüllt*

Törggelen – *das Wort kommt von der Torggl, der großen Weinpresse: Verkosten des neuen Weines, meist mit Schlachtplatte und Sauerkraut und gerösteten Kastanien*

Treber – *Traubenschnaps, Grappa*

Tris – *drei Sorten einer Speise, meist Knödel oder Pasta und Risotto*

V

Vinschger Schneamilch – *Süßspeise aus altem Weißbrot mit Sultaninen, Feigen und Nüssen, mit Sahne bestrichen*

Vinschgerlen – *kleine Brote, meist paarweise, aus Sauerteig und Roggenmehl*

vitello tonnato (ital.) – *gekochtes Kalbsfleisch in dünnen Scheiben mit Thunfischsoße*

W

Waimer – *Trauben*

Weggen – *Laib Brot*

Z

Zelten – *gehaltvolles Weihnachtsgebäck, eine Art Früchtebrot mit Nüssen und Honig*

Zibenen – *Rosinen*

Die Sarntaler »Koschpn« Schuhe sind Requisiten des bäuerlichen Alltags und zugleich beliebte Souvenirs (S. 100).

EINKAUFEN IM SCHATTEN DER LAUBEN

Die Zeiten haben sich geändert: Südtirol ist nicht mehr der arme Verwandte Nordtirols, wo man nach Herzenslust einkaufen kann und Dinge mit italienischem Schick zu moderaten Preisen ergattert. Das war einmal.

Der italienische Schick ist geblieben, aber die Preise sind gestiegen. Kurz nach der Jahrtausendwende drehte sich das Verhältnis um, seitdem fahren die Südtiroler in den Norden, um einzukaufen. Dennoch lebt ein Kaufmannstädtchen wie Sterzing noch immer von seinem einstigen Ruf als erste elegante Flaniermeile Italiens. Hier sind es die prächtigen Fassaden der Bürgerhäuser mit ihren Giebeln und Zinnen, die den Charme der zentralen Hauptstraße ausmachen.

Auch in Bruneck gibt es eine ganz ähnliche Einkaufsstraße, die Stadtgasse, die das Modeparadies der Pustertaler ist. Traditionellerweise sind die Flaniermeilen Südtirols aber die »Lauben«, die schattig überdachten Geschäftsstraßen, wie es sie in Bozen, Brixen, Meran oder in Neumarkt gibt, herrliche Orte zum Spazieren und Schauen oder für den Kaffee und den Imbiss zwischendurch.

Die Zeit ist auch an Südtirols Einkaufsstraßen nicht spurlos vorübergegangen. Einst große und traditionelle Geschäfte mussten den Boutiquen-Ketten weichen. Aber es gibt noch immer viele Tipps. In Bozen etwa hat sich im Schatten der Lauben noch mancher Traditionsladen erhalten, und etwas abseits haben sich kreative Handwerksbetriebe etabliert, wie das Tonhaus in der Rauschertorgasse. Meran ist nach wie vor die erste Adresse für Lederwaren, in Brixen kann man sich von den Einkaufsstrapazen besonders schön unter üppig rankenden Blumen in Gasthäusern erholen, z.B. bei Fink in den Kleinen Lauben, und in der Brunecker Stadtgasse findet man mit Gasser Uhren eines der edelsten Uhrengeschäfte Norditaliens und bei Kuntner Keramik Töpfereien nach originalen Mustern früherer Jahrhunderte.

Wer dennoch Schnäppchen sucht, wird sie auf den Märkten finden. Manche davon sind wahre Volksfeste, wie der Stegener Markt bei Bruneck. Auf diesem traditionellen Herbstmarkt, der gleichzeitig der größte Markt Tirols ist, kann man einen Traktor erwerben oder Haarbänder, neue Schuhe oder einen neuen Haflinger-Hengst. Der Stegener Markt findet einmal jährlich an drei Tagen Ende Oktober statt.

An bestimmten Tagen in der Woche finden in den verschiedenen Orten Südtirols die Wochenmärkte statt. Der größte Wochenmarkt ist dabei der Samstagsmarkt in Bozen, der durch eine unübersehbare Fülle an Obst, Gemüse und anderen Esswaren sowie Kleidung jeden Stils und Schuhen besticht.

Empfehlenswerte Einkaufsadressen finden Sie bei den jeweiligen Orten im Kapitel »Unterwegs in Südtirol«. Außerdem stellen wir Ihnen im »Spezial« auf S. 100/101 traditionelle Handwerkskünste vor, die sich in Südtirol erhalten haben.

ERBSTÜCKE DER GROSSVÄTER

In den verschiedenen Tälern Südtirols haben sich alte Handwerkskünste wie Spitzenklöppeln oder Besteckmachen erhalten.

Ein Mann sitzt müde, aber zufrieden vor der grob verputzten Wand seines Hofes, ein Obstbaum rankt sich die Hauswand hinauf, der Mann mit dem zerfurchten Gesicht lässt den Blick über den Talboden schweifen, in der Hand hält er eine kleine Pfeife, der Kopf aus ziseliertem Silber, das Mundstück aus Nuss- oder Birkenholz. Das ist ein »Reggl«. Und ob man es glaubt oder nicht: Derartige Pfeifen sind nicht Erbstücke der Großväter, sondern sie werden noch immer hergestellt. Wie im Übrigen eine ganze Menge überlieferter Handfertigkeiten, die in Südtirol heute eine erstaunliche Renaissance erleben.

SARNTAL

Eine wahre Fundgrube ist das Sarntal, wo nicht nur »Reggl« hergestellt werden, sondern auch die Federkielsticker ihr seltenes Handwerk in die Neuzeit hinüberretten konnten, ein fester Bestandteil der Sarner Tracht. Dafür werden aus Pfauenfederkielen feine Streifen geschnitten, mit denen weiße Ornamente auf schwarzes Leder gestickt werden. Auch die »Koschpn« sind im Sarntal noch Alltagsgegenstände. Denn die Schuhe aus Holz und Leder, in die man einfach hineinschlüpft, sind praktisch für die Arbeit im Stall. Man lässt sie dort stehen, und die Stube bleibt sauber. Selbst das Besteck wird im Sarntal noch handgefertigt: aus Horn verziert mit kunstvollen Einlegearbeiten und eingravierten Sinnsprüchen.

Regglmacher: Paul Kofler, Nordheim 45, Sarntal; Tel. 04 71 62 33 01

Federkielsticker: Johann Thaler, Rohrerstr. 41, Sarnthein; Tel. 04 71 62 32 58; – Alois Thaler, Europastr. 60, Sarnthein; Tel. 04 71 62 30 11; – Sarner Federkielstickerei, Europastr. 77; Tel. 04 71 62 23 63

Besteckmacher: Josef Premstaller, Rohrer Leiten 13, Sarnthein; Tel. 04 71 62 22 35

AHRNTAL

Das Ahrntal ist eine andere Hochburg des Handwerks. Holzschnitzer stellen hier besondere Masken her. Vor allem ganz hinten im Tal, in Prettau, hat sich ein seltenes Handwerk erhalten: das Spitzenklöppeln. Ursprünglich war es eine bürgerliche Handarbeit, aber weil sich Bäuerinnen damit ein Zubrot verdienen konnten, eroberte es bald die kargen Höfe. Klöppelpolster, Klöppel, Stecknadeln und Leinengarn braucht eine Klöpplerin, der Klöppelbrief (ein Kartonstreifen, auf dem das Spitzenmuster in Li-

Kunstvolle Holzarbeiten haben eine lange Tradition in den Gebirgstälern.

Die Sarntaler Trachten sind berühmt für ihre prächtigen Federkielstickereien.

nien und Punkten vorgezeichnet ist) wird auf den »Pinggel« aufgezogen. Mit flinken Wechseln zwischen den Fingern beider Hände werden die Leinenfäden miteinander verkreuzt, verknüpft, festgezogen und an der vorgegebenen Stelle auf dem Musterbrief festgesteckt. So entstehen filigrane Bilder, Blumen, Muster und selbst Meterware.

Spitzenklöppeln: Adresslisten liegen beim Tourismusbüro Ahrntal-Prettau, Kasern 5, Prettau; Tel. 04 74 65 41 88

BRUNECK/PUSTERTAL

In Bruneck hingegen hat sich ein alter Töpferbetrieb erhalten, die Kuntner Keramik. Seit 1760 stellen sie Hafner-Waren her, Krapfenteller und Schüsseln nach historischen Vorbildern. Früher nannte man die Schüsseln »Kreuzerlen«, »Sexviererlen«, »Parfünfer« oder »Groschner« nach dem Preis, der für sie verlangt wurde.

Aber auch moderne Betriebe erinnern sich an das alte Handwerk: zum Beispiel Richard Vill, ein Modemacher mit Sinn für schlichte Schönheit, der sich auf Leinen spezialisiert hat und sein Atelier in einem alten Ansitz bei Bruneck untergebracht hat. Wegen seiner Kreationen pflanzen Bauern im Pustertal wieder Flachs an.

Töpferei: Kuntner Keramik, Stadtgasse 53 a, Bruneck; Tel. 04 74 41 11 64

Mode aus Leinen: Richard Vill, Ansitz Hebenstreit, Sonnenburg 42, St. Lorenzen; Tel. 04 74 47 48 88

GRÖDNERTAL

Wahre Kunstwerke aus Holz wie Heiligen- und Krippenfiguren werden von den Bildschnitzern im Grödnertal hergestellt.

Informationen beim Tourismusverein St. Christina; Tel. 04 71 77 77 77

Zu einem richtigen Dorffest gehört ein Tanzboden, auf dem sich Jung und Alt bei flotten Runden amüsieren.

VON KIRCHTAGEN UND FESTIVALS

Es gibt zwei Arten von Festen und Events in Südtirol, die unterschiedlicher kaum sein können: die traditionellen, dem Brauchtum und der bäuerlichen Umgebung entspringenden und die neuen, kulturellen Großereignisse.

Der bäuerliche Alltag ist durch den Lauf des Jahres geprägt. Almabtrieb und Wintersonnenwende sind darin ebenso Fixpunkte wie Weihnachten oder die so genannten Kirchtagsfeste. Diese werden meist am Tag des Heiligen, dem die Kirche des Ortes geweiht ist, gefeiert, und es gibt sie im ganzen Land.

KIRCHTAGE

Der traditionsreichste und größte Kirchtag ist der **Sarner Kirchtag**, der immer am ersten Wochenende im September gefeiert wird. Drei Tage lang befindet sich Sarnthein im Ausnahmezustand. Dabei ist dies einer der wenigen Kirchtage, die sich noch ihre alte Funktion erhalten haben. Es beginnt mit einem derb-ausgelassenen Abschied der warmen Jahreszeit mit Tanzboden und Ranggl-Wettkämpfen und endet mit dem großen Viehmarkt. Dabei ist der **Viehmarkt** noch interessanter als das Wiesenfest selbst, zu dem viele Südtiroler samt Prominenz alljährlich ins Sarntal pilgern. Denn am Montag auf dem Sarner Herbstmarkt wird das Vieh noch zu Markte getragen wie einst. Manch Händler dreht der Kuh dabei den Schwanz nach oben und fährt bis über den Ellenbogen in ihren Leib hinein, um die Gesundheit des Tieres zu prüfen. Danach beginnen die Händel in einem urigen Sprachmischmasch aus Trentiner und Sarner Dialekt, dem auch viele Südtiroler kaum folgen können. Wer das einmal erlebt hat, hat eine Vorstellung davon, wie die bäuerliche Welt einmal ausgesehen hat.

Der **Barthlmastag** auf dem Ritten ist ebenfalls ein besonderes Spektakel. Am Samstag nach dem Fest des heiligen Bartholomäus (24. August) treiben die Bauern ihr Vieh auf einer großen Wiese oberhalb von Pemmern zusammen, was Tausende von Schaulustigen anzieht.

Auch im Pustertal werden die Kirchtage traditionell begangen: Hier wird der **Kirchtagsmichl** geraubt. Die Puppe, oben auf einem hohen Stamm angebracht, muss von den jungen Burschen des Dorfes die ganze Nacht bewacht werden, denn die Burschen des Nachbardorfes haben nichts anderes im Sinn, als den Michl zu stehlen. Ein Brauch aus einer Zeit, als die Uhren noch ein wenig langsamer liefen, ist auch der **Segra Sacun** in St. Ulrich. Auf diesen Krämermarkt Anfang Oktober kauft der »Heiratswillige« seiner Auserkorenen eine Birne und

AUTORENTIPP In den vergangenen Jahren ist der Bozner Weihnachtsmarkt zu einem Publikumsmagneten erster Klasse geworden. Wer es vermeiden will, zu diesem Ereignis lange im Stau zu stehen, sollte mit der Bahn anreisen.

verziert sie. Sie wiederum muss ihm ein halbes Jahr später, zu Ostern, die Gabe mit verzierten Ostereiern vergelten. In unserer schnelllebigen Zeit muss einer sich schon ziemlich sicher sein, wenn er solch eine Birne verschenkt.

FESTIVALS UND ANDERE EVENTS

Toblachs Schatz war eine heruntergekommene Gartenlaube. Schon lange bevor die Toblacher ihren Schatz entdeckten, pilgerten Musikliebhaber aus aller Welt zu dieser Gartenlaube, denn sie war das »Komponierhäuschen«, in dem Gustav Mahler seine letzten drei großen Kompositionen verfasst hat. 1981 erklangen die ersten Konzerte der **Gustav-Mahler-Woche**, und plötzlich wurde in London, Paris oder New York über Toblach geschrieben. Von Anfang an war das Festival eine Mischung aus anspruchsvoller Musik und Erforschung des Phänomens, inzwischen erstreckt es sich über fast einen Monat von Juli bis in den August.

FEIERTAGE

1.1.	Neujahr
6.1.	Heilige Drei Könige
25.4.	Tag der Befreiung von der faschistischen Diktatur
1.5.	Tag der Arbeit
15.8.	Mariä Himmelfahrt
1.11.	Allerheiligen
8.12.	Mariä Empfängnis
25./26.12.	Weihnachten

Bewegliche Feiertage
Karfreitag, Ostermontag und Pfingstmontag.

Toblach war dabei eine Art Initialzündung. Das Konzept des **Kultursommers** machte bald in ganz Südtirol Schule. Landauf landab entstanden Festspiele, viele davon hochkarätig: Jedes Jahr werden etwa bei **Musicastello** von Mitte Juni bis Mitte August Kammerkonzerte auf verschiedenen Schlössern und Ansitzen in Südtirol geboten. In Bozen hat sich das Festival **Jazz & other** über die Grenzen hinweg zu einem Großereignis entwickelt. 2005 zum Beispiel wurden innerhalb von zwölf Tagen 82 Konzerte gegeben, mit 243 Musikern und Musikerinnen aus 15 Nationen, darunter Höhepunkte wie der Auftritt der amerikanischen Sängerin und Operndiva Barbara Hendricks. **Tanz in Bozen** ist ein Bühnenfestival, das die jüngsten internationalen Tendenzen vom Ballett bis zum Bewegungstheater in der Landeshauptstadt versammelt. Gleichzeitig lockt es durch ein anspruchsvolles Kursprogramm aus ganz Europa Tanz-Eleven nach Bozen, die dort ihre Technik verfeinern. Daneben trifft sich im **Bozner Sommer** die Crème der Musik: Das von Claudio Abbado gegründete Gustav-Mahler-Jugend-Orchester studiert hier das Programm für seine Welttournee ein, häufig unter dem Taktstock des Maestro höchstpersönlich. Die ersten Konzerte der Tournee finden in Bozen statt. Und im September folgt der international renommierte **Busoni-Klavier-Wettbewerb** für junge Pianisten und Pianistinnen. Ebenfalls jedes Jahr im September beginnt das Avantgarde-Festival **Transart**, angesiedelt bei der Musik der Gegenwart, Kunst, Bewegung und Literatur.

Die Tracht anzulegen ist ein selbstverständliches Bekenntnis zu Heimat und Brauchtum.

Die **Meraner Musikwochen** schließlich zählen in Europa zu den bedeutenden Festivals für klassische Musik. Sie wurden 1986 zum 150. Jubiläum der traditionsreichen Kurstadt ins Leben gerufen und finden seither jährlich von Ende August bis Ende September statt. Hier geben sich die Weltklassemusiker die Klinke in die Hand.

Gustav-Mahler-Musikwochen, Dolomitenstr. 31, Toblach; Tel. 04 74 97 61 51, Fax 04 74 97 61 52; Kartenbestellung und Programm: www.gustav-mahler.it/de/de_kartenreservierung_gustav_mahler_toblach_dobbiaco.htm

Musicastello, Europäisches Institut für Kultur und Bildung, Leonardi-da-Vinci-Str. 22, Bozen; Tel. 04 71 98 12 52

Festival Bozen, www.bolzanofestivalbozen.it, Karten beim Neuen Bozner Stadttheater; Tel. 04 71 304 13 09

Meraner Musikwochen, Freiheitsstr. 45, Meran; Tel. 04 73 21 25 20; www.meranofestival.com; E-Mail: info@meranofestival.com

Jazz & other, Jazz Music Promotion, Brennerstr. 2, Bozen; jazzfestivalbz.com; Tel. 04 71 94 00 17 oder 33 89 11 09 00, künstl. Leitung Tel. 04 71 63 11 27

Tanz in Bozen, www.tanzbozen.it, Südtiroler Kulturinstitut, Schlernstr. 1, Bozen; Tel. 04 71 31 38 00; Stiftung Neues Stadttheater und Landesauditorium Bozen, Verdiplatz 40, 39100 Bozen; Tel. 04 71 30 41 30; E-Mail: dance@ntbz.net

Transart, Tel. 04 71 98 29 46 oder 34 92 37 46 63; www.transart.it

Die Rucksäcke sind gepackt, das Wetter passt – die Bergwelt Südtirols bietet Faszination auf jeder Etage.

VON BADEN BIS WAALWANDERUNG

Kaum etwas wird in Südtirol so groß geschrieben wie der Sport. Deshalb finden sich Südtirols Sportler und Sportlerinnen immer wieder in den Medaillenrängen bei Weltmeisterschaften oder Olympischen Spielen.

Südtirol ist das Land von Reinhold Messner und Antonella Bellutti, von Gustav Thöni und Isolde Kostner, von Klaus Debiasi und Armin Zöggeler. Hier wird mit Skiern von felsigen Gipfeln abgefahren oder ganz gediegen Golf gespielt, hier stürzen sich Drachenflieger die Hänge hinab und Wildwasserkanuten die Bäche hinunter, hier geht man im Winter zu Fuß die Berge hinauf, mit Tourenskiern oder Schneeschuhen an den Füßen. Die meisten der im Land angebotenen Sportarten werden von den Südtirolern selber am meisten geschätzt. Denn: wenn Sport allein schon glücklich macht, was macht er mit einem dann erst in dieser Landschaft?! – Man kann Südtirol mit dem Fahrrad oder auf dem Rücken der Pferde durchqueren, man kann es sich erwandern und erklettern. Hier ein paar der schönsten Tipps:

BADEN

Zum Baden bieten sich verschiedene Seen und Weiher genauso an wie Spaß- und Erlebnisbäder oder die großen Schwimmbäder in Brixen und Bozen. Das Naturschwimmbad von Sand in Taufers zum Beispiel wurde nach ökologischen Kriterien eingerichtet, sein Wasser reinigt sich selbst. Nur ein Teil der Teiche ist für die Badenden offen, der Rest dieser Teichlandschaft bleibt der Regeneration vorbehalten.

Den Meraner Thermen wurde mit großem Aufwand unter Leitung von Star-Designer Matteo Thun ein neues Gesicht gegeben. Jetzt liegt eine großartige Bade- und Kuranlage einen Katzensprung von der Altstadt entfernt. Auf über 50000 Quadratmetern bietet der Park zahlreichen Thermen-Attraktionen Platz: Quellbecken, Strömungsbecken, Warm- und Kaltbecken sowie Kneippbecken, ein unterirdisches Dampfbad, ein Wasserfall und ein Felsgeysir.

Naturbadeteich Sand in Taufers, Sportzone; Tel. 04 74 67 82 57; Therme Meran AG, Thermenplatz 1, Meran; Tel 04 73 25 20 00; www.termemerano.com

GOLF

Wer denkt, dass das Golfen in engen Tälern und hohen Bergregionen nicht funktionieren kann, der irrt. Südtirol hat sich in den vergangenen Jahrzehnten zu einem wahren Golfer-Paradies gemausert, das landschaftlich alles bietet: von mediterraner Weite bis zu hochalpiner Spannung. Insgesamt sieben Plätze gibt es mittlerweile. Zu den größeren Plätzen gehören das stimmungsvolle Green bei Petersberg (1200 m), von Februar bis Dezember der Golfclub Passeier-Meran (500 m), gekonnt über Wasserhindernisse und kleine Schluchten geleitet, und seit Frühjahr 2007 auch der Golfclub Kastelruth (850 m) – allesamt sind 18-Loch-

plätze. Außerdem gibt es hochidyllische Golfplätze wie jenen am Kararsee (1600 m) unter dem zerklüfteten Latemar oder im Gadertal (1700 m). Schöne Kulissen bieten auch Lana unter den Apfelbäumen (300 m) oder der Open Country Course mit 9 Loch zwischen Wiesen, Wald und Biotop im Pustertal bei Bruneck (1000 m). Detaillierte Informationen und viele Insidertipps gibt es auf www.golfinsuedtirol.it.

MOUNTAINBIKE

Das Querfeldeinfahren auf der Südseite der Alpen ist ein besonderes Vergnügen, vorausgesetzt man scheut weder Steigungen noch rasante Talfahrten und verfügt über ein entsprechendes Fahrrad. In ganz Südtirol kann man sich Mountainbikes ausleihen, und damit nicht genug: Es gibt inzwischen auch eine ganze Reihe ausgebildeter Mountainbike-Führer, die nicht nur Landschaft und Geschichte hervorragend kennen, sondern auch Erste Hilfe leisten, wenn bei dieser nicht ganz ungefährlichen Sportart doch einmal etwas passiert. Manche Hotels haben sich auf den Biker-Urlaub spezialisiert: Sie bieten nicht nur die Fahrräder an, sondern auch geführte Rund-Touren.

Informationen über Fahrradverleihe, Bikerhotels und Mountainbike-Führer bietet www.mountainbiker.it

RAFTING

Es ist nicht ungefährlich, aber es ist ein schönes Abenteuer, in großen robusten Schlauchbooten Südtirols Flüsse hinabzureiten. Die Idee des Wildwasser-Rodeos stammt ursprünglich aus den USA. In Südtirol sind die Pioniere seit den 1980er-Jahren unterwegs. Dabei gibt es ganz sportliche Touren für erfahrene Erwachsene, aber auch Touren für Kinder auf ruhigen Abschnitten der Bäche. Wildwasserfahrten gibt es auf der Rienz, dem Eisack, der Etsch, der Passer oder der Ahr. Spezialisten auf dem Gebiet sind z.B. der Rafting-Club Activ oder Rafting Sterzing.

Rafting-Club Activ, Ahrntaler Str. 22, Sand in Taufers; Tel. 04 74 678422; www.rafting-club-activ.com; Rafting Sterzing, Pfarranger Str. 1, Sportzone Sterzing; Tel. 33 51 37 05 60; www.raftingsterzing.it

REITEN

Ob Almritte mit Picknick, Ponyreiten für Kinder, lustige Kutschfahrten oder mehrtägige Trekkingtouren – diverse Pferdehöfe bieten unterschiedliche Programme. Zum Beispiel mit den Cowboys vom Regglberg, einem kleinen Reitstall bei Deutschnofen, im Süden Südtirols. Sie

Auch zur Winterszeit kann zwischen Berg und Tal jeder nach seiner Facon glücklich werden.

bieten alles vom Anfängerkurs über die Kutschfahrt bis zur mehrtägigen Trekking-Tour.

Reistall Deutschnofen; Tel. 34 94 28 68 50; www.reitstall.it

RODELN

Langlaufen auf den rund 40 Kilometer langen Loipen des Antholzer Tals, auf den Spuren der Biathleten, die hier jedes Jahr (am dritten Wochenende des Januars) den Weltcup austragen? Eine schöne Möglichkeit – aber das machen alle. Stattdessen kann man mit der ganzen Familie rodeln gehen auf der **Naturrodelbahn** am Antholzer See. Der Antholzer See ist im Winter zugefroren und tief verschneit, eine verzaubernde Landschaft. Über die gesamte Seefläche hinweg sind Loipen und Ziehwege gespurt. Start der Rodelbahn ist am Staller Sattel (2052 m), die Bahn ist 4700 Meter lang und überwindet 362 Höhenmeter, der Aufstieg erfolgt zu Fuß (1–1,5 Std.), die Benutzung der Bahn ist kostenlos, in der Nacht ist die Bahn beleuchtet. Einkehren kann man in der Jausenstation Lackenstüberl oder im Restaurant Hexenschenke.

Tourismusverband Antholz; Tel. 04 74 49 21 16

SKIFAHREN

Das Grödner Tal ist mit fast 100 modernsten Aufstiegsanlagen eine der besterschlossenen Skiregionen der Alpen. Darüber hinaus wurde mit dem Skipass **Dolomiti-Superski** ein Skikarussell mit insgesamt zwölf Regionen und 1220 Kilometern Pisten verbunden von Cortina d'Ampezzo bis zum Kronplatz, von der Seiser Alm bis zum **Skigebiet Obereggen**. Der Skipass berechtigt zum Benutzen der Pisten in allen Regionen. Das traditionelle Skigebiet von St. Ulrich ist die Seiser Alm mit breiten sanften Pisten, ideal für Anfänger. Anspruchsvoller ist die Umrundung des Sellastocks: Man kann die Sellagruppe 1 ganz einfach mit dem Auto umfahren. Und bereits das ist ein Erlebnis, das Jahr für Jahr Tausende von Touristen genießen. Denn diese Landschaft ist geradezu grotesk schön. Noch beeindruckender ist die Runde um den Sellastock auf Skiern. Dazu muss man nicht unbedingt ein Superskifahrer sein, aber Ausdauer ist nötig. Die gesamte Sella-Runde umfasst zwischen Aufstiegsanlagen und Pisten rund 40 Kilometer. Die Gesamtdauer der Liftfahrten beträgt etwa zwei Stunden. Mit den Abfahrten und der einen oder anderen Einkehr in eine der vielen Hütten braucht man für die Runde etwa einen Tag. Nach 10 Uhr sollte man nicht mehr beginnen, denn die Lifte stellen zwischen 16 und 16.30 Uhr ihren Betrieb ein. Der Sellastock mit seinem höchsten Gipfel Piz Boe (3151 m) bildet den Kern dieser großartigen Skitour. Die Täler Val Lasties (Mündung bei Canazei im Fassatal) und Val di Mezdi (Mündung bei Kolfuschg im Abteital) durchschneiden den Sellastock und sind gleichzeitig die bekanntesten Tourabfahrten in den Dolomiten, die bis Ende Mai gemacht werden können und für die man zum Aufstieg die Drahtseilbahn vom Pordoijoch zum Sass Pordoi hinauf benutzt. Insgesamt werden vier Pässe bei der Sellarunde überquert: Sellajoch, Pordoijoch, Campolongopass und Grödner Joch.

Für die Sellarunde benötigt man den Dolomiti-Superskipass. Er kostet für Junioren (nach dem 25.11.1990 geboren) von 22 € am Tag in der Vorsaison bis zu 28 € in der Hochsaison, für Erwachsene von 32 bis 40 €.

TANDEM FLIEGEN

Beim Tandemfliegen mit dem Gleitschirm ist man mit gutem Schuhwerk und 15 Meter Laufarbeit beim Start mit dabei. Tandemflüge werden überall in Südtirol angeboten. Eine geradezu idyllische Südtirol-Reise von oben wird z.B. in Dorf Tirol geboten. Der Start ist auf 1400 Meter unterhalb der Sonnenterrasse des Gasthauses Hochmut (Seilbahn), gelandet wird in Dorf Tirol auf 500 Meter.

Tourismusverein Dorf Tirol, Hauptstr. 31, Tel. 33 56 19 97 77 und 33 85 60 44 08; www.tirolfly.com; Preis 65 € zzgl. Seilbahn

WANDERN

Geführte Wanderungen: Der Extrembergsteiger Hans Kammerlander führt Wanderwütige durch die Berge des Ahrntals, sein Heimattal, ein Gebiet mit den höchsten Bergen Südtirols. Mit guter Kondition und Trittsicherheit können hier, so verspricht der Meister, auch Flachlandtiroler mithalten. Organisiert werden die Führungen vom Tourismusverein Sand in Taufers.

Waalwanderungen im Vinschgau: Waale sind das uralte Bewässerungssystem im Vinschgau, dem niederschlagsärmsten Tal Südtirols. Doch die Bauern waren schlau: Sie »erfanden« die »Waale« – ein Netz von Bewässerungsgräben, das bis heute das Bild des Vinschgaus prägt. Seine Anfänge reichen nachweislich bis ins 12. Jahrhundert. 1939 zählte man im Vinschgau 235 größere Waale mit einer Gesamtlänge von 600 Kilometer. Heute sind die meisten Waale durch Hochdruckwasserleitungen ersetzt worden, aber die bestehenden sind herrliche Wanderwege. Alles über das Wasser im Leben der Menschen erfährt man im Vintschger Museum in Schluderns, und ein Lehrpfad führt in dreistündiger Wanderung den Leitenwaal und Berkwaal entlang, außerordentlich zu empfehlen im Frühling.

Führungen mit Hans Kammerlander: Tourismusverein Sand in Taufers; Tel. 04 74 67 80 76; www.taufers.com

Vintschger Museum, Meraner Straße 1, Schluderns; Tel. 04 73 61 55 90

Am Himmel über den Dolomiten wurde schon für manchen Ikarus der Traum vom Fliegen atemberaubende Wirklichkeit.

UNTERWEGS IN SÜDTIROL

Man kann das Land und seine so unterschiedlichen Täler hoch zu Ross oder im Schlauchboot, auf dem Rad oder im Auto, mit Skiern, im Pferdeschlitten oder zu Fuß durchstreifen: Südtirol ist ein Abenteuer – von den sonnigen Hängen des Vinschgaus über die mediterranen Hügel des Unterlandes mit seinen Burgen und Seen bis zum tiefgrünen Pustertal im Norden.

Der wilde Rosengarten: große Kulisse für Wanderer, Herausforderung für Kletterer (S. 186)

Gegen Zeitenwandel und Wetter behauptet sich der Bergbauernhof unter den Wänden des Sella-Massivs.

BRIXEN UND UMGEBUNG

Das Eisacktal mit Brixen und mit seinen Seitentälern ist das Tal der Kunstschätze und Baudenkmäler, der Klöster und des Weines. Wir führen Sie durch die Region von Sterzing im Norden bis nach Völs im Süden.

Das Wipptal und das Eisacktal öffnen den Weg in den Süden. Sie erstrecken sich vom Brenner bis nach Bozen. Seit Urzeiten war dies eine der wichtigsten Verkehrsverbindungen Europas. Die Brennerautobahn durchzieht diese beiden aufeinander folgenden Täler, eine enge Schlucht, bevor sie sich weiter südlich zum sonnigen Talkessel von Brixen weitet. Die Dominanz der Brennerautobahn, ein Wunderwerk des Ingenieurswesens, verleitet manchen dazu, diese Region Südtirols nur als Einflugschneise zu betrachten. Doch das wäre ein Irrtum. Denn diese Haupttrasse des Verkehrs verlockt zu Seitensprüngen. Gleich hinter dem Brenner liegt Gossensass, einer der ältesten Urlaubsorte Tirols, in dem schon Henrik Ibsen seinen Urlaub verbrachte. Und es reicht aus, ein wenig die Hänge hinaufzufahren, nach Villanders oder Lüsen, nach Feldthurns oder Dreikirchen, um die Autobahn zu einer unscheinbaren Linie schrumpfen zu lassen und den Blick über die Südtiroler Bergriesen zu genießen. Im Verlauf dieser beiden Täler ändern sich Kilometer für Kilometer die Blickwinkel und Eindrücke: Die Vegetation wandelt sich von dem satten Grün des Nordens bis zu den kargen roten Felsen kurz vor Bozen. Hier reihen sich die historischen Marksteine eng aneinander: In der Sachsenklemme vor dem Brixner Becken errichtete Kaiser Franz I. von Österreich ein gewaltiges Bollwerk, die Franzensfeste. Brixen, die Bischofsstadt, war viele Jahrhunderte Herrschaftszentrum des Landes, und hoch über Klausen thront noch heute das Kloster Säben.

STERZING

5935 Einwohner, 950 m ü.d.M.

➤ [G 2]

Sterzing wird auch die »Fuggerstadt« genannt, weil hier die reiche Augsburger Kaufmannsfamilie, maßgeblich auch im Tiroler Bergwerkswesen, ihre Spuren hinterlassen hat. Der Aufstieg Sterzings zur Handelsstadt war eng mit der Entwicklung des Bergbaus verbunden. Noch immer vermitteln Altstadt und Neustadt

mit den von Zinnen gekrönten Fassaden und kunstvollen Wirtshausschildern den urbanen Flair des einstigen Kulturzentrums. Das Wahrzeichen von Sterzing ist der Zwölferturm, zwischen 1468 und 1472 nach einem Großbrand erbaut. Er trennt die Stadt in eine Neustadt und eine Altstadt. Nach dem Niedergang des Bergbaus im 16. Jahrhundert versank die Stadt in einen Dornröschenschlaf, aus dem sie erst im 20. Jahrhundert als nördlichste Einkaufsstraße des Südens und Touristenmagnet wieder erwachte.

Ausflug

Gilfenklamm

Eine enge Schlucht, wie es sie viele gibt in den Bergen, wo sich die Gewalt des Wassers immer tiefer in den Fels geschnitten hat? Die Gilfenklamm bei Sterzing ist mehr als das: Sie ist Europas einzige Marmorschlucht, denn das Gestein, durch das sich das Wasser seinen Weg bahnt, ist weißer Marmor. Der Österreichische Alpenverein hat einen Fußweg durch dieses Naturdenkmal angelegt. Über Stege und Brücken, vorbei an grünlich schimmernden, moosbewachsenen Felswänden geht es durch das tosende Bachbett hinauf. Reinweiß ist der Marmor übrigens nur dort, wo das Wasser die Felsen glatt geschliffen hat. Der Weg wurde bereits zu Beginn des letzten Jahrhunderts angelegt, ein fantastischer Abenteuerpfad durch die Urgewalten der Natur. Ausgangspunkt ist die Ortschaft Stange, der Weg ist gut beschildert.

6 km von Sterzing; Stange; Tourismusverein Ratschings; Tel. 04 72 79 66 66; Zugang von Mai bis Okt.; Gehzeit ca. 45–60 Min.

Jagd- und Fischereimuseum Schloss Wolfsthurn

Ein Schloss dieser Größenordnung würde man niemals in der Abgeschiedenheit des Ridnauntales erwarten. Eher schon passt es in eine städtische Umgebung. Schloss Wolfsthurn ist kein kleines Lustschlösschen, sondern ein ansehnlicher Palast, den sich Franz Andrä von Sternbach im 18. Jahrhundert bauen ließ. Sein Vater war durch den Bergbau reich geworden. Das dreistöckige Schloss, im Barockstil erbaut, eignet sich mit seinen vielen Jagdszenen an den Wänden hervorragend für das Jagdmuseum, das hier Unterschlupf fand. Die Geschichte der Jagd und der Fischerei wird hier nachgezeichnet, die Besucher bewegen sich vorbei an Dioramen mit den jagdbaren Tieren der Region, vorbei an Jagdtrophäen und Gobelins sowie an Meisterarbeiten der Volkskunst, den Fliegen- und Blinker-Sammlungen und allerlei anderem Gerät, das dazu dient, Tiere zu überlisten – der Einfallsreichtum der Menschen auf diesem Gebiet ist enorm. Im Keller ist die wohl innovativste Abteilung dieses sonst eher »klassischen« Museums: Hier können Kinder mit den Wölfen heulen (und wenn sie die richtige Tonlage treffen, antwortet ihnen ein ganzes Rudel), sich vor dem Gebrüll eines Bären verstecken, Tierspuren erkennen oder Hirschgeweihe nach ihrem Alter ordnen.

6 km von Sterzing; Schloss Wolfsthurn, Mareit 5, Ratschings; Tel. 04 72 75 81 21; E-Mail: jagdmuseum@landesmuseen.it; 1. April–15. Nov. Di–Sa 9.30–17.30 Uhr, So und Feiertage 13–17 Uhr, 1. Nov. geschl.; Eintritt 4 €

Exkursion im Stollenlabyrinth: für Besucher ein spannendes Abenteuer, für damalige Knappen harter Alltag

Südtiroler Bergbaumuseum Schneeberg

Dieses Bergbaumuseum verdient seinen Titel »Erlebnisbergwerk«, denn hier wird der Bergbau tatsächlich zu einem Erlebnis, und die Besucher werden zu Knappen. Das beginnt bereits in der großen Halle der Erzaufarbeitung, wo die alte Maschine instand gesetzt wurde und nun wieder Tonnen von fein gemahlenem Gestein sortiert. Bis in die 1970er-Jahre wurden hier Zink, Blei und ein bisschen Silber gewonnen, bis das Bergwerk nicht mehr rentabel war. Jetzt ist es zu einem großen Museumsgelände umgebaut worden. Hier kann man durch den Schneeberg hindurchwandern bis auf die andere Seite im Passeiertal, man kann auf das Knappendorf St. Martin hinauffahren, wo die Bergarbeiter, hoch oben auf der Bergkuppe, einsam lebten. Man kann geführte Exkursionen von zehn Stunden Dauer oder kleine Stippvisiten in den Berg von ca. anderthalb Stunden unternehmen. Ein Museumshaus, ein fundierter Führer und Filme zeigen, wie der Bergbau das Leben in Ridnaun verändert hat.

13 km von Sterzing; Maiern 48, Ridnaun; Tel. 04 72 65 63 64; April–Ende Okt. Di–So 9.30–16.30 Uhr; Anmeldung zu Führungen und Stollentouren unter Tel. 04 72 65 63 64

Schloss Reifenstein

Diese einst majestätische Burg ist ein Kleinod der Burgenromantik. Über einen kleinen Wiesenweg kommt man hinauf zur Burg, deren äußerer Ring bereits zur Ruine verfallen ist, und schreitet über die Zugbrücke ins Innere der Anlage mit Zinnen und Zisternen, Galerien und Kemenaten, Kammern und einer alten, in den Fels gehauenen Küche. Höhepunkt ist der sogenannte »grüne Saal«, der mit einer grünen Rankenmalerei – feinste barocke Illusionsmalerei – ausgestattet ist (1499). Daneben ist das in Zirbelholz getäfelte »Kapitelzimmer« mit seinen prächtigen gotischen Möbeln ein Prunkstück des Schlosses.

2 km von Sterzing; Schloss Reifenstein, Elzenbaum 19, Gemeinde Freienfeld; Tel. 04 72 76 58 79; Ostern–Allerheiligen Di–Do und Sa 9.30, 10.30, 14 und 15 Uhr, So 14 und 15 Uhr, 15. Juli–15. Sept. auch 16 Uhr, Mo und So Vormittag nur auf Nachfrage, Fr geschl.

Sterzing ist ein Dorado für kulturell wie kulinarisch Interessierte.

Sehenswertes

Jöchelsthurn

Mitte des 15. Jahrhunderts wurde der Jöchlsturm von den reichen Bergwerksunternehmern Jöchl ausgebaut. Die bauliche Substanz dieses Ansitzes geht auf einen alten Stadtturm zurück. Spätgotische Fresken und vor allem reich verzierte Holzdecken aus dieser Zeit erinnern an den Reichtum der Stadt.

Frundsbergstr. 20

Rathaus

Das prächtige spätgotische Rathaus (1468–1473) mit seinem historischen Ratssaal ist einen Abstecher wert. Es liegt nur wenige Schritte von Sterzings Wahrzeichen, dem Zwölferturm, entfernt. Es ist leicht zu erkennen, weil eine Statue an Johannes von Nepomuk (um 1350–1393) erinnert, Generalvikar in Prag, den König Wenzel IV. angeblich wegen seiner Weigerung, ein Beichtgeheimnis zu verraten, in der Moldau ertränken ließ. Sehenswert im Rathaus ist vor allem die Ratsstube, ein gotischer Theatersaal, der – neben anderen – an einen der berühmtesten Söhne der Stadt erinnert: Vigil Raber, der bereits zu seinen Lebzeiten ein hochangesehener Schauspieler und Regisseur war. Im Innenhof des Rathauses ist der »Mithrasstein« aufgestellt. Er wurde 1589 bei Mauls gefunden und zeigt den persischen Gott Mithras beim Töten eines Stiers. Bei römischen Legionären war dieser orientalische Kult weit verbreitet.

Neustadt 21; Mo–Do 8.15–12.15 und 17–17.30 Uhr, Fr 8–12.15 Uhr, Innenhof: Mo–Sa 8–18 Uhr

Spitalkirche

Die Spitalkirche zum Hl. Geist an der Nordseite des Stadtplatzes ist mit ihren Fresken ein einziges Gemälde. Die Bilder stammen aus der Hand des Meisters Hans von Bruneck, dem Begründer der Pustertaler Schule. Der gewaltige Bilderzyklus im gotischen Hauptraum der Kirche entstand zwischen 1400 und 1415 und zeigt hinter dem Altar die »Verkündigung«

und »Heimsuchung Mariens«, die »Kreuztragung« und »Auferstehung« Christi, an der westlichen Wand das »Jüngste Gericht«, in dem der Teufel auch viele Kleriker in die Hölle verschleppt, und an der Nordwand sechs Passionsszenen, den »Kindermord von Bethlehem« und den »Zug der Heiligen Drei Könige«.

Am Stadtplatz; 8.30–12 und 14.30–18 Uhr, Sa Nachmittag, So und feiertags geschl.

Museen

Stadtmuseum und Multscher Museum

Sterzings Pfarrkirche ist ungewöhnlich groß, eine der größten Kirchen Südtirols. Mitte des 15. Jahrhunderts entstand hier ein ebenso außergewöhnlicher Altar: Der Ulmer Meister Hans Multscher (um 1400–1467) schuf hier sein Meisterwerk, einen zwölf Meter hohen Flügelaltar, der zum Vorbild derartiger Altäre werden sollte, auch für seinen Nachfahren Michael Pacher. Außergewöhnlich ist der Altar wegen des bewegten Realismus seiner Figuren. Multscher wandte sich von dem gekünstelten Stil seiner Zeit ab und schuf Szenen voll dramatischer Lebendigkeit aus dem Marienleben und der Passion Christi. 300 Jahre lang stand dieser Altar in der Pfarrkirche, dann begann eine Odyssee: Er musste einem Barockaltar weichen, wurde beinahe vergessen, einzelne Bildtafeln wurden schließlich von Mussolini Hermann Göring zum Geburtstagsgeschenk gemacht. Erst 1954 wurden sie Sterzing zurückgegeben. Heute sind sie der Kern dieses Museums. Eingerichtet im Deutschordenshaus, sind der Rittersaal, das Grafenzimmer, historische Landkarten, kaiserliche Urkunden, das Zunftwesen und der Bergbau weitere Etappen auf dem Rundgang. Ein Highlight ist das Grafenzimmer: Barocke Illusionsmalerei zeigt hier auf den Wänden exakt die Landschaft, die ehedem hinter diesen Räumen lag.

Deutschordenhaus, Deutschhausstr. 11, Sterzing; Tel. 04 72 76 64 64; April–Ende Okt. Di–Sa 9.30–12.30 und 14–18 Uhr

Essen und Trinken

Kleine Flamme

Beim viel gerühmten Restaurant »Kleine Flamme« wird eine italo-thailändische Küche angeboten, die der Chef direkt vor Ort, in Bangkok, erlernt hat. Geröstete Riesengarnelen in Teeblättern, Kokosnussbrot oder Wan-Tan gebacken mit Salsizia Mantuana, eine süßscharfe Honigsoße – hier wird hervorragend gekocht.

Kleine Flamme, Neustadt 31; Tel. 04 72 76 60 65; Mo geschl. ●●●

Einkaufen

Italienisches Flair und große Vielfalt zeichnen die Shoppingmeile Sterzings aus. In den Schaufenstern locken Trachtiges und Trendiges, Mode von Welt und bäuerliches Handwerk.

Hutstübele

Hüte, elegant wie ein Borsalino oder zünftig mit Gamsbart – hier findet man das Richtige für jeden Kopf.

Neustadt 10; Tel. 0472 76 57 27

Info

Tourismusverein Sterzing

Stadtplatz 3, 39049 Sterzing; Tel. 04 72 76 53 25; www.sterzing.com

BRIXEN

19 302 Einwohner, 560 m ü. d. M.

➤ **Stadtplan, S. 121** ➤ [J 3/4]

Vom Bahnhof führt eine leicht abschüssige Allee unter mächtigen Kastanienbäumen hinab in das Zentrum von Brixen, der christlichsten und gleichzeitig herrschaftlichsten unter den Städten Südtirols. Über Jahrhunderte Sitz der Fürstbischöfe, ist die Stadt vor rund 1100 Jahren gewissermaßen am Reißbrett entworfen worden. Dass Brixen ein geistliches Zentrum ist, ist nicht zu übersehen: Die alte Festung der Hofburg beherbergt heute ein großes Museum sakraler Kunst, der Dom mit seinen beiden hohen Türmen dominiert die Stadt, gleich daneben die Pfarrkirche, und noch immer wird der theologische Nachwuchs des Landes hier an der theologischen Fakultät ausgebildet, an der ältesten universitären Einrichtung des historischen Tirols. Brixen hat eine Vorliebe für Paare: kleine und große Lauben, kleiner und großer Graben, zwei Türme am Dom, zwei Flüsse (Eisack und Rienz). Nur Tore gibt es drei: das Michaels Tor, das Säbener Tor und das Sonnentor. In Brixens Gassen lässt es sich wunderbar umherstreifen, in kleine Hintergärten hineinblicken, die uralten engen Wege zwischen den Häusern erkunden. Am Ende endet doch immer alles auf dem weiten Domplatz.

Hotels

Hotel Elephant

(→ Der gute Tipp von MERIAN, S. 41)

Hotel Goldener Adler

Die Besitzer führen auch den Finsterwirt mit Erfolg, und den Goldenen Adler, das älteste Gasthaus Brixens, haben sie zum modernen Wellness-Paradies ausgebaut mit gemütlicher Bar und offenem Kamin und einer Verwöhnetage über den Dächern Brixens.

➤ **Stadtplan, S. 121, [c 2] Adlerbrückengasse 9, Brixen; Tel. 04 72 20 06 21; www.goldener-adler.it •• CREDIT**

Naturhotel Lüsner Hof

Die junge Wirtsfamilie hat in dem malerischen kleinen Dorf Lüsen im Talschluss ein kleines Himmelreich gebaut: Wellness rundum in einem modernen Haus aus Holz und Glas, das aber dennoch traditionelle Elemente aufnimmt.

Rungg, Lüsen; Tel. 0472 41 36 33; www.naturhotel.it •• MASTER VISA

Brixen – der Dom beherrscht die drittgrößte Stadt Südtirols.

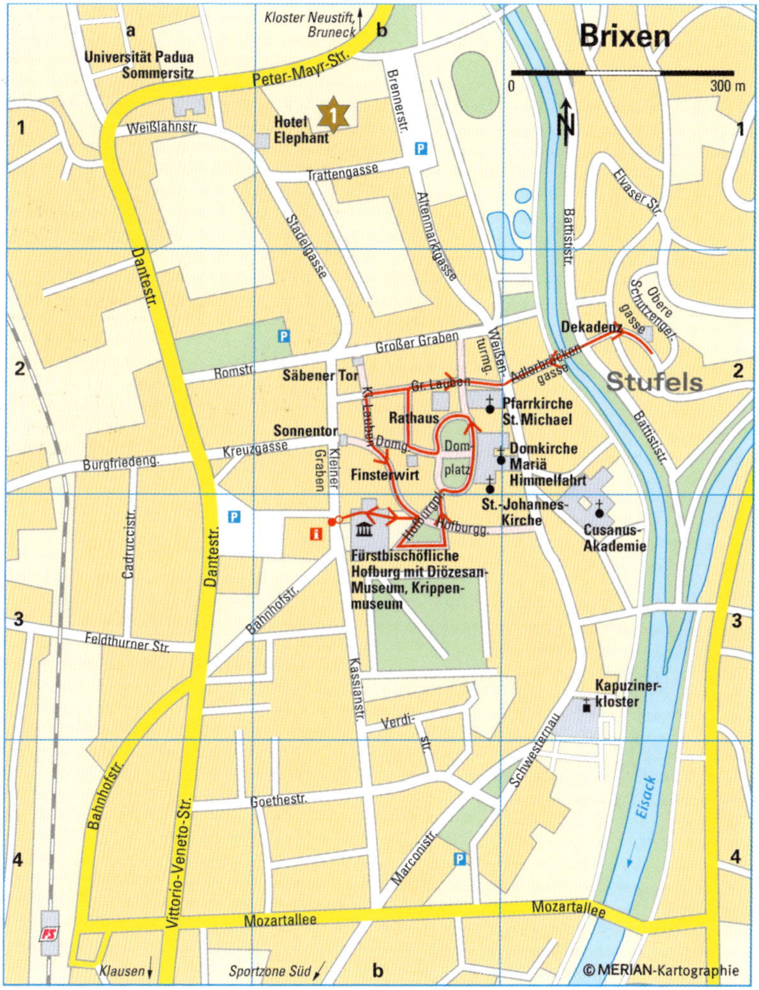

Spaziergang

Vom Kleinen Graben aus (Verlängerung der Bahnhofstraße) geht's durch ein kleines Tor in den »Herrengarten« hinein, einen schönen Renaissancegarten im Schatten der Brixner Hofburg. Und schon ist man im alten Zentrum der Macht: Die Hofburg rechter Hand war der Sitz der Fürstbischöfe, die das Fürstbistum Jahrhunderte lang regierten. Vom

Garten der Hofburg aus geht es nach rechts in die Hofburg hinein, über den Wassergraben. Verlässt man die Hofburg wieder, geht man einfach geradeaus zum Domplatz, dem zentralen Treffpunkt Brixens, an dem sich nicht nur wunderbar Eis essen lässt, sondern an dem auch die wichtigsten Sehenswürdigkeiten der Stadt liegen: der Dom, der Kreuzgang, der Domherrenhof. Nach der Besichtigung geht es weiter in die kleine Gasse, die geradewegs vom Platz abgeht, wenn man den Dom im Rücken hat, die Domgasse. Die verwinkelte Gasse führt am berühmten Finsterwirt vorbei, und man kommt an den großen Lauben wieder heraus. Die Lauben geht man nach rechts, folgt dem Lauf der Straße und kommt an der Pfarrkirche vorbei. Am weißen Turm verlässt man das alte Zentrum durch das Michaelstor und geht weiter geradeaus durch die Adlerbrückengasse in Richtung Stufels, dem »Quartier Latin« Brixens. In der Adlerbrückengasse befindet sich die alte Stadtapotheke mit Pharmaziemuseum, in Stufels ist das Kleinkunsttheater »Dekadenz«. Den selben Weg zurück wieder in die großen Lauben, an deren Ende man links in die kleinen Lauben einbiegt. Am Ende der Kleinen Lauben ist rechter Hand wieder der Herrengarten.

Rundgang ohne Besichtigungen ca. 2 Std.

Ausflug

Franzensfeste

(→ Der gute Tipp von MERIAN, S. 58)

Kloster Neustift 2

Das in Weinhügel gebettete Augustinerchorherrenstift Neustift bei Brixen ist eines der bedeutendsten Klöster Tirols, eine wunderbare Anlage mit barocker Stiftskirche, mittelalterlichem Kreuzgang, sakraler Kunst in den zum Museum ausgebauten Kellergewölben und einer fantastischen Bibliothek. Im Innenhof der Anlage steht der sogenannte »Wunderbrunnen« mit Darstellungen der sieben Weltwunder, das Kloster selbst ist als achtes hinzugefügt. Aus Angst vor den Türken wurde es Ende des 15. Jahrhunderts befestigt, doch gestürmt wurde es schließlich von den aufständischen Bauern. Und obwohl das Kloster damals viele Kunstschätze verlor, ist es heute wieder reich daran. Die romanisch-gotische Stiftskirche wurde im 18. Jahrhundert mit Deckenfresken im Stile des bayrischen Barock von Matthäus Günther zum schönsten spätbarocken Kirchen-

Klosterkirche in Neustift – die himmlische Pracht des Barock

raum Südtirols umgestaltet. Rund 300 Engelchen bevölkern diesen Kirchenhimmel. Im klösterlichen Kreuzgang soll der Minnesänger Oswald von Wolkenstein begraben sein, auch wenn sein Grabstein fehlt. Eine Gedenktafel zu seinen Ehren, noch zu Lebzeiten gestiftet, befindet sich auf dem alten Friedhof neben dem Brixner Dom. Zu den Schätzen des Museums gehören wertvolle Gemälde und Altäre, prunkvolle Messgewänder, alte Globen und Landkarten, Uhren jeden Stils, astronomische Geräte und Teleskope und schließlich die eigentliche Attraktion des Klosters – die Bibliothek mit ihren 73 000 Büchern, deponiert in einem Rokokosaal –, der schönste Profanraum Südtirols aus dieser Zeit.

3 km von Brixen; Stift Neustift, Stiftstr. 1, Vahrn; Tel. 04 72 83 61 89; www.kloster-neustift.it; ganzjährig Mo–Sa 10, 11, 14, 15, 16 Uhr, Mitte Juli–Mitte Sept. Führungen auch um 12 und 13 Uhr

Milland

In Milland befindet sich die Pfarrkirche zum Heiligen Josef Freinademetz. Die Kirche in ihrer modern-expressiven Kantigkeit gibt es seit 1972 – damals wurde Josef Freinademetz selig gesprochen. Seitdem ragt der dreieckige Kirchturm in Milland genau dort gen Himmel, wo Freinademetz der Erzählung nach erstmals seinem Schicksal in die Augen geblickt hatte: Denn in der Bischofsstadt Brixen wurde der Ladiner zum Missionar ausgebildet und in die Welt geschickt. 200 000 gläubige Chinesen hinterließ sein missionarischer Eifer. 2003 wurde er heilig gesprochen.

1 km von Brixen

Sehenswertes

Brixner Dom

Diese große und reiche Kirche gehört zu der ehemals einflussreichen Diözese Brixen. Erst 1964 wurde der Bischofssitz nach Bozen verlegt. Im Jahr 980 wurde an dieser Stelle erstmals eine Kirche gebaut, die allerdings vollständig abbrannte und 1745 im Stil des Barock neu errichtet wurde. Das Münster ist dreischiffig angelegt. Im Inneren des Doms befinden sich bedeutende Werke des Tiroler Künstlers Paul Troger.

➤ Stadtplan, S. 121, [b 2] **Domplatz; 12–15 Uhr geschl., Führungen durch Dom und Kreuzgang Ostern–Allerheiligen Mo–Sa 10.30 und 15 Uhr**

Domherrenhof

Der Domherrenhof im Osten des Kreuzganges diente schon im 13. Jahrhundert nicht mehr als gemeinsame Wohnung für die Domherren, sondern als Gemeinschaftsräume: Speisesaal, Archive und Keller für Zinskorn und Zinswein. Die gewölbten Räume für Domschule und Kapitelsaal sind noch erhalten. Heute wird der Domherrenhof von der Brixner Musikschule genutzt.

➤ **Stadtplan, S. 121, [b 2] Domplatz**

Kreuzgang

Der Kreuzgang mit seinen zierlichen Doppelsäulen aus der Zeit um 1200 und dem gotischen Kreuzgratgewölbe aus dem 14. Jahrhundert ist eine der großen Sehenswürdigkeiten Südtirols, manche bezeichnen ihn als größtes Denkmal abendländischer Wandmalerei. 15 der insgesamt 20 Arkaden sind bemalt. Und weil die einzelnen Werke keinem Handlungsrahmen folgen, kann man sich ganz frei in diesem mittelalterlichen »Bilderbuch« bewegen. Es zeigt Szenen aus dem Alten und Neuen Testament, berühmt wurde das »Rüsselpferd«, das in einem turmartigen Sattel-Aufbau Ritter trägt – es wirkt wie eine harmonische Mischung aus Pferd und Elefant.

➤ **Stadtplan, S. 121, [b 2] Domplatz; tgl. 8–12 und 15–18 Uhr, Führungen Mo–Sa 10.30 und 15 Uhr, So Vormittag geschl.; Eintritt frei**

Stufels

In diesem alten Stadtteil Brixens, dem ursprünglichen Kern, ist alles noch ziemlich eng. Hier liegt – mit ein wenig Anmaßung – das »Quartier Latin« der alten Bischofsstadt. Kopfsteingepflasterte Gassen, »steinalte Häuser, die sich aneinander lehnen als müssten sie sich stützen. (...) Es ist, als seien die Häuser vor dem Wasser, das einmal weniger gesittet im Eisackbett südwärts geflossen ist, den Hügel hinaufgekrochen«, beschreibt die Brixner Schriftstellerin Helene Flöss.

➤ **Stadtplan, S. 121, [c 2]**

Museen

Diözesanmusem Hofburg Brixen

Die schweren Eingangstore der Hofburg Brixen sind durchlöchert wie ein Sieb: Es sind die Spuren der Bauernkriege zu Beginn der Neuzeit (1525), Lanzenstiche der Aufständischen, vielleicht auch die eine oder andere Mistgabel. Die Hofburg ist ein veritables Schloss, angelegt von den Bischöfen von Brixen, die viele Jahrhunderte nicht nur in geistigen Belangen über die Lande herrschten, sondern auch die weltliche Macht besaßen. Im 13. Jahrhundert hatte Bischof Bruno von Kirchberg die Burg erbauen lassen. Viele hohe Gäste kamen im Lauf der Jahrhunderte, denn über Brixen verlief eine wichtige Reiseroute im deutsch-römischen Reich. Wunderschön ist der Innenhof mit seinen Bogengalerien und Nischen, in denen Statuen der Habsburger Herrscher stehen (ab 1596).

Heute beherbergen die alten Räume ein Museum der Frömmigkeit: Das Diözesanmuseum ist reich bestückt. Der Domschatz umfasst nicht nur wertvolles liturgisches Gerät und Reliquien, die kunstvoll in feinstes Gold und Silber gefasst wurden, sondern auch die »Albuin-

Sakrale Kunst in Vollendung – der dreischiffige Brixener Dom (S. 123)

Kasel«, das liturgische Obergewand von Bischof Albuin aus dem 10. Jahrhundert, oder die Mitra von Bischof Hartmann (1140–1164). Die ältesten Exponate der sakralen Kunstsammlung stammen aus dem 12. Jahrhundert, danach wird der Bogen bis in die Neuzeit geschlagen über Marien-Bildnisse der Gotik und blutig-schmerzensreiche Kreuzigungen bis zu Michael Pacher oder dem Dreikönigsaltar von Bartlmä Dill Riemenschneider, Sohn des legendären Tilman. Ein Saal ist Paul Troger gewidmet, der, 1698 in Welsberg geboren, zu einem bedeutenden Maler des österreichischen Barock aufstieg.

Schwerpunkt des Diözesanmuseums in Brixen ist die sakrale Kunst.

In den Gewölben des Erdgeschosses ist das Krippenmuseum untergebracht, eine fantastische Sammlung volkstümlicher Handwerkskunst mit 90 Krippen, die zum großen Teil aus dem 18. Jahrhundert stammen.

➤ Stadtplan, S. 121, [b 3] Hofburgplatz 2; Tel. 04 72 83 05 05; www.dioezesanmuseum.bz.it; 15. März–31. Okt. Di–So 10–17 Uhr, 1. Dez.–31. Jan. tgl. 14–17 Uhr (Krippensammlung), außer 24. und 25. Dez.

Pharmaziemuseum Brixen

Gegen jede Krankheit ist ein Kraut gewachsen. Hier ist ein hochmodernes Museum über eine alte Kunst entstanden, vom Destillieren bis zum Geheimfach Alchemie. Fast vergessene Rezepturen, alte Fachbücher und Reiseapotheken, Destillierkolben und Apothekergewichte, in Gold gewälzte Pillen für die Reichen und eine Fundgrube der Gerüche – der Spaziergang durch die Labors der Salbenmacher und Pillendreher quer durch die Zeiten ist in diesem Museum besonders gut gelungen, weil sich die alte Familiensammlung mit einem modernen Museumskonzept trifft. Die alte Stadtapotheke, seit Jahrhunderten in Besitz derselben Familie, hat für Besucher ihre Wunderkammern geöffnet. Auf 150 Quadratmetern zeigt das kleine private Museum die Geschichte der Arzneimittel, die gleichzeitig auch die Geschichte der Entwicklung der modernen Naturwissenschaften widerspiegelt.

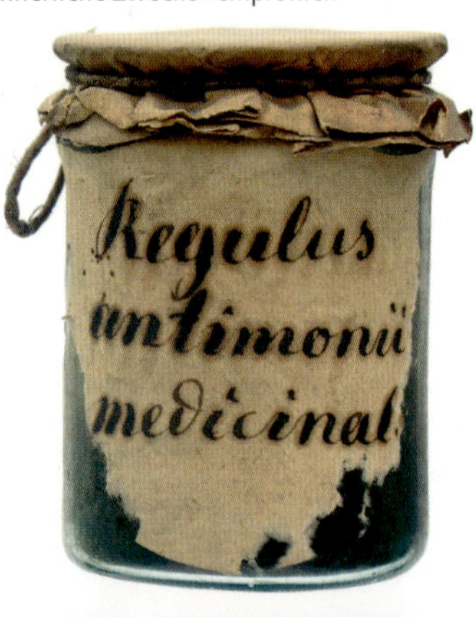

Regulus antimonii – von Paracelsus für »innerliche Zwecke« empfohlen

➤ Stadtplan, S. 121, [c 2] Adlerbrückengasse 4, Brixen; Tel. 04 72 20 91 12; www.pharmazie.it; ganzjährig Di–Mi 14–18, Sa 11–16 Uhr

Essen und Trinken

Schatzerhütte

In traumhafter Umgebung, zwischen Aferer Geisler und Peitlerkofl, ist man gut untergebracht bei Hüttenbesitzer Franz Pernthaler, der sein Handwerk u.a. bei Starkoch Heinz Winkler in München gelernt hat. Auf Vorbestellung werden auch mehrgängige Menüs angeboten, kein Wunder, dass die Hütte auch für ganze Hochzeitsgesellschaften ein beliebtes Ziel ist. Hinauf muss man allerdings zu Fuß: Der einfache und breite Wanderweg von der Brixner Skihütte dauert etwa 40 Minuten.

Schatzerhütte, Franz Pernthaler, Brixen/Palmschoss; Tel. 04 72 52 13 43 •

Einkaufen

Brixen ist eine erste Adresse für schicke Mode mit italienischem Flair von der Sonnenbrille bis zu den Jeans, vom Lederschuh bis zum Markenanzug. In den kleinen und großen Lauben und in der Altenmarktgasse befindet sich eine Boutique an der anderen, und bei so viel Konkurrenz müssen sich auch die großen Mode-Ketten etwas Besonderes einfallen lassen.

Athesia Buch

Alle Arten von Literatur, Tirolensien, Reisebücher – dies ist eine gut sortierte Buchhandlung.

➤ Stadtplan, S. 121, [b/c 2] **Weissenturmgasse 1; Tel. 04 72 83 71 10**

La Habana

Wer Zigarren liebt, ist in dieser zentral gelegenen Mini-Bar mit großer Auswahl an Zigarren gut aufgehoben.

➤ Stadtplan, S. 121, [b 2] **Große Lauben 14; Tel. 04 72 83 66 51; So geschl.**

Casa del formaggio

Im »Haus des Käses« findet man über 300 geschmacklich oftmals verschiedene Käsesorten aus Südtirol, aber auch aus südlicheren Regionen.

➤ Stadtplan, S. 121, [b 2] **Domgasse 4; Tel. 04 72 83 60 68**

Casa delle specialità

Im Haus der Spezialitäten gibt es Kulinarisches: von der Nudel über die Wurst bis zum Käse. Einfach verlockend!

➤ Stadtplan, S. 121, [b 2] **Große Lauben 14/B; Tel. 04 72 83 62 75**

Klosterladen

Der einzige Klosterladen Südtirols am Kloster Neustift mit hauseigenen Qualitätsweinen und Spezialitäten europäischer Klöster.

Stiftstr. 1, 39040 Vahrn; Tel. 04 72 83 61 89

Metzgerei Schanung

Südtiroler Speck aus eigener Herstellung und mit Gütesiegel versehen, außerdem Gams-, Hirsch- und Kaminwurzen.

➤ Stadtplan, S. 121, [c 2] **Adlerbrückengasse 3; Tel. 04 72 83 62 02**

Am Abend

Gruppe Dekadenz

Die Gruppe Dekadenz, 1980 gegründet, hat mit viel Eigenarbeit im »Anreiterkeller« im Brixner Stadtteil Stufels einen stimmungsvollen Theaterkeller mit kleiner Bühne gebaut. Es wird vor allem Kleinkunst geboten: ausgesucht guter Jazz, Lyrik und natürlich Kabarett.

➤ Stadtplan, S. 121, [c 2] **Obere Schutzengelgasse 3 a; Kartenvorverkauf Di–Fr 17–19 Uhr unter Tel. 04 72 83 63 93; www.dekadenz.it.**

Info

Tourismusverein Brixen

Bahnhofstr. 9, 39042 Brixen; Tel. 04 72 83 64 01; www.brixen.org

FELDTHURNS

2629 Einwohner, 850 m ü.d.M.

➤ [H 4]

Dieses malerische Dorf hoch über Klausen wurde erst kürzlich mit neuem Kopfsteinpflaster ausgestattet, das gibt ihm etwas Mittelalterliches. In der Ortsmitte befindet sich ein denkmalgeschützter Baum, gleich neben der denkmalgeschützten Kirche, dem heiligen Laurentius geweiht und 1302 das erste Mal in den Annalen erschienen. Unweit das Schloss, das inzwischen wieder zu einem kulturellen Zentrum geworden ist. Besonders im Herbst ist Feldthurns eines der beliebtesten Ausflugsziele Südtirols. Denn Feldthurns ist das Zentrum des Kastanienweges, eines zur Törggelezeit beliebten Wanderweges, der die Hänge des Eisacktales entlang bis nach Bozen führt (→ Spezial, S. 130).

Sehenswertes

Schloss Velthurns

Renaissance pur – von außen sieht man diesem Schloss nicht an, welche Reichtümer es innen birgt. Hinter den zinnenbewehrten Burgmauern findet sich feinste Handwerksarbeit, Intarsien in höchster Kunstfertigkeit, ein Muss für Kunstliebhaber. 1578 wurde das Schloss von Johann Thomas von Spaur, Bischof von Brixen, erbaut und diente bis 1803 als Sommerresidenz der Brixner Fürstbischöfe. Von Spauer stattete das Schloss reich mit bunten Glasfenstern und Bildern aus. Fast jedes Zimmer dieses kunstreichen Renaissanceschlosses hat Kassettendecken und bemalte Wände: Allegorien der Jahreszeiten oder der ständige Kampf der Tugenden mit den Lastern – pikanterweise im ehemaligen Schlafgemach des Bischofs – zieren die Wände. Ein anderes Zimmer zeigt die Tyrannenmorde der frühen Geschichte, stolz tragen die mythologischen alttestamentarischen Rächer den Kopf des Tyrannen in der Hand. Als man den Raum zu einer Kapelle umfunktionierte, wurde diese Galerie des Triumphes der Rache übertüncht. Erst in jüngerer Zeit wurden die Wandbilder wieder freigelegt.

Das Prunkstück des Schlosses aber ist das Fürstenzimmer, für das der Tischlermeister Hans Spineider einst 326 Meister-, 1387 Gesellen- und 164 Lehrlingstagwerke verrechnet hat. Das Werk ist jedes seiner vielen Tagwerke wert: Allein für die Intarsien der Tür wurden 35 verschiedene Wurzelfurniere benutzt. 1903 konnten die Besucher der Weltausstellung in Paris diese Tür bewundern. Nicht erhalten ist die Möblierung des Schlosses.

Schloss Velthurns, Dorf Nr. 1, Feldthurns; Tel. 04 72 85 55 25; Führungen 1. März–30. Nov. Di–So um 10, 11, 14.30, 15.30 Uhr

Museen

Heimatmuseum Feldthurns

Im ehemaligen Gesindehaus von Schloss Velthurns ist ein kleines Heimatmuseum untergebracht, in dem der bäuerliche Alltag durch den Jahreslauf hinweg begleitet wird. Mit Trachten und Arbeitsgerät, im Herbst die Schule, im Frühling das Hochzeitspaar usw.

Schloss Velthurns, Dorf Nr. 1, Feldthurns; Tel. 04 72 85 55 25; Ostern–Allerheiligen 11.30–12.30 und 16–17 Uhr

Info

Tourismusverein Feldthurns

Simon-Rieder-Platz, 39040 Feldthurns; Tel. 04 72 85 52 90; www.feldthurns.com

VILLNÖSSER TAL

2433 Einwohner, 1150 m ü.d.M. (St. Peter)

➤ [H/J 4]

Das Heimattal von Extrembergsteiger Reinhold Messner ist ein wunderschönes Tal, denn es teilt mit anderen Dolomitentälern die fantastische Schönheit der Landschaft, ist aber vergleichsweise ruhig und beschaulich geblieben. Wahrzeichen und Blickfang sind die zerklüfteten Geislerspitzen, die wegen ihres Kalkgehaltes auch die »bleichen Berge« genannt werden. In der Abenddämmerung färben sich die Felsnadeln und Gipfel dieser Gebirgsformation manchmal kupferrot. Mit seinen 24 Kilometer Länge ist das Tal verhältnismäßig kurz. Der Hauptort des Tales ist St. Peter.

Hotels

Berggasthaus Gampenalm

Fast schon ein Mini-Hotel auf der Alm mit insgesamt 30 Betten in mehreren Zimmern und zwei 8-Bett-Zimmern in der alten Hütte. Ein idealer Ausgangspunkt für Wanderungen und Hochgebirgstouren.

Berggasthaus Gampenalm, St. Magdalena 69 a; Tel. 04 72 84 00 01; E-Mail: gampenalm@rolmail.net • ✉

Sehenswertes

Kirchlein St. Johann in Ranui

Die Barockkirche wurde im Jahre 1744 erbaut. Bekannt ist sie vor allem durch ihre malerische Lage auf einer weiten Wiese am Fuße der Geislergruppe. Den Schlüssel zur Besichtigung des Kirchleins erhält man nebenan beim Ranuihof.

Unmittelbar hinter St. Magdalena auf einer Wiese gelegen

Naturerlebnisweg Zans

Im Frühling zaubern Pelzanemonen und Soldanellen, Mehlprimeln und Krokusse einen zarten Blütenschleier über die Zanser Alm: Im Talschluss von Villnöss kann man die Natur in all ihren Facetten erleben, selbst wenn man im Rollstuhl

Weiter auf S. 132

Steinerne Flammen – die Geislerspitzen über Villnöss

DER »KESCHTNWEG«

Durch das Eisacktal führt der »Kastanienweg«, den man traditionell mit dem »Törggelen«, der Verkostung von Wein, verbindet.

Im Herbst erstrahlt die Wein- und Obstlandschaft im Eisacktal in ganzer Pracht. Bunt gefärbte Blätter, saftige Trauben und leuchtend rote Äpfel, dazwischen die stacheligen Igel der Kastanien – »Keschtn« sagt man im Dialekt. Ein Weg führt mitten durch diesen Herbsttraum, der **Kastanienweg**. Kastanien bildeten in früheren Zeiten eine wichtige Nahrungsgrundlage der Menschen. Heute sind sie eine Leckerei, gereicht beim **Törggelen**. Der Begriff kommt von der »Torggl«, der hölzernen Traubenpresse, die wiederum ihre Herkunft im Lateinischen hat, denn »torquere« heißt »pressen«. Törggelen ist das traditionelle Verkosten des neuen Weines im Herbst: Neben einer Schlachtplatte mit Sauerkraut und Hauswurst kommen auch Kastanien auf den Tisch. Inzwischen ist das Törggelen zur Massenbewegung geworden, und selbst Gasthäuser im hintersten Pustertal bieten es an, obwohl dort nie eine Rebe gewachsen ist. Die Tradition aber gehört hierher, auf den »Keschtnweg«. Und das Wandern gehört ebenso zum Törggelen wie die Kastanie.

Der Keschtnweg erstreckt sich entlang einer Reihe von Esskastanienhainen: vom Vahrner See bei Brixen längs der Hänge des Eisacktals bis hin zum Rittner Hochplateau und hinunter in den Bozner Talkessel zur Bilderburg Runkelstein. Gleich zu Beginn liegt ein wunderschönes altes Sommerfrische-Gebiet, Vahrn und sein See. Schon bald nach dem Bau der Brennerbahn wurden

Frische, geröstete Kastanien sind der pure Genuss, ...

hier die Höfe zu Gasthäusern erweitert. Am Eingang zum Schalderer Tal befindet sich übrigens in einem lichten Waldstück eine Kneippanlage, in der man mit Wassertreten und kalten Güssen den Kreislauf wieder auf Trab bringen kann.

63 Kilometer lang ist die markierte Route des Keschtnwegs insgesamt, gesäumt ist sie von Gasthöfen. Einer der schönsten zum Törggelen ist der **Huber in Pardell**, in dessen großem Gastgarten gute Bauernkost gereicht wird. Zur Kastanienreife im Herbst (Anfang November) aber ist der gesamte Weg gesäumt von Kastanienbratern (manche mit einer schlichten Blechtrommel, manche mit aufwändig selbst gebastelter Kipptrommel) und kleinen Weinständen, an denen die Bauern ihren Wein anbieten. Eine

... sie unter den Bäumen aufzuklauben ist wiederum mühsame Arbeit.

zweite Station ist der **Moar zu Viersch**, ein alter Bauernhof auf einer Felsnase. Von der alten Kapelle blickt man weit in die Welt der Dolomiten hinein.

Für Menschen, die auf die Wanderung weniger großen Wert legen, ist der klassische **Törggelensteig** rund um **Neustift** ein wirklicher Tipp. Denn auf diesem etwa acht Kilometer langen Rundweg kann man gleich bei vier Törggelestationen einkehren. Der Weg beginnt beim **Brückenwirt** in Neustift. Nun folgt man der Straße (Markierung 3/5) in Richtung Oberdorf, läuft unter der Pustertaler Straße hindurch bis zum **Pacherhof** (Markierung T), einem traditionsreichen Weinhof in bester Aussichtslage. Von dort geht es weiter zum **Strasserhof**, dessen Aussicht nicht weniger spektakulär ist. Weiter in derselben Richtung bis zum Nössing Bühel (Markierung T), nun geht es zur Riggerbrücke, über den Eisack zum **Vorderrigger**, einem alten Hof am Eisackufer. Zur letzten Station geht man zurück bis kurz vor die Riggerbrücke, überquert aber nicht den Eisack, sondern geht rechts weiter durch den Wald zum **Grieserhof**, einem stilechten Törggelelokal mit alter Stube. Von dort zurück nach Neustift. Der reine Fußweg dauert etwa eine Stunde.

Huber in Pardell, Pardell 50, Klausen, Tel. 04 72 85 54 79; Moar zu Viersch, Verdings 22, Klausen, Tel. 04 72 85 54 89; Pacherhof, Neustift, Tel. 04 72 83 57 17; Strasserhof, Unterrain 8, Neustift, Tel. 04 72 83 08 04; Vorderrigger, Riggerweg 1, Vahrn, Tel. 04 72 83 21 67; Grieserhof, Grießweg 5, Vahrn, Tel. 04 72 83 48 05

sitzt. Der neue Naturpfad ist sogar mit Blindenschrift ausgestattet. Der Naturerlebnisweg Zans startet beim Parkplatz in Zans, führt über die Piuswiese und eine neu errichtete Holzbrücke bis zum Wildgehege (Gämsen, Hirsche, Rehe), vorbei am Kalkofen, an der Hütte »Kelderer Wiese«, am Forsthaus und endet schließlich wieder beim Parkplatz Zans.

Museen

Mineralienmuseum Teis

Der Gründer dieses Museums, Paul Fischnaller, hat sein Leben lang der Erde ihre Schätze entrissen. »Stoaner suchen« (Steine suchen) ist seine Leidenschaft, und dieses Museum ist sein Lebenswerk. Die Gemeinde Teis hat ein ansprechendes Ambiente für die umfangreiche Sammlung geschaffen: Auf schwarzem Grund kommen die Exponate besonders gut zur Geltung. Herzstück der Sammlung sind die berühmten »Teiser Kugeln«, außen unscheinbar und innen ein kleines Universum. Bis zu sieben verschiedene Mineralien sind in diesen Kugeln eingebettet, manche von ihnen haben einen Durchmesser von bis zu 20 Zentimetern. Aufgeschnitten und poliert bilden diese »Geoden«, so der Fachausdruck, fantastische Muster. Fischnaller gehört übrigens nicht zu den »Schatzsuchern«, die ihre Geheimnisse nicht verraten: Man kann mit ihm gemeinsam Teiser Kugeln suchen gehen oder sie »knacken«. Eine vorherige Anmeldung ist erforderlich.

Teis, Vereinshaus; Tel. 04 72 84 45 22; www.mineralienmuseum-teis.it; So vor Ostern bis So nach Allerheiligen: Di, Mi, Do, Fr 10–12 und 12–16 Uhr, Sa und So 14–17 Uhr

Info

Tourismusverein Villnösser Tal

St. Peter 11, 39030 Villnösser Tal; Tel. 04 72 84 01 80; www.villnoess.info

KLAUSEN

4863 Einwohner, 525 m ü.d.M.

➤ [H 4]

Klausen ist ein kleiner Ort im Eisacktal, dort wo die Berge das Tal besonders eng schnüren. Es besitzt eine schöne Altstadt und einen eigenwilligen Charme, dem auch die Autobahn hoch über den Dächern nicht wirklich etwas anhaben kann. Schon der junge Albrecht Dürer machte hier Station und verewigte seinen Aufenthalt in dem Stich »Engel über

Kloster Säben (S. 134) bei Klausen – Oase der Ruhe über engem Tal

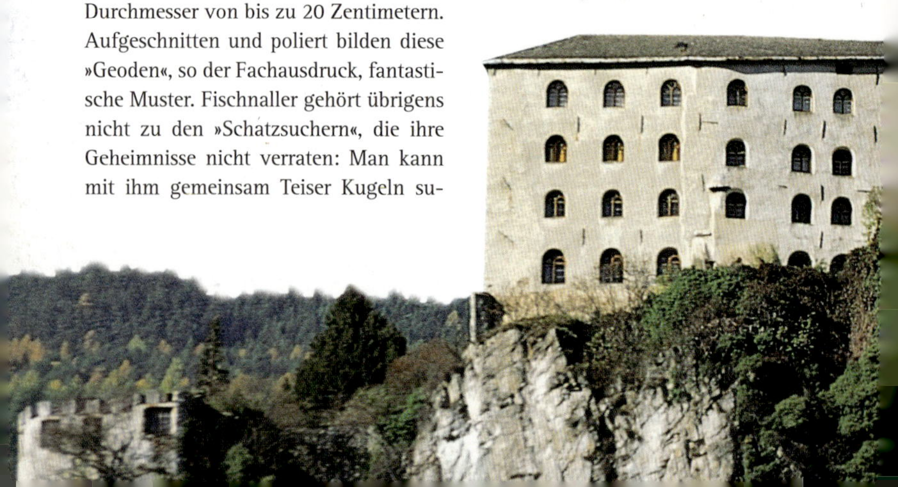

Klausen«. Aber auch später zog es immer wieder Künstler nach Klausen. Gegen Ende des 19. Jahrhunderts gab es dort sogar eine »Künstlerkolonie«, frequentiert von Malern wie Carl Spitzweg oder dem Bergspezialisten Edward Theodore Compton. Auch in jüngster Zeit inspirierte das Städtchen im Schatten des mächtigen Klosterberges Säben Künstler: Der moderne Autor Andreas Maier etwa widmete Klausen einen ganzen Roman.

Ausflug

Gufidaun

Ein Schloss, die Kirche und das Gasthaus, der Turmwirt, drängen sich auf einem Hügel oberhalb von Klausen dicht aneinander: Gufidaun auf der Sonnenterrasse des mittleren Eisacktales hat sich seinen ursprünglichen Charakter erhalten. So sah das idealtypische Dorf einst aus: die weltliche und die geistliche Macht, außerdem der weltliche Mittelpunkt des Dorflebens, das Gasthaus. Alles gruppiert sich in Gufidaun rund um eine alte Kastanie. Daneben das »Hohe Haus«, das so heißt, weil es ein hohes Haus ist, ein gerade restaurierter alter Ansitz, in dem heute Ämter und Vereine residieren, idyllisch wie ein Heimatfilm.

17 km von Klausen

Trostburg bei Waidbruck

Diese Burg wird häufig als Heimat des Minnesängers Oswald von Wolkenstein gehandelt. Ganz richtig ist das nicht: Zwar war die Trostburg der Stammsitz der Wolkensteiner, aber der wilde Minnesänger hat hier nie gelebt. Es ist eine enge, verschachtelte Burg, die Geschich-

ten vom rauen Dasein der Ritter erzählt. Meterdick sind die Wände, die Böden sind schief, die Holzvertäfelungen von der Zeit und den Menschen, die hier lebten, wie gegerbt. In der dreifach gewölbten Stube etwa sind die Einstiche von Messern zu sehen, gern wird dazu die Geschichte von den »Darts« spielenden Rittern erzählt. Die Stube ist übrigens ganz aus Zirbelholz wie viele Stuben jener Zeit, weil der Geruch dieses Holzes die Holzwürmer abschreckte.

Die Burg wurde im 12. Jahrhundert errichtet. Ihr heutiges Aussehen allerdings verdankt sie der Baulust von Engelhard-Dietrich Freiherr von Wolkenstein, der sie in eine Wohnburg der Renaissance umbauen ließ. Für die luxuriöse Lebensart wurden eine Loggia und ein einzigartiger Rittersaal errichtet, mit einer Kassettendecke, die gemeinhin als die schönste Renaissancedecke Tirols bezeichnet wird. Hier stehen die Ahnherren der Burg nun ganz in Weiß als lebensgroße Stuckfiguren. Beeindruckend sind auch die Fresken in der Kapelle. Schön, aber steil ist der alte Plattenweg, der von Waidbruck zur Burg hinaufführt. Er ist derart steil, dass man sich kaum vorstellen kann, wie die Pferde ausgesehen haben müssen, die es schafften, einen Ritter in seiner schweren Rüstung hier hinaufzubringen. Eine ständige Sonderausstellung zeigt viele der Burgen und Schlösser Südtirols in kleinen Modellen.

18 km von Klausen; Schlossweg 6, Waidbruck; Tel. 04 71 65 44 01; www.burgeninstitut.com; Ostern–Ende Okt. Di–So Führungen um 11, 14, 15 Uhr, Juli, Aug. auch um 10 und 16 Uhr

Sehenswertes

Kloster Säben 3

Wie ein Adlernest thront Kloster Säben hoch über Klausen – ein geschichtsträchtiger Ort, denn von hier aus begann die Herrschaft des Christentums in Südtirol. Dort, wo heute das Kloster steht, existierte schon um das 4. Jahrhundert n. Chr. eine römische Siedlung. Seit dem 6. Jahrhundert war hier der Sitz der Bischöfe, bevor er nach Brixen verlegt wurde. Heute steht auf dem »heiligen Berg« Südtirols eine Benediktinerinnenabtei. Zu besichtigen sind die Kirchen, die Liebfrauenkirche mit der Marienkapelle, zu der die älteste Tiroler Marienwallfahrt führt (auch heute noch ziehen alle zwei Jahre die Gläubigen des Grödner Tals zur Wallfahrt hier herauf). Und schließlich die Klosterkirche und die Heiligkreuzkirche auf der Spitze der Felskuppe, in der Bischof Ingenuin (um 600) seine letzte Ruhe fand.

Heiligkreuzkirche: tgl. 8–17 Uhr; Liebfrauenkirche: Di, Fr, Sa 15–8 Uhr, Sa auch 10.30 und 12.30 Uhr Führungen; Marienkapelle: tgl. 8–18 Uhr

Stadtmuseum

Hier gibt es einige der Bilder zu sehen, die in den großen Künstlerzeiten Klausens entstanden sind. Der wertvollste Schatz des Museums aber ist der sogenannte »Loretoschatz«. Der gesamte zweite Stock des ehemaligen Kapuzinerklosters, in dem heute das Museum untergebracht ist, ist dieser wertvollen Sammlung sakraler Kunst aus Spanien gewidmet. Sowohl die Gründung des Klosters als auch den Loretoschatz hat

Klausen dem bis heute verehrten Gabriel Pontifeser zu verdanken, dem Beichtvater von Königin Maria Anna von Spanien, der zweiten Gemahlin des spanischen Königs Karl II.

Kapuzinerkloster, Frag 1, Klausen; Tel. 04 71 84 61 48; Ende März–Ende Aug. Di–Sa 10–12 und 16–19 Uhr, Anfang Sept.–Mitte Nov. Di–Sa 9.30–12 und 15.30–18 Uhr

Essen und Trinken

Restaurant Jasmin

Gourmet-Restaurant, 2006 mit einem Michelinstern gekürt. Leichte italienische Küche mit vielen Eigenkreationen.

Griesbruck 4; Tel. 04 72 84 74 48; www.bischofhof.it •••• MASTER VISA

Restaurant Turmwirt Gufidaun

Kulinarischer Genuss in alten Stuben, nach alten Rezepten: von hausgemachten Schlutzkrapfen bis zu Mohntörtchen.

Gufidaun; Tel. 04 72 84 40 01 ••

Info

Tourismusverein Klausen

Tinneplatz 6, Klausen; Tel. 04 72 84 74 24; www.klausen.it

VILLANDERS

1859 Einwohner, 880 m ü.d.M.

➤ [H 4]

Villanders ist ein Beispiel dafür, wie schnell man dem Tal und seinen Straßen entkommen kann: Nur zehn Minuten den Hang hinauf und schon ist man in einem verwinkelten Dorfkern abseits der Verkehrsströme, die sich unten durch das Tal schieben. Das kleine Dorf am Aussichtshang ist sich seiner besonderen Lage durchaus bewusst, das beweisen die großartigen Hotelbauten, die inzwischen den Gesamteindruck des Dorfes prägen. Aber auch die unzähligen Wanderwege, die direkt vom Ort ausgehen, romantische Burgen und sanfte Weinhänge geben Villanders seinen Charakter.

Hotels

Ansitz zum Steinbock

Die getäfelten Gasträume dieses alten Ansitzes mit zwei Gebäuden mitten in Villanders wurden behutsam restauriert.

St. Stefan 38, Villanders; Tel. 04 72 84 31 11; www.zumsteinbock.com •• MASTER VISA

Sehenswertes

Villanderer Friedhof

Die kunstvoll geschmiedeten Kreuze auf diesem schönen Friedhof stehen dicht wie im Wald, alle Gräber sind – nach einem frühchristlichen Brauch – nach Osten ausgerichtet.

Dorfzentrum Villanders

Info

Tourismusverein Villanders

St. Stefan 120; 39040 Villanders; Tel. 04 72 84 31 21; www.villanders.tv

BAD DREIKIRCHEN

1500 Einwohner (Barbian), 1120 m ü.d.M.

➤ [H 11]

Der – heute autofreie – Weiler Bad Dreikirchen, Ortsteil von Barbian, entstand um drei Kirchen herum. Die dicht aneinandergedrängten kleinen Kirchen mit ihren Schindeldächern und den hölzernen Türmen sind gotisch, die größte und älteste von ihnen wurde 1237 erstmals urkundlich erwähnt. Alle drei Kirchen sind mit Fresken und Altären reich verziert.

Hotels

Gasthof Bad Dreikirchen

Seit 200 Jahren steigen im Gasthof Bad Dreikirchen die Sommerfrischler ab, darunter waren auch so prominente Gäste wie Christian Morgenstern oder Sigmund Freud. Die Mischung aus schlichter Gemütlichkeit und modernem Design, Tiroler Bauernküche, Holzterrasse mit atemberaubendem Panoramablick und gemütlichen Liegeplätzen gibt einem das Gespür für die einfachen Dinge zurück.

St. Jakob 6, Barbian; Tel. 04 71 65 00 55; www.baddreikrichen.it •• DINERS MASTER VISA

Gasthof Briol

Für den einfachen, aber stilvollen Sommerfrischler: Der Maler Hubert Lanzinger schuf hier ein Stück moderne Architektur der 1920er-Jahre, spartanisch eingerichtete Zimmer gehören zum künstlerischen Konzept, ein Freibad mit Quellwasser ebenso.

St. Jakob 13, Barbian; Tel. 04 71 65 01 25; E-Mail: info@briol.it ••

Info

Tourismusverein Barbian

St. Jakob 41; Tel. 04 71 65 44 11; www.barbian.it

GRÖDNER TAL

➤ [H/J 5]

Gröden ist das Tal der Holzschnitzer und als solches weltberühmt. Egal ob der Gekreuzigte, Madonnen oder Nippesfiguren: Gröden bürgt für Qualität. Baum-

Bad Dreikirchen – wahre Harmonie kennt kein Verfallsdatum.

hohe Holzstatuen vor den Häusern und Firmen empfangen die Gäste gleich am Anfang des Tales und lassen keinen Zweifel darüber aufkommen, dass dies auch im Zeitalter der Maschinen noch so ist. Doch aus den einst verschlafenen Dörfern ist inzwischen mit Hyper-Hotelbauten und modernsten Aufstiegsanlagen (zwölf der Lifte fahren auch im Sommer) ein mondänes Zentrum geworden, das eher an die Côte d'Azur als an alpine Bergbäuerlichkeit erinnert. Denn Gröden mit seinen drei Hauptorten St. Ulrich, St. Christina und Wolkenstein ist auch das Tal der Berühmtheiten, nicht nur unter den prominenten Gästen, auch das Tal selber hat mit dem Schauspieler und Regisseur Luis Trenker, mit dem Komponisten und mehrfachen Oscar-Preisträger Giorgio Moroder oder auch mit der Sportlerin Isolde Kostner weltberühmte Persönlichkeiten hervorgebracht. 1970 wurde hier die Skiweltmeisterschaft ausgetragen. Wahrzeichen des Tales ist

der bizarr schöne Felsgipfel des Langkofel. Mehr als 90 Prozent der Bevölkerung dieses Tales spricht Ladinisch, aber fast alle beherrschen auch italienisch und deutsch.

Hotels

Gasthof zur Krone

Lajen mit seinen beiden Kirchen ist ein schöner, wenig touristischer Ort am Anfang des Grödner Tals. Der Blick auf Langkofl, Sellajoch und Schlern ist spektakulär. Seit 1570 bewirtet dieser Gasthof am Dorfplatz seine Gäste.

Dorfplatz 13, Lajen; Tel. 04 71 65 56 35; www.lajen.com • ✉

Info

www.groeden.de

ST. ULRICH

4604 Einwohner, 1236 m ü.d.M.

➤ [J 5]

Das Zentrum der Grödner Urlaubsmeile, das Sommer wie Winter Touristen in Scharen anlockt. Die fantastische Natur und der Flair internationalen Schicks sind hier eine äußerst anziehende Liaison eingegangen. Schon allein, weil Luis Trenker hier begraben liegt, pilgern die Touristen zu Tausenden hierher. Bereits 1960 wurde das ladinische Kulturzentrum »Cesa di Ladins« gegründet, Mittelpunkt des damaligen Grödner Kulturlebens, Kulturmanagement und Sprachschützer in einem. Auch heute noch werden von hier aus Zeitschriften herausgegeben, Ausstellungen veranstaltet und die ladinische Literatur gepflegt. Durch die inzwischen einzige Kunstschule Südtirols war St. Ulrich immer auch ein Mittelpunkt für Künstler. Die belebte Fußgängerzone im Ortskern ist die Shopping-Meile, aber man kann dem Trubel schnell entfliehen: Mit der Kabinenumlaufbahn erreicht man im Nu die Seceda und Seiser Alm.

Sehenswertes

Fischburg

Die Burg an der Grenze zwischen Wolkenstein und St. Christina ist ein zwischen 1622 und 1641 von Engelhard Dietrich von Wolkenstein-Trostburg erbautes Sommer- und Jagdschloss im Stil der Renaissance, das aber in seiner Monumentalität mittelalterliche Wehrhaftigkeit vortäuscht. Sie ist nicht zu besichtigen.

Pfarrkirche von St. Ulrich

Die Kirche aus dem späten Barock wurde Anfang des 20. Jahrhunderts durch den Anbau zweier Seitenschiffe erweitert. Der Bau ist innen reich geschmückt, sehenswert sind die riesenhafte St. Ulrich-Statue von Ludwig Moroder und das Altarbild »Anbetung der Könige« von Josef Moroder-Lusenberg.

Streda Sacun, St. Ulrich

St. Jakobskirche

La »dlieja da Sacun« liegt oberhalb von St. Ulrich und ist nur zu Fuß erreichbar. Die der Überlieferung nach älteste Kirche des Tales ist dem Heiligen Jakob geweiht, dem Beschützer der Wanderer und Pilger.

Malerisch gelegen, birgt sie im Chor einen schönen Freskenzyklus und am barocken Hauptaltar Skulpturen (Originale im Grödner Heimatmuseum).

Öffnungszeiten erfährt man im Tourismusverein St. Ulrich

Museen

Museo de Gherdeina

Das Museum der ladinischen Kultur zeigt alles, was in diesem Tal einmal wichtig war oder noch immer ist. Die Holzschnitzkunst spielt dabei eine herausragende Rolle, ob in der schönen Sammlung alten Kinderspielzeugs, in der fast 200 Jahre Spielzeuggeschichte nachgezeichnet werden (1750–1940), oder in den kunstvoll gearbeiteten Heiligenbildnissen. Auch Luis Trenker wurde eine Abteilung gewidmet. Archäologische Fundstücke geben Zeugnis von früher Besiedlung, und in der Kunst steht der große Maler des Tales – Vorbild für viele – im Mittelpunkt, Josef Moroder Lusenberger (1846–1939).

Früh übt sich ... Schaukelpferd im Museo de Gherdeina

Cesa de Ladins, Reziastr. 83, St. Ulrich; Tel. 04 71 79 75 54; E-Mail: museum@val-gardena.com; Feb. und März Di, Fr 14–17, Do 10–12 Uhr, Juni, Sept.–Mitte Okt., Di–Fr 14–17 und Do 10–12 Uhr, Juli, Aug. Mo–Fr 10–12 und 14–18 Uhr, So 14–18 Uhr

Info

Tourismusverein St. Ulrich

Reziastr. 1, 39046 St. Ulrich; Tel. 04 71 79 63 28; www.valgardena.it

ST. CHRISTINA

1787 Einwohner, 1428 m ü. d. M.

➤ [J 5]

Der zweite große Ort Grödens gegenüber vom Langkofel mit vielen Gastbetrieben, Hotels und Pensionen. Außerdem befinden sich hier auch die Talstationen der Lifte zum Monte Pana, Ciampinoi, Col Raiser und zur Seceda. Und die Abfahrtsstrecke »Saslong« der Skiweltmeisterschaft von 1970 empfängt alljährlich im Dezember den FIS-Skiweltcup.

Ausflug

Langkofel

Der imposante Berg wurde vom Wiener Bergsteiger Paul Grohmann 1868 erstmals bezwungen. Inzwischen kann man die Schönheit dieser Welt der Vertikale auch dann bewundern, wenn man bei schmalen Steigen ein Schwindelgefühl nicht unterdrücken kann und das Klettern lieber den Ziegen überlässt: Denn die Gondelbahn Langkofelscharte fährt bis hinein in das Herz der Dolomiten. Die Talstation ist auf dem Sella-Pass. Die klassische Runde zu Fuß rund um den Langkofel ist auch von wenig geübten Bergwanderern zu bewältigen. Sie führt vom Sellajoch über die berühmte Comici-Hütte zum Piz Ciaulonch, von dort weiter zum Piz da Uridl zur Plattkoflhütte und über den Friedrich-August-Weg und die gleichnamige Hütte zurück zum Sellajoch.

11 km von St. Christina

Seiser Alm

Die Seiser Alm mit einer Fläche von 5400 Hektar ist eine der schönsten und weitesten Hochalmen Europas, ein wogendes Meer aus Gras und Blumen. Und auch wenn im Winter hier Tausende ihre Runden durch die Loipen ziehen oder die sanften Hügel mit Ski und Board hinabfahren – es ist ein Gerücht, dass die Alm vom Massentourismus längst zerstört sei. Zwar ist sie keine einsame Hochalm mehr, aber schön ist sie allemal, egal ob sie zu Fuß, mit der Pferdekutsche oder auf Skiern erobert wird. Es gibt eine Straße, aber der Umwelt zuliebe sollte man auf das Auto verzichten. Die Alm ist von Seis mit der Kabinenbahn und von Kastelruth mit dem Shuttlebus (im 20-Minuten-Takt) zu erreichen.

6 km von St. Christina; Tourismusverband Seis am Schlern; Tel. 04 71 70 70 24; www.seis.it.

Wanderung am Col Raiser

Eine herrliche Almwanderung mit Blick auf den Langkofel und den Schlern. Den Aufstieg übernimmt die Umlaufbahn zum Col Raiser von St. Christina aus. Von dort über Weg Nr. 2 zur Fermedahütte und weiter zum Cucasattel. Nun geht es teils weglos, teils über Almpfade südostwärts zum Heiligen See. Auf der Almzulieferungsstraße hinunter zur Gamsbluthütte, über Weg F zur Sangonhütte und dann über den breiten Weg Nr. 1 talwärts zur Talstation der Umlaufbahn.

Info

Tourismusverein St. Christina

Chemunstr. 9, 39047 St. Christina;
Tel. 04 71 79 30 46; www.val-gardena.com

WOLKENSTEIN

2570 Einwohner, 1563 m ü.d.M.

➤ [J 5]

Wolkenstein ist der letzte große Ort des Grödner Tales vor dem Aufstieg zur Grödner-Joch-Straße. Aus dem kleinen Weiler ist in wenigen Jahrzehnten einer der aktivsten Fremdenverkehrsorte Südtirols geworden. Am Fuß des Sellastockes kann man hier mit den Skiern direkt bis vor die Haustür fahren.

Hotels

Hotel Meisules

Das Hotel befindet sich am hinteren Ende des Tales, sehr hell, sehr nah am Felsen, gegenüber der Bergbahnstation.

Plan de Gralba Str. 29, Wolkenstein;
Tel. 04 71 79 52 00; www.meisules.com
••/••• CREDIT

Ausflug

Langental

Das Langental ist ein typisches Trogtal, von den Gletschern der Eiszeit ausgeschürft und weitgehend unbesiedelt. Es beginnt bei Wolkenstein und ist ein besonders idyllischer Ort zum Langlaufen mit einer Loipe, die zwölf Kilometer weit ins Tal hineinführt. Im Sommer kann man hier einen Kreuzweg mit 14 Stationen erwandern, den einheimische Künstler 1983 in Baumstämme schnitzten. Am Taleingang liegt die St. Sylvesterkapelle, in der 1993 bei Restaurierungsarbeiten 300 Jahre alte Fresken entdeckt wurden.

Sehenswertes

Burgruine Wolkenstein

Die Überreste dieser Burg aus dem 13. Jahrhundert hängen dramatisch wie ein Adlerhorst in der Stevia-Wand. Ein kurzer steiler Weg führt vom Ausbildungszentrum der Carabinieri im Langental hinauf.

Info

Tourismusverein Wolkenstein

Meisulesstr. 213, 39048 Wolkenstein; Tel. 04 71 79 51 22; www.val-gardena.com

KASTELRUTH

6247 Einwohner, 1060 m ü.d.M.

➤ [B 11]

Kastelruth kann sich, wie seine Nachbarorte Völs und Seis, zu den beliebtesten Ferienorten Südtirols zählen, ist es doch gewissermaßen die Absprungrampe zur größten Hochalm Europas: der Seiser Alm. Und spätestens seit die »Kastelruther Spatzen« hier alljährlich ihr »Spatzenfest« feiern, weiß fast jeder Deutschsprachige, wo Kastelruth liegt. Der Ort ist adrett anzuschauen mit seinen Balkonen, Erkern und traditionellen Wandmalereien.

Hotels

Posthotel Lamm

Ein Hotel, das eigentlich eine Stadt in der Stadt ist, oder besser im Dorf. Stilvielfalt, die überzeugt, eine schöne Lounge mit Kamin, und vom Dachgarten hat man einen fantastischen Blick von den Geislerspitzen bis zum Südtiroler Hochland.

Krausplatz 3, Kastelruth; Tel. 04 71 70 63 43; www.posthotellamm.it ••/••• MASTER VISA

Goldenes Rössl

Seit 1326 prägt dieses Haus das historische Bild des Dorfplatzes von Kastelruth. Die Zimmer werden mit Himmelbetten und Bauernstilmöbeln dem Ruf der Tradition mehr als gerecht, erfüllen aber gleichzeitig alle modernen Ansprüche.

Krausplatz, Kastelruth; Tel. 04 71 70 63 37; www.cavallino.it ••

Info

Tourismusverein Kastelruth

Krausplatz 1, 39040 Kastelruth; Tel. 04 71 70 63 33; www.kastelruth.com

VÖLS

3118 Einwohner, 889 m ü.d.M.

➤ [B 11]

Dieses kleine und hübsche Dorf am Fuße des Schlernmassivs nennt sich seit dem Jahr 2003 »Kurort« und trägt damit seinem Aufstieg vom Bauernbad zum Kurort Rechnung. Tradition haben in Völs die Heubäder, und schon im Jahre 1838 wurde der Ort im »Handbuch für Reisende« als »anmuthige und gesunde Gegend mit heilkräftigen Wassern und guter Unterkunft« beschrieben.

Reiter beim Oswald-von-Wolkensteinritt (S. 46)

Hotels

Edelansitz Zimmerlehen

Dieser Ansitz mit zwei runden Türmen in prachtvoller Aussichtslage beherbergt drei Appartements, modern, in hellem Holz eingerichtet. Die Appartements sind in den runden Türmen – wer hier schläft, fühlt sich wie Dornröschen in ihrer Turmkammer.

Kühbachweg 15, Völs am Schlern; Tel. 04 71 72 50 53; www.zimmerlehen.it; ••

Sehenswertes

Schloss Prösels

Die terrassenartigen Innenhöfe dieses Schlosses sind im Sommer Schauplatz für kulturelle Events. Eine feste Einrichtung sind die »Völser Schlosskonzerte«, die Ausstellungen zeitgenössischer Kunst im sogenannten »Tischlerhaus« oder die Prösler Schlossnächte, bei denen das Schloss den Besuchern bei Nacht seine Geschichte erzählt. Zu den schlosseigenen Attraktionen gehörten eine mittelalterliche Waffensammlung im »Rittersaal« mit rund 400 Exponaten von der Lanze bis zur Kanone und die sogenannte »Batzenhäusl-Sammlung«, eine Sammlung von Zeichnungen und Gemälden, die rund um das Bozner Batznhäusel entstanden, einem Künstlertreff auch schon in früheren Jahrhunderten.

Prösels 212, Völs am Schlern; Tel. 04 71 60 10 62 oder 04 71 97 18 70; www.schloss-proesels.it; Schlossführungen tgl. außer Sa im Mai um 11, 14, 15 Uhr, Juni und Sept. um 11, 14, 15, 16 Uhr, Juli und Aug. 10, 11, 15, 16, 17 Uhr

Essen und Trinken

Heubad

Das Völser Heubad ist ein Traditionsbetrieb und bei Einheimischen und Gästen beliebt. Das Essen in der schönen bemalten Stube will weniger Haute Cuisine als gute regionale Kost sein. 2003 wurde der Betrieb 100 Jahre alt.

Schlernstr. 12; Tel. 04 71 72 50 20; www.hotelheubad.com. •• MASTER VISA

Info

Tourismusverein Völs am Schlern

Boznerstr 4, Völs; Tel. 04 71 72 50 47; www.voels.it

Der Kessel von Toblach (S. 162) ist Mittel-, Ausgangs- und Knotenpunkt zwischen Alpenhauptkamm und Dolomiten.

BRUNECK UND UMGEBUNG

Das Pustertal bildet eine natürliche Grenze zwischen den Gletschern der Zentralalpen und den Dolomiten. Wir stellen Ihnen das Tal mit seinen Nebentälern von Mühlbach im Westen bis nach Sexten im Osten vor.

Qui si sta bene!, sagen die italienischen Touristen erfreut und meinen, dass es hier angenehm kühl ist: Das Pustertal ist das grüne Tal Südtirols. Als tiefer, etwa 50 Kilometer langer Graben trennt es die Dreitausender der Zillertaler Alpen von den Dolomiten, die mit ihren kalkweißen Felszähnen am Himmel nagen. Das Pustertal war schon immer eine wichtige Verkehrsader gewesen. Bereits die Römer nahmen diese Route, wenn sie von Aquilea im Osten des heutigen Italiens in den Norden zogen. Das Pustertal ist ein Tal der Gegensätze. Schroffe Felsen im Süden stehen den dichten Wäldern im Norden gegenüber, und dazwischen liegen saftige grüne Wiesen.

Hier nahm der Tourismus in Südtirol seinen Anfang. Die Bäderkultur, die Naturelemente wie das Heu für heilendes Baden nutzte, ist Jahrhunderte alt. Schon im 17. Jahrhundert kamen die ersten Sommerfrischler an. Es waren die Städter aus Norditalien, die in die kühlen Höhenlagen der Alpen flüchteten. Die Kälte galt damals als Schutz vor der Pest. Als 1871 die Südbahn gebaut wurde, wurde das Pustertal zum Sommergarten der feinen Wiener Gesellschaft. In Toblach, Innichen, Niederdorf oder Sexten trafen sich Adelige und Intellektuelle. Große Hotelkomplexe entstanden. Um 1900 hatte die Region Gästezahlen, wie es später erst wieder um 1960 der Fall war.

MÜHLBACH

2720 Einwohner, 775 m ü.d.M.

➤ [J 3]

Ein kleiner, verwinkelter Ort am Eingang zum Pustertal, der einst an der Grenze zwischen der Grafschaft Görz und dem Fürstbistum Brixen lag. Heute ist Mühlbach wieder zu dem verträumten Ort geworden, der er einmal war, nachdem die Autos den Ortskern weitläufig umfahren. Eine tiefe Schlucht durchschneidet das Dorf, die sich der Valser Bach gegraben hat, denn nach Norden führt von hier aus ein kleines, kaum bewohntes Seitental, das Valser Tal. In jüngster Zeit kam dieser kleine Ort zu Berühmtheit, denn die Mutter von Papst Benedikt XVI. soll in Mühlbach zur Welt zur Welt gekommen sein. Inzwischen haben findige Historiker gezeigt, dass ihr Geburtsort nicht Mühlbach

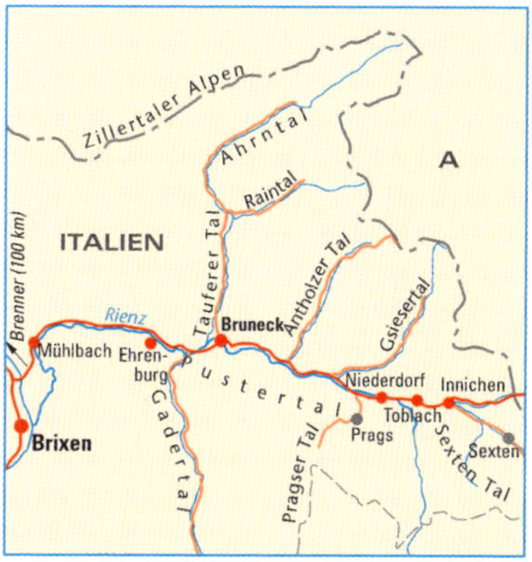

im Pustertal, sondern das bayerische Mühlbach bei Kiefersfelden war.

Sehenswertes

Mühlbacher Klause

Die Mühlbacher Klause ist das Tor zum Pustertal. Erstmals erwähnt findet man sie 1269 in einer Urkunde des Grafen Friedrich von Rodank. Es war eine Zollstation, die lange die Landesgrenze zwischen Tirol und Görz markierte. Zoll wurde bei der Klause nachweislich seit 1288 erhoben. Als Talsperre stellte die Klause auch ein militärisches Bollwerk dar, 1526 z.B. vergeblich von Michael Gaißmair belagert und 1809 heftig umkämpft. Damals wurde sie schwer beschädigt und ist gerade erst wieder restauriert worden.

Besichtigungen Juni–Okt. jeden Do um 17 Uhr nach telefonischer Anmeldung, Tourismusbüro Mühlbach; Tel. 04 72 84 94 67

Schloss Rodenegg

(→ Der gute Tipp von MERIAN, S. 60)

Museen

Loden Erlebniswelt

Hier hat sich ein Bekleidungsgeschäft eine besondere Attraktion ausgedacht: Es hat ein Erlebnismuseum geschaffen. Darin dreht sich alles um das Schaf, denn es liefert den Grundstoff für den Loden. Auf den Spuren der Wolle geht der Parcours von der Alm bis in die Fabrik und im historischen Teil von den verfilzten Wollhemden der Räter um 200 v. Chr. bis zu Kaiser Franz Josef, der den Loden salonfähig machte. Alles wird möglichst hautnah präsentiert.

Pustertaler Straße, Vintl; Tel. 04 72 86 85 40; ganzjährig Mo–Sa 9.30–17.30 Uhr, Ostern–Ende Dez. auch So 11–17 Uhr, Juli, Aug. 9–18.30 Uhr

Essen und Trinken

La Passion

In Südtirol ein eher ungewohntes Konzept: vier Tische und zwei Menüs – das ist in diesem Gourmetrestaurant genug. Und die Leidenschaft des Kochens, gepaart mit viel Fantasie.

St.-Nikolaus Weg 5 b, Vintl; Tel. 04 74 86 85 95; Mo geschl. ••• AmEx MASTER VISA

Tilia

In einem schön restaurierten alten Ansitz ist das Restaurant von Chefkoch Chris Oberhammer entstanden. Eine verlässliche Adresse für Gourmets. Im Januar 2007 wurde das Lokal mit dem ersten Michelin-Stern ausgezeichnet.

Weisskircherstr. 33, Obervintl; Tel. 04 72 86 81 85; www.tilia.bz; Di und Mi Mittag geschl. ••• DINERS MASTER VISA

Info

Tourismusverein Mühlbach

Katharina-Lanz-Straße 90; Tel. 04 72 84 94 67, Fax 04 72 84 98 49

EHRENBURG

2646 Einwohner (Kiens), 840 m ü.d.M.

➤ [K 3]

Der kleine Ort wird ganz von dem herrlichen Wohnschloss dominiert, das sich auf einem Hügel hoch über das Dorf erhebt. Die Dorfstraße schlängelt sich hier hinauf, die Häuser, Höfe und Gaststätten liegen an den Hängen des Hügels.

Hotels

Hotel Ehrenburgerhof

Das Schöne an diesem Vier-Sterne-Haus ist der eigene Badesee mit Liegewiese und einem kleinen Hallenbad, das mit dem See verbunden ist – abtauchen und man ist draußen. Mit Reitstall und Kinderbetreuung ein Hotel für die ganze Familie.

Bahnhofstr. 7, Ehrenburg /Kiens; Tel. 04 74 56 53 47 ••• CREDIT

Sehenswertes

Kornmutter

Seit dem Mittelalter ist die »Kornmutter« von Ehrenburg ein Wallfahrtsziel. Noch heute zieht eine Prozession aus Prettau und dem Ahrntal alljährlich zum Erntebitttag hierher (Christi Himmelfahrt, um Mitternacht wird gestartet). Die Prozession ist eine der traditionsreichsten Südtirols, der über 50 Kilometer lange Weg folgt der Staatsstraße. Ziel ist die reich ausgestattete Barockkirche auf dem Schlosshügel in Ehrenburg mit dem Gnadenbild der Kornmutter. Die Kapelle, in der sich das Bildnis befindet, wurde über die Fundamente einer im Jahre 472 erbauten Marienkapelle errichtet. Angeblich bestand hier schon zur Römerzeit ein Heiligtum der Fruchtbarkeitsgöttin Ceres.

Schloss Ehrenburg

Mit dem Bau dieses vergleichsweise jungen Schlosses wurde erst 1512 begonnen. Größere Anbauten veränderten es um 1700 noch einmal, als ein Sohn der Familie zum Fürstbischof von Brixen ernannt wurde. Bis heute ist das Schloss der Stammsitz der Grafen Künigl.

Es ist ein Wohnschloss, dessen Architektur standhaft das eher raue Klima des Pustertals ignoriert: Die Wohnräume sind rund um einen offenen Arkadeninnenhof angelegt, offene Treppen führen in die oberen Stockwerke. Der Kontinuität seiner Besitzer verdankt dieses Schloss, dass es bis heute vollständig eingerichtet ist. Doch die Ehrenburg zeigt nicht nur ihre Möbel, sie entblättert vor den Besuchern auch die gesamte Familiengeschichte. Es gibt ein »Hausgespenst« und schöne Prinzessinnen: Vom Hochzeitskleid bis zum Reitkostüm, vom prunkvollen Taufkleidchen bis zum Spielzeug – hier werden all die Versatzstücke eines illustren Lebens gezeigt. Prunkstück des Schlosses ist der »Audienzsaal« des Bischofs mit seiner Stuckdecke.

Schloss Ehrenburg, Kiens; Tel. 04 74 56 52 21; April, Mai, Okt. Mi 15 Uhr, Juni und Sept. Mo–Sa 11 und 15 Uhr, Juli und Aug. Mo–Sa 11, 12, 15 und 16 Uhr

Info

Tourismusverein Kiens

Kiener Dorfweg 4 b, 39030 Kiens; Tel. 04 74 56 52 45; www.kiens.info

GADERTAL

1720 Einwohner, 1127 m ü.d.M. (St. Martin)
➤ [K 3/4]

Im Gadertal – manche nennen es auch Abteital – beginnt Ladinien. Die Ortsschilder sind nun dreisprachig: italienisch, deutsch und vor allem ladinisch. Die Menschen sprechen alle drei Sprachen, ihre Muttersprache aber ist ladinisch. Das Gadertal ist eines der schönsten Täler Südtirols. Das Tal führt direkt in

Verschnaufpause – die Küchenmannschaft des »St. Hubertus«

das Herz der Dolomiten. Nirgends sind Gegensätze so harmonisch vereint wie hier: Die karge Felsregion steht im schroffen Widerspruch zu den weich gerundeten Almmatten mit ihrer bunten Pflanzenvielfalt. Wenn man Anfang Juli von Corvara hinauf zum Grödner Joch fährt, zieht sich ein Teppich wilder Lilien leuchtend orange die Hänge hinauf. Über allem breitet sich sanft das Blau des Himmels. – Es ist, als würde die Natur sich einen Wettkampf liefern: Seht her, hier ist es am schönsten! Die wahre Schönheit dieses Tales aber entfaltet sich vor allem in den Seitentälern und an den Hängen, in den »Viles«, wie im Gadertal kleine Häusergruppen genannt werden, die sich wie zum Schutz eng aneinanderdrängen.

Hotels

Schloss Colz/Ciastel Colz

Das Schloss ist von Sagen umwoben, sein Name stammt von seiner ehemaligen Besitzerfamilie, die im 16. Jahrhundert die größten Widersacher der Herren von Prack zu Asch in Enneberg waren. 1582 wurde der Ritter Prack von Johann Baptist von Colz bei der Ochsenbrücke (Punt dai bos) in Corvara getötet. Die Erinnerung an den großen Prack – »Gran Bracun« – ist heute noch im Gadertal lebendig. Im »Ciastel Colz« lebt man äußerst nobel: Der Umbau in ein Gourmetrestaurant und vier wahrhaft königliche Suiten geschah sehr behutsam.

Ciastel Colz, Marinstr. 80, Stern; Tel. 04 71 84 75 11 •••/•••• CREDIT

Ausflug

Fanes-Alm

Die Fanes-Alm auf 2060 Meter am Ende des Rautales ist das Zentrum der Legenden und Mythen aus Ladinien, das Reich der Blumen und Murmeltiere. Hier hat das Königsgeschlecht der Fanes seinen Ursprung, ein Sagengeschlecht, das im Bund mit den Murmeltieren steht – die Ahnfrau dieses Geschlechtes konnte sich noch in ein Murmeltier verwandeln. Die Fanes-Alm ist eine unglaublich weite und teils fast ebene Hochfläche mit kleinen Seen. In der Hochsaison liegen an ihren Ufern Touristen, als wären es Badeseen. Am Hang des Limojochs befindet sich die renovierte Fanes-Hütte, mit Übernachtungsmöglichkeiten.

Fanes-Hütte, ganzjährig geöffnet; Tel. 04 74 50 10 97; Anfahrt über St. Vigil in Enneberg bis zum Parkplatz im Talschluss von Pederù, dann die Schotterstraße hinauf (1,5 Std.)

Sehenswertes

Seres-Mühlen

Im Longiarù-Tal (Campill) wird man in die Vergangenheit zurückversetzt. Sein Name stammt von den alten Wassermühlen, die mustergültig restauriert wurden. Die acht Mühlen stehen entlang des rauschenden Seres-Baches auf ca. anderthalb Kilometern. In Rinnen sprudelt das Wasser, von Schleusen und Sperren geleitet. Von Juli bis Mitte September wird jeden Donnerstag von 9 bis 15 Uhr gemahlen. Immer im August ist Mühlenfest.

Info beim Tourismusverein St. Martin in Thurn; Tel. 04 74 52 31 75

Kirche zum Heiligen Kreuz

Hoch über St. Leonhard, unter den senkrechten Wänden des Heiligkreuzkofels, steht weiß vor dem golden leuchtenden Fels der Steilwand ein kleines Wallfahrtskirchlein, zu dem auch heute noch Prozessionen führen. Gleich daneben befindet sich das Schutzhaus Heilig Kreuz, das bereits 1718 errichtet wurde. Mit dem Auto sind Kirche und Schutzhaus nicht zu erreichen. Doch ein Sessellift bringt die Besucher auf 1840 Meter Höhe, für die restlichen 200 Höhenmeter bis zum Schutzhaus benötigt man zu Fuß etwa 20 Minuten.

Schutzhaus Heilig Kreuz, La Crusc 1, Abtei; Tel. 04 71 83 96 32

Der alte Kalkofen

Bei Miscì, unweit der Mühlen, wurde einer der alten Kalköfen restauriert und wieder in Gang gesetzt: Jetzt kann man zuschauen, wenn die Kalksteine in tagelangem Brandvorgang gebrannt werden. Rundherum wird ein Rahmenprogramm veranstaltet.

Info beim Tourismusverein St. Martin in Thurn; Tel. 04 74 52 31 75

AUTORENTIPP In St. Kassian, einem kleinen 700-Seelen-Dörfchen, liegen »St. Hubertus« und »La Siriola«, beide mit Michelin-Sternen und Hauben ausgezeichnet, »Ciastel Colz« gehört ebenfalls zur Restaurant-Elite, und »La Stüa de Michil« in Corvara oder das »Stria« und das »Arthotel Cappella« in Kolfuschg sind ebenfalls vielfach ausgezeichnete Gourmettempel. **Arthotel Cappella, Pecei 17, Kolfuschg, Tel. 04 71 83 61 83 ••• CREDIT Stria, Talstr. 18, Kolfuschg, Tel. 04 71 8366 20 ••• MASTER VISA – La Siriola, Armentarolastr. 127, St. Kassian, Tel. 04 71 84 94 45 •••/•••• St. Hubertus (Rosa Alpina), P. Pizzinini, St. Kassian, Tel. 04 71 84 95 00 •••• CREDIT**

Museen

Ladinisches Landesmuseum – Schloss Thurn

Erst 2001 wurde die Ausstellung über den Mythos Ladinien eröffnet. Dementsprechend neu ist das Konzept. Das Museum zeichnet 8000 Jahre der Besiedlungsgeschichte der Dolomiten nach von der Steinzeit über die Bronzezeit bis zu den Römern und windet sich in einem spannenden Parcours durch Mittelalter und Neuzeit. Dabei versucht man die Geschichte möglichst lebendig werden zu lassen: Gadertaler Heldengeschichten werden im Schattentheater gezeigt, in einer typischen Ladiner Bauernstube taucht man unversehens in den Alltag einer Familie ein, der Klang des Ladinischen ist allgegenwärtig, denn Sprache transportiert ja Kultur. Über Grödner Holzspielzeug und Gadertaler Handwerk, wechselnde Ausstellungen zeitgenössischer Kunst und ein bestens ausgerüstetes Sprachlabor landet man schließlich im Hier und Jetzt. Schön gelegenes Terrassencafé mit herrlicher Aussicht.

Torstr. 72, St. Martin in Thurn; Tel. 04 74 52 40 20; www.museumladin.it; Palmsonntag–31. Okt. Di–Sa 10–18, So 14–18 Uhr, 1. Dez.–Palmsonntag: Mi–Fr 14–18 Uhr; nur teilweise für ♿ zugänglich

Info

Tourismusverein St. Martin in Thurn

Dorf 19, 39030 St. Martin in Thurn; Tel. 04 74 52 31 75, Fax 04 74 52 34 74; www.sanmartin.it

TAUFERER-AHRNTAL

5633 Einwohner, 862 m ü.d.M. (Sand in Taufers)

550 Einwohner, 956 m ü.d.M. (Luttach)

➤ [K/L 1-2]

Eigentlich sind es zwei Täler, und sie könnten unterschiedlicher kaum sein: Das Tauferer Tal, das von Bruneck nach Norden führt, ist breit und fruchtbar. Hier leben die reichen Bauern. Der Fels, auf der die Burg Taufers thront, schneidet das Ahrntal fast komplett vom Tauferer Tal ab. Bis heute schlängelt sich nur eine schmale Straße zwischen dem Bach und der Steilwand. Danach öffnet sich ein schönes Tal, das zu den nördlichsten Regionen Italiens führt, bis zum Ewigen Schnee. Dieses Tal hat Armut und Reichtum erlebt wie nur wenige in Südtirol. Es ist das Tal des Kupfers, denn schon in der Bronzezeit haben die Menschen hier nach Kupfer geschürft.

Ausflüge

Lahner Alm – Birnlücke

Hinter Kasern/Prettau beginnt eine wunderschöne Alm. Der alte Plattenweg zum hübschen Heilig-Geist-Kirchlein inmitten von Kühen und Pferden wurde wieder instand gesetzt, es ist ein beliebter Spaziergang für Touristen und Einheimische geworden. Danach beginnt ein einfacher Aufstieg zu einer höher gelegenen Alm, der Lahner Alm. Es ist eine idyllische Hochebene, die von kleinen Bachläufen durchzogen ist, ein herrlicher Rastplatz und natürlicher Spielplatz für Kinder. Die letzte Etappe verläuft über viele Kehren die Geröllhänge hinauf bis zur Birnlückenhütte (2440 Meter) und zur 200 Meter höher gelegenen Birnlücke (2667 Meter). Hier eröffnet sich ein herrlicher Ausblick auf die Hohen Tauern und zum Großvenediger. Abstieg wie Aufstieg oder zurück über den (1,5 bis 2 Std. längeren) Lausitzer Weg zurück zum Heilig-Geist-Kirchlein (Aufstieg 2,5 Std., Abstieg 2 Std.).

Reinbachfälle

Der größte und wohl bekannteste Wasserfall Südtirols wird vom Reinbach gespeist und ist vor allem zur Schneeschmelze im Mai und Juni ein Erlebnis. Ein bequemer Fußweg führt in drei Etappen zu den Reinfällen, die man von hübschen Aussichtsplätzen verhältnismäßig trocken genießen kann. Der reißende Wildbach überwindet in fünf Kaskaden einen Höhenunterschied von 170 Metern. Weil die Natur zur Besinnung aufruft, wurde von einheimischen Künstlern parallel zum Wanderweg ein christlicher »Besinnungsweg zum Sonnengesang« in Anlehnung an den heiligen Franz von Assisi gestaltet. Man kommt mit dem Auto über die Zufahrtsstraße nach Rein bis fast zu den Wasserfällen. Nach dem Parkplatz liegt der erste Wasserfall etwa 10 Minuten Fußmarsch entfernt. Oder man macht einen etwas längeren Spaziergang von Bad Winkel bei Sand in Taufers aus (Gesamtzeit etwa 1 Std.).

Info beim Tourismusverein Sand in Taufers, Tel. 04 74 67 80 76

Sehenswertes

Schloss Taufers

Diese mächtige Burg am Eingang zum Ahrntal war oft schon Film-

Mehr als 2000 Meter überragen die Gletscherberge das Tauferer-Ahrntal.

kulisse, und wer das Schloss besichtigt hat, weiß warum: Es ist eine Burg wie aus dem Bilderbuch mit Fürstenzimmer, Bibliothek, Gerichtssaal, Geisterzimmer, Verlies samt Folterkammer, Rüstkammer, Kapelle und überdies noch möbliert. Die Edelfreien von Taufers (1136–1336) waren die Erbauer dieser Burg, die nach dem Ende des Geschlechts wegen der gewinnbringenden Herrschaft Taufers durch die Hände vieler Adeliger ging. Die kleinformatigen Kinder-Porträts aus dem 16. Jahrhundert im Rittersaal geben einen Eindruck von der Stimmung jener Zeit. 1464 gelang es dem Fürstbischof von Brixen durch einen Vergleich, über 25 Jahre in den Besitz der Burg zu gelangen, bis diese wieder an den Tiroler Landesfürsten ging. Dieser Phase verdankt die Burgkapelle ihre Ausstattung mit wertvollen Fresken, die der Schule des Michael Pacher zugeordnet werden. Zu Beginn der Neuzeit wurde Burg Taufers zur Gerichtsburg. Im 15. und 16. Jahrhundert schließlich wurde der trutzige Bau zu einer weitläufigen Wohnburg ausgebaut. Der große Innenhof vermittelt den Eindruck einer kleinen Dorfanlage.

Winkelweg 4, Sand in Taufers; Tel. 04 74 67 80 53; www.burgenistitut.com; Jan.–14. Juli dt. Führung Di, Fr und So 15 Uhr, 15. Juli–31. Okt. tgl. Führungen 10–16.30 Uhr, 1. Nov.–3. Nov. tgl. 11, 2. Dez.-23. Dez. tgl. 11 und 15 Uhr, 4. Nov.–1. Dez. geschl.

AUTORENTIPP Zwischen Mitte Juli und August (jeweils Di 19–23 Uhr) bauen Gastbetriebe ihre Küchen im Dorfzentrum von Sand in Taufers auf und lassen typische Südtiroler Spezialitäten verkosten. Die Geschäfte im Ortskern (geöffnet 20.30–22 Uhr) von Sand laden an diesen Abenden zum gemütlichen Abendeinkauf ein.

Schloss Taufers zählt zu den eindrucksvollsten Burganlagen des Tiroler Raums.

Museen

Krippen- und Volkskundemuseum Maranatha

Die Krippen, die hier ausgestellt sind, brauchen Platz, denn manche der Figuren sind lebensgroß. Das Krippenschnitzen war und ist eine der beliebtesten Beschäftigungen der bäuerlichen Bevölkerung. So stammen auch diese Krippen vor allem aus der Umgebung. Auf zwei Stockwerken und insgesamt 500 Quadratmeter Ausstellungsfläche wird manch imposantes Stück gezeigt: z.B. die große Wüstenlandschaft mit 40 Figuren (bis 45 cm hoch), über der die Sonne im Minuten-Takt auf- und untergeht. Damit die Kinder genug sehen, stehen vor jeder Inszenierung und den einzelnen Schaukästen kleine Hocker zum Draufstellen bereit.

Weißenbachstr. 17, Luttach, Ahrntal; Tel. 04 74 67 16 82; www.krippenmuseum.com; ganzjährig geöffnet Mo–Fr 9–12 und 14–18 Uhr, So 14–17 Uhr

Mineralienmuseum

Hinter dem kleinen Laden verbirgt sich ein Museum mit gigantischen Bergkristallen und glitzernden Gesteinsbrocken, darunter auch raumgreifende Inszenierungen wie eine nachgebaute alpine Zerrkluft. Über 950 Einzelexponate, die in jahrelanger Suche vor allem im Bereich der Zillertaler Alpen und des Hohen Tauern zusammengetragen wurden. Höhepunkt ist nach Ansicht der leidenschaftlichen Sammler Artur und Josef Kirchler, Vater und Sohn, das »schönste Bergkristallgwindl der Welt« aus dem Bergwerk von Prettau.

St. Johann 3, Ahrntal; Tel. 04 74 65 21 45; www.mineralienmuseum.com; April–Ende Okt. tgl. 9.30–12 und 15–18.30 Uhr, Nov.–Ende März tgl. 15–18 Uhr

Pfarrmuseum

Errichtet in einem gotischen Kornkasten, bewahrt dieses kleine Museum die sakrale Kunst der Umgebung diebstahlsicher auf. Dabei ist es kein reines Museum, denn noch immer werden manche der Gerätschaften zu liturgischen Handlungen genutzt. Zu den Schätzen gehören das »Walburger Tafele« (um 1350) oder der Mühlener Krippe (um 1500).

Pfarre 14, Sand in Taufers; Tel. 04 74 67 85 43; 1. Juni–15. Okt. So 17–18.30 Uhr, 15. Juli–31. Aug. So, Do 17–18.30 Uhr

Südtiroler Bergbaumuseum

Das Kupfer hat das Tal geprägt, es hat es reich und arm gemacht. Das Bergbaumuseum zeichnet beide Etappen nach: Die Suche nach dem Reichtum der Erde wird im St. Ignazstollen gezeigt. In ratternden Loren fährt man, eingewickelt in Regenmäntel und mit Helm, durch das enge Stollenloch in den Bauch des Berges. In dieser Unterwelt wird deutlich, wie mühsam es war, dem Berg seine Schätze zu entreißen, wie die Stollen mit Hammer und Eisen Millimeter für Millimeter vorwärtsgetrieben wurden. Über den Berg führt ein Lehrpfad, der zeigt, wo das Erz entdeckt wurde, aber auch, warum es den Baumbestand empfindlich dezimierte. Im Bergbaumuseum im alten Kornkasten in Steinhaus wird die Geschichte des Bergbaus aufgearbeitet. Ehedem wurde in diesem Haus das Korn gelagert, um die

Knappen und anderen Bediensteten des Bergbaus auszuzahlen, die »Bank« der Gewerken. Heute lernt man hier in einem modernen zweistöckigen Museum, wie Kupfer im Gestein aussieht, mit welchen Chemikalien man es herauslösen kann und warum der Bergbau die gesamte Sozialstruktur des Tales verändert hat.

Lehrpfad: Der Pfad beginnt am St. Ignaz-Stollen und führt hinauf bis in 2080 Meter Höhe beim Rötkreuz, vorbei an alten Mundlöchern und den Ruinen von Grubengebäude, vorbei an wildromantisch zerklüfteter Landschaft, die allerdings äußerst unromantisch entstand: Im 18. Jahrhundert ging man hier dem Berg mit Sprengstoff zu Leibe.

Asthmastollen: Weil die Luft im Berg pollen- und staubfrei ist, hat man, in der Nähe des unterirdischen Bergsees, einen Asthmastollen angelegt: Menschen mit kranken Lungen finden hier Entspannung.

Bergbaumuseum, Steinhaus 99, Ahrntal; Tel. 04 74 65 10 43; www.bergbaumuseum.it; April–Ende Okt. Di–So Mi 9.30–16.30 Uhr, Do 9.30–22 Uhr

Schaustollen: zwischen Prettau und Kasern; Tel. 04 74 65 42 98; April–Ende Okt. Di–So 9.30–16.30 Uhr. Die letzte Führung beginnt um 15 Uhr, warme Kleidung angebracht (7–8 °C Stollentemperatur).

Essen und Trinken

Berggasthof Stallila

Die Lage ist so abschüssig, dass dieser kleine Berggasthof auf Stelzen steht. Der Koch bewirtet seine Gäste mit Südtiroler Spezialitäten.

Rohrberg, St. Johann/Ahrntal; Tel. 04 74 67 12 26 •

Info

Tourismusverein Sand in Taufers

Josef-Jungmann-Str. 8, 39032 Sand in Taufers; Tel. 04 74 67 80 76; www.taufers.com

Tourismusverein Ahrntal

Ahrner Str. 22, 39030 Luttach; Tel. 04 74 67 11 36; www.ahrntal.it

BRUNECK

14 211 Einwohner, 838 m ü.d.M.

➤ Stadtplan, S. 153 ➤ [K 3]

Bruneck ist die Flaniermeile des Pustertals, eine selbstbewusste Handwerks- und Handelsstadt. Die Stadtgasse mit ihren herrschaftlich wirkenden Häusern und die Straßencafés im historischen Zentrum Brunecks lassen keinen Zweifel daran aufkommen, dass dies nicht erst seit jüngerer Zeit so ist. Denn Bruneck ist seit jeher die Hauptstadt des Südtiroler Ostens.

Die Stadt war zu ihren Anfängen als wehrhafte Festung konzipiert worden, als Zufluchtsort der Bischöfe in einer Zeit, in der Kirche und weltliche Macht um die Vorherrschaft kämpften. Die günstige Lage inmitten der Talweitung – übrigens die größte Südtirols nach der

AUTORENTIPP Das Kräuterparadies: Im Kräuterhof Hauser gibt es nicht nur Kräuteressenzen für jede Malesse, aus dem Kräutererlebnis lernt man auch viel fast Vergessenes.

Familie Josef Huber, Wielenberg 20, Percha; Tel. 04 74 40 10 92; 1. Juni–31. Okt., Mo–Sa 9–12 und 14–18 Uhr, Destillation mit Führung: Juli und Aug. Di 16 Uhr

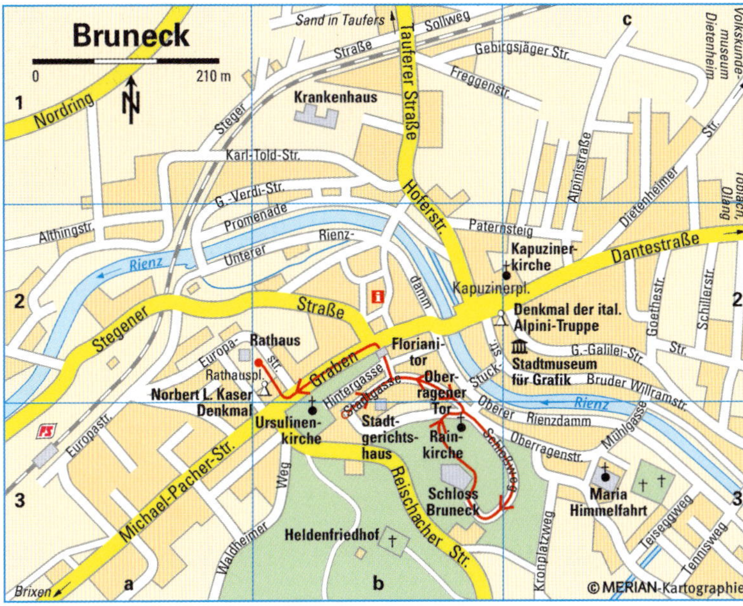

Bozner – hat dazu beigetragen, dass diese vergleichsweise junge Südtiroler Stadt prosperierte. 2006 wurde sie 750 Jahre alt. Die Stadttore der alten mächtigen Ringmauer sind noch erhalten, abgewetzte Sitzbänke aus Granit laden seit Jahrhunderten zum Verweilen ein.

Ihren besonderen Charme verdankt die Stadt ihrem Ruf als einem kulturellen Zentrum Südtirols: Allein vier Theaterbühnen gibt es in Bruneck, das Jugend- und Kulturzentrum Ufo gehört zu den größten und innovativsten des Landes, mit dem »Lockn-Fest«, sommerlichen Ausstellungen auf dem Schloss und vielen kulturellen Initiativen wird die Stadt nicht nur für Touristen ein wichtiger Anziehungspunkt. Eine ganze Reihe von namhaften Künstlern, Literaten und Musikern lebt und lebte darüberhinaus in Bruneck.

Hotels

Goldene Rose

Am alten Stadtturm, ehedem Teil der Stadtmauer, ist ein sehr gutes Hotel bei angemessenen Preisen entstanden.

➤ Stadtplan S. 153, [b 2] **Graben 37; Tel. 04 74 41 30 00, Fax 04 74 41 30 99 ••**

AmEx MASTER VISA

Hotel Post

Ein traditionsreiches Haus, in dem schon Kaiser und Könige nächtigten, wurde komplett neu gebaut – im alten Stil. Gute Küche.

➤ Stadtplan S. 153, [b 2] Graben 9; Tel. 04 74 55 51 27; Fax 04 74 55 16 03; www.hotelpost-bruneck.com •• CREDIT

Andreas Hofer

Die Lage nahe des Stadtzentrums lässt nicht vermuten, dass sich hinter dem Haus eine großzügige Gartenanlage samt Swimmingpool verbirgt. Mit Wellness-Angebot (finnischer Sauna).

➤ Stadtplan S. 153, [b 1] Tauferer Str. 1; Tel. 04 74 55 14 69, Fax 04 74 55 12 83; www.andreashofer.it •/•• MASTER VISA

Strandatmosphäre in den Anlagen des Hotels »Andreas Hofer«

Ausflug

Erdpyramiden bei Percha

Es gibt relativ viele »Erdpyramiden« in Südtirol. Das schönste und größte Gebiet dieser Boten aus der Eiszeit ist auf dem Ritten bei Bozen. Aber auch das Pustertal hat ein beeindruckendes Gebiet dieser eigenwilligen Wasserarchitektur: Die lehmhaltigen Säulengebilde entstehen durch die ständige Auswaschung des Bodens an den Berghängen. Durch einen »Hut«, einen schweren Felsbrocken, ist die darunter liegende Säule geschützt, rund herum wird der Boden in Jahrtausenden abgetragen. So entstehen die Säulen, die ihr Aussehen, bedingt durch Regen, Schnee und Frost, Jahr für Jahr ein wenig verändern.

5 km von Bruneck; Info beim Tourismusverein Percha; Tel./Fax 04 74 40 11 55; E-Mail: percha@kronplatz.com; von Percha mit dem Auto nach Oberwielenbach und Platten, vom Parkplatz in schöner, knapp einstündiger Wanderung durch den Wald

Sonnenburg

Das Kloster auf dem Sonnenburger Hügel bei St. Lorenzen ist das älteste Frauenkloster und das zweitälteste Kloster Tirols überhaupt. Damals war der Hügel Schauplatz heftiger Auseinandersetzungen. Mittlerweile ist hier ein erstklassiges Hotel entstanden. Sehr interessant ist auch die Krypta mit romanisch-byzantinischen Freskofragmenten, die bei der Renovierung entdeckt wurde. In der Nähe des alten Klosters befinden sich der Ansitz Hebenstreit mit allegorischen Fresken aus dem 15. Jahrhundert, die alte Spitalkirche und das alte Pfleghaus.

3 km von Bruneck; Schlosshotel Sonnenburg; Tel. 04 74 47 99 99; www.sonnenburg.com; Besichtigung tgl. 10–18 Uhr; Ansitz Hebenstreit; Tel. 04 74 47 48 88; Besichtigung Mo–Sa 9–12 und 15–18.30 Uhr

Spaziergang

Durch das mit Fresken (um 1420) geschmückte alte Stadttor im Westen, das Ursulinentor, gelangt man in die historische Stadtgasse, ein harmonisches Ensemble alter Bürgerhäuser. Die zentrale Straße Brunecks mit ihren gezackten Giebeln, Erkern und Fenstergittern vermittelt noch immer mittelalterliches Flair. Vorbei an dem Stadtgerichtshaus (Stadtgasse 44a), einem typischen Tiroler Bürgerhaus mit steinumrahmtem Spitzbogenportal, und dem Haus (Nr. 29) des Brunecker Meisters der Spätgotik, Michael Pacher, vorbei an der alten Apotheke (Nr. 43, darin befindet sich eine wertvolle mittelalterliche »Trinkstube« mit Tonnengewölbe und Fresken, Besichtigung auf Anfrage in der Apotheke), vorbei am Haus Nr. 42, einem der ältesten Häuser Brunecks, in dem für ein paar Jahrhunderte das Rathaus untergebracht war – man sieht noch immer die Aufhängung für die Ratsglocke –, geht es hinauf zum Oberragentor. Rechts davon führen zwei Wege hinauf zum Schloss – der rechte ist gemütlicher im Anstieg und bietet einen schönen Blick über die Dächer Brunecks. Außerdem führt er an der Rainkirche vorbei, auf deren Balkon ein Nachtwächter den Schlaf Brunecks bewachte. Vom Schloss geht es wieder hinunter in die Stadtgasse, die man durch das mittlere Stadttor, das Florianitor (bei der Apotheke rechts), wieder verlässt, um auf den »Graben« zu gelangen. Der alte Graben, der die Stadt umgab, wurde erst in der ersten Hälfte des 19. Jahrhunderts zugeschüttet. Den Graben links hinunter flanierend, kommt man zu 27 schräg aufragenden Stangen: Die Stäbe mit den herb-unversöhnlichen Textfragmenten des Brunecker Dichters Norbert C. Kaser (1947–1978) führen ins Bruneck von heute, auf den großzügigen Platz vor dem neuen Rathaus. Gehzeit mit Schlossbesichtigung etwas mehr als drei Stunden (→ Stadtplan, S. 153).

Sehenswertes

Rainkirche

Um 1340 erbaut, ist sie der heiligen Katharina gewidmet, deren Lebensgeschichte in vielen Fresken dargestellt wird. Katharina († 308) war eine reiche Erbin aus Alexandria, die mit 50 Philosophen einen christlichen Disput führte und sie von der Existenz des einen Gottes überzeugte. Alle 50 wurden verbrannt, Katharina wurde gefoltert, gerädert und schließlich geköpft. Unter der Zwiebelhaube des Turmes liegt das Zimmer des letzten Nachtwächters der Stadt, der hier noch bis 1970 seine Runden drehte.

➤ **Stadtplan S. 153, [b 3]**

Schloss Bruneck

Das Brunecker Schloss wurde 1251 bis 1256 vom Bischof von Kirchberg, Fürstbischof zu Brixen, erbaut und vor allem unter Bischof Christof von Schrofenstein (1518/1519) erneuert. Aus dieser Zeit stammt die heutige Ringmauer. Der ehemalige Burggraben ist inzwischen zugeschüttet. Das Schloss war die Zuflucht der Bischöfe und musste in seinen Anfangszeiten manchen Kampf ausstehen, bis es zur Sommerresidenz wurde. Die heute nicht mehr bewegliche Zugbrücke und ein kleiner Zwinger zeugen von turbulenten Zeiten. In jüngerer Zeit wurde das Schloss vielfach genutzt: mal als Appartement-Haus (Anfang 20. Jahrhundert), mal als Schule (Ende 20. Jahrhundert). Berühmte Gäste sah das Schloss zwischen 1450 und 1500, als Bischof Cusanus und Kaiser Maximilian hier Zuflucht suchten.

➤ Stadtplan S. 153, [b 3] Besichtigung der Fürstenzimmer möglich Juli, Aug., Sept. Di–So 10–18 Uhr, im Aug. auch Mo

Museen

Stadtmuseum Bruneck

Das Brunecker Museum hat Tradition: Bereits 1912 gegründet, wurde das Musuem in der Zeit des Faschismus geschlossen. Erst 1995 bekam Bruneck wieder sein eigenes Museum. Gezeigt werden Ausstellungen moderner und zeitgenössischer Kunst, der Schwerpunkt liegt auf dem italienischen und österreichischen Kunstraum. Die Schätze des Museums werden in einer ständigen Ausstellung gezeigt, darunter wertvolle Stücke wie ein Flügelaltar von Simon und Veit von Taisten (um 1500) oder Werke von Michael Pacher und seinem Schüler Friedrich Pacher.

➤ Stadtplan S. 153, [c 2] Bruder-Willram-Str. 1; Tel. 04 74 55 32 92; www.stadtmuseum-bruneck.it; ganzjährig Di–Fr 15–18, Sa–So 10–12 Uhr, Juli, Sept. Di–So 10–13 und 15–18 Uhr, im Aug. auch Mo

Alt und stimmungsvoll – Innenhof von Schloss Bruneck (S. 155)

Südtiroler Volkskundemuseum Dietenheim

Im Freilichtmuseum lebt die Vergangenheit des Landes wieder auf mit Bauerngarten und Dreschmaschinen, mit Landauer und Postkutsche. Auf rund drei Hektar Wiese wurde das alte Südtirol originalgetreu wieder aufgebaut. Höfe, Mühlen und Stadl aus Regionen wurden hierher gebracht und liebevoll saniert. Ein Kornkasten stammt noch aus dem Jahr 1497, ein sogenannter »Schlafkasten« zeigt, dass die Lebensbedingungen in Südtirol bis in die erste Hälfte des 20. Jahrhunderts hinein nicht immer rosig waren: In dieser schlichten Hütte außerhalb des Hauses mussten die Burschen schlafen. Die Stuben der Bauernhäuser sind – akribisch im Detail – ausgerüstet worden. Im alten Herrenhaus und der dazugehörigen Scheune sind die Lebensabläufe im bäuerlichen Alltag geschildert. Alte Arbeitstechniken werden in Film und Gerätschaft demonstriert, eine gigantische Mühle nimmt auf Knopfdruck ihren Betrieb wieder auf, und auch das bürgerliche und adelige Leben kommt im herrschaftlichen Ansitz nicht zu kurz: mit typischen Wohneinrichtungen und Küchenausstattungen, wertvollen Schränken, einer Sammlung Votivbilder, Bon-

bonmaschinen der Jahrhundertwende und der vollständigen Apotheke des Bauerndoktors Sebastian Ragginer (†1899).

➤ Stadtplan S. 153, nordöstl. [c 1] **Herzog-Diet-Str. 24; Tel. 04 74 55 20 87; www.provinz.bz.it/volkskundemuseen; Ostermontag–Ende Okt. Di–Sa 9.30–17.30 Uhr, So und Feiertage 14–18 Uhr, Aug. Mo–Sa 9.30–18.30 Uhr**

Essen und Trinken

Tanzer

In dem Hotel in Issing, einem kleinen Weiler inmitten von Wiesen oberhalb von Bruneck, isst man sehr gut bei einem traditionellen Angebot.

Issing, Dorfstr.1; Tel. 04 74 56 53 66; www.tanzer.it ••• CREDIT

Oberraut

Auf einer Anhöhe oberhalb von Bruneck. Exquisit zubereitete Südtiroler Küche und Bauernkost.

Amaten 1; Tel. 04 74 55 99 77 ••/••• AmEx MASTER VISA

Berggasthof Amaten

Wo die Einheimischen heiraten und Erstkommunion feiern, kann es nicht schlecht sein. Aus dem Hof mit kleinem Gastbetrieb ist inzwischen ein großes Haus geworden. Der Hof wird noch immer bewirtschaftet, aber auf der großen Sonnenterrasse tummeln sich die Gäste – der Blick über Bruneck in dieser sonnigen Hanglage ist der Grund dafür.

Amaten 3; Tel. 04 74 55 99 93 •/•• CREDIT

Gasthof Lampl

Ein altes Gasthaus mit guter Alttiroler Küche von der Schweinshaxe bis zur geräucherten Gänsebrust. Seit 1540 ist hier ein Gasthaus. Ende des 19. Jahrhunderts gab Robert Heiss, Großvater des heutigen Besitzers, dem Gasthaus den Namen »Künstlerstübele« und veränderte damit Image und Aussehen. Die Holztäfelung wurde teils erneuert, teils abgelaugt, denn ehedem war es Vorschrift, die Wände zum Schutz gegen die Pest mit Kalk zu streichen.

➤ Stadtplan S. 153, [b 2] **Stuckstr. 5; Tel. 04 74 41 13 50 •/••**

Gasthof Saaler Wirt

Ein idyllischer Gasthof mit zwölf Doppelzimmern bei dem Wallfahrtsort Maria Saalen inmitten von Schafweiden. Ein großer Spielplatz und sehr gutes Essen machen das Haus zum attraktiven Ausflugsziel für die ganze Familie.

Saalen Nr. 4, St. Lorenzen; Tel. 04 74 40 31 47 •/•• MASTER VISA

Gasthaus Moar

Oberwielenbach ist ein hübscher alter Weiler mit Gasthaus und Kir-

Modern und gehaltvoll – Weinkeller der Gourmet-Oase »Tanzer«

che. Das Gasthaus ist wohl beinahe so alt wie die Ansiedlung, 1230 wurde sie das erste Mal erwähnt. Auf dem Speisezettel stehen Pusterer Spezialitäten.

Oberwielenbach; Tel. 04 74 40 11 77 •

Käschtn-Brater am Florianitor

Gebratene »Käschtn«, Esskastanien, locken im Herbst mit ihrem Duft: An dem Stand im Freien gibt es außerdem guten Glühwein.

➤ **Stadtplan S. 153, [b 2] Florianitor**

Einkaufen

Athesia Buch

Bücher und CDs auf vier Stockwerken mit Leseecken, Kinderabteilung und natürlich auch allem zu Tirol.

➤ **Stadtplan S. 153, [b 2] Stadtgasse 4; Tel. 04 74 41 32 00**

Lodenfabrik Moessmer

Loden war der wetterfeste Stoff für die Bauern, bis Kaiser Franz Josef ihn salonfein machte. Heute wird aus Loden selbst Haute Couture gefertigt. Auf eine lange Geschichte blickt die Lodenfabrik Moessmer (seit 1894) zurück.

➤ **Stadtplan S. 153, östl. [c 3] Direktverkauf ab Fabrik: Walther-v.-d.-Vogelweide-Str. 6; Tel. 04 74 53 31 11; www.moessmer.it**

Enothek Bernardi

Gut sortierte Weinhandlung und Bar mit einer schönen Terrasse an der Rienz.

➤ **Stadtplan S. 153, [b 2] Stuckstr. 6; Tel. 04 74 41 11 76**

Metzgerei Karl Bernardi

Dieser Traditionsbetrieb in der Brunecker Innenstadt setzt auf die alte Herstellung von Speck. Das fängt beim Viehkauf direkt beim Landwirt an und endet beim Verzicht auf Phosphat und Co.

➤ **Stadtplan S. 153, [b 2] Stadtgasse 36**

Bauernmarkt

Die Bauern der Umgebung tragen ihre Produkte am Brunecker Graben zu Markte.

➤ **Stadtplan S. 153, [b 2] Fr 8–12.30 Uhr**

Beliebtes Ausflugziel – der »Saaler Wirt« bei St. Lorenzen (S. 157)

Mair Kunsthandwerk

Hier findet jeder sein Mitbringsel: von Prettauer Klöppelspitze und Lodenhausschuhen bis zu Zierrat aus Glas.

➤ Stadtplan S. 153, [b 2] **Am Graben 2 (Durchgang zur Stadtgasse); Tel. 04 74 55 54 27**

Am Abend

K1

Von Ende November bis Ende April ist das K1 an der Seilbahnstation des Kronplatzes nicht nur für Skifahrer ein In-Treff. In den Nächten kommen sie aus ganz Südtirol zu den Partys im Luis-Trenker-Look. Es gibt Pizza, Musik und Disco.

➤ Stadtplan S. 153, [c 2] **Seilbahnstr. 12, Reischach, Bruneck; Tel. 04 74 54 91 01; www.k-1.bz**

Pukanaka

Das Pukanaka (Dialekt für »huckepack«) ist nicht gerade das, was man in Bruneck erwarten würde. Mehr Club als Disco ist es ein junges Lokal, ein richtiger House-Club mit Livebands am Mittwoch und Tanz am Freitag und Samstag.

➤ Stadtplan S. 153, [b 2] **Lounge, Kapuzinerplatz 1; www.pukanaka.com; Mi, Do 17–3 Uhr, Fr, Sa, 22–3 Uhr, So 17–1 Uhr; Club Fr, Sa 22–5 Uhr; Bar, Florianigasse 1, Bruneck; Tel. 04 74 53 84 76; Fr, Sa 22–1 Uhr**

Hintergasse

Die Weinbar ist in ihrem Design irgendwo zwischen der gute Stube und der hippen Lounge angesiedelt, geschmackvoll in Holz, Stein und Metall gestylt. Es gibt Livemusik und Kleinigkeiten zum Essen. Und regelmäßig überrascht die Küche mit eigenwilligen Ideen, z.B. Fischspezialitäten aus dem Senegal.

➤ Stadtplan S. 153, [b 2] **Hintergasse 3 b; Tel. 04 74 53 10 13; www.hintergasse.com; Mo–Do 17–1, Fr, Sa 17–2 Uhr**

Stadttheater

An guten Regisseuren hat das Brunecker Theater nie Mangel. Sie kommen aus dem gesamten deutschsprachigen Raum. Inzwischen steht das kleine Studiotheater in regem Austausch mit Theatern in Innsbruck, Graz oder Salzburg und hat ein anspruchsvolles Programm zeitgenössischer Autoren.

➤ Stadtplan S. 153, [c 2] **Stadttheater, Dantestr. 21; Tel. 04 74 41 21 02; www.stadttheater.com**

Ufo

Den Namen bekam dieses Jugendzentrum, weil das Gebäude aussieht, als würde es gleich abheben: Es bietet nicht nur Jugendlichen ein Programm, sondern wurde einer der wichtigsten Kultur-Veranstalter im Pustertal mit einem regelmäßigen (internationalen) Musikprogramm, Tanzveranstaltungen, Sommerkino im Freien, Kinder-Kino, Theater, einer Skaterbahn, einer Spiele-Bar und vielem mehr.

➤ Stadtplan S. 153, südl. [a 3]

Josef-Ferrari-Str. 20; Tel. 04 74 55 57 70; www.ufobruneck.it

Eine gewaltige Bergszenerie umrahmt den Pragser Wildsee.

Info

Tourismusverein Bruneck

Rathausplatz, Bruneck; Tel. 04 74 55 57 22, Fax 55 55 44; www.bruneck.com

ANTHOLZER TAL

1300 Einwohner, 1150 m ü.d.M.

➤ [L/M 2–3]

Das Juwel des Antholzer Tals ist sein See, über dem sich die Dreitausender der Rieserfernergruppe mächtig erheben. Smaragdgrün schimmert dieser große Bergsee, in seinen fischreichen Gewässern spiegelt sich eine gewaltige Bergkulisse. Über den Staller Sattel (2052 m) geht es in das österreichische Defreggental.

Das Antholzer Tal hat sich einen guten Namen bei Wintersportlern gemacht. Ein Netz von schneesicheren Loipen zieht Jahr für Jahr die Langläufer an. Und gerade Spitzensportler bringen sich gerne hier in Topform, denn seit mehr als drei Jahrzehnten werden die Athleten aus aller Welt zum internationalen Höhepunkt im Weltcupkalender, dem Biathlon Weltcup, nach Antholz eingeladen.

Hotels

Ansitz Goller

Weiß verputzte Mauern, rote Geranien vor den kleinen Fenstern und eine Sonnenuhr an der Fassade: Dieser Ansitz aus dem 16. Jahrhundert verströmt die Ruhe vergangener Zeiten. Gaststuben und selbst manche Zimmer sind getäfelt und schlicht, aber freundlich eingerichtet, gegessen wird auf der Terrasse, die Gewürze kommen aus dem Kräutergarten – das ist das wirkliche Südtirol.

Niederrasen; Tel. 04 74 49 64 55; www.ansitz-goller.it • ▭

Ausflug

Pragser Tal

Mit seinen alten Höfen und Weilern, die ihr Aussehen über Jahrhunderte kaum verändert haben, ist das Pragser Tal der Inbegriff der Idylle. Der Pragser Wildsee 4 an seinem Ende macht sich mit dem Misurina-See den Titel der »Perle« der Südtiroler Seen streitig. Hier ist alles enger und schroffer als beim großen Misurina-See, der Weg um den See herum ist eine kleine Wanderung, kein Spaziergang. Von hier aus kann man herrliche Wanderungen in das Gebiet des Naturparks Fanes-Sennes-Prags unternehmen. Das Grand Hotel am See hat schon glorreichere Zeiten erlebt, ist aber noch immer in seiner Jahrhundertwende-Grandezza ein Schmuckstück. Einfach herrlich ist es, sich im Sommer ein Boot zu mieten und auf den See hinauszurudern.

Sehenswertes

»Rasner Möser«

Feuchtgebiete sind ein Tummelplatz der Lebensformen: Den größten Teil der Moorvegetation stellen die Torfmoose mit über 300 Arten dar. Aber auch für die Tierwelt bietet das Moorgebiet einen günstigen Lebensraum. Das wertvolle Feuchtgebiet von Rasen-Antholz wurde unter Naturschutz gestellt, und durch behutsame und nach ökologischen Gesichtspunkten durchgeführte Maßnahmen wurde ein Naturparadies erhalten, das von Oberrasen oder von der Antholzer Talstraße aus leicht zu erreichen ist.

Informationen: Tourismusverein Rasen im Antholzertal; Tel. 04 74 49 62 69; E-Mail: rasen@kronplatz.com; Führungen Ende Juni–Sept.

Essen und Trinken

Bergasthaus Plätzwiese

Auf einer der schönsten und weitesten Hochalmen des Pustertals, der Plätzwiese, befindet sich dieser kleine Berggasthof mit 16 Betten in schöner Lage. Von hier hat man eine wunderbare Aussicht.

Plätzwiese 58, 39030 Prags; Tel. 04 74 74 86 50 • ▭

Info

Tourismusverein Antholzertal

39030 Antholz; Tel. 04 74 49 21 16, Fax 49 23 70; www.antholz.com

NIEDERDORF

1390 Einwohner, 1154 m ü.d.M.

➤ [M 3]

Das Dorf ist heute ein Straßendorf, lang gezogen und unscheinbar. Den Rang der ersten Adressen im oberen Pustertal, den es noch zur Jahrhundertwende inne hatte, haben ihm längst die Nachbarorte Toblach, Innichen oder Sexten abgelaufen. Nur der großzügige Hauptplatz mit den alten Hotelbauten erinnert noch an den verblassenden Glanz früherer Zeiten. Hier haben einst Adelige ihre Sommerfrische verbracht. Heute sind es vor allem die alten Hotels, die den Charme des Niederdorfs ausmachen.

Hotels

Hotel Adler

Ein Haus mit vielen hundert Jahren Tradition und schon zu »Frau Emmas« Zeiten (→ Spezial, S. 163) das zweite große Haus am Platz. Luxus und Bequemlichkeit, Rindsrouladen und Wachtelbrüstchen machen das Haus der Familie Pircher zu einer angenehmen Adresse.

Von-Kurz-Platz 3, Niederdorf; Tel. 04 74 74 51 28; www.hoteladler.com ••/••• CREDIT

Museen

Fremdenverkehrsmuseum Hochpustertal

In Niederdorf kamen die ersten »Sommerfrischler« schon im 17. Jahrhundert in diese Region, die mit ihrer Bäderkultur noch immer an die Pionierzeiten des Tourismus erinnert. Niederdorf war außerdem die Wirkungsstätte der berühmtesten Wirtin Tirols, Frau Emma (→ Special, S. 163). So wurde hier in dem Haus Wassermann auch das erste Tourismusmuseum Südtirols errichtet, dessen Rundgang von den Anfängen des Tourismus über die frühen Wirtshäuser und Bäder, die 1871 gebaute »Südbahn« bis zum frühen Alpinismus reicht.

Haus Wassermann, Hans-Wassermann-Str. 8, Niederdorf; Tel. 04 74 74 51 36; 1. Juli–30. Sept. Di–So 16–19 Uhr, 1. Dez.–28. Feb., 1. Mai–30. Juni Fr, So 16–19 Uhr, Sa 9–12, 16–19 Uhr

Info

Tourismusverein Niederdorf

Hauptplatz 109; Tel. 04 74 74 51 36, Fax 04 74 74 52 83; www.niederdorf.it

TOBLACH

3237 Einwohner, 1256 m ü.d.M.

➤ [M 3]

»Toblach, hier ist es wunderherrlich und repariert ganz sicher Lieb und Seele«, schrieb Gustav Mahler über diesen Ort, der schon immer ein Schnittpunkt der Kulturen war. Hier kreuzen sich zwei uralte Handelswege: Von der Ost-West-Verbindung durch das Pustertal zweigt die Südroute nach Venedig ab. Schon früh kamen auf der Ost-West-Route mit der Eisenbahn, der »Südbahn«, die ersten Touristen aus dem fernen Wien. Denn Toblach ist das Tor zu den Dolomiten – durch das wildromantische Höhlensteintal erschließt sich die fantastische Welt der bleichen Berge. Hier scheiden sich die Welten übrigens auch ganz wörtlich, denn das Toblacher Feld zwischen Innichen und Toblach ist die Wasserscheide, wo die Drau in das Schwarze Meer und die Rienz in die Adria fließt.

Ausflüge

Misurinasee 5

Die »Perle der Dolomiten« wird dieser See genannt, und tatsächlich ist die Kulisse, in die dieser hoch gelegene See (1706 m) eingebettet ist, fantastisch: Sie reicht von der Felsarena des Sorapis zur Marmarole-Kette, im Norden zu den Drei Zinnen und dem Monte Piana und im Osten zur reizvollen Cadini-Gruppe – je nach Standort spiegeln sich die Gipfel dieser majestätischen Berge in der Seeoberfläche. Der See ist nur zwei bis drei Meter tief, aber für die Höhe vergleichsweise groß. Rund um den See ist ein Spaziergang angelegt, auf dem man das Panorama genießen kann.

21 km von Toblach

Naturerlebnisweg

Der Erlebnisweg rund um den Toblacher See gehört zum Naturparkhaus und zeigt Kindern unter dem Motto »WaldWunderWelt« die Natur auf spielerische Art: Sie können spielen, kraxeln, springen und balancieren und lernen nebenbei den Wald kennen: Es gibt eine Fischotterrutsche, Kletterbäume, einen großer Specht-

ZU GAST BEI »FRAU EMMA«

Die Niederdorfer Wirtin Emerenzia Hellenstainer begründete mit ihrem Gasthof »Schwarzadler« den Tourismus in Südtirol.

»Am Abend bin ich nach Hochpustertal gefahren, zur Frau Emma in Niederdorf. Wer hätte nicht von dieser berühmtesten aller Wirtinnen gehört«, schwärmt ein Dichter im 19. Jahrhundert von einem »großartigen Gasthof, der unter dem Namen ›Frau Emma‹ einen Weltruf hat. Wo im Sommer im großen elektrisch beleuchteten Speisesaal hundert feingeputzte Gäste tafeln!«

Das waren die Anfänge des Tourismus in Südtirol. Die Zeit der Pioniere hat ein Gesicht: Es ist ein wenig streng und hat die Haare eng um das Gesicht geflochten: Frau Emma war der Inbegriff der Wirtin, fleißig und bescheiden, tüchtig, nie um ein Wort verlegen und mit jedem Gast, egal welcher Provenienz, in bestem Kontakt. Wer zu ihr fuhr, fuhr in die Geborgenheit, war sich der ständigen, unaufdringlichen Fürsorge sicher, kurz: er fuhr heim. Das ist der Mythos.

Bei »Frau Emma« waren Dichter und Adlige zu Gast.

Ihre Legende begründete die Wirtin Emerenzia Hellenstainer in den vier Jahrzehnten zwischen 1841 und 1880 von dem Oberpustertaler Ort Niederdorf aus. Wer heute durch diesen Ort fährt, vermag nur schwer nachzuvollziehen, dass hier einmal gekrönte Häupter in großer Zahl Station machten, auch lange vor dem eigentlichen Reisen in die Berge. Die Annalen der Niederdorfer Geschichtsschreibung berichten etwa von der Infantin Isabella von Parma-Bourbon, immerhin die Braut Kaiser Josef II. (1780 in Niederdorf); Kaiser Franz Josef I. stieg dort ab, und die legendäre Elisabeth von Österreich, genannt Sisi, machte Station in Niederdorf; Thronfolger Franz Ferdinand, 1914 in Sarajewo erschossen, nächtigte hier, und ein so illustrer Fürst wie Graf Esterhazy von Ungarn gab dem kleinen Ort die Ehre. Einen Großteil – zumindest ihres späteren Ruhms – verdankt die 1260-Seelen-Gemeinde (Stand 1850) Frau Emma, die als »Schwarzadler«-Wirtin das Bild des Gastwirtes entscheidend prägte, und dies zu einer Zeit, als das Reich der Frauen im Allgemeinen die Küche war. In Niederdorf erinnert nur noch der Hauptplatz mit den alten Hotelbauten an den Glanz früherer Zeiten. An diesem Platz steht bis heute das Hotel, das einst das Reich der »Frau Emma« war. Schon zu Lebzeiten wurde es umbenannt, weil man erkannte, dass dieser Name längst zur Legende geworden war.

baum zum Hineinschlüpfen, eine »Hochsprunganlage«, an der jeder sich am Sprungvermögen verschiedener Tiere messen kann, einen Barfußpfad und viele andere Attraktionen.

Naturparkhaus Toblach, Kulturzentrum Grand Hotel, Dolomitenstr. 31; Tel. 04 74 97 30 17; Eintritt frei

Toblacher See

Der Toblacher See ist ein blau-grün schimmerndes Juwel dieser Region. Im Sommer kann man ihn mit dem Boot befahren, im Winter ist Eisstockschießen angesagt. Ein Erlebnis ist auch die Seeumrundung auf der Langlaufloipe. Für das leibliche Wohl sorgt das Restaurant am See.

Seerestaurant, Fam. Panzenberger, Am Toblachersee 6; Tel. 04 74 97 32 67; Mitte April–Anfang Mai und Ende Sept.–Mitte Nov. geschl.

Museen

Gustav-Mahler-Museum

Das Komponierhäuschen, in dem Gustav Mahler seine letzten großen Werke komponierte, liegt heute in einem Tierpark. Will man die kleine Laube sehen, muss man in den Tierpark hinein, in dem Hirsche frei umherlaufen und vom Schwein bis zum Luchs die heimischen Wildtiere zu sehen sind. Zum Museum gehören das Gasthaus und ein Raum, wo Gustav Mahler Urlaub machte.

Gustav-Mahler-Stube mit Wildpark und Komponierhäuschen, Altschluderbach 3; Tel. 04 74 97 23 47; E-Mail: gustav-mahler-stube@dobbiaco.it; Mai–Okt. 9–18 Uhr

Naturparkhaus Toblach

Mit Sandsäcken und Stacheldraht wurde eine Wehrmauer des Dolomitenkrieges aufgetürmt, in kleinen Schaukästen darin sind die Überbleibsel dieses Krieges, die die Berge noch immer ausspucken: Granaten, Helme oder die Rosenkränze der Soldaten. In diesem Naturparkhaus Fanes-Sennes-Prags geht es nicht nur um die Natur, sondern auch um den Krieg. Aber natürlich kommt auch die Natur nicht zu kurz: Hier kann man die Drei Zinnen im Modell umrunden und den geologischen Aufbau des Gebietes studieren. Mit dem Mikroskop können Gesteinsarten untersucht werden, und in einer Multivisionsshow erfährt man alles über die sieben Naturparke Südtirols.

Kulturzentrum Grand Hotel, Dolomitenstr. 31; Tel. 04 74 97 30 17; 2. Mai–31. Okt. und Mitte Dez.–Mitte März Di–Sa 9.30–12.30 und 16–19 Uhr, Juli, Aug. auch So und Do bis 22 Uhr

Am Abend

Artcafé Englös

In einem alten Haus ist diese gemütliche und kultursinnige Bar untergebracht. Ein großes Angebot an Zeitschriften, regelmäßige Ausstellungen und Lesungen

Tretboot mit Bergblick: Misurinasee und Sorapiss-Massiv (S. 162)

und die freundliche Atmosphäre machen die Bar zu einem besonderen Treffpunkt.

Graf-Künigl-Str. 5; Tel. 04 74 97 20 90; E-Mail: artcafe@serani.info

Info

Tourismusverein Toblach

Dolomitenstr. 3, Toblach; Tel. 04 74 97 21 32, Fax 04 74 97 27 30; www.toblach.it

INNICHEN

3148 Einwohner, 1175 m ü.d.M.

➤ [M 3]

Innichen ist der Ort der atemberaubenden Kirchen. Gleich fünf Gotteshäuser machen sich hier Konkurrenz. Der Ort ist eine der ältesten Ansiedlungen im Pustertal. Schon der Bajuwarenherzog Tassilo III. ließ hier im Jahr 769 ein Benediktinerkloster gründen und legte damit den Grundstein für die Stadt. »Campus gelau« – eisiges Land – nannte er die Gegend.

Es gibt einen Platz in dem uralten Klosterort Innichen, an dem einen das Gefühl überkommt, man könne ganz Südtirol mit einem Blick begreifen. Zwei Jahrtausende geraten hier nebeneinander ins Blickfeld: Die romanische Kirche steht für das Mittelalter, die barocke Pfarrkirche für die Neuzeit und die Skiaufstiegsanlagen für das Innichen im dritten Jahrtausend. Wer es selbst ausprobieren will: Man muss dafür neben dem Hotel Weißes Rössl stehen und in die Fußgängerzone blicken, die beiden Kirchen linker Hand, vor sich den Haunold.

Hotels

Hotel Weißes Rössl

Das Haus wurde 1609 erstmals urkundlich erwähnt. 1759 erwarb Michael Kühebacher den Gasthof. Seit 241 Jahren blieb dieses Hotel im Herzen Innichens im Besitz derselben Familie. Heute bietet es neben einem romantischen Felsenkeller seinen Gästen Bürger-, Königs- und Kaiserzimmer, einen ausgedehnten Wellnessbereich mit osmanischem Dampfbad und Panoramasauna, Fitnessraum und vieles mehr.

Herzog-Tassilo-Straße; Tel. 04 74 91 31 35; www.weissesroessl.com •••/•••• CREDIT

Sehenswertes

Heiliggrabkapelle und Altöttinger Kapelle

Am westlichen Ortsrand stehen in einer eigenwilligen Baugruppe drei aneinandergebaute Kapellen: Der Innicher Gastwirt Georg Paprion hat sie als frommer Pilger im 17. Jahrhundert als Nachbildungen der Gnadenkapelle im bayrischen Altötting und der Grabeskirche von Jerusalem bauen lassen.

Weiter auf S. 168

HIER IST ES WUNDERHERRLICH

Der herzkranke Gustav Mahler komponierte seine drei letzten großen Werke in einer kleinen Laube im malerischen Toblach.

Vier Wochen im Jahr ist in Toblach und Umgebung erlesene Musik zu hören, sprechen die absoluten Koryphäen über Musik und Leben eines »Totalmusikers«, wie sie Gustav Mahler gerne nennen: Toblach und sein Komponierhäuschen wird Mittelpunkt einer »Mahlermanie«. In Generationen gerechnet ist diese Leidenschaft für den Komponisten Gustav Mahler ein äußerst junges Phänomen. Außer Richard Wagner wird niemand von seiner eingeschworenen Fan-Gemeinde derart verehrt wie Gustav Mahler. Reine Pilgerstätte ist das **Toblacher Komponierhäuschen** in den letzten Jahrzehnten geworden, ein winziges Laubenhäuschen, einst extra für Mahler errichtet. Heute steht es inmitten eines kleinen Wildparks. Nicht einmal ein Flügel hat darin Platz. Nur ein Pianino. Hier komponierte Mahler seine letzten drei großen Werke, bevor er 1911 nur 51-jährig starb. Was hatte Mahler nach Toblach verschlagen?

Eigentlich war es sein Aberglaube, der Mahler in diesem Fall antrieb – außerdem war es praktisch, dass die Eisenbahntrasse Ost-Süd in Toblach Station machte. Mahlers Aberglaube wurde genährt von einem schweren Schicksalsschlag, den die Familie 1907 erleiden musste: Im Frühsommer war Mahlers ältere Tochter Maria schwer erkrankt; sie starb wenig später am 5. Juli im Feriendomizil. Auch seine Frau Alma erlitt einen Zusammenbruch. Ferienort der Familie war damals seit mehreren Jahren **Maiernigg** in Kärnten. Der Arzt untersuchte die ganze Familie und stellte bei Mahler zudem einen beidseitigen angeborenen Herzklappenfehler fest. Nie mehr wollte Mahler daraufhin in Maiernigg Urlaub machen, also suchte er nach einem neuen Domizil und fand es in Toblach.

Auf dem idyllischen, nahe am Waldrand gelegenen Hof bei Toblach hat Gustav Mahler mit seiner Familie drei Jahre lang seine Sommerfrische verbracht. Im Sommer 1907 war er auf das Anwesen **Altschluderbach** aufmerksam geworden, im Frühjahr 1908 mietete er dort zum ersten Mal eine Wohnung. Damals war er gerade durch Intrigen und offene Anfeindungen gezwungen worden, seinen Abschied als Direktor der Wiener Staatsoper zu nehmen. Verbittert über den Mangel an Verständnis verließ Gustav Mah-

Eine Tafel erinnert an die Aufenthalte des großen Komponisten.

ler Europa und folgte 1907 einem Ruf der Metropolitan Opera nach New York.

Der zwischen New York und Europa hin und her pendelnde Musiker brauchte die Ruhe mehr als alles andere. Doch der Urlaub war für Gustav Mahler viel mehr als nur eine Zeit der Entspannung. Hier zog er sich zurück und tat das, wofür er in seinem aufreibenden Alltag keine Zeit fand – er komponierte. Fünf Minuten vom Haus entfernt, in einem stillen Fichtenwäldchen, lag eine kleine **Laube**, die die eigentliche Arbeitsstätte Gustav Mahlers wurde.

»Ich habe mich hier zunächst einzurichten versucht«, schrieb Gustav Mahler im Sommer 1908 an Bruno Walter. »Diesmal habe ich vor, nicht nur den Ort, sondern auch meine ganze Lebensweise zu verändern. Sie können sich vorstellen, wie schwer mir Letzteres wird.« Doch Mahler lebte sich schnell in Toblach ein.

Die Landschaft bei Toblach inspirierte Gustav Mahler zu großen Werken.

An seine Frau Alma schrieb er im Juni 1909: »Aber das Haus und der Platz ist zu wonnig – bis auf den Lärm, der mich ohne Unterlass geniert. Entweder flüstern die Bauern, dass die Fenster klirren oder sie gehen auf den Fußspitzen, dass das Haus wackelt. Die beiden munteren Stammhalter zwitschern den ganzen Tag: Bibi! Bibi! (Das ist nämlich ihr Volapük und bedeutet: Alles) – Hol es der Teufel: Wie schön wär die Welt, wenn man zwei Joch umzäunt hätte und mittendrin allein wäre.«

Später werden die Musiktheoretiker von einer Vorahnung des Todes sprechen. »Mahler wusste bereits, dass er sterben musste«, schrieb der Musiktheoretiker Ugo Duse, »sein krankes Herz erinnerte ihn mit jedem Schlag daran. Mit seiner 9. Symphonie hat er uns etwas mitgeteilt, das mehr ist als ein Schönheitsideal oder ein Ideal der bloßen musikalischen Perfektion. Er hat versucht, uns einen langen Moment zu enthüllen, in dem sich ihm der Sinn des Todes zu erkennen gegeben hat.«

Gustav Mahler hielt sich abseits vom Trubel und arbeitete an seiner Musik. Das mondäne Toblach betrat er kaum einmal. Dafür entstand in der kleinen Remise am Waldrand Musik von überirdischer Schönheit. Nur wenig später, im Jahr 1911, starb er an einer Herzkrankheit, nur 51 Jahre alt.

Informationen beim Kulturzentrum Grand Hotel; Tel. 04 74 97 61 51; www.grandhotel-toblach.com; www.gustav-mahler.it

In der Leidenskapelle werden die Leiden Christi dargestellt, die Bilder stammen aus der Werkstatt Schranzhofers und gehören zur einheimischen Volkskunst. Von der Leidenskapelle gelangt man in die Altöttinger Kapelle, einem Rundbau mit Rundbogenfenstern und Mauernischen. Die Heiliggrabkapelle, das Grab Christi, steht wie in Jerusalem in einer polygonalen Halle mit Kuppelgewölbe, Rundbogenfenstern und einem zweigeschossigen Arkadengang.

Trutzige Gottesburg – die Stiftskirche von Innichen aus dem 13. Jahrhundert

Pfarrkirche St. Michael

Die Pfarrkirche romanischen Stils, die dem Erzengel Michael geweiht ist, stammt aus dem 12. Jahrhundert und wurde nach 1735 zu einem einzigartigen Barockjuwel umgebaut, dessen vielgestaltete weiß-goldene Üppigkeit bereits an das Rokoko erinnert. Von dem romanischen Vorgängerbau ist nur der runde Turm geblieben. Den Glanz des Innenraumes schuf der Tiroler Maler Christoph Anton Mayr mit Stuck-Ornamenten und einem Deckengemälde.

Besichtigungsmöglichkeit tgl. 8–18 Uhr

Stiftskirche

Die Benediktiner bauten in Innichen ein romanisches Stift, das heute in schlichter Schönheit mitten im Zentrum steht. Von der Gründungskirche aus dem 8. Jahrhundert ist praktisch nichts mehr erhalten. Die dreischiffige Basilika in ihrer heutigen Form, der »Dom von Innichen«, erhielt 1284 die Weihe. Es ist der bedeutendste romanische Sakralbau in Tirol. Von ergreifender Schönheit ist die einfache, aber monumentale Kreuzigungsgruppe, die aus der Zeit um 1250 stammt. Christus mit der Krone auf dem Haupt triumphiert über den alten Adam, auf dessen Haupt seine Füße ruhen. Maria und Johannes zu seiner Seite zeigen in würdevoller Trauer Ehrfurcht vor dem Sieg über Hölle und Tod. In der Kuppel

AUTORENTIPP Der kunstversierte Besitzer des Café Mitterhofer hat sich als Kenner der Kunstfotografie einen Namen im Alpenraum gemacht. Regelmäßige Fotoausstellungen, Lesungen und andere Kulturevents machen die zunächst unscheinbar wirkende Bar zu einer ersten Adresse.

Rainerstr. 4; Tel. 04 74 91 32 59; E-Mail: mitterhofer.manfred@virgilio.it; Mo–Sa 7–20 Uhr

der Vierung ist in einem Freskenzyklus (um 1280) die Geschichte der Schöpfung und der Vertreibung aus dem Paradies dargestellt.

Zur 1200-Jahr-Feier 1969 wurde der gesamte Bau restauriert und von allen späteren Bauelementen befreit. Auch die Krypta aus dem 13. Jahrhundert wurde wieder hergestellt. Das Südportal mit dem thronenden Christus im Steinrelief ist Zeuge einstiger Frömmigkeit. An der Wand über dem Bogenfeld befindet sich ein Fresko (um 1480) von Michael Pacher, das Kaiser Otto I. zeigt, flankiert von den beiden Heiligen Candidus und Korbian, denen die Kirche geweiht ist.

Tgl. 8–18 Uhr

Museen

Dolomythos

Das Privatmuseum von Michael Wachtler will die Dolomiten der Urzeit zeigen, als an ihrer Stelle noch eine riesige Ebene war, die vor etwa 200 Mio. Jahren von den Sauriern durchstreift wurde. Die Zeitreise geht bis zu den Säugern, den Höhlenbären der Conturines. Es gibt einen Medienraum, in dem u.a. auch Wachtlers Filme (ZDF, ARD, »Universum« etc.) vorgeführt werden, ein Schaulabor, das zeigt, wie die Schätze aus den Steinen herauspräpariert werden, und eine Wunderkammer des Aberglaubens, wo zu sehen ist, wie Menschen die merkwürdigen Funde aus der Urzeit ehedem deuteten. Gut gelungen ist der Außenbereich, wo Kinder auf Schatzsuche gehen können.

Dolomitenmuseum, P.-P.-Rainer-Str. 11; Tel. 04 74 91 34 62; www.dolomythos.com; ganzjährig Mo–Sa 10–12, 15–19 Uhr, 15. Juli–10. Sept. tgl. geöffnet; Gruppen nach Voranmeldung; Eintritt Erwachsene 6,50 €, Kinder (4–14 J.) 4,50 €

Museum des Stiftes Innichen

Das Museum im Schlagschatten der Stiftskirche ist in einem Haus untergebracht, das seit dem 16. Jahrhundert sein Aussehen nicht verändert hat, dem ehemaligen Kapitelhaus. Der Rundgang thematisiert in sieben Stationen die barocke Volksfrömmigkeit, die sakrale Kunst von der Gotik bis zur Neuromanik, die Geschichte des Stiftes und zeigt im Kapitelsaal den Innicher Domschatz, eine alte Stube, das Arbeitszimmer des Schulmeisters und den Tassilosaal. Dabei werden nicht nur Kunstschätze präsentiert, sondern man bekommt auch einen Einblick in das Leben dieses altehrwürdigen Stiftes. Bruderschaftsbücher, Weihegaben und auch 37 Tafeln einer barocken Jahreskrippe sind zu sehen, Werke einheimischer Maler des 18. Jahrhunderts, Kruzifixe, hochbarocke Schutzengelstatuen, ein »Letztes Abendmahl« (vom Innicher Maler Johann Moser, 1652), Wandmalereien, Buchmalereien und viele andere Zeugnisse aus der langen Geschichte des Stiftes.

Attostr. 3, Kapitelhaus, neben der Stiftskirche, Innichen; Tel. 04 74 91 31 49; 1. Juni–15. Okt. Do–Sa 17–19, So 10–11 Uhr, 15. Juli–31. Aug. Di–Sa 10–11, Di 20–22 Uhr

Info

Tourismusverein Innichen

Pflegplatz 1, 39038 Innichen; Tel. 04 74 91 31 49, Fax 04 74 91 36 77; www.innichen.it

SEXTEN

1921 Einwohner, 1310 m ü.d.M.

➤ [N 4]

Dieser kleine Ort im östlichsten Zipfel Südtirols liegt gewissermaßen im Schlagschatten der Drei Zinnen, der berühmten Dolomitenfelsen. Unter dem Ersten Weltkrieg musste das Dorf besonders leiden, denn das Gebiet lag im unmittelbaren Frontbereich. Berühmt wurde der Bergführer Sepp Innerkofler (1865–1915), der Erstbesteiger der Kleinen-Zinne-Nordwand, der 1915 am Paternkofel fiel. In jüngerer Zeit erlangte Sexten durch einen lange Zeit eher ungeliebten Sohn Berühmtheit im deutschsprachigen Raum: Der Schriftsteller und Journalist Claus Gatterer (1924–1984) verfasste mit seinem Grenzgang zwischen Tagebuch, Dokumentation und Roman unter dem Titel »Schöne Welt böse Leut« (1982) eines der aufschlussreichsten Bücher über Südtirol.

Hotels

Hotel Drei Zinnen

Der Architekt Clemens Holzmeister schrieb mit diesem 1930 erbauten Hotel Architekturgeschichte. Es war gewissermaßen der Vorläufer aller jüngeren Hotelbauten in Tirol. Zusammen mit dem Künstler Rudolf Stolz hat er ein Ambiente von architektonischer Spiritualität geschaffen. Inzwischen wurde das Hotel behutsam modernisiert und mit einem schönen Wellnessbereich den heutigen Ansprüchen angepasst.

St.-Josef-Str. 28, Moos/Sexten; Tel. 04 74 71 03 21; www.hotel-drei-zinnen.com ••

MASTER VISA

Ausflug

Wanderung zu den Drei Zinnen

Die höchste Zinne misst stolze 2999 Meter – diese bizarre Felsformation blieb erstaunlicherweise über Jahrhunderte eher unbeachtet. Erst als die ersten Alpinisten die Dolomiten zu erobern begannen, wurde die wilde Schönheit der Drei Zinnen entdeckt. Heute kann man mit dem Auto vom Misurinasee aus sehr weit hinauffahren – und muss für die Straße Maut bezahlen, eine absolute Seltenheit, aber es lohnt sich. Man kann sich die Drei Zinnen aber auch erwandern. Ein klassischer Weg führt von der Talschlusshütte im Fischleintal über den Weg Nr. 102 durch das wildromantische Altensteintal zu den zwei oberen Bödenseen und von dort aus zur großen Dreizinnenhütte, eine problemlose Bergwanderung, die im Auf-

stieg etwa drei Stunden und im Abstieg etwa zwei Stunden dauert.

Museen

Rudolf-Stolz-Museum

Rudolf Stolz (1874–1960) malte Tiroler in allen Lebenslagen und gehörte auch noch nach dem Zweiten Weltkrieg zu den einflussreichen Malern in Südtirol. Seine volkstümlichen Figuren, die er vor allem als Fresken auf die Gebäude bannte, gelten als Inbegriff des tirolischen Lebensgefühls, er selbst wurde oft als »Altmeister der Südtiroler Malerei« bezeichnet. Dass die Sextner dem Bozner ein eigenes Museum gestiftet haben, liegt vor allem daran, dass er seine letzten Jahre hier verbrachte. Als im Zweiten Weltkrieg auch in Bozen die Bomben fielen, ging er aufs Land nach Sexten. Der neu angelegte Sextner Friedhof bot ihm ein großes Betätigungsfeld: In der runden Friedhofskapelle hat er mit dem »Totentanz« sein wohl bedeutendstes Fresko hinterlassen. Es thematisiert die Schrecken des Ersten Weltkrieges.

Dolomitenstr. 16, Moos/Sexten; Tel. 04 74 71 05 21; 15. Juni–1. Okt. Di, Fr 16.30–18.30, So 10–12 Uhr, 15. Juli–1. Sept. Di–Fr 16.30–18.30, So 10–12 Uhr, Weihnachten–Ostern Mi, Fr 16.30–18.30, So 10–12 Uhr

Info

Tourismusverein Sexten

Dolomitenstr. 45, 39039 Sexten; Tel. 04 74 71 03 10; www.sexten.it

Millionenfach fotografiert: drei weltberühmte Zinnen

Die verwinkelten Gassen der Altstadt von Bozen bieten Stoff für viele genussvoll »verbummelte« Stunden.

BOZEN UND UMGEBUNG

Besonders im Herbst ist das weite Becken, in dem Südtirols Hauptstadt liegt, ein wahrer Augenschmaus. Bozen ist der Dreh- und Angelpunkt Südtirols, von hier aus erkunden wir die Umgebung im Uhrzeigersinn.

Aus der engen Schlucht von Klausen kommend, weitet sich der Blick und streift über goldgelbe Weinterrassen in gleißendem Sonnenlicht: Hier beginnt der Süden. Der Bozner Talkessel ist der größte in Südtirol, der Mittelpunkt des Landes, nicht nur politisch gesehen. Von hier aus gehen sternförmig die Täler nach Westen, Norden und Süden ab. Aus der kleinen Handelsstadt Bozen mit ihren berühmten Lauben und dem farbtrunkenen Obstmarkt ist erst im vergangenen Jahrhundert eine Großstadt mit großflächigen Industrieansiedlungen im Südteil der Stadt geworden. Hier ist der Schnittpunkt der Kulturen, hier treffen Nord und Süd aufeinander, und die heutige Messestadt Bozen ist das pulsierende Zentrum des Landes. Weiter südlich beginnt das Südtiroler Unterland mit seiner »Weinstraße«, den unzähligen Burgen und den traditionsreichen Kellereien. Über 180 Burgen, Ansitze und Schlösser zählt man hier, manche ragen auf ihren einsamen Hügelkuppen hoch über der Talsohle, andere sind in Weingüter eingebettet, manche sind zu Ruinen verfallen, andere sind aber auch heute noch bewohnt. Ein großer Teil von ihnen wurde restauriert und der Öffentlichkeit zugänglich gemacht. Neben dem Wein und den schönsten Badeseen Südtirols ist dies der eigentliche Reichtum in dieser sanften Landschaft.

BOZEN

98 657 Einwohner, 262 m ü.d.M.

➤ Stadtplan S. 175 ➤ [G 5-6]

Bozen ist nach vielen Jahren des Dornröschenschlafes wieder erwacht. Neue Messe und Universität, Neues Stadttheater und Europäische Akademie machen Bozen wieder zu dem, was es einmal war: ein pulsierendes Zentrum, Handelsstadt und Tauschbörse der Ideen, ein wirklicher Schnittpunkt der Kulturen. In den Straßen und Gassen, in den Cafés und Bars, in den Theatern und Gärten – nie war Bozen so belebt wie heute. Heiß ist in

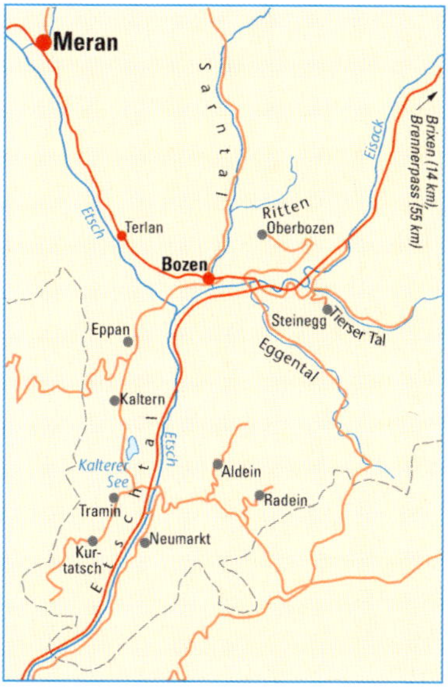

Bozen heute nicht mehr das politische Klima, sondern das meteorologische, sprich das Wetter. Im Sommer ist Bozen keineswegs die Kühle aus dem Norden, sondern es ist immer wieder die heißeste Stadt Italiens.

73 Prozent der Einwohner Bozens haben Italienisch als Muttersprache. Damit ist Bozen neben Leifers die einzige Stadt Südtirols mit einer italienischen Bevölkerungsmehrheit. Bis heute allerdings ist die Stadt zweigeteilt: Diesseits der Talfer in der Altstadt leben überwiegend deutschsprachige Bozner, jenseits der Talfer in den neuen Stadtteilen italienischsprachige. Diese Zweiteilung hat ihren Ursprung in Mussolinis Italianisierungspolitik, der italienischsprachige Arbeitskräfte nach Bozen holte. Die ehemals bäuerliche Gegend wurde mit städtischen Strukturen überzogen; Siegesplatz: Gerichtsplatz, Freiheitsstraße, Drususallee – mit breiten Straßen wurde das Gebiet aufgerastert. Im Widerspruch dazu steht das enge Gewimmel der Gassen in Bozens Altstadt.

Hotels

Hotel Eberle

Ein Stadthotel der anderen Art: Hier speist man hervorragend, und der Rosengarten glüht im Abendlicht, wenn man auf der großen Terrasse sitzt.

➤ Stadtplan S. 175, östl. [d 1] St. Magdalena, Oswaldpromenade 1; Tel. 04 71 97 61 25; www.hotel-eberle.com •• MASTER

Hotel Figl

Mitten in der Stadt, einen Steinwurf von den Lauben entfernt, zentraler geht es nicht mehr. Das Hotel in dem historischen Gebäude wurde so behutsam modernisiert, dass der Charme des Vergangenen blieb.

➤ Stadtplan S. 175, [c 2] Kornplatz 9; Tel. 04 71 97 84 12; www.figl.net •• AmEx VISA

Gasthof Kohlern

Traditionsreicher Gasthof oberhalb von Bozen mit dem Flair der Jahrhundertwende. Im schönen Speisesaal isst man altösterreichisch-südtirolische Küche.

Kohlern 11; Tel. 04 71 34 52 31; www.hotelkohlern.com •/•• MASTER

Ausflug

Burgruine Rafenstein

Von dieser bedeutenden Burg am westlichen Talhang des Sarntals über der Talferschlucht ist nur eine Ruine geblieben, wenn auch eine imposante. Die Herren der Burg beherrschten im Mittelalter und in der frühen Neuzeit einen wichtigen Handelsweg, der sich am Hang unterhalb von Jenesien bis nach Bozen entlang zog. Heute sind die Burg und das darunter liegende Gasthaus beliebtes Ausflugsziel der Bozner, auch weil sie einen herrlichen Ausblick bieten. Aber Achtung: Die Straße, die hinter der Talstation der Seilbahn nach Jenesien zum Schloss führt, ist äußerst steil und hat nur wenige Wendemöglichkeiten!

5 km von Bozen; Gasthof Schloss Rafenstein, Rafensteinerweg 38; Tel. 04 71 97 16 97

Kohlern

Schon zu Beginn des vergangenen Jahrhunderts baute ein findiger Gastwirt diese Seilbahn, eine Technik, die 1908 abso-

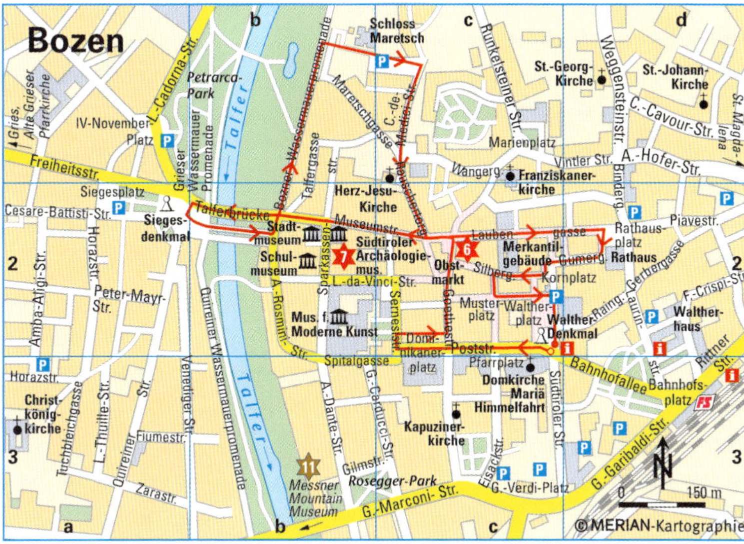

lut revolutionär war, es war die erste Personenseilbahn überhaupt in Europa. Heute kann man die alte Bahnkabine oben an der Bergstation Kohlern besichtigen. Wanderer und Mountainbiker nutzen gerne die neue Seilbahn. Als hätte Südtirol nicht genug Aussichtspunkte, wurde hier noch eine ganz besondere Attraktion geschaffen: ein grob gezimmerter Aussichtsturm aus Holzstämmen, ganze 37 Meter hoch!

9 km von Bozen

Spaziergang

Wir beginnen unseren Spaziergang im Herzen Bozens, am Waltherplatz mit der Statue des Minnesängers Walther von der Vogelweide, dem Symbol des deutschen Bürgertums, um den Bozner Dom mit seinem fein ziselierten Glockenturm zu besichtigen. Von da aus geht es weiter zum Dominikanerplatz, wo die Klosterkirche und die Johanneskapelle reiche Kunstschätze der Bozner Schule bergen. Am Musikkonservatorium vorbei geht es durch die Goethestraße zum berühmten Bozner Obstmarkt. In der Mitte des Obstmarktes geht die Museumsstraße ab, eine Geschäftsstraße, in der sich Boutique an Boutique reiht. Vorbei am Bozner Stadtmuseum und am Südtiroler Archäologiemuseum mündet sie in die Talferbrücke. Die Talferwiesen darunter laden zu einer Verschnaufpause ein: Entlang der Talfer erstreckt sich eine grüne Oase in der Stadt mit Kinderspielplätzen, Fahrradwegen und verschiedenen Sportanlagen, nicht nur im Sommer der liebste Aufenthaltsort der Bozner. Auf der anderem Seite der Talferwiese befindet sich das von Musso-

lini errichtete Siegesdenkmal. Nun geht es zurück über die Brücke in Richtung Altstadt, vorher aber wird noch ein Abstecher nach Schloss Maretsch gemacht. Dazu muss man nach der Talferbrücke nach links einbiegen auf den Fußweg am Rande der Wiesen. Ein kleiner Pfad führt durch die Weinwiesen zum Schloss. Über den angrenzenden Parkplatz und die Rauschertorgasse, einer Gasse voller verschiedener Kunsthandwerksbetriebe, gelangen wir zurück zum Obstmarkt. Von dort aus kommt man durch die traditionsreichen Bozner Lauben zum Rathaus. Durch die Gumergasse rechts daneben geht es zur Silbergasse bis zum barocken Merkantilpalast. Das Museum darin erzählt die Geschichte Bozens. Von der Silbergasse ist es ein Katzensprung zurück zum Waltherplatz. Reine Gehzeit ohne Museumsbesuche etwa zwei Stunden (➤ Stadtplan, S. 175).

Sehenswertes

Alte Pfarrkirche von Gries

Die Kirche ist der Hort zweier Schätze: in der Erasmuskapelle ein Schnitz-Altar des großen Brunecker Meisters Michael Pacher, der die Krönung Mariens zeigt, und ein romanisches Kruzifix (um 1200).

➤ Stadtplan S. 175, westl. [a 1] Grieser Platz; April–Okt. Mo–Fr 10.30–12 und 14.30–16 Uhr

Dom

Der Bozner Dom Mariae Himmelfahrt ist mit seinem schönen Glockenturm eine der größten Kirchen weit und breit: Die wohlhabenden Bürger haben sich hier ein Denkmal gesetzt, in seinem Innenraum haben mehr Menschen Platz als in jeder anderen Kirche zwischen Verona und München. Der Dom steht auf den Grundmauern einer frühchristlichen Friedhofskirche von 400. Ab 1345 wurde das Langhaus in Hallenform mit einem Hallenumgangschor mit Sternrippengewölbe als früheste Hallenkirche Tirols vollendet. Hans Lutz von Schussenried meißelte das filigrane Sandsteinwerk des Bozner Pfarrturmes.

➤ Stadtplan S. 175, [c 2] Waltherplatz; Mo–Fr 9.45–12, 14–17, Sa 9.45–12 Uhr

Dominikanerkirche

Das Dominikanerkloster wurde 1272 gegründet. Im Zweiten Weltkrieg hat es unter den Bombenangriffen stark gelitten, die Klosterkirche wurde aber wieder aufgebaut. Ein Teil des reichen Fresken-

Raum im Kloster Muri Gries: jedes Detail ein Kunstwerk

schatzes ist noch erhalten. Eindrucksvoll sind die Fresken der Johanneskapelle mit Meisterwerken der sogenannten »Bozner Schule«. Dieser Begriff bezeichnet nicht eine einzelne Werkstatt, sondern den Stil, in dem mehrere Meister, Wandermaler, in der ersten Hälfte des 14. Jahrhunderts zu malen begannen. Vermutlich kamen sie aus dem Künstlerkreis um Giotto di Bodone (um 1267–1337) in Padua. Die um 1340 in der Johanneskapelle entstandenen Freskenzyklen stellen das Marienleben, die Legenden der beiden Johannes und des hl. Nikolaus dar.

➤ Stadtplan S. 175, [c 3] **Dominikanerplatz; Mo–Sa 9.30–17, So 13–17 Uhr**

Kloster Muri Gries

Bis vor wenigen Jahrzehnten war Gries nicht nur ein Ortsteil von Bozen, sondern eine eigenständige Gemeinde. Das Kloster Muri Gries mit der Klosterkirche dominiert das alte Dorfzentrum, den Grieser Platz. Die Grafen von Bozen errichteten hier im 11. Jahrhundert einen befestigten Stützpunkt – als Gegenpol zu der damals von den Trientiner Bischöfen beherrschten Stadt Bozen. Meinhard II. von Görz-Tirol (†1295) residierte als reichsunabhängiger Landesfürst im Kastell von Gries, das bereits um 1200 mit einem mächtigen Bergfried versehen wurde. Dieser ist noch heute im Glockenturm erhalten. Herzog Leopold, Landesherr von Tirol, schenkt 1407 die Burg den obdachlosen Augustiner-Chorherren, deren Kloster in der Au überschwemmt worden war. Erst jetzt wird die Burganlage zum Kloster umgebaut. 1788 wird die neue Barockkirche erbaut. 1845 wird die Abtei zur neuen Heimat der aus dem Schweizer Kanton Aargau vertriebenen Benediktiner, aus dem Kloster wird Muri-Gries. Heute wird sein Name wegen des guten Weines aus der Klosterkellerei weitum gerühmt. Im alten Keller der Burganlage lagern auch heute noch die großen Holzfässer und die Barriques.

➤ Stadtplan S. 175, westl. [a 1] **Weingut Klosterkellerei Muri-Gries, Grieser Platz 21; Tel. 04 71 28 22 87; www.muri-gris.com**

Lauben und Obstmarkt 6

Bozen ist seit seiner Gründung und Erhebung zur Stadt vor mehr als 800 Jahren eine Handelsstadt, damals wie heute günstig gelegen an der Hauptverkehrsader zwischen Nord und Süd. Die Lauben mit ihren bunten Fassaden und schmucken Erkern waren das eigentliche Zentrum des Handels. Ein typisches Laubenhaus ist dabei übrigens wesentlich größer, als es von außen scheint, denn was ihm an Breite fehlt, zieht sich in die Tiefe hinein. Am Ende der Laubengasse bieten mehr als 40 Händler an üppigen Ständen ihre Waren an. Die farbenfrohe Nahrungsfülle des Obstmarktes ist seit jeher ein Symbolbild der Stadt.

➤ Stadtplan S. 175, [c 2] **Mo–Fr 8–19 Uhr, Sa bis Mittag**

Schloss Maretsch

Dieses schöne Schloss inmitten von Weingärten ist heute ein Ausstellungs- und Tagungszentrum. Berthold von Bozen ließ es um 1194 erbauen.

➤ Stadtplan S. 175, [b 1] **Claudia-de-Medici-Straße; Tel. 04 71 97 66 15**

Vigiliuskirche am Virgl

Der Talkessel von Bozen war lange wegen der Sümpfe unbewohnbar. Erst spät siedelten die Menschen im Tal, vorher lebten sie auf den Hügeln. Unter den Römern gab es eine Straßenstation namens »Pons Drusi«, wahrscheinlich im Bereich des heutigen Stadtteiles Rentsch. Damals hat wohl eine Burg namens »Botzen« auf dem Virgl gestanden, heute ist davon nur noch die Kapelle übrig. Damit ist die Vigiliuskirche am Virgl die älteste Kirche im Raum Bozen.

Waltherplatz

Der Waltherplatz mit dem Denkmal des Minnesängers Walther von der Vogelweide ist einer der markantesten Punkte der Stadt. 1889 wurde dieses Denkmal als Symbol des Deutschtums errichtet, der Minnesänger wurde kurzerhand zum Südtiroler gemacht. Bis heute allerdings ist seine Herkunft umstritten.

➤ Stadtplan S. 175, [c 2]

Ein Fest für die Sinne – der berühmte Obstmarkt (S. 177) in Bozen

Museen

Krippensammlung Muri Gries

Das Krippenmuseum ist im romanischen Turm des Klosters untergebracht und zeigt eine Sammlung antiker Krippen, die älteste davon aus dem 18. Jahrhundert mit kostbar gekleideten Figuren, die Hirten in heimischer Tracht, die Könige in orientalischen Prunkgewändern (die »Loffererkrippe«, 1750).

➤ Stadtplan S. 175, westl. [a 1] **Kloster Muri-Gries, Grieser Platz 21; Tel. 04 71 28 11 16; 3. Feb.–30. Nov. 1. Sa im Monat 15–17 Uhr, 1. Dez.–2. Feb. jeden Sa 15–17 Uhr, Juli, Aug. nur nach Vereinbarung: Tel. 04 71 92 10 16**

Merkantilgebäude und -museum

Der Merkantilpalast war über Jahrhunderte die Lebensader Bozens. In dem Museum, das in diesem prunkvollen Renaissancepalast untergebracht ist, wird der Aufstieg eines Marktfleckens mit Messeprivileg zu einer selbstbewussten Messestadt dokumentiert und durch den Werdegang mancher Kaufmannsfamilie illustriert. Der Parcours beginnt bei den »Jahrmärkten« im Mittelalter und geht bis in die Zeit unter Maria Theresia und die Bozner Märkte zur Franzosenzeit (1805–1810). Spannend ist unter anderem die Geschichte der »Franzosenbraut« Annette Menz. Sie war die reiche Erbin eines Bozner Handelsimperiums, als sie es wagte, Heiratspläne mit einem französischen Offizier zu schmieden, dem Feind also. Doch diese Heirat wussten die Bozner Bürger zu verhindern.

Mehr als 50 Ölgemälde, daneben originale Urkunden, Teppiche und manche Möbelstücke geben Einblick in das Leben der wohlhabenden Bozner Bürger.

➤ Stadtplan S. 175, [c 2] **Silbergasse 6; Tel. 04 71 94 57 02; ganzjährig Mo–Sa 10–12.30 Uhr**

Museion – Museum für Moderne Kunst

In Bozen ist ein Museum für zeitgenössische Kunst geschaffen worden, das sich sowohl mit seinem Ausstellungsbetrieb als auch mit seiner Sammlung international einen Ruf erarbeitet hat. Hier ist schon Markus Lüpertz mit seinem Rolls Royce vorgefahren, Konzeptkünstler wie Heinz Gappmayr, Lawrence Weiner und Maurizio Nannucci vermaßen Denkräume, und der amerikanische Künstler Matt Mullican gestaltete die Stadt mit seinen Fahnen. Das Museum versteht sich als Brücke zwischen den zwei Kulturen. 2005 wurde der Grundstein für ein neues Haus an den Talferwiesen gelegt. Eine gut bestückte Kunst-Bibliothek sammelt Werke zeitgenössischer Kunst, internationale Kunstzeitschriften und Videos.

➤ Stadtplan S. 175, [b/c 2] **Sernesistr. 1; Tel. 04 71 97 71 16; www.museion.it; Di–So 10–18, Do 10–20 Uhr, Mo und Feiertags geschl.; Bibliothek Mo–Fr 9–12, 15–18 Uhr**

Naturmuseum Südtirol

2005 wurde das Bozner Naturmuseum zum erfolgreichsten Museum seiner Art in Italien gekürt. Das Museum, das im ehemaligen Amtshaus Kaiser Maximilian I. untergebracht ist, versteht sich als naturwissenschaftliches Kulturzentrum. Hier wird nicht nur gesammelt, sondern auch geforscht. Der umfangreiche Parcours führt die Besucher von dem urzeitlichen Vulkangebiet über 300 Millionen Jahre Erdgeschichte in das heutige Südtirol mit seiner Flora und Fauna. Die unterschiedlichen Lebensräume heute werden mithilfe von Dioramen dargestellt, aber auch hier gibt es viel Lebendiges in Aquarien und Terrarien.

➤ Stadtplan S. 175, [d 1-2] Bindergasse 1; Tel. 04 71 41 29 60; www.naturmuseum.it; Di–So 10–18 Uhr, 1. Jan., 1. Mai, 25. Dez. geschl.

Schloss Runkelstein

(→ Der gute Tipp von MERIAN, S. 80)

Schulmuseum

Ein kleines Museum in einer der größten Schulen der Stadt zeigt, wie Südtirol früher gelernt hat. In der nachgebauten Schulklasse des beginnenden 20. Jahrhunderts mit Lehrerpult und Schülerbänken werden bei älteren Besuchern Erinnerungen wach. Eingelegte Spinnen und Schlangen, ausgestopfte Vögel und antiquierte Maschinen für den Physikunterricht zeigen, wie die Großeltern paukten.

➤ Stadtplan S. 175, [b 2] Grundschule Dante Alighieri, Sparkassenstr. 12; Tel. 04 71 97 45 00; Mo–Fr 8.30–12 und 15–18, Sa 8.30–12 Uhr

Stadtmuseum

Dieses Museum ist gemeinsam mit dem Stadtmuseum Meran das älteste in Südtirol. Schon zu Beginn des 20. Jahrhunderts ließen Bozner Bürger das Haus bauen, mit dem sie ihre Lebensart konservieren wollten. Bis heute ist das Museum der Grundidee treu geblieben und sammelt, was der Heimat verloren zu gehen droht. So ist ein Gang durch dieses Museum eine Wanderung durch Südtirol, einst und jetzt. Hier finden sich original wieder aufgebaute Tiroler Stuben ebenso wie eine Sammlung von Trachten der Region aus dem 19. Jahrhundert, archäologische Fundstücke, Dokumente der Landes- und Stadtgeschichte und sakrale Kunst sowie Produkte der Volkskunst wie Masken stehen neben einer ansehnlichen Bildersammlung der Kunst der Region aus dem 19. und 20. Jahrhundert.

➤ Stadtplan S. 175, [b 2] Sparkassenstr. 14, Bozen; Tel. 04 71 97 46 25; www.comune.bolzano.it; ganzjährig Di–So 10–18, Mi 10–20 Uhr; 1. Jan., 1. Mai, 25. Dez. geschl.

Essen und Trinken

Kaiserkron

An einem der ältesten Plätze der Stadt liegt dieses hervorragende Restaurant, das der renommierte Koch Louis Agostini zu einer ersten Adresse machte. 1995 übernahm sein Sohn, Louis II., nicht weniger talentiert, das Lokal.

➤ Stadtplan S. 175, [c 2] Musterplatz 1; Tel. 04 71 9 07 70 ••• CREDIT

Da Abramo

Erstklassige italienische Küche. Manche sagen, es sei das beste italienische Restaurant der Stadt.

➤ Stadtplan S. 175, westl. [a 1] Grieser Platz 16; Tel. 04 71 28 01 41 ••/••• CREDIT

Batzenhäusel

Urgemütlicher Künstlergasthof, hier haben angeblich bereits Goethe und Mozart gespeist. Deftige Mahlzeiten.

➤ Stadtplan S. 175, [d 1] Andreas-Hofer-Str. 30; Tel. 04 71 05 09 50 •• CREDIT

Da Sergio

Neapel im Westentaschenformat: eng, heiß, unromantisch, aber hier gibt es, bis auf Widerruf, die beste Pizza der Stadt.

➤ Stadtplan S. 175, südl. [a 3] Vicenzastr. 13; Tel. 04 71 28 84 75 •

La Torcia

Viel besuchtes Restaurant mit Pizzeria, das sich am Rande der Bozner Altstadt befindet.

➤ Stadtplan S. 175, [d 2] Gerbergasse 25; Tel. 04 71 97 32 36; So geschl. •

Zwei Sprachen, eine Buchhandlung – bei KoLibri ist's möglich.

Nussbaumer

Hier gibt es die wohl größte Pizza Bozens, weil das Lokal in der Fußgängerzone liegt, ist dies ein viel besuchter Ort.

➤ Stadtplan S. 175, [d 1–2] Bindergasse 11; Tel. 04 71 97 39 50 •

Einkaufen

Athesia Buch

Der größte Medienbetrieb Südtirols hat auch die größten Buchhandlungen mit großem Sortiment von der Tirolensie übers Jugendbuch bis zum Roman nebst einer kleinen italienischen Abteilung.

➤ Stadtplan S. 175, [c 2] Lauben 41; Tel. 04 71 92 72 87

KoLibri

Eigentlich keine Buchhandlung, sondern eine Südtiroler Lebensphilosophie: zwei Kulturen unter einem Dach. Es ist nicht lange her, da musste sich diese Buchhandlung das Recht dazu erstreiten – hier gibt es gute Bücher auf italienisch und deutsch.

➤ Stadtplan S. 175, [d 2] Raingasse 17; Tel. 04 71 97 85 55; www.kolibri.it

Thuniversum

Seit 1950 gibt es die beliebten »Bozner Engel« als Geschenkartikel und Sammlerstücke aus der ehemaligen Kachelofenwerkstatt von Thun, und inzwischen noch viel mehr.

➤ Stadtplan S. 175, südl. [c 2] Galvani Str. 29; Tel. 04 71 24 52 72; E-Mail: infothuniversum@thun.it

Weiter auf S. 184

DER MANN IN DER KÜHLBOX

Im September 1991 entdeckte das Nürnberger Ehepaar Simon am Tisener Joch auf 3210 m Seehöhe den sogenannten »Ötzi«.

Mit der Gletscher-Mumie öffnete sich ein Zeitfenster. Der Fund der deutschen Touristen entpuppte sich schnell als eine wissenschaftliche Sensation. Die Geschichte der Steinzeit musste teilweise neu geschrieben werden. Denn die männliche Leiche stammte aus der Jungsteinzeit und bekam nach etlichen Untersuchungen ein ungefähres Alter: Rund **5300 Jahre** ist sie alt.

Nur wenige Tage nach ihrer Entdeckung legte man die Mumie frei und brachte sie an die Universität Innsbruck. Dort wurde sie konserviert und jahrelang untersucht. An kaum einem Objekt waren Wissenschaftler der unterschiedlichsten Disziplinen in den vergangenen Jahrzehnten derart interessiert wie am »Ötzi«. Insgesamt 64 interdisziplinäre Forschungsgruppen versuchten mithilfe seines mumifizierten Leibes und seiner Ausrüstungsgegenstände – Mütze, Fellmantel, Grasmantel, Beinkleidung, Gürtel, Lendenschurz, ein Paar Schuhe etc. – den Sprung in die **Kupferzeit**. Doch schon bald nach seiner Bergung wurde der Mann aus dem Eis zu einer Staatsaffäre. Hatten bisher österreichische Beamte die Fundstelle abgesichert, ergab im Herbst 1991 eine neue Vermessung, dass sie sich auf italienischem Hoheitsgebiet befand, exakt 92,56 Meter von der Staatsgrenze entfernt. Nach einigem diplomatischen Ringen übersiedelte der Ötzi schließlich in das neu erbaute **Archäologiemuseum** nach Bozen. Dort wird er in einem eigens entwickelten Kühlzellenblock aufbewahrt, bei minus sechs Grad Celsius und einer relativen Luftfeuchtigkeit von 98 Prozent.

1999 wurde das Museum eröffnet. Rund um sein eisiges »Grab« wurde ein Großteil der archäologischen Fundstücke der Region zu einem aufwändigen Parcours durch die Frühgeschichte des Landes arrangiert. Kaum eröffnet, wurde das Museum zum Publikumsmagneten. Bereits im Jahr 2000 verzeichnete es 277 000 Besucher, das sind am Tag im

So könnte er ausgesehen haben – der Mann, der als Ötzi bekannt wurde.

An der Fundstelle am Tisener Joch wurde eine Steinpyramide errichtet.

Schnitt 880 Besucher. Auch heute noch ist die Mumie des Gletschermannes ein begehrtes Objekt. So haben Wissenschaftler eine Pfeilspitze unter Ötzis linker Schulter entdeckt. Seitdem ist aus der Geschichte von dem Hirten in den Tiroler Bergen eine **Kriminalstory** geworden. Doch die Theorie, der Mann aus dem Eis sei ermordet worden, ist bis heute umstritten.

Im **ArcheoParc Schnals** entstand Südtirols erstes archäologisches Aktivmuseum. Dort wurde ein Dorf aus jungsteinzeitlichen Holzbauten errichtet, wo man nun einen Tag lang so leben kann wie zu Ötzis Zeiten. In einem Teich können mit einfachsten Hilfsmitteln, wie Reusen oder Harpunen, Fische gefangen werden, an einem Schießstand kann das Bogenschießen geübt werden, an Stecken kann man steinzeitliches Brot backen, und in den Holzhütten geht das Feuer am Tag nie aus.

In einem multimedialen Museum erfährt der Besucher darüber hinaus viel Wissenswertes über die Steinzeit. Hier sind nur wenige »echte« Exponate ausgestellt. Dafür kann man die Nachbildung genauestens untersuchen. Am Ende des spiralförmigen Aufgangs kann man sich mithilfe einer 3-D-Animation in die letzten Minuten des Mannes aus dem Eis versetzen.

Südtiroler Archäologiemuseum, Museumsstr. 43, Bozen; Tel. 04 71 32 01 00; www.iceman.it; Di–So 10–18 Uhr (letzter Einlass 17.30 Uhr), 24. und 31. Dez. 10–15 Uhr, 1. Jan., 1. Mai und 25. Dez geschl. ♿

Archeoparc Schnals, Unser Frau 163, Schnalstal; Tel. 04 73 67 60 20; www.archeoparc.it; April–15. Juli und Sept.–Okt. Di–So 10–18 Uhr, 15. Juli–Aug. tgl. 10–18 Uhr, ♿

TonHaus

Hier haben sich verschiedene Werkstätten zusammengetan und bieten Kunsthandwerk und Keramik an, von der kunstvollen Vase über Weihnachtsschmuck bis zum handgewebten Stoffdeckchen.

➤ Stadtplan S. 175, [c 2] **Rauschertorgasse, Bozen; Tel. 04 71 97 66 81**

Il Gufo

Taschen und Gürtel, Rucksäcke und Aktenmappen – in diesem Lederwarenfachgeschäft ist alles tatsächlich handgearbeitet.

➤ Stadtplan S. 175, [c 2] **Rauschertorgasse 6; Tel. 04 71 98 04 08**

Am Abend

Sciarada Circus

Kunst, Poetry-Slam – Dichtung aus dem Publikum für das Publikum – und Livekonzerte: Dieses Lokal sorgt für Bewegung in der Kulturszene.

➤ Stadtplan S. 175, [c 2] **Obstplatz 15; Di–So 16–1 Uhr, Sa 11–1 Uhr**

Nadamas

Diese Bar im Retro-Look liegt im magischen Dreieck des Nightlife von Bozen und sollte beim Bar-Hopping keinesfalls übergangen werden.

➤ Stadtplan S. 175, [c 2] **Nadamas, Obstplatz 44; Tel. 04 71 98 06 84; Mo–Sa 9–1 Uhr**

Hopfen & Co

Bozner Bierlokal mit Tradition im Glanz der polierten kupfernen Kessel: Auf mehreren Stockwerken, gemütlich eingerichtet, kann man zünftig essen, und regelmäßig gibt's Programm dazu: Literatur und Theater, Jazz und Schräges.

➤ Stadtplan S. 175, [c 2] **Obstplatz 17; Tel. 04 71 30 07 88; www.hopfen-co.com**

Lounge Exil Caffè

Der Sinn für Qualität, egal ob bei Wein, Whiskey oder Kaffee, gibt dieser Lounge ihren besonderen Charakter.

➤ Stadtplan S. 175, [c 2] **Kornplatz 2a; Tel. 04 71 97 18 14; Mo–Mi 10–24, Do–Sa 10–1 Uhr**

Caffè Latino

Ein Lokal mit Vorreiterposition in Sachen gepflegtem Bar-Betrieb. Hier gehen alle gerne hin, egal ob deutsch oder italienisch.

➤ Stadtplan S. 175, [b/c 3] **Marconistr. 25; Tel. 33 86 23 03 50; Di–So 9–1 Uhr**

Info

Verkehrsamt der Stadt Bozen

Waltherplatz 8, 39100 Bozen; Tel. 04 71 30 70 00, Fax 04 71 98 01 28; www.bolzano.it

SARNTAL

6671 Einwohner, 961 m ü.d.M. (Sarnthein)

➤ [G 4–5]

Die Sarner sind so etwas wie die Ostfriesen in Südtirol. Es existieren unzählige Sarner Witze im Land. Doch die Sarner nehmen es mit Humor. »Am Ende steht der Sarner immer gut da«, kontert die aktuelle Homepage des Tales. Das ist zwar etwas beschönigend, aber es trifft einen wahren Kern. Denn der Ursprung der Sarner Witze ist die Unberührtheit dieses Tales, die es bis in unsere Zeit gerettet hat. Selbst den größten Ansturm von allen, den der Touristen, hat es bislang relativ unbeschadet überstanden. Nirgends ist die Tradition so lebendig wie in diesem Tal: Sarner Kirchtag und Wettersegen, die berühmt-berüchtigten Sarner Hüte, an deren Hutband man erkennen kann, ob ihr Träger verheiratet ist oder nicht, oder die blaue Schürze, die ein Sarner werktags trägt – das alles gehört zum Tal, und es ist keine touristische Inszenierung.

Dieses Phänomen hat zwei Ursachen: Die tiefe und absolut fantastische Schlucht am Taleingang hat über die Jahrhunderte hinweg das Tal abgeschlossen. Es war mühsam, hinein- oder hinauszugelangen – und für ungeübte Autofahrer ist es das sogar heute noch. Der zweite Grund ist, dass das Sarntal keine spektakulären Natursensationen anzubieten hat, keine Felstürme, die im Abendlicht schimmern, keine idyllischen Badeseen, keine Gletscher. Das Sarntal ist einfach ein schönes Tal – grün und weit zieht es sich hinauf bis zu den kargen Almmatten am Penser Joch –, denn alle Architekturmoden und Livestyle-Wellen sind über das Tal einfach hinweggerollt.

»Hopfen & Co« – ein Grund zum Einkehren findet sich an jeder Ecke.

Ausflug

Durnholzer See

Ein leichter Spazierweg führt um diesen idyllischen, hoch gelegenen See, auf dem im Winter auch Eis gelaufen und für Haflinger-Schlitten-Rennen trainiert wird. Das Auto muss man etwas tiefer stehen lassen. Gehzeit eine Stunde. Einen Abstecher wert ist die Durnholzer Kirche (1567) mit ihren Fresken aus der Bozner Schule.

Sehenswertes

Schloss Reinegg

Unter dem Hausberg der Sarner, der Sarner Scharte, erhebt sich ein kleines Schloss, das einst einer Bozner Kaufmannsfamilie gehörte, die sich seit 1681 »Grafen von Sarnthein« nennen durften, das Schloss Reinegg. Auch die Kellerburg im Dorf und der Turm oberhalb des Dorfes an der Staatsstraße gehörten zu dem Besitz. Heute leben in der Kellerburg die letzten Nachkommen der Grafen von Sarnthein. Weder Schloss noch Kellerburg sind zu besichtigen.

Essen und Trinken

Berghotel Gourmet-Restaurant Auener Hof

Dieses Berggasthaus war lange Zeit eines unter vielen, auch wenn es wegen seiner Lage zu den schönsten im Sarntal gehört. Doch jetzt hat der Sohn kochen gelernt, und wie! Mit viel Fantasie mixt er Ideen von außen mit traditioneller Sarner Küche, Wildkräuter von Schafgarbe über fette Henne bis Sauerampfer finden sich in seinen Speisen, ebenso wie würziger Almkäse, heimisches Reh und Berglamm. Im Team mit der Schwester, einer fachkundigen Sommelière, wurde aus dem Haus ein Gourmet-Tipp. Es gibt auch Appartements zu mieten.

Sarntal; Tel. 04 71 62 30 55; www.auenerhof.it ••• CREDIT

Info

Tourismusverein Sarntal

Europastr. 15, 39058 Sarnthein;
Tel. 04 71 62 30 91, Fax 04 71 62 23 50;
www.sarntal.com

RITTEN

7144 Einwohner, 1220 m ü.d.M. (Oberbozen)
➤ [G 5]

Während Menschen aus dem Norden meist die Sonne suchen, leiden die Bozner im Sommer oft unter der drückenden Hitze im engen Talkessel. Das war die Geburtsstunde der »Sommerfrische«, ihr Geburtsort war der Ritten. Seit dem 17. Jahrhundert verbrachten hier die Bozner Kaufleute in herrschaftlichen Sommerhäusern die heißen Monate in Orten wie Oberbozen, Klobenstein oder Maria Himmelfahrt. Kein Zweifel: Hier ist es nicht nur angenehm kühl, man hat auch einen unglaublichen Blick auf die Dolomiten. Nirgendwo sieht man das Schlernmassiv und den Rosengarten besser als vom Ritten.

Hotels

Hotel Holzner

Rittner Sommerfrische unter den roten Giebeln eines hübschen bürgerlichen Hauses: Ein Schuss Nostalgie und eine gute Portion Golden Twenties ist dabei, wenn man im edel eingerichteten Aufenthaltsraum sitzt. Doch das Haus ist nicht (nur) für alte Damen: Denn das Familienhotel bietet gleichzeitig Spielplatz und Streichelzoo und einen großzügigen Park für Kinder. An der Bergstation der Seilbahn. Ab Mai 2007 mit Pool und Spa-Bereich.

Oberbozen; Tel. 04 71 34 52 31; www.parkhotel-holzner.com ••• MASTER VISA

Zauberberg Residence

Zu den berühmten sieben Bozener Seligkeiten gehört es, ein Haus auf dem Ritten zu besitzen. Dieses wäre dafür bestens geeignet: eine schöne Sommerfrische-Villa mit adretten Appartements.

Schwimmbad Weg 9, Ritten; Tel. 04 71 34 54 35; www.residence-zauberbeg.it ••

Ausflug

Rittner Bahn

Wie kommt man von Bozen auf den Berg? Bis zum Beginn des 20. Jahrhunderts gab es nur einen schmalen Pflasterweg auf das 911 Meter höher gelegene Plateau. Also wurde die Bahn gebaut. Bereits 1907 konnte man in den holzvertäfelten Triebwagen der Schmalspurbahn am Bozner Waltherplatz einsteigen und mit der Bahn dank eines Zahnradsystems den Berg hinauffahren. 60 Jahre war diese Linie in Betrieb, dann wurde die neue Seilbahn eröffnet. Heute fährt die alte Schmalspurbahn noch die 6,5 Kilometer von Oberbozen nach Klobenstein. Die Seilbahnstation befindet sich wenige Gehminuten nördlich vom Bozner Hauptbahnhof. Es gibt Kombi-Tickets für die Weiterfahrt mit der Schmalspurbahn. Im Bahnhof von Oberbozen befindet sich eine kleine Ausstellung über die Rittner Bahn.

Info Tourismusverein Ritten; Tel. 04 71 35 61 00

Sehenswertes

Erdpyramiden am Ritten

Sie wirken wie monumentale Steinskulpturen, aber diese zehn bis 15 Meter hohen Gestalten stammen aus der Werkstatt der Erde: Erosion heißt das Stichwort. Sollte sich die Welt einmal zu schnell bewegen – beim Anblick dieser pro Jahr nur um Millimeter wachsenden monumentalen Erdsäulen verlangsamt sich ihr Lauf wieder auf das rech-

Fragile Kunstwerke der Natur – die Erdpyramiden am Ritten

te Maß. Die Decksteine scheinen der Schwerkraft zu trotzen, und doch sind sie es, die die Säule darunter vor der Abtragung schützen. Fallen sie einmal herunter, so löst sich auch die Erdpyramide nach und nach auf.

Von Klobenstein bequem zu Fuß in 0,5 Std. zu erreichen

Kommende Lengmoos

Der Weg über den Brenner war seit Urzeiten der einfachste Weg in den Süden. Doch die Schlucht des Eisacks war im Mittelalter noch nicht passierbar. So mussten alle, egal ob Kaiser oder Bauer, den Weg über den Ritten nehmen. Auf dem höchsten Punkt, dem St. Ulrichs Pass, wurde ein Hospiz errichtet, in dem die Reisenden rasten konnten. Als im 14. Jahrhundert der Kunterweg durch das Eisacktal die sichere Reise durch die enge Schlucht möglich machte, verlor die Straße über den Ritten und somit auch das Hospiz schlagartig seine Bedeutung. Aus ihm wurde eine Kommende, eine Ordensniederlassung des Deutschen Ritterordens. Heute finden in der Kommende von Lengmoos regelmäßig Konzerte statt, und der Innenhof ist Schauplatz der bekannten Rittner Sommerspiele, Freilichttheater mit zeitgenössischen Autoren.

Museen

Imkereimuseum

Auf diesem Hof haben bis in die 1970er-Jahre zwei eigenbrötlerische Schwestern gewohnt wie vor hundert Jahren. Deswegen ist sein Originalinventar besonders eindrucksvoll: Im Platterhof kann man erkunden, wie das Leben ohne Elektrizität lief. Der Hof wurde nach altem Vorbild renoviert, jetzt taucht man hier in eine fast vergessene Welt ein mit Rosenkranz und Deckchen, rußgeschwärzter Küche und Speisekammer mit gotischem Bogen. Darüber hinaus ist das Museum ein Lehrpfad für die Imkerei: An Schaubienenstöcken kann das Verhalten der Bienen studiert werden, ein historischer Parcours im alten Stall macht deutlich, wie wertvoll der süße Saft einst war.

Oberbozen, Wolfsgruben 15, Ritten; Tel. 04 71 34 53 50; www.museo-plattner.it; Ostern–Ende Okt. tgl. 10–18 Uhr

Am Abend

Zenti's Dj-Pub

Das Pub ist der Treffpunkt der Umgebung schlechthin. Wechselndes Programm und Aktionen.

Zenti's Dj-Pub, Kematerstr. 3, Klobenstein; Tel. 33 95 95 08 04; www.zentis.it

Info

Tourismusverein Ritten

Dorfstr. 5, 39054 Klobenstein; Tel. 04 71 35 61 00, Fax 04 71 35 67 99; www.ritten.com

STEINEGG

3000 Anzahl Einwohner, 823 m ü.d.M.

➤ [G 6]

Die Lage des Ortes ist einmalig: Eingebettet in das Gebiet von Rosengarten und Latemar liegt Steinegg oberhalb der Landeshauptstadt Bozen. Von hier hat man einen schönen Blick auf die majestätische Kulisse von Schlern und Rosengarten und gleichzeitig hinab ins Tal.

Sehenswertes

Volkssternwarte

Südtirols erste und einzige Volkssternwarte »Max Valier« auf 1350 Meter Höhe mit einem 80 Zentimeter-Cassegrain-Spiegelteleskop lädt ein zur Himmelsschau.

Gummer bei Steinegg, ab Gummer ausgeschildert; www.sternwarte.it, E-Mail: info@sternwarte.it; öffentliche Führungen ganzjährig jeden Do, Anmeldung Mo–Do von 8–12 und 14–17 Uhr, Fr von 8–12 unter Tel. 04 71 36 13 14; die Uhrzeit der Führung wird bei der Anmeldung bekannt gegeben; Dauer der Führung ca. 1,5 Std.; Eintritt Erw. 5 €, Kinder 2,50 €; bei Regen oder Schneefall finden keine Führungen statt

Museen

Heimatmuseum Steinegg

Eine Fundgrube ist das Heimatmuseum Steinegg, das die heimatkundlichen Schätze der Gemeinde zeigt. Aus Flora und Fauna, von Rittern und Landsern, aus der bäuerlichen Lebenswelt und dem Handwerk, aus Jagd- und Fischerei und selbst die Sportler des Gemeindegebiets werden porträtiert wie die Rodel-Olympiasiegerin Gerda Weissensteiner. Die letzten Wölfe, die den Jägern in die Falle geraten sind (um 1822), sind neben Ritterrüstungen und alten Stuben zu sehen

Kirchplatz, Karneid; Tel. 04 71 37 65 18; Palmsonntag–30. Juni nur mit Führung Di–Fr 11 Uhr, Sa 15 Uhr, So und Feiertage 15 und 16 Uhr, Juli–31. Okt. nur mit Führung Di–Fr 10 und 11 Uhr, Sa, So und Feiertage 15 und 16 Uhr, im Nov. nur nach Voranmeldung

Info

Tourismusverein Steinegg

39050 Steinegg; Tel. 04 71 37 65 74, Fax 04 71 37 67 60; www.steinegg.com

EGGENTAL

3400 Einwohner, 1350 m ü.d.M. (Deutschnofen)

➤ [G 6]

Das Eggental ist berühmt für seine Straße, die große Dolomitenstraße von Bozen über den Karerpass nach Cortina. Selten wurde eine Straße so waghalsig durch den Fels getrieben: unter Felsvorsprüngen hinweg, an einem tosenden Wasserfall vorbei, durch Felsdurchbrüche hindurch. Der Anfang dieser historischen Straße von 1909 wurde bereits der Sicherheit und der Schnelligkeit geopfert. Mehr als ein Drittel jenes Teiles der alten Dolomitenstraße wurde durch neue, sauber ausbetonierte Tunnel ersetzt. Immerhin: Es ist noch ein Stück geblieben, und dieses Stück sollte man unbedingt einmal gefahren sein (➤ Fokus, S. 271). Die Straße führt in ein hohes Tal, dessen größtes Dorf Deutschnofen (1350 m) mit freiem Rundblick auf einer von Wiesen und Wäldern gesäumten Hochfläche liegt. Obereggen (1550 m) ist ein kleines Bergdorf am Fuße des Latemars. Durch seine günstige Lage entwickelte es sich zu einem bekannten und beliebten Fremdenverkehrsort.

Ausflug

Karer See

1519 Meter hoch, 3 Hektar groß, ein von Wald umgebener See – so nüchtern betrachtet ist nicht viel dran an diesem

Bergsee. Dabei gehört er zu den schönsten Seen Südtirols, berühmt für das Farbenspiel im Spiegel seiner dunklen Oberfläche. Sogar eine Legende ist darüber entstanden: Einer Seejungfrau soll es hier gelungen sein, den Regenbogen einzufangen. Tatsächlich spiegeln sich in seiner Oberfläche die schroffen Felstürme von Latemar und Rosengarten, eingefangen von dunkelgrünem Wald, der den See umgibt. Die Sisi-Promenade, die hier entlang führt, ist jener Spazierweg, den Kaiserin Elisabeth bevorzugte: Mehrere Male war sie an diesem – im wahrsten Sinne des Wortes – funkelnden Juwel der Berge. Etwas höher liegt das Karersee-Hotel, ein Prachtbau aus dem Jahr 1896, einst ein Treffpunkt der Mächtigen und Reichen.

Sehenswertes

Maria Weißenstein

Alle pilgern nach Maria Weißenstein, jener großen, weißen Klosteranlage auf 1520 Meter, sogar Papst Johannes Paul II. war schon hier – und mit ihm halb Südtirol. Maria Weißenstein ist Südtirols bedeutendster Wallfahrtsort. Ein alter Pilgerweg führt von Welschnofen über Birchabruck nach Deutschnofen und schließlich nach Maria Weißenstein.

Pfarrkirche Deutschnofen

Vier geschnitzte Relieftafeln mit Szenen aus dem Marienleben aus dem Flügelaltar des Bildschnitzers Hans von Judenberg (1421–1424) beherbergt diese Kirche im Hochaltar; den Altar hatte der steirische Meister für die Bozner Pfarrkirche angefertigt, 1725 wurde er – zum Glück für Deutschnofen – »entsorgt« und den Eggentalern geschenkt, weil er als unmodern galt.

Himmlische Fresken begeistern den Besucher des Kirchleins St. Helena.

St. Helena

Dieses Kirchlein aus dem 12. Jahrhundert erreicht man über eine idyllische Wanderung durch Wald und Wiesen. In der Kapelle findet sich ein bedeutender Schatz gotischer Fresken der Bozner Schule (Giotto-Manier, um 1410), der »Schatz« davor ist nicht weniger groß:

eine Bank mit Panoramablick auf Latemar, Rosengartenmassiv und Schlern.

Museen

Dorfmuseum Deutschnofen

In dem schönen, in grobem Stein gemauerten alten Turmzimmer von Schloss Thurn ist eine Sammlung sakraler Kunst ausgestellt: frühbarocke Statuen und liturgische Gerätschaften, aber auch Altarblätter und Urkunden. Seit dem 13. Jahrhundert wurde hier zu Gericht gesessen. 1984 ging das Schloss in den Besitz der Gemeinde, über die es von Grund auf neu strukturierte und die eigene Verwaltung darin unterbrachte.

Schloss-Thurn-Str. 1, Deutschnofen; Info im Tourismusbüro; Tel. 04 71 61 65 67

Dorfmuseum Welschnofen

Hier kam ein ganzes Dorf ins Museum: Jahrelang wurden alle Dinge gesammelt, die über die Menschen im Dorf Geschichten erzählen: z. B. Sterbebildchen oder Fotografien, aber auch Dokumente aus den Zeiten der Option und des Krieges.

Haus der Dorfgemeinschaft, Romstraße, Welschnofen; Tel. 04 71 61 36 20

Info

Tourismusverein Eggental-Deutschnofen-Obereggen

Schloss Thurnstr. 1, 39050 Deutschnofen; Tel. 04 71 61 65 67, Fax 04 71 61 67 27; www.eggental.com

ALDEIN – RADEIN

1674 Einwohner, 1225 m ü.d.M. (Aldein)
310 Einwohner, 1556 m ü.d.M. (Radein)
➤ [G 7]

Die kleinen Bergdörfer Aldein und Radein liegen auf einer Höhe von 1200 bis etwa 1500 Meter auf dem Regglberger Mittelgebirgsplateau. »Erholungslandschaft« nennen die Touristiker diese sonnige Region beim Naturpark Trudener Horn, und eigentlich haben sie recht: Hinter jedem Hügel, hinter jeder Wegbiegung bietet sich in dieser abwechslungsreichen Landschaft ein neuer Eindruck. Natur in solchem Variantenreichtum ist erholsam. Am spektakulärsten ist natürlich die Bletterbachschlucht, die die beiden Dörfer verbindet.

Hotels

Zirmerhof

Dieses Berghotel macht seinem Namen alle Ehre: Man sieht auf Brenta-, Ortler-, Ötztaler- und Stubaier-Gipfel – ein grandioses Panorama in 1560 Meter Höhe. Berühmte Gäste wie der Physiker Max Planck, der Schriftsteller Eugen Roth oder Richard von Weizsäcker haben sich in diesem Anblick bereits verloren. In den hauseigenen Stallungen kann man sich ein Pferd leihen und den nahen Himmel auf dem Rücken der Pferde genießen.

Oberradein 59, Radein; Tel. 04 71 88 72 15; www.zirmerhof.com ●●/●●● MASTER VISA

Ausflug

Naturparkhaus Trudner Horn

Dieser Naturpark ist der südlichste der sieben Naturparks Südtirols. Mit Hoch- und Buschwald und weiten Almen reicht er von 300 bis hinauf auf 1700 Meter Höhe. Feuerlilien, Orchideen, Ginster und viele seltene Pflanzenarten wachsen in dieser submediterranen Zone. Feuersalamander, Singzikaden, Gottesanbeterinnen und zahllose Schmetterlinge finden sich in bester Gesellschaft. Ein Amphibienteich, ein Kräutergarten und ein Kornfeld sind Teil der Anlage, die in einer ehemaligen Mühle in Truden untergebracht wurde. Heute ist die Elevatormühle zu Schauzwecken wieder in Betrieb. Besonders beliebt bei den Kindern ist der lebende Ameisenhaufen, aber auch die

Erlebniswerkstatt, wo man spielerisch lernt, z.B. beim Mikroskopieren. Getreidemahlen: Samstags (15–18 Uhr; Mitte Juli–Ende Sept.) wird in der alten Mühle im Naturparkhaus Korn gemahlen.

12 km von Aldein; Am Kofl 2, Truden; Tel. 04 71 86 92 47; Mitte April–Mitte Nov. Di–Sa 9–12, 15–18.30 Uhr, Juli, Aug. und Sept. auch So; Eintritt frei

Sehenswertes

Bletterbachschlucht

Die Schlucht zwischen Aldein und Radein ist ein wahrer Canyon, weswegen sie sich auch gerne als »Grand Canyon« Südtirols bezeichnen lässt. Auf einer Strecke von zwölf Kilometern und bei einem Höhenunterschied von 2000 Metern grub sich der Bletterbach durch den Fels und zeigt in einem fantastischen geologischen Aufriss die Abfolge der Gesteinsschichten. Versteinerte Muscheln, verkohltes Holz und Gipsablagerungen erzählen von den Jahrmillionen des Lebens, die hier Botschaften in den Fels schrieben. Senkrechte Felswände säumen das manchmal nur wenige Meter breite Bachbett. Und schließlich stürzt ein Wasserfall über die sogenannte »Cephalopodenbank« ins »Butterloch«. Am Ende des Canyons erhebt sich eine 600 Meter hohe Wand zum Gipfel des Weishorns.

Der Weg durch die Schlucht selber ist abenteuerlich, wenn auch ungefährlich: Über Stege und Leitern geht es in die Schlucht hinunter, immer wieder das Bachbett querend. Im »Geologischen Museum« im Peter-Rosegger-Haus, gleich neben der Kirche in Radein, und im Besucherzentrum kann man besser verstehen lernen, was die Schlucht einen lehrt: Gezeigt werden nicht nur viele Fossilien, die in dieser Schlucht gefunden wurden, es wird auch erklärt, wie die verschiedenen Gesteinsarten entstanden sind.

Tourismusverein und Geoparc organisieren geführte Wanderungen in die Schlucht. Mit dem Auto fährt man bis Aldein, weiter nach Lerch bis zum Parkplatz vor der Lahneralm, von dort Abstieg in die Schlucht.

Besucherzentrum Geoparc Bletterbach, Lerch 40, Aldein; Tel. 04 71 88 69 46; www.bletterbach.info; Ostern–Allerheiligen tgl. 9.30–18 Uhr; Geomuseum Radein, Peter-Rosegger-Haus, Oberradein, Aldein; Mai–Okt. Mi, Sa, So 16–18 Uhr, Aug. tgl. 11–12 und 16–18 Uhr

Innen und außen sehenswert – das Naturparkhaus Trudner Horn

Museen

Dorfmuseum Aldein

Bäuerliche und sakrale Kunst aus der Barock- und Rokokozeit. Zwei restaurierte alte Mühlen in Maria Schnee im Thal sind eine Außenstation des Museums. Dort werden mit »Wollzause«, Webstuhl oder einer alten »Stampf« die Handwerkstechniken früherer Zeiten dokumentiert.

Dorf 41, Aldein; Tel. 04 71 88 66 19; Mai–Juni, Sept.–Okt. Mo 16–18, Mi 19–21, Sa 10–12, Juli und Aug. auch Fr 16–18 Uhr

Info

Tourismusverein Aldein-Radein

Dorf 34, 39040 Aldein; Tel. 04 71 88 68 00, Fax 04 71 88 66 66; www.aldein-radein.com

NEUMARKT

4561 Einwohner, 217 m ü.d.M.

➤ [B 11]

Die malerischen Laubengänge 8 aus dem Mittelalter im Dorfzentrum von Neumarkt wurden mit viel Gespür für das Einfache restauriert: Jetzt rinnt wie einst das Wasser aus dem Dorfbrunnen die Lauben hinab. Es ist die schönste Laubenpassage in ganz Südtirol. Mit ihren Blendfassaden und den eckigen Erkern verströmen die Neumarkter Lauben den Flair eines alten Städtchens der k.u.k.-Monarchie.

Museen

Museum für Alltagskultur

In diesem letzten »Saalhaus« Neumarkts hat eine Neumarkterin einmal nicht die bäuerliche Kultur ins Museum gebracht, sondern die bürgerliche. Knapp 200 Jahre bürgerlicher Alltag sind hier auf kleinem Raum versammelt: das edle Porzellan-Service, aber auch verzinkte Eimer und Schüsseln, ein schmächtiger gusseiserner Ofen unter bestickten Wandbehängen mit den Sinnsprüchen, die das stille Glück am heimischen Herd preisen, das Kinderzimmer mit Puppenhaus, Schaukelpferd und Miniatur-Gitarre, das Ankleidezimmer, das Bügelzimmer, die Modejournale und die Nähkörbe – hier wird das bürgerliche Frauenleben wieder wach geküsst.

Meister-Konrad-Durchgang 2; Tel. 04 71 81 24 72; Ostern–Allerheiligen Di und So 10–12 Uhr, Di–Fr 16–18 Uhr

Essen und Trinken

Baita Garba

Ein wunderbares Ausflugslokal am südlichsten Zipfel Südtirols, kurz vor der Salurner Klause; weitläufiger Garten mit schönen Bäumen und lauschigen Nischen; und Familien lieben den Fischteich mit Forellenzucht. Es gibt aber auch Hasenbraten und Schweinshaxen oder Polenta mit Pilzen.

AUTORENTIPP Beim Unterlandler Flößerstechen (nahe Neumarkt) treten Mannschaften aus den an die Etsch grenzenden Gemeinden gegeneinander an: Ein Wettkampf auf Flößen mit Geschicklichkeitswettbewerben vom Floßbau bis zum Holztransport im Zeichen der Geschichte. Ein Wochenende Anfang Juni beim Hafen von Branzoll (Nähe Pfattner Brücke).
Tourismusverein Leifers, Branzoll, Pfatten, Kennedy-Str. 75 d, Leifers; Tel. 04 71 95 04 20

Im Zentrum von Neumarkt scheint die Zeit still zu stehen.

Mühlenweg 96, Salurn; Tel. 04 71 88 44 92 • ✉

Einkaufen

Betragnolli

Bereits seit dem Jahr 1910 werden in diesem edlen Laubengeschäft Uhren und Schmuck verkauft.

Laubengasse 29; Tel. 04 71 81 24 70

Kunstforum Unterland

In dieser Galerie wird die junge Kunst aus Südtirol gezeigt, in wechselnden Ausstellungen.

Lauben 26; Tel. 33 39 36 65 51; Di–Sa 10–12 und 16.30–18.30 Uhr

Fruvit

Passierte Tomaten oder kalt gepresstes Olivenöl, Tee oder bunte Spaghetti. Dieser Obstladen führt auch Spezialitäten.

Hilbweg 1g, Auer; Tel. 04 71 81 13 55; www.fruvit.it

Am Abend

Papa Joe's

Von der Pyjama-Party bis zur Livemusik gibt es hier ein ständig wechselndes Programm.

Villnerstr. 38; Mo–Do 17–1, Fr und Sa 17–2, So 11–1 Uhr

Info

Tourismusverein Neumarkt

Laubengasse 28, 39044 Neumarkt; Tel. 04 71 81 23 73, Fax 04 71 82 06 07

TRAMIN UND KURTATSCH

3292 Einwohner (Tramin), 276 m ü.d.M.
2145 Einwohner (Kurtatsch), 333 m ü.d.M.
➤ [F 7]

Alte Erker, herrschaftliche Ansitze, geraniengeschmückte Fenster, urige Weinkeller und lauschige Innenhöfe: In Tramin und Kurtatsch treffen Nord und Süd aufeinander. In Tramin wird das Netz der schmalen Gassen von dem Kirchturm der Pfarrkirche St. Julitta und Quiricus überragt. Mit seinen 93 Metern Höhe ist er beeindruckend hoch, errichtet zwischen 1466 und 1492 vom Sterzinger Hans Feur und dem Traminer Peter Ursel. Im Inneren der Kirche erzählen Fresken die Geschichte von der hl. Julitta, die mit ihrem dreijährigen Sohn ein Opfer der Christenverfolgung wurde.

Ausflug

Fennberg

Sie sollen zu Ehren von Kaiser Franz Josef angepflanzt worden sein, vor rund 100 Jahren, als der Kaiser sein 50. Jubiläum feierte: Die fünf Mammutbäume an der Straße nach Fennberg nahe dem Bergansitz Fennhals beherrschen mit ihrer imposanten Gestalt die Landschaft. Etwa 40 Meter hoch und fünf Meter im Umfang stehen sie im Biotop Fennberger See, einer sanften Wiesenlandschaft mit Pflanzen, die sonst nur am Gardasee anzutreffen sind: Hier blühen Kuckuckslichtnelke, Scharfer Hahnenfuß und seltene Orchideen. Der See ist übrigens auch zum Baden schön.

Das Fenner Hochplateau kann auf verschiedenen Wegen erreicht werden, dem geübten Bergsteiger bietet sich der Klettersteig Margreid/Fennberg an. Ansonsten erreicht man über den geschichtsträchtigen Römerweg in ca. zwei Stunden dasselbe Ziel. Oder aber ganz schlicht mit dem Auto.

Castelfeder (Fruchtbarkeitsrutsche)

(→ Der gute Tipp von MERIAN, S. 78)

Sehenswertes

St. Jakobskirche

In der Sockelzone der Apsis dieser Kirche auf dem Hügel von Kastelaz aus dem 12. Jahrhundert hat ein unbekannter Meister ein wahres Bestiarium geschaffen: Die Fresken zeigen unheimliche Fabelwesen, die miteinander kämpfen in ungehemmter Grausamkeit. Wesen mit Hundeköpfen und Fischschwänzen oder abstrus verkürztem Leib, eine Seeschlange, die einen Delfinreiter beißt, Flossenfüßler und andere unförmige Gestalten schaffen ein Panoptikum des Grauens.

St. Jakob in Kastelaz; Tel. 04 71 86 01 31; 3. März–4. Nov. Mo–Sa 10–12 und 15–18 Uhr, Führungen Fr 11 Uhr

Museen

Dorfmuseum Tramin

Unterhalb der Traminer Kirche hat in einem alten Kleinbauernhaus die heimatkundliche Sammlung Tramins Platz gefunden. Sie umfasst alles vom Brauchtum bis zum Handwerk, aber auch Faschingsmasken, Kirchturmuhren oder eine Schusterwerkstatt sind zu sehen.

Rathausplatz 9, Tramin; Tel. 04 71 86 01 32; Karwoche–Allerheiligen: Di–Fr 10–12, 16–18 Uhr, Sa 10–12 Uhr, letzter Einlass um 17.30 Uhr

Museum Zeitreise Mensch

Dieses Heimatmuseum in einem alten Hof (15. Jahrhundert) unterscheidet sich von den gewohnten durch seinen ganz

Wo der Wein daheim ist – die Rebenfelder um Tramin

eigenen Ansatz: Der Mensch in seiner Entwicklung vom Selbstversorger bis zum modernen zivilisierten Wesen wird zum Leitfaden in der Ausstellung, eine Entwicklung, die vom Feuerstein bis zum Traktor verfolgt wird. Dabei geht es um den Ackerbau, die Textilverarbeitung, den Obstbau, das Korn, die Viehzucht, Bienen, Fische und Wald, Handwerk, Volksfrömmigkeit und Motorisierung.
Ansitz am Orth, Botengasse 2, Kurtatsch; Tel. 04 71 88 02 67; www.museumzeitreis emensch.it; April–Aug. Führung Fr 10 Uhr oder nach Voranmeldung

Am Abend

Vegas Pub

Ein beliebter Treff an der Weinstraße.
Weinstr. 3, Kurtatsch; Tel. 04 71 88 00 69; Di–So 18–2 Uhr

Info

Tourismusverein Tramin

Julius-v.-Payerstr. 1, 39040 Tramin; Tel. 04 71 86 01 31; www.tramin.com

Tourismusverein Südtiroler Unterland

H.-Schweiggl-Platz 8, 39040 Kurtatsch; Tel. 04 71 88 01 00, 04 71 88 04 51; www.sued tiroler-unterland.it

KALTERN

7241 Einwohner, 426 m ü.d.M.

➤ [B 11]

Kaltern mit seinen großen Kellereien ist das Herz des Südtiroler Weinbaus. Schon 1220 schätzte man den Wein aus Kaltern, der »Vinum de Caldario« ist urkundlich belegt. Das Weinanbaugebiet zieht sich in sanften sonnigen Hügeln rund um den Kalterer See, einer der wärmsten Alpenseen überhaupt und der größte natürliche See Südtirols. Ein breiter Schilfgürtel im Süden ist Nistplatz für viele Vogelarten, das Nordufer gehört dem Wein und das Westufer den Schwimmern und Wassersportlern: Auf der 1,4 Quadratmeter großen türkisblauen Wasserfläche tummeln sich Ruderer, Segler und Surfer. Und selbst in sommerlichen Nächten stürzen sich noch Baderatten ins dunkle Wasser – so warm ist der See. Eine Wanderung rund um den See (7,5 km) dauert etwa drei Stunden.

Ausflug

Rastenbachklamm

Die Rastenbachklamm in Altenburg zwischen Tramin und Kaltern erinnert an einen wildromantischen Canyon in Miniausgabe. Die Klamm zieht sich von dem Weiler Altenburg hinab bis zum Kalterer See. Gut gesicherte Brücken und Stiegen führen an einem laut tosenden Wasserfall vorbei. Im Hochsommer ist die erfrischende Kühle dieser Bergschlucht besonders angenehm. Achtung, es ist manchmal steil, man sollte Bergstiefel tragen.

5 km von Kaltern

Museen

Südtiroler Weinmuseum

Das Südtiroler Weinmuseum im Zentrum von Kaltern führt die Besucher ein in die Geschichte und Bedeutung des Weines und zeigt die Arbeitsweisen des Weinbauern vergangener Zeiten. Es ist sinnigerweise in alten Kellergewölben in Kaltern untergebracht, im Zehentkeller des ehemaligen landesfürstlichen Pfleghauses. Hier ist alles gesammelt, wenn es sich nur um den Wein dreht: Briefmarken, Etiketten, Wirtshausschilder, Kelche und Trinkgefäße, alte Weinschläuche aus Ziegenleder etwa oder ein »Saufteufel« aus dem 17. Jahrhundert. Neben der Kulturgeschichte des Weines geht es um das Handwerk von der Rebe bis zur Kelter. Alte Torggln (Weinpressen), uralte Rebmesser (100 n. Chr.) oder die Figur eines »Saltners«. Diese Furcht erregende Gestalt mit Tierzahnkette und Tierfellen verscheuchte ehedem auf Südtirols Weinhängen Vögel und andere Räuber. Besonders eindrucksvoll sind die meterhohen Gärfässer in den Kellergewölben. Hier werden auch Weinverkostungen gemacht. Eine Reihe älterer und jüngerer Filme über Weinanbau und -herstellung runden das Angebot ab.

Balsam für die Seele – edle Tropfen aus Südtirol

Goldgasse 1; Tel. 04 71 96 31 68; E-Mail: volkskundemuseum@provinz.bz.it; 1. April–11. Nov. Di–Sa 10–17 Uhr, So und Feiertage 10–12 Uhr; Eintritt Erw. 3 €, Familienkarte (2 Erw., Kinder bis 14. J.) 6 €

Essen und Trinken

Castel Ringberg

Wer auf dieser Terrasse mit Seeblick speist, dem wird ein hervorragendes Essen serviert. Wachtelbrüstchen, Trüffelknödel oder Dattel-Eis – die fantasiereichen Kreationen von Stefan Unterkircher und Claudia Pitscheider lassen sicherlich keine Wünsche offen. Im Winter sitzt man in den stilvollen Schlossräumen.

St. Josef am See 1; Tel. 04 71 96 00 10; Di geschl. ••• CREDIT

Wein-Geschichte(n) vermittelt das Weinmuseum von Kaltern.

Einkaufen

Sport Sigi

Im Sommer gibt es hier Surf-, Skate- und Freizeitmode, im Winter die nötigen Klamotten für Piste und Après.

Goldgasse 22; Tel. 04 71 96 31 91

Am Abend

Weinhaus Punkt

»wein.kaltern« heißt der Zusammenschluss im Dorf von Weinproduzenten. Auserkorenes Ziel ist die Qualität der Weine. In den Gewölben des Weinhauses am Marktplatz kann man die besten Weine Kalterns probieren und eine Kleinigkeit dazu essen.

Marktplatz; Tel. 04 71 96 49 65; Di–So 7.30–23 Uhr, So Nachmittag und Mo geschl.

Info

Tourismusverein Kaltern am See

Marktplatz 8, 39052 Kaltern; Tel. 04 71 96 31 69, Fax 96 34 69; www.kaltern.com

EPPAN

13 213 Einwohner, 411 m ü.d.M.

➤ [F 6]

Eppan ist das Adelsparadies des alten Tirol. Für die auffallende Burgendichte auf vergleichsweise kleinem Raum – es sind über hundert Schlösser, Burgen und historische Ansitze – können kaum kriegsstrategische Motive verantwortlich gemacht werden. Schon eher ist es das laue Klima des Landstriches, wo die Sonne die dicken Mauern selbst im Winter wärmt. Nur die Burg Hocheppan wurde von ihren Erbauern, den Herren von Eppan, dezidiert als Antwort auf Schloss Tirol betrachtet, das die Vinschger Grafen oberhalb von Meran errichteten. Damals kämpften die Herren von Eppan und jene von Tirol noch um die Vorherrschaft im Land. Rund um Eppan erstreckt sich außerdem eine weite Rebenlandschaft.

Hotels

Garni Unterhabsbergerhof

Dieser 300 Jahre alte Gutshof wurde behutsam restauriert. Gepflegter Garten mit Liegewiese.

Montiggl 74, Montiggl; Tel. 04 71 66 45 29; www.unterhabsbergerhof.com •

Hotel Schloss Englar

Ein Park mit hohen Bäumen, ein Schloss mit weiß-roten Fensterläden, die Gastzimmer unter schweren Holzdecken – vor allem im Rittersaal mit großem Kamin oder beim Frühstück unter antikem Gewölbe ist man in einer anderen Zeit.

Pigenoer Weg 42; Tel. 04 71 66 26 28; www.schloss-englar.it •• MASTER VISA

Hotel Schloss Korb

Dieses alte Schloss (1236) inmitten von Weinbergen ist heute ein elegantes Hotel mit Vier-Sterne-Komfort. Dazu wertvolle Stoffe, weißer Putz, dunkles Holz – ein Ambiente zum Schwelgen.

Missian/St. Pauls, Eppan; Tel. 04 71 63 60 00; www.schloss-hotel-korb.com ••/••• MASTER VISA

Ausflug

Eppaner Burgenwanderung

Diese zweistündige Wanderung wird von Missian aus gestartet und führt an Schloss Korb, Hocheppan, dem Kreideturm und der Burgruine Boymont vorbei. Sie ist vor allem im Frühling und Herbst zu empfehlen, weil der Weg durch herrliche bunte Mischwälder führt. Sta-

Wie im Märchen fühlt sich der Gast im Schlosshotel Korb.

tionen sind Schloss Korb über Wanderweg Nr. 9 nach Hocheppan, über Weg Nr. 9 A und eine 60 Meter lange gesicherte Holzstiege über das Hocheppanertal weiter nach Boymont. Gesamtgehzeit ab Schloss Korb ca. zweieinhalb Stunden. Diese kunsthistorische Wanderung wird einmal in der Woche auch in Begleitung eines Führers angeboten.

4 km von Eppan

Matschatsch – Eppaner Höhenweg

Der Eppaner Höhenweg ist ein bekanntes und beliebtes Wanderziel: Wenn man von Matschatsch aus geht, so hat man die Höhe bereits erreicht. Matschatsch liegt 880 Meter, Buchwald liegt 950 Meter hoch – dennoch zieht sich der Eppaner Höhenweg nicht gleichmäßig eben dahin, sondern geht auf und ab. Es gibt jedoch keine größeren Steigungen, und der Weg ist trotz seiner Länge von 9,5 Kilometern nicht wirklich beschwerlich. Gesamtgehzeit drei bis vier Stunden.

7 km von Eppan

Mendelpass

Seit ihrer Eröffnung im Jahr 1903 ist die Standseilbahn auf den Mendelpass (von St. Anton) eine beliebte Attraktion: In nur zwölf Minuten bewältigt sie einen Höhenunterschied von 850 Metern, eine Steigung von 64 Prozent und eine Strecke von 4,5 Kilometern. Vom Mendelpass aus kann man in anderthalb Stunden eine Wanderung zum Penegal machen. Dort, hoch oben, hat man einen grandiosen Überblick über das gesamte Überetsch und Unterland.

6 km von Eppan

Fantasievolle Fresken zieren die Wände im Schloss Moos-Schulthaus.

Sehenswertes

Burg Hocheppan

Die Burg, 1211 erstmals erwähnt, wurde von Graf Ulrich II. von Eppan als Trutzburg erbaut und gehört zu den wichtigsten Wehrbauten Südtirols. Auf steilen Felswänden ragt die gewaltige Anlage stolz in den Himmel. Der fünfeckige besonders hohe Bergfried hat Seltenheitswert und verleiht der Burg ihr trutziges Aussehen. Nachdem die Eppaner 1158 eine päpstliche Gesandtschaft überfielen, wurde die Burg durch eine Strafexpedition unter Heinrich dem Löwen zerstört, später aber wieder aufgebaut. Die Burgkapelle mit ihren romanischen Wandmalereien ist eine frühmittelalterliche Bilderbibel. Die Fresken stellen die Lebens- und Leidensgeschichte Christi dar. An den Langhauswänden scheint ein Tiroler Künstler mitgearbeitet zu haben, denn dort wurde eine Tiroler Leibspeise verewigt: eine Knödelesserin.

Burgschenke Hocheppan: Ostern–Allerheiligen 10–18 Uhr, Mi geschl., Führungen 10.30–17.30 Uhr

AUTORENTIPP Es gibt viele hervorragende Kellereien an der Weinstraße, die Verkostungen und Führungen durch das Weingut anbieten. Adresslisten gibt es bei den jeweiligen Tourismusvereinen: Eppan, Rathausplatz 1, Tel. 04 71 66 22 06; Kaltern, Marktplatz 8, Tel. 04 71 96 31 69; Kurtatsch, Hauptmann-Schweiggl-Platz 8, Tel. 04 71 88 01 00; Tramin, Rathausplatz 11, Tel. 04 71 86 01 31.

Eislöcher

Die »Eislöcher« heißen nicht nur einfach so, es sind tatsächlich eisige Löcher im Boden, wo selbst im Sommer noch Eiszapfen hängen. Dieses geophysikalische Phänomen tritt in Hohlräumen auf, in denen sich die Luft durch starken Zug abkühlt. Die schwerere, weil kältere Luft bleibt »unten liegen«, in den Erdspalten bildet sich Eis. An die Kälte gebunden ist ein weiteres Phänomen: Hier, auf nur 500 Meter Meereshöhe, wachsen in einer 200 Meter langen und 10 bis 50 Meter breiten Mulde das ganze Jahr hindurch Alpenrosen und andere hochalpine Gewächse.

Von St. Michael/Eppan führt ein Fußweg (Nr. 7) zum Ortsteil Pigeno und zum Stroblhof, von dort links (Weg Nr. 15) eine 1/2 Std. zu Fuß

Schlossruine Boymont

Um 1235 von den Grafen von Eppan erbaut, wird Schloss Boymont als Lehe an die Familie von Boymont (ein Ministerialgeschlecht) und von Korb übergeben. Der schöne Innenhof des Schlosses lädt den Wanderer zum Verweilen ein.

Warmlöcher

Vielleicht ist das Ganze mit den Eislöchern aber doch eine Magie der Unterwelt. Denn bei Eppan gibt es auch die »Warmlöcher«: Aus Felsenhöhlen der Spitze des Mitterberges, am nördlichen Beginn der Roßzähne (südlich von der Leuchtenburg), strömt das ganze Jahr hindurch 25 °C warme Luft, was natürlich nur in den kalten Monaten von Oktober bis April wahrnehmbar ist.

Info beim Tourismusverein Eppan; Tel. 04 71 66 22 06; erreichbar über den Wanderweg 13A und 13C zu den Roßzähnen

Museen

Schloss Moos-Schulthaus

Dieses Schloss ist im Volksmund der sprichwörtliche Luxus. Noch heute sagt man in Eppan von jemandem, der das Geld zum Fenster hinauswirft, er lebe wie der »Lanser im Moos«. Das hat weniger mit den Reichtümern des Schlosses als mit seinen einstigen Bewohnern zu tun, die mit aufwändigen Festen das Schloss beinahe zugrunde richteten. Inzwischen ist es ein Museum und gut bestückt mit alten Möbeln und Bildern aus der Sammlung eines Bozner Kaufmannes. Er stattete das verarmte Schloss wieder mit alter Küche und mittelalterlicher Wohnkultur aus. Seine eigentlichen Schätze aber trägt auch dieses Schloss an den Wänden. Prunkstück ist das sogenannte »Jagdzimmer«, wo ehedem die Feste gefeiert wurden. Zwei Raritäten stechen hier ins Auge. Zum einen die Darstellung des »Katz- und Mäusekrieges«, einem Motiv aus dem Orient, das durch die Kreuzzüge nach Europa kam. Zum anderen der sogenannte »Wunderbaum«, ein Baum, üppig bewachsen mit Phallen, durchaus nicht symbolisch dargestellt übrigens, sondern realistisch.

Schulthauserweg 4; Tel. 04 71 66 01 39; Führungen Ostern–Allerheiligen Di– Sa um 10, 11, 16, 17 Uhr

Einkaufen

Windegger

Die Speisekammer der feinen Kost in der Fußgängerzone von St. Michael.

Kapuzinerstr. 4, St. Michael/Eppan; Tel. 04 71 66 21 32

Maskottchen

Geschenkideen aus Glas, handbemaltes Glas, Spiegel aus eigener Werkstätte.

J. Innerhoferstr. 39, St. Michael; Tel. 04 71 66 03 40

Logis Books & Paper

Wanderbücher, Wanderkarten, Straßenkarten, Urlaubslektüre und Südtiroler Kochbücher.

Im Zentrum von St. Michael, Gallerie Weber-Tyrol, Plazerstr. 7; Tel. 04 71 66 20 02

Info

Tourismusverein Eppan

Rathausplatz 1, 39057 Eppan; Tel. 04 71 66 22 06, Fax 66 35 46; www.eppan.net

Palmen unter himmelhohen Steilflanken – mitten in den Alpen verzaubert Meran (S. 210) mit mediterranem Flair.

MERAN UND UMGEBUNG

Das Land rund um Meran heißt »Burggrafenamt«, und besonders im Frühling ist die Landschaft hier schön wie ein Traum. Wir stellen Ihnen die Region vom Passeiertal im Norden bis zum Ultental im Süden vor.

Die Blüten der Apfelbäume wogen wie ein weißes Meer durch den Talgrund, mit Riffen und Wellenkämmen und tosender Gischt. »Die Perle der Alpen«, das »Nizza Tirols« – kaum ein Dichter, kaum ein Maler hat nicht von Meran geschwärmt, von dieser lauen Landschaft, bekränzt von den Bergriesen im Schnee. Hier kommt der Frühling früher und der Winter später als anderswo. Hier stehen die meisten Obstbäume Italiens dicht an dicht – der ehemalige Sumpf zwischen Bozen und Meran ist inzwischen eine einzige Apfelplantage, durch die es sich übrigens wunderbar radeln lässt, ohne die Anstrengung, mit der das Radfahren in den Bergen normalerweise verbunden ist. Und eine Etage höher, auf den Terrassen rund um Meran, siedelten einst die Fürsten und Grafen und bauten ihre Schlösser im südlichen Flair in beste Aussichtslage.

PASSEIERTAL

3400 Einwohner, 689 m ü.d.M. (St. Leonhard)

➤ [F 2/3]

Das Tal des Tiroler Freiheitskämpfers Andreas Hofer ist mit seinen Hunderten Kilometern gepflegter und ausgeschilderter Wanderwege ein herrlicher Ort für Naturliebhaber. Reich an Wasserfällen und abwechslungsreich in der Landschaft zieht sich das Tal von den fast schon mediterranen Anfängen bei Meran hinauf bis zum Timmelsjoch (Richtung Ötztal) oder zum Jaufenpass (Richtung Sterzing). Man kann das ganze Tal entlang spazieren, die Passer entlang, oder eine schöne Radtour machen. Das gefällt selbst Kindern, denn der »Passer-Radweg« von Riffian nach St. Leonhard hat keine nennenswerten Steigungen.

Hotels

Jägerhof

Ein kleines, aber feines Hotel mit Bio-Zimmern in ruhiger Lage. Dass das

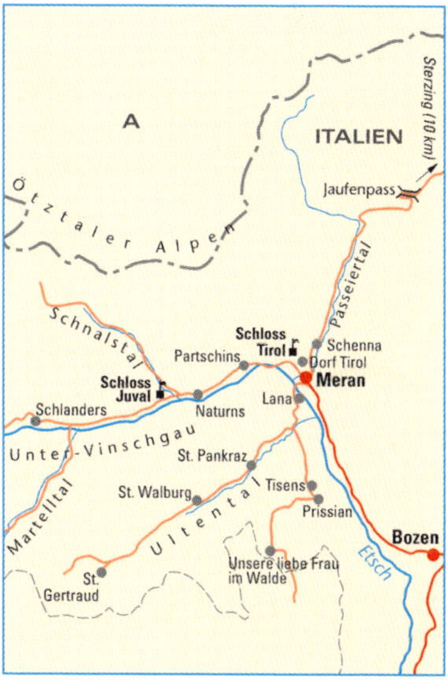

Essen – die verfeinerte Tiroler Küche – hervorragend ist, macht das Haus zu einem idealen Ausgangspunkt für einen ruhigen Urlaub in der Natur.

St. Leonhard, Walten 80; Tel. 04 73 65 62 50; www.jagerhof.net ••/••• MASTER VISA

Ausflug

Gletschermühle

Eine Gletschermühle ist ein merkwürdiges Naturphänomen: Es ist eine Art kreisrunder Tunnel, der sich in der Erde gebohrt hat. Manche davon können metertief werden. Das Schmelzwasser der Gletscher fließt innerhalb des Gletschers durch Tunnelsysteme oder stürzt durch fast senkrechte Spalten auf den Grund des Gletschers: Hier entstehen durch kleinräumige Strudel die »Gletschermühlen«, die man in den Alpen heute noch finden kann. Insgesamt 15 dieser urzeitlichen Gletscherausschürfungen sind in Platt bei Moos in Passeier zu sehen.

Info beim Tourismusverein Moos in Passeier, Tel. 04 73 64 35 58; von Platt folgt man der Beschilderung in Richtung Breiteben bis zu einer Kapelle auf der rechten Seite; von dort auf ausgeschildertem Wanderweg links zu den Gletschermühlen, Gehzeit: ca. eine 1/2 Std.

Stuller Wasserfall

Diese Wasserfälle zählen zu den höchsten Europas: In zwei Kaskaden fallen sie erst 112 Meter und dann 230 Meter tief.

Info beim Tourismusverein Moos in Passeier; Tel. 04 73 64 35 58; von Moos in Passeier in Richtung St. Leonhard entlang bis nach dem zweiten Tunnel, von dort links über den europäischen Fernwanderweg E 5

Sehenswertes

Franzosenfriedhof

Auf diesem Friedhof in St. Leonhard liegen die Opfer des mehrtägigen letzten Gefechtes, das sich Andreas Hofer und seine Mannen im November 1809 mit den Franzosen lieferten. Mit 1200 Mann waren die Franzosen über den Jaufenpass ins Tal gekommen.

Museen

Museum Passeier »Andreas Hofer«

Kultstätte war das Geburtshaus von Andreas Hofer schon immer. In jüngster Zeit aber wurde der alte »Sandhof« zu einem modernen Museum ausgebaut, in dessen Mittelpunkt der berühmte Sohn des Hauses steht, das aber auch ein ansehnliches Volkskundemuseum geworden ist, mit einem großen Freilichtgelände am Hang hinter dem Sandwirt. Hier wurden ursprüngliche bäuerliche Häuser original wiederaufgebaut, das älteste Holzhaus stammt aus dem Jahr 1575. In einem alten Ofen wird wie früher zweimal im Jahr Brot gebacken, und zwischen Mühle und Bildstöckl blöken Schafe, die in Schauveranstaltungen geschoren werden wie zu Großvaters Zeiten: mit der Schere. Kern des Museums aber ist das Leben von Andreas Hofer. In einem Filmraum werden in einem fantasievollen Trickfilm die Etappen seines Lebens abgeschritten, ein hervorragender zeitgeschichtlicher Überblick, der die Legende Andreas Hofer entmythologisiert. Das Hofer-Kino befindet sich übrigens in den alten Stallungen, eben dort hatte der junge Hofer einst die Pferde der Gäste versorgt. Original-Uniformen und

Schützentrommeln säumen den weiteren Weg. Im heimatkundlichen Bereich wird die »Passeirer Malschule« dokumentiert.

Im Bergfried der Jaufenburg wurde eine Außenstelle des Museums eingerichtet: Die Burg mit ihren Fresken des Renaissancemalers Bartlmä Dill Riemenschneider wurde im 13. Jahrhundert zur Sicherung der Jaufenstraße erbaut, verfiel aber seit dem 18. Jahrhundert. Jetzt wird in fünf Stockwerken die Geschichte der Burg, der Gemeinde und ihrer Gerichte dokumentiert. Man erreicht sie zu Fuß über den alten Gerichtsweg, der im Dorfzentrum von St. Leonhard bei der Dorfbrücke beginnt.

Sandhof, Passeirerstr. 72, St. Leonhard; Tel. 04 73 65 90 86; Mitte März–Anfang Nov. Di–So 10–18 Uhr

Info

Tourismusverein St. Leonhard

Passeirerstr. 40, 39015 St. Leonhard; Tel. 04 73 65 61 88; www. passeiertal.org

DORF TIROL

2380 Einwohner, 596 m ü.d.M.

➤ [E 4]

Eine der herausragendsten Eigenschaften dieses ehedem kleinen Dörfchens direkt über Meran ist seine schöne Aussicht: Künstler haben sie geradezu in Scharen auf Leinwand gebannt. Und weil dieser Blick über das Etschtal so überwältigend schön ist, haben sich hier Hotels und Pensionen in großer Zahl angesiedelt. Sie bilden eine Art steinernes Amphitheater für den Stammsitz der Tiroler, das Schloss gleichen Namens, das im Mittelpunkt dieser Bühne steht.

Hotels

Hotel Castel

Dieses Hotel, bewusst klein und intim gehalten, ist der Kontrapunkt zu den riesigen Nobelhotels. Absoluter Luxus ist der Whirlpool auf der eigenen Terrasse, die Lichter der Stadt tief unter einem.

Kastanienweg 60, Dorf Tirol; Tel. 04 73 92 36 93; www.hotel-castel.com •••/•••• MASTER VISA

Pension Schloss Thurnstein

Unterhalb der Erdpyramiden von Schloss Tirol, nur zu Fuß erreichbar, liegt dieses 1276 erstmals erwähnte Schloss mit seinem zinnenbewehrten Turm. Der Blick ist grandios, und wenn die Neuzeit kein elektrisches Licht erfunden hätte, würde man sich wohl wie Ritter und Freifrau fühlen.

St. Peter 8, Dorf Tirol; Tel. 04 73 22 02 55; www.thurnstein.it •/•• MASTER VISA

Sehenswertes

Pflegezentrum für Vogelfauna

Gleich neben Schloss Tirol befindet sich diese Erste-Hilfe-Station für Vögel. Verletzte Wildvögel werden hier medizinisch versorgt und gesund gepflegt, bevor sie wieder in die Freiheit entlassen werden. Auf einem Lehrpfad werden den Besuchern die Lebensgewohnheiten der Greifvögel nahe gebracht, und in Vorführungen mit ihnen wird gezeigt, was diese Räuber des Himmels alles können.

Schlossweg 25; Tel. 04 73 22 15 00; www.gufyland.com; Di–So 10.30–17 Uhr, Nov–März: nur So und Feiertage 13.30–16.30 Uhr; Flugvorführungen: April–Nov. 11.15 und 15.15 Uhr, Nov.–März 15 Uhr

Museen

Landwirtschaftsmuseum Brunnenburg

Die Brunnenburg, eine kleine Burg unterhalb vom geschichtsträchtigen Schloss Tirol, war einige Jahre lang Wohnsitz des amerikanischen Dichters Ezra Pound. Heute ist sie Sitz eines landwirtschaftlichen Museums, aber noch immer stößt man überall auf die Spuren des Dichters, der hier 1958 bis 1962 mit den »Cantos« sein Lebenswerk vollendete. In diesem Museum nimmt das Leben eine andere Gangart an, jene der Bergbauern, die bis in das 20. Jahrhundert hinein den Boden mit einfachsten Mitteln bearbeiteten. Raum für Raum in dieser Burg aus dem 13. Jahrhundert ist regelrecht vollgestopft mit nützlichen Gerätschaften aus Haus und Hof. Man erfährt alles über die Arbeit mit Kastanien, über den Wein, das Backen, von Tieren und Fallen, von Korn und Heu, von Flachs und Stoffen, von Rädern und Schmieden.

Schlossweg 17; Tel. 04 73 92 35 33; Ostern–Allerheiligen Mi–Mo 10–17 Uhr

Einkaufen

Ladurner

Ob Dirndl oder Jogginganzug: Auf zwei Stockwerken gibt es hier Landhausmode und Sportliches.

Hauptstr. 49; Tel. 04 73 92 33 77

Tiroler Goldschmied

Ein Goldschmied aus Passion führt hier gleich zwei Geschäfte, eines für Avantgarde-Schmuck und eines für den klassischen Geschmack.

Hauptstr. 30 b und Schlossweg 3; Tel. 04 73 92 34 92

Info

Tourismusverein Dorf Tirol

Hauptstr. 31, 39019 Dorf Tirol; Tel. 04 73 92 33 14; www. dorf-tirol.it

SCHENNA

2700 Einwohner, 600 m ü.d.M.

➤ [F 4]

Ein sonniger Südwesthang, üppig bewachsen mit Palmen und Zypressen, Äpfeln, Trauben und Kastanien, die Gärten von Schenna sind wuchernde Blumenparadiese – es ist, als habe man ein Dorf mitten in einen botanischen Garten gesetzt, Abteilung gemäßigtes Mittelmeerklima. Dazwischen ein malerischer, neu gestalteter Dorfkern mit drei Kirchen, das Mausoleum Erzherzog Johanns und wuchtig und dominant über allem Schloss Schenna. Kein Wunder, dass sich hier Hotels und Pensionen in großer Zahl niedergelassen haben.

Hotels

Familienalm Taser

(→ Der gute Tipp von MERIAN, S. 43)

Sehenswertes

Schloss Schenna

Liebhaber großer Herrscher-Dynastien dürfen dieses Schloss nicht verpassen: Ein Rundgang ist ein Spaziergang durch die Geschichte Tirols. Die Liste der Gäste und Besitzer der Burg liest sich wie ein »Who is Who« der Tiroler Adelsgeschichte: von Margarete Maultasch bis hin zu Erzherzog Johann, der das Schloss 1844 erwarb. Noch heute ist die Burg in Besitz der Grafen von Meran, die in ihrem Rundgang durch das Schloss den Waffensaal, den Rittersaal, das Habsburger Zimmer, das Schreibzimmer Erzherzog Johanns, das Tirol-Zimmer und das Andreas-Hofer-Zimmer einbezogen haben. In Letzterem befinden sich viele Porträts des Südtiroler Freiheitskämpfers. Das Zimmer ist mit der Wiege Hofers gleichsam eine Art Reliquienhort, denn Erzherzog Johann, Spross des Kaiserhauses, sah in Andreas Hofer einen Verbündeten. Ein kurioses Detail ist die »Doppelschlosstür«, die sich nach rechts wie nach links öffnen lässt, eine absolute Rarität, die ihren Ursprung im Dreißigjährigen Krieg hat: Die Katholiken (die »rechten« Glaubens waren) gingen rechts hinaus aus dem Saal der Friedensverhandlungen, die Protestanten links.

Schlossweg 14; Tel. 04 73 94 56 30; www.schloss-schenna.com; Karwoche–Allerheiligen Mo–Sa Führungen um 10.30, 11.30, 14 und 15 Uhr

Mausoleum

Das »Mausoleum« von Schenna, 1860 bis 1869 erbaut, ist die Grabstätte von Erzherzog Johann v. Österreich und seiner Frau, Anna Gräfin von Meran. Sie war ein Mädchen aus dem Volke, die Postmeistertochter Anna Plochl. Durch die Heirat verzichtete Johann auf viele Privilegien seines Standes.

Tel. 04 73 94 56 30; Karwoche–Allerheiligen tgl. 10–11.30 und 15–16.30 Uhr, Sa, So und Feiertage geschl.

Einkaufen

Erwin Reich

Speck und andere typische Wurstwaren aus eigener Herstellung.

Schennastr. 3; Tel. 04 73 94 30 40

Info

Tourismusverein Schenna

Erzherzog-J.-Platz 1/D, 39017 Schenna; Tel. 04 73 94 56 69, Fax 04 73 94 55 81; www.schenna.com

Mehr als 300 Sonnentage im Jahr – Blumenparadies Schenna

MERAN

35 246 Einwohner, 325 m ü.d.M.

➤ Stadtplan, S. 210/211 ➤ [E/F 4]

Das Sisi-Denkmal im Park nahe der Passer, Andreas Hofer in Bronze, Hotel Palace und Kurhaus, Café Imperial und etwas abseits ein großes grünes Oval, das alljährlich bei Rennstallbesitzern, Trainern und Jockeys das Blut gleichermaßen in Wallung geraten lässt: Meran ist eine Kurstadt mit großer Vergangenheit. Zwischen Schwertlilien, Passerrauschen und Jugendstilfassaden bewegt sich das Leben in dieser traditionsreichen Kurstadt ein wenig behäbig. Hier wandelt man eher, als dass man geht, über Promenaden, die auch schon Kaiserin Sisi beschritten hat, durch Kaffeehäuser, die nur in Wien österreichischer aussehen, unter Palmen hinweg, den Blick auf die schneebedeckten Berge – was in Meran Klischee ist und was echt, ist längst nicht mehr zu unterscheiden. Meraner Advent, Meraner Obstmarkt, Meraner Traubenfest, Meran Marathon oder der große Preis von Meran – alles wird hier zum Event. Eigentlich ist die Stadt ein Rund-um-das-Jahr-Event, und wenn einmal wirklich keine Musikwochen und keine Oper auf Schloss Kallmünz, kein großes Haflinger-Rennen und keine Ausstellungseröffnung sein sollte, dann ist da immer noch die Stadt selbst und die traumhafte Landschaft, in der sie liegt. »Die schönste Landschaft, die ich je gesehen habe«, schrieb Franz Kafka 1920 an seine Freundin Milena.

Meran ist der Ursprungsort der Grafen von Tirol, die vom 12. Jahrhundert bis 1363 über Tirol herrschten, bis sie

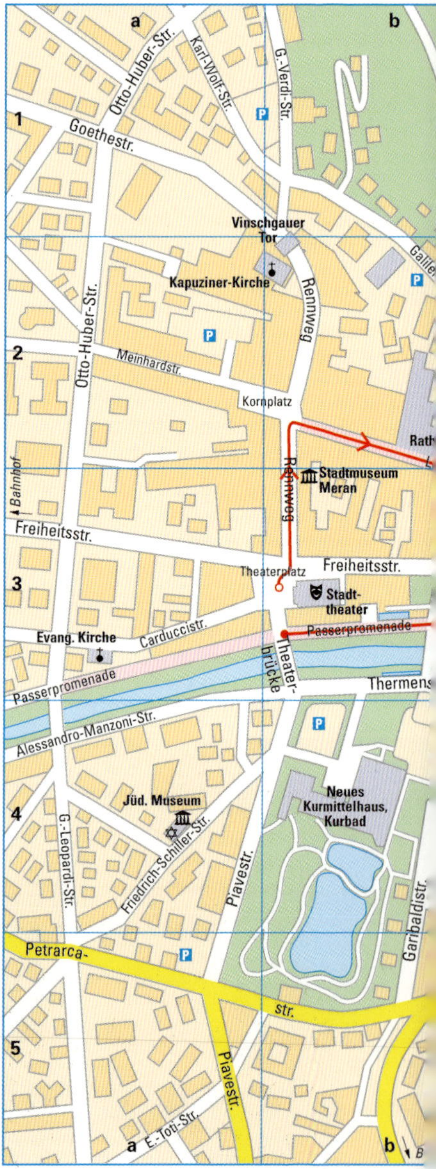

Meran
0
150 m
N
c
d
e
1
2
3
4
5
Dorf Tirol
Tiroler Steig
Küchelberg
Zenoburg
Tappeiner
Weg
Sessellift Küchelberg
platz
desfürstliche Burg
Barbara-Kapelle
Museum Steiner
Pulverturm
Frauenmuseum
St. Nikolaus
Pfarrplatz
Passeiergasse
Hallerstr.
Passeiertor
Zenobergstr.
Gilfpromenade
Gilfpromenade
Steinerner Steig
Rosegger-Park
Schloss Planta
St.-Georgen-Str.
L.-da-Vinci-Str.
Kurhaus
Bozner Tor
Sandplatz
P
rpromenade
Kirche der Engl. Fräulein
Winterpromenade
Post-brücke
Passer
St.-Georgen-Str.
St.-Georgen-Kirche
Virgilstr.
Schloss Rottenstein, Schloss Rametz, Schloss Labers
Cavourstr.
Hauptpost
Sommerpromenade
Kaiserin-Elisabeth-Denkmal
Hl.-Geist-Kirche
Ortweinstr.
Marconi-Park
Cavourstr.
Winkelweg
Schloss Winkel
Schloss Rubein, Bot. Gärten, Schloss Trauttmansdorff
Obermais
Anne-Frank-Str.
L.-Böhler-Unfallkrankenhaus
P
Maiastr.
Innerhoferstr.
Weingartenstr.
Grabmayrstr.
Maiser-Park
Schafferstr.
Fluggigasse
T.-Brenner-Str.
© MERIAN-Kartographie

von den Habsburgern abgelöst wurden. Ihre Burg wacht noch immer hoch über Meran, in Dorf Tirol. Das enge Verhältnis zu den Habsburgern, die schöne Lage und das günstige Klima gingen eine fruchtbare Liaison ein: Meran wurde vor rund 150 Jahren zur Kurstadt, weltweit gepriesen als idealer Genesungsort für Lungenkranke.

Hotels

Castel Rundegg

Fein ziselierte Schränke, antike Möbel, gediegene Truhen, Sessel, Lampen – alles in diesem Haus schmeichelt den Sinnen, umso mehr, da diese Schönheit nur für das eigene Wohlergehen geschaffen wurde – ideal für eine Beauty-Farm mit Ärzten und Fachkräften.

➤ Stadtplan S. 210/211, östl. [e 3]
Schennastr. 2; Tel. 04 73 23 41 00; www.rundegg.com ●●●/●●●● CREDIT

Schloss Labers

Das stattliche Schloss aus dem 11. Jahrhundert inmitten von Obst- und Weingärten ist heute eine luxuriöse Hotelanlage, in der berühmte Urlaubsgäste wie die Dichter Paul Heyse, Gertrud von Le Fort oder Stefan Zweig abgestiegen sind.

➤ Stadtplan S. 210/211, östl. [e 3]
Labersstr. 25; Tel. 04 73 23 44 84; www.castellolabers.it ●●●/●●●● CREDIT

Hotel Irma

Der weitläufige Park (16 000 qm) hilft einem, sich die Sünden der Kuchenzeit wieder abzulaufen: Dem frischen Apfelstrudel und Blätterteiggebäck kann kaum einer widerstehen. Auch die herrliche Frühstücksterrasse mit Panorama-Blick verlässt man nur schweren Herzens. Zum Ausgleich für diese Verwöhntherapie gibt es eine Badelandschaft mit insgesamt 440 Quadratmetern Wasseroberfläche: vier Schwimmbecken, sechs Sauna- und Dampfbäder u.v.m.

➤ Stadtplan S. 210/211, östl. [e 2] **Schönblickstr. 17; Tel. 04 73 21 20 00; www.hotel-irma.it ●●●**

Ansitz Pünthof

Da, wo zur Römerzeit die »Via Claudia Augusta« in den Norden führte, entstand – nur drei Kilometer vom »Castrum Maiense«, dem heutigen Meran, entfernt – im Mittelalter ein großes Gehöft, der »Pünthof in Algund«, umgeben von eigenen Obstgärten und Weinbergen. Eigentlich ist es schon beinahe ein Schloss mit seinen weiß-roten Fensterläden und den kantigen Türmen.

Steinachstr. 25, Algund; Tel. 04 73 44 85 53; www.puenthof.com ●● DINERS MASTER VISA

Prominenter Kurgast – Denkmal der Kaiserin Sisi

Villa Tivoli

Der Name verspricht nicht zu viel: Das Bad im Felsengarten zwischen mediterranen Pflanzen versetzt einen weit in den Süden. Das Gebäude stammt noch aus der Glanzzeit Merans, die radonhaltigen Quellen helfen bei rheumatischen Beschwerden und einigem mehr.

➤ Stadtplan S. 210/211, nördl. [a 1]

Verdistr. 72; Tel. 04 73 44 62 82; www.villativoli.it •• AmEx MASTER VISA

Ausflug

Touriseum

Sisi, die illustre Ahnfrau der Meraner Touristen, winkt gleich beim Eingang vom Gesims des Schlosses, in dem sie einst Urlaub machte. Heute beherbergt das Schloss Trauttmansdorff das Südtiroler Landesmuseum für Tourismus-Geschichte. 200 Jahre Urlaub in den Bergen werden hier in raffinierter Weise kurzweilig dargestellt. Im Mittelpunkt steht das Produkt Südtirol: 25 Millionen Übernachtungen jährlich zwischen Sonne, Schnee, Palmen und dem Mythos vom ewig freundlichen Tiroler. In mehr als 20 Räumen werden die Stationen des Tourismus dargestellt. Daneben kommen die Reliquien des frühen Fremdenverkehrs nicht zu kurz – etwa mit der Badewanne, in der sich Kaiserin Sisi gerekelt haben soll.

➤ Stadtplan S. 210/211, südöstl. [e 4] **St. Valentin-Str. 51a; Tel. 04 73 27 01 72; www.touriseum.it; 1. April–15. Nov. tgl. 9–18 Uhr, 15. Mai–15. Sept. tgl. 9–21 Uhr**

Gärten von Schloss Trauttmansdorff 9

Ein Publikumsmagnet, der seinesgleichen sucht, sind die Gärten rund um das Schloss Trauttmansdorff geworden, der botanische Garten, von dem Meran mehr als 100 Jahre geträumt hat, bevor er 2001 schließlich doch noch realisiert wurde. Die Gärten zeigen einen Streifzug durch die verschiedensten Regionen der Welt. Palmgärten und ein Seerosenteich mit Sonnenterrasse, Grotten, deren Inneres Pflanzengeschichte verbirgt, Bambuswald und Apfelwiese, Baumgarten und Orchideenhaus mit frei fliegenden Schmetterlingen, Halbwüste und Olivenhain. Dazwischen wurden immer wieder Inseln der Ruhe geschaffen, teils von Künstlern, die elf Pavillons für den Garten entworfen haben. An Sommerabenden werden auch musikalische Weltreisen geboten, der Besuch eines solchen Konzertes schließt den botanischen Garten mit ein.

St. Valentin-Str. 51a; Tel. 04 73 25 88 19 (Kasse); Tel. 04 73 23 57 30 (Gärten); www.trauttmansdorff.it; 1. April–15. Nov. 9–18 Uhr (letzter Einlass: 17 Uhr), 15. Mai–15. Sept. 9–21 Uhr (letzter Einlass 20 Uhr)

Spaziergang

Der Spaziergang beginnt auf dem Theaterplatz vor dem schönen Jugendstiltheater. Nun geht es durch den Rennweg bis zu den Meraner Lauben mit ihren über 200 Geschäften. Dann kommt man vorbei am Meraner Rathaus aus dem Jahr 1929, einem Beispiel der nüchternen Architektur der italienischen Moderne. Links ab in der Galileistraße liegt die Landesfürstliche Burg, links gegenüber dieser fürstlichen Residenz geht die Tappeinerpromenade ab. Auf fünf Kilometer Länge schlängelt sie sich den Küchelberg hinauf durch Kakteen und Zypressen. Von hier aus eröffnen sich immer wieder wunderschöne Ausblicke. Wer weniger Zeit hat, verzichtet auf diesen Abstecher und folgt den Lauben bis zur Pfarrkirche mit ihrem hohen Turm. Vom Pfarrplatz geht es über die verwinkelte Leonardo-da-Vinci-Straße durch das Bozner Tor hinaus aus der Altstadt bis zur Passerpromenade.

Ein kürzerer Rundgang führt nun rechts die Passerpromenade entlang vorbei am Kurhaus Meran in der prächtigen Gartenlandschaft und zurück zum Theaterplatz. Zu empfehlen ist aber auch ein längerer Rundgang, der links in die Passerpromenade einbiegt und dem Flusslauf über die Winterpromenade bis zur Gilfpromenade folgt. Sie führt in die rauschende Gilfschlucht, über der hoch oben die Zenoburg thront, heute in Privatbesitz und daher nicht zu besichtigen. Nun geht es hinauf zur Zenobergstraße (Wegweiser zum Tappeinerweg). Über die Zenobergstraße kommt man wieder hinab in die Altstadt durch das Passeirer Tor. Der Stadtteil, der hinter diesem Tor liegt und bis zur Pfarrkirche reicht, ist einer der verwinkeltsten und hübschesten Stadtteile Merans. Von der Pfarrkirche wie oben beschrieben zum Kurhaus Meran und zurück zum Theaterplatz.

➤ Stadtplan S. 210/211 Langer Rundgang ohne Besichtigungen und Tappeinerpromenade etwa 3,5 Std., kurzer Gang etwa 1,5 Std.

Sehenswertes

Gilfpromenade

Diese herrliche Promenade, mehr botanischer Garten als Wanderweg, führt von der Passerschlucht hinauf, an der Zenoburg vorbei, und schließt an die längste und schönste Promenade Merans, den Tappeinerweg, an. Dieser führt bis hoch über Meran am Küchelberg entlang bis hinunter in den Ortsteil Grätsch. Ihn erreicht man in knapp anderthalb Stunden über St. Peter ob Grätsch, wo eine der ältesten Kirchen Südtirols steht, die wohl auf das 5. Jahrhundert zurückgeht.

➤ Stadtplan S. 210/211, [d 2]

Kurhaus

Das anspruchsvolle Kurpublikum Merans wollte unterhalten sein. So war das alte Kurhaus mit Rauch-, Spiel-, Konversations- und Lesezimmer, einem Ball- und einem Konzertsaal (Spiegelsaal) der pulsierende Mittelpunkt der Stadt. Heute ist dieser erste Trakt noch fast unverändert als »Pavillon des Fleurs« erhalten. Die jetzige Gestalt bekam das Kurhaus erst 1914. Vom Jugendstil bestimmt, stammte das Projekt vom Wiener Sezessionisten Friedrich Ohmann: ein elegantes Foyer mit einer großzügig angelegten Treppe, einer Galerie und einem gewaltigen Ball- bzw. Konzertsaal.

➤ Stadtplan S. 210/211, [b/c 3]

Labyrinthgarten Kränzel

Ein Garten wie ein Kunstobjekt: In Tscherms hat Graf Franz von Pfeil vom Weingut Kränzelhof seinen Garten für Besucher geöffnet: mit Labyrinth, verborgenen astrologischen Hinweisen und Skulpturen.

Gampenstr. 1, Tscherms; Tel. 04 73 56 45 49; www.labyrinth.bz; 1. Aug.–15. Sept. 10– 21 Uhr, 16. Sept.–12. Nov. 10–19 Uhr

Lauben

Graf Meinhard II. war es, der die Ummauerung der Stadt und den Bau der Lauben (ab 1258) genehmigte. Sie sind mit Bedacht 100 Meter länger geworden als jene von Bozen. Die nördliche Häuserreihe nennt sich traditionellerweise »Berglauben« und die der Passer zugewandte Zeile »Wasserlauben«. Heute sind die Lauben die Einkaufsmeile Merans, dominiert von Leder- und Kleidungsgeschäften. Oberhalb der Lauben beginnt der malerische alte Stadtteil Steinach.

➤ Stadtplan S. 210/211, [b/c 2–3]

Pfarrkirche St. Nikolaus

Die Meraner Stadtpfarrkirche am oberen Ende der Lauben mit ihrem Turm (83 Meter) ist das Wahrzeichen der Meraner Altstadt: ein gotischer Langhaus-Bau mit drei Kirchenschiffen, 1220 erstmals erwähnt und reich mit Fresken ausgestattet.

➤ Stadtplan S. 210/211, [c 3]

Postbrücke

Auch Brücken können Schmuckstücke sein, diese elegante Jugendstilbrücke ist es allemal, 1909 wurde sie errichtet und schuf die Verbindung von der Heiliggeistkirche/Spitalskirche zum Sandplatz.

➤ Stadtplan S. 220/211, [c 3–4]

Schloss Kallmünz

Am Sandplatz im Stadtzentrum, etwas versteckt hinter einem Parkplatz, ragen einige Zinnen dieser Burg empor. Auch wenn sie heute in Privatbesitz ist, ist die Burg doch immer wieder Schauplatz von Freilichtaufführungen im pittoresken Innenhof, meist von Opern.

➤ Stadtplan S. 210/211, [c 2]

Spitalkirche zum Heiligen Geist

Ein herrlich harmonischer gotischer Kirchenbau, innen reich geschmückt. Von dem ehemaligen Hochaltar des Jörg Lederer gibt es an der Nordwand noch vier Reliefs aus dem Marienleben.

➤ Stadtplan S. 210/211, [c 4]

Theaterplatz

Bis 1881 stand an dieser Stelle das vierte (Ultner) Stadttor. Heute befindet sich hier der prunkvolle Bau des Stadttheaters, in dem im Dezember 1900 erstmals der Vorhang aufging, für Goethes »Faust«. Heute ist der klassizistische Bau mit seinen großflächigen Jugendstilelementen ein architektonisches Juwel. Vor allem die Innenausstattung mit ihren schwungvollen Linien, den goldenen Engeln, den Marmor- und Stuckverzierungen und dem roten Samt zeigt den Willen zur Größe, den Meran im ausgehenden 19. Jahrhundert mit diesem Bau demonstrierte.

➤ Stadtplan S. 210/211, [b 3] **Verwaltung: Stadttheater und Kurhaus, Freiheitsstr. 37; Tel. 04 73 23 81 49**

Museen

Frauenmuseum

Die Geschichte des Frauenkleides ist die Geschichte der Frau und ihrer gesellschaftlichen Stellung – das ist der Ausgangspunkt für dieses kleine, aber feine Museum, das nicht nur in Mode schwelgt, sondern sie auch kritisch hinterfragt. Ob Korsett, venezianischer Stelzenschuh oder Krinoline – jede Epoche hatte ihre eigenen Schönheitsideale.

➤ Stadtplan S. 210/211, [c 3] **Lauben 68; Tel. 04 73 23 12 16; www.museia.org; Mo–Fr 10–12 und 14–17, Sa 10–12.30 Uhr, 1. Nov.–31. Dez. Fr, Sa, So 10–17 Uhr**

kunst Meran

Das denkmalgeschützte Laubenhaus beherbergt auf drei Stockwerken mit ca. 500 Quadratmetern Ausstellungsfläche zeitgenössische Kunst in wechselnden Ausstellungen. Vor allem an den Sonntagen werden Matineen veranstaltet mit den Schwerpunkten Kunst, Literatur, Architektur und Musik. Das Café Kunsthaus (Eingang Sparkassenstraße) ist ein Künstlertreff.

➤ Stadtplan S. 210/211, [c 3] **kunst Meran im Haus der Sparkasse, Lauben 163; Tel. 04 73 21 26 43; www.kunstmeranoarte.com; Café Kunsthaus, Sparkassenstr. 18; Tel. 04 73 23 50 71; bis 23 Uhr, Mo geschl.**

Landesfürstliche Burg

Das Fürstenschloss, das zwischen 1449 und 1480 Residenz von Erzherzog Sigismund war, steht mitten in der Stadt, eine »Stadtwohnung«, gleich hinter den Lauben. Doch im 19. Jahrhundert sollte sie abgerissen werden. Die Bürger Merans wehrten sich erfolgreich, und so kann man bis heute die Burg mit Kaiserzimmer (Kaiser Maximilian I. war 1516 zu Besuch), Fürstenschlafzimmer, Jungfrauenkammer, Hochzeitszimmer und Schreibstube besichtigen. Sie hat mit ihrem engen, aber kunstvoll bemalten Arkaden-Innenhof und den dunkel getäfelten Zimmern einen ganz eigenen, rustikalen Charme. Darüber hinaus ist hier eine wertvolle Musikinstrumentensammlung (16.–19. Jahrhundert) untergebracht.

➤ Stadtplan S. 210/211, [b 2] **Gallilei-Straße; Tel. 04 73 25 03 29; März–Dez. Di–Sa 10–17, So und Feiertage 10–13 Uhr**

Russisch-orthodoxe Kirche

Eine reiche Russin, Tochter eines leitenden Hofbeamten des Zaren, wollte eigentlich in Meran gesund werden, doch sie starb 1889 nur 37-jährig. Sie hinterließ Meran eine großzügige Stiftung für den Bau eines preiswerten Heimes für lungenkranke Menschen ihrer Heimat, die sich keinen Aufenthalt in Meran leisten konnten. Heute ist das Heim ein Altersheim, gleich daneben aber steht noch immer die russisch-orthodoxe Kirche mit ihrer wertvollen Ikonen-Sammlung. Im Vorraum des Gotteshauses »St. Nikolaus, der Wundertäter« wird liturgisches Gerät gezeigt, z.B. Hochzeitskränze, die im orthodoxen Ritus über dem Brautpaar schweben wie ein Heiligenschein.

➤ Stadtplan S. 210/211, südl. [d 5]
Schafferstr. 21–23; Tel. 04 73 97 93 28

Stadtmuseum Meran

Wie viele Stadtmuseen ist auch dieses Kabinett für Kunst und Kultur bereits 1900 eröffnet worden. Volkstümliches steht neben Handwerkskunst, Kurioses neben Wertvollem, alte Madonnen-Bildnisse, aber auch die Kunst der zeitgenössischen Moderne Südtirols werden ausgestellt. Imposant ist die Sammlung schwerer, gusseiserner Schlösser aus dem 15. bis 17. Jahrhundert. Eine hübsche Sammlung von Miniaturen (Bildnissen von Bürgern des 19. Jahrhunderts) wird gezeigt, eine bewegliche Fastenkrippe und schließlich ein Modell der Mitterhofer-Schreibmaschine, von dem Erfinder der Schreibmaschine, dem in seinem Heimatort Parthschins ein ganzes Museum gewidmet wurde. Ein »Saltner«, ein Tiroler Flurhüter, und ein wunderbares Gemälde von Leo Putz, einem Meraner Maler, der Berühmtheit erlangte, beenden den Parcours.

➤ Stadtplan S. 210/211, [b 3]
Roter Adler, Rennweg 42 a; Tel. 04 73 23 60 15; Di–Sa 10–17, So und Feiertage 10–13 Uhr

Synagoge Meran mit Jüdischem Museum

Nicht viele Synagogen haben den Krieg überlebt. Schon allein deswegen ist die Meraner Synagoge mit ihren leuchtendfarbigen Fenstern einen Besuch wert. Es ist ein kleines, aber preziöses Gotteshaus. Vor allem zur Jahrhundertwende war Meran ein Anziehungspunkt für intellektuelle Juden: Stefan Zweig war in Meran und Chajm Weizmann, Franz Kafka oder Arthur Schnitzler. So wurde die Synagoge 1901 unter der Herrschaft von Kaiser Franz Josef I. erbaut. Auch heute dient sie wieder als Gotteshaus, und die erste jüdische Hochzeit im Jahr 1946 hatte nach dem Krieg, der die jüdische Gemeinde Meran beinahe zerstört hatte, mehr als nur symbolische Bedeutung. Dieses kleine Museum zeichnet die Geschichte der jüdischen Gemeinde Merans nach. Der Schwerpunkt aber liegt auf der Aufarbeitung des Nationalsozialismus und seinen Folgen.

➤ Stadtplan S. 210/211, [a 4] **Schillerstr. 14; Tel. 04 73 23 61 27; www.meranoebraica.it; Di, Mi 15–18, Do, Fr 9–12 Uhr; an jüd. Feiertagen geschl.; Eintritt frei**

Bunt gemischt sind die Exponate im Stadtmuseum Meran.

SPORTLER AUF VIER BEINEN

Auf dem Pferderennplatz Untermais, der größten Rennstrecke Europas, finden jährlich zwei herausragende Turniere statt.

Für die meisten geht es hier um das Sehen und Gesehen werden. Meran ist nicht Ascot, aber die Regeln ähneln sich doch, und ein gesellschaftliches Ereignis ist der **Große Preis von Meran** am letzten Sonntag im September allemal.

1896 wurde hier das erste Pferderennen zur Zerstreuung der adeligen Kurgäste ausgetragen. Damals gab es noch kein Hippodrom und keine Stadt der Pferde, nur eine Rennstrecke. Seitdem wurden in Meran Jahr für Jahr Pferderennen veranstaltet. Aber erst Mussolini machte daraus das nationale Fieber. 1935 ließ der Diktator den neuen Rennplatz errichten. Der Große Preis von Meran wurde von Beginn an mit der Lotterie von Meran gekoppelt und mit dem höchsten Preisgeld der Staatslotterien dotiert. Das große Jagdrennen war damals mit einem Preisgeld von einer Million Lire das bestdotierte europäische Rennen und zählt auch heute noch mit dem Grand National in Aintree und dem Großen Jagdrennen in Pardubitz zu den Klassikern im Hindernissport.

Meran war immer ein Spezialist für Hindernisrennen, auch wenn Flachrennen ausgetragen wurden. Großer Damm, Mauer, großer Oxer – hier müssen Pferde und Jockey gewaltige Sprünge zeigen. Die »Scala des Hindernissport« wurde Meran schon genannt wegen seines anspruchsvollen Parcours. Sollte das wertvolle Pferd sich verletzen, dann wird es gleich hinter dem Rennplatz auf der anderen Seite der Straße in einer hochgerüsteten **Pferdeklinik** bestens verarztet und versorgt. Der Operationssaal unterscheidet sich kaum von einem OP für Menschen, sieht man einmal von den Dimensionen der Operations-Utensilien ab. Mit einer Art Kran werden verletzte Tiere auf eine Operationsplattform gehievt, nachdem sie betäubt wurden. In der »Pferdestadt«, dem »Borgo Andreina«, mit ihren Stallungen werden sie gesund gepflegt.

Formel-Eins-Fieber in Untermais. Auf dem anspruchsvollen Parcours trifft sich die Reiter-Elite – und das Publikum feuert seine Favoriten an.

Auch in dieser »Stadt« hat die Atmosphäre etwas Fieberhaftes. Hier dreht sich alles um die Champions: Jockeys wie Pferde sind nervöse Hochleistungssportler, die einen werden mit Kraftfutter und strengem Training zu hochpräzisen Muskelpaketen geformt, die anderen dürfen kein Gramm zu viel auf die Waage bringen und halten ständig Diät. Jockeys und Pferde finden in diesem Areal **optimale Trainingsbedingungen**. Neben den Grasbahnen für den Renn- und Trainingsbetrieb steht ein überdachter Trabring im Pferdedorf mit seinen 350 Boxen zur Verfügung.

Es gibt größere und bedeutendere Hindernisrennen im Pferdesport als Meran. Aber Meran hat nach wie vor einen guten Ruf. Manche vergleichen das Phänomen mit der Formel Eins: Der große Preis von Monaco sei auch ein eigenwilliges Rennen, kurvenreich geht es den Hügel der Monegassen hinauf – aber weil dieses Rennen so anders als alle anderen Rennen ist, übt es einen besonderen Reiz aus. Ähnlich ist es auch auf dem Pferderennplatz Meran Untermais.

Nicht nur ein sportliches, sondern auch ein folkloristisches Ereignis ist das traditionelle Haflinger-Galopprennen am Ostermontag als Auftakt der Rennsaison: Vor dem Rennen ziehen die Pferde bei einem farbenprächtigen Folklore-Umzug durch die Altstadt von Meran.

Pferderennplatz Meran Untermais, Rennstallweg 37; Tel. 04 73 44 62 22, Fax 04 73 21 06 93; www.meranomaia.it

Die größte Rennbahn Europas liegt inmitten einer grandiosen Kulisse.

Essen und Trinken

Schloss Kallmünz

Ein elegantes Restaurant im alten Schloss mit modernem Interieur und sehr guter mediterraner Küche.

➤ Stadtplan S. 210/211, [c 3] Sandplatz 12; Tel. 04 73 21 29 17 ••• CREDIT

Weingut Schloss Rametz

Umsäumt von alten Zinnen steht Schloss Rametz, Zentrum eines Weingutes. Heute ist es auch deshalb ein beliebter Einkehrort, weil ein guter Tropfen, der »Rametzer Burgunder«, aus seinem Weinkeller stammt.

➤ Stadtplan S. 210/211, östl. [e 3] Weinkellerei und Restaurant, Labersstr. 4; Tel. 04 73 21 10 11 ••• AmEx MASTER VISA

Schloss Thurnstein

(→ Der gute Tipp von MERIAN, S. 46)

Einkaufen

De Call

Die Meraner Designerin Alexandra Stelzer entwirft puristisch-feminine Mode vom Hochzeitskleid bis zum kleinen Schwarzen.

➤ Stadtplan S. 210/211, westl. [a 4] Zueggstr. 72; Tel. 04 73 20 14 44

Siebenförcher

Der Traditionsbetrieb wurde 1930 gegründet und stellt seitdem geschmackvolle Wurstwaren her. Ein Schlemmerparadies wie einst Großmutters Vorratskammer.

➤ Stadtplan S. 210/211, [c 2] Laubengasse 168; Tel. 04 73 23 62 74

Frühauf

Ein berühmter Goldschmied, Anton Frühauf, stand Pate bei den ausgefallenen Schmuckdesignern Merans.

➤ Stadtplan S. 210/211, [c 3] Sandplatz 22; Tel. 04 73 23 64 43

Poetzelberger

Traditionsbetrieb unter Südtirols Buchhandlungen. Schon zur Jahrhundertwende trugen Bücher seine Stempel. Heute ist es ein gut sortierter Laden für die Literatur beider Sprachen.

➤ Stadtplan S. 210/211, [c 3] Pfarrplatz 1; Tel. 04 73 23 74 45

Pftischer

Hier gibt es köstliche Süßwaren und Waffeln wie anno dazumal.

➤ Stadtplan S. 210/211, [b 3] Freiheitsstr. 80; Tel. 04 73 23 62 54

Guter Wein braucht Weile: der Weinkeller von Schloss Rametz

Am Abend

Après

Diese Diskothek ist ein Phänomen, sie scheint nie aus der Mode zu kommen. Hier haben schon die Eltern derjenigen abgetanzt, die sich heute die Nächte um die Ohren schlagen.

Gargazon, an der Staatsstraße; Tel. 04 73 29 23 04; Mo und Di geschl.

Bar Piccolo

Die winzige Bar an der Meraner Freiheitsstraße ist seit Jahrzehnten ein In-Treff, in dem es wirklich schwer ist, einen Platz zu finden.

➤ Stadtplan S. 210/211, [c 3] **Freiheitsstr. 5; Tel. 04 73 23 67 65; bis 1 Uhr, So geschl.**

Nörders Musikantenstadl

Hier können diejenigen zu langsamen Rhythmen tanzen, deren Disco-Uhr abgelaufen ist: alles Walzer (und Fox und hin und wieder Volksmusik).

Tramontana Str. 15, Marling; Tel. 04 73 20 01 53; ab 20.30 Uhr

Theater in der Altstadt

Im Keller des Meraner Kurhauses befindet sich das Theater in der Altstadt. Die Zuschauer-Arena mit ihren 120 Sitzplätzen bietet ein anspruchsvolles Programm zeitgenössischen Theaters.

➤ Stadtplan S. 210/211, [c 3] **Freiheitsstr. 27; Tel. 04 73 21 16 23; www.theater-in-der-altstadt.it**

Info

Tourismusverein Meran

Freiheitsstr. 45, 39012 Meran; Tel. 04 73 27 20 00; www.meraninfo.it

LANA

10 338 Einwohner, 310 m ü.d.M.

➤ [E 4/5]

Lana ist längst kein idyllisches Dörfchen mehr, sondern eigentlich schon eine Stadt. Eingebettet in ein Meer von Weingärten und Apfelbäumen zieht sich diese Ortschaft weit über die Ebene hin. Dabei war Lana nicht immer ein Apfelgarten, obwohl die Höfe hier auch in früheren Zeiten in der Regel einen Obstgarten für den Eigenverbrauch besaßen. Aber erst im 19. Jahrhundert wurde das gesamte Etschtal von Bozen bis Meran zu einer einzigen Obstkultur.

Hotels

Vigilius Mountain Resort

(→ Der gute Tipp von MERIAN, S. 42)

Spaziergang

In den Parks und auf den Plätzen Lanas hat in den vergangenen Jahren ein ehrgeiziges Projekt Gestalt angenommen: der Südtiroler Skulpturenwanderweg. Diese dauerhafte Ausstellung flankiert nun einen sehr schönen Spazierweg, den Weg durch die Gaulschlucht hinaus bis zu dem Falschauer-Biotop, einem der letzten naturbelassenen Flussdeltas im Land. Und in die andere Richtung führt der Weg entlang des alten Brandis-Waalweges, Teil einer jahrhundertealten Bewässerungsanlage, gen Bozen. Künstler aus dem In- und Ausland haben hier in und mit der Natur gearbeitet. Die Idee hinter der Initiative: sehenden Auges gehen, die Umgebung wahrnehmen, nicht nur vorüberziehen lassen. Gesamtdauer des Weges etwa vier Stunden.

Sehenswertes

Gaulschlucht

Die Gaulschlucht ist eine wildromantische Komposition aus Wasser und Fels. Durch die üppige Vegetation führt ein gewundener Weg, der mit kleinen Holzbrücken immer wieder das Wasser kreuzt. Durch das dichte Blätterdach dringt das Sonnenlicht nur sparsam bis an das äußerste Ende dieser Schlucht, bei klarem Himmel vibrieren Wasser und Blätter unter den Strahlen der Sonne. Ein lohnender Ausflug, der bei der Promenade in Oberlana beginnt (ca.1 Std.).

Schloss Lebenberg

Auf einer Anhöhe über Lana liegt das wild-romantische Schloss in traumhafter Aussichtslage. Das 1260 errichtete Schloss Lebenberg war immer ein Wohnschloss. Gekämpft wurde hier nie. Deswegen ist nicht nur wertvolles Interieur erhalten, sondern die gesamte Anlage wirkt mit ihren pittoresken Innenhöfen eher wie eine alte Villa als eine Burg. Aber auch hier gibt es einen Waffensaal, einen Spiegelsaal aus dem Rokoko und einen Rittersaal mit großer Tafel, unter der das Fell des letzten Bären der Umgebung liegt; Mitte des 19. Jahrhunderts soll er hinter dem Schloss erlegt worden sein. Im Hof erhebt sich ein kleines Kirchlein mit wertvollen Fresken. Eine Rarität ist der in Öl gemalte Stammbaum der Burgherren Fuchs, mit zwölf Generationen und 264 Figuren.

Lebenbergerstr. 15, Tscherms; Tel. 04 73 56 14 25; Ostern–Allerheiligen Mo–Sa 10.30–12.30 und 14–16.30 Uhr; von Lana (Station Seilbahn zum Vigljoch) 1 Std. zu Fuß die kleine Gemeindestraße hinauf

Schnatterpeckaltar

Der größte kunsthistorische Schatz Lanas: Ein spätgotischer Flügelaltar (1503–1509) des schwäbischen Meisters Hans Schnatterpeck. Mit seiner ungewöhnlich üppigen Figurenausstattung ist er wie ein bildnerischer Choral, eine Lobpreisung des Herrn von symphonischen Ausmaßen. Mit einer Höhe von immerhin 14,1 Metern ist er einer der größten Flügelaltäre des gesamten Alpenraumes. Als Maler zur Seite stand Schnatterpeck der Albrecht-Dürer-Schüler Hans Schäufelein.

Pfarrkirche Niederlana, Schnatterpeckstraße; Führungen 10. April–31. Okt. tgl. 10.30, 11.30, 15, 16 und 17 Uhr

Museen

Bauernmuseum Völlan

Dieses kleine Museum erzählt vom bäuerlichen Leben, von der Vielfalt der Werkzeuge, mit denen man sich zu behelfen wusste, von Herrgottswinkel und Ofenbank.

Badlweg 2; Tel. 04 73 56 80 50; Ostern–Allerheiligen Di, Fr 14–17 Uhr

Südtiroler Obstbaumuseum

Hier riecht alles nach Äpfeln: Im Garten stehen Sorten, die auf Südtirols Wiesen kaum noch wachsen, im ersten Stock des alten Ansitzes Larchgut wird die Erfolgsgeschichte des Apfels nachgezeichnet von seinen Anfängen als Lieblingsobst der Römer bis zum heutigen Südtirol, das gut ein Zehntel der Apfelproduktion der Europäischen Gemeinschaft deckt. 1999 wuchsen von 23000 Hektar Obstbaufläche in Südtirol auf 18000 Hektar Äpfel,

Romantische Aussichtsloge – Schloss Lebenberg über Lana

nur auf 5000 Hektar Wein. In der Remise wird die Geschichte der Schädlingsbekämpfung erzählt von den giftigen 1970er-Jahren bis zum biologischen Heute. Im Untergeschoss ist die älteste datierte Weinpresse (»Torggl«) Südtirols aus dem Jahr 1570 aufgestellt. Regelmäßige Sonderausstellungen widmen sich aktuellen Forschungsansätzen rund um das Obst.

Brandis-Waalweg 4; Tel. 04 73 56 43 87; www.obstbaumuseum.it; 1. April–7. Nov. Di–Sa 10–12 und 14–17, So und Feiertage 14–18 Uhr, Mo geschl.

Info

Tourismusverein Lana

A.-Hofer-Str. 7b, 39011 Lana; Tel. 04 73 56 17 70; www.lana.suedtirol.com

ULTENTAL

➤ [D/E 5/6]

Das Ultental ist eines der ursprünglichsten Täler Südtirols, das nach wie vor vom großen Tourismus unberührt geblieben ist, obwohl das schöne Tal mit seinen idyllischen Dörfern ein Wandergebiet par excellence ist. Dennoch werden die Wanderwege hier quasi als Geheimtipp gehandelt. Das Ultental zieht sich von Lana aus etwa 40 Kilometer hinauf bis zu den Gletschern des Stilfser Nationalparks. Das Tal war nie reich, bestenfalls an Schafen hatte es genug. Um 1600 wird von immerhin 20 000 Schafen berichtet, die – gegen Zoll – von der italienischen Seite aufgetrieben wurden. Bis heute scheint das Tal vom Rest der Welt abgeschnitten, auch wenn längst kein Saumpfad mehr hinaufführt, sondern eine ordentliche, wenn auch sehr kurvenreiche Straße. Selbst die fünf Stauseen konnten seine Unberührtheit nicht wirklich beeinträchtigen, dafür sind sie zu klein. Stattdessen stößt man aller Orten an urtümliche, eng aneinandergeschmiegte Höfegruppen, an kleine Kapellen, deren Ursprung niemand mehr kennt, an Häuser, die es so sonst nur noch im Volkskundemuseum gibt.

Zwischen St. Walburg und St. Pankraz zweigt nach Süden die Straße ins Nonstal zur Gemeinde Deutschnonsberg ab mit dem Wallfahrtsort Unsere Liebe Frau im Walde.

Sehenswertes

Urlärchen

Es sind die Dinosaurier des Waldes: Kurz vor dem Ortskern von St. Gertraud, auf der rechten Talseite beim Gehöft Außerlahner, stehen die ältesten Bäume Südtirols. Ganze Schulklassen fahren Jahr für Jahr hierhin, um sich die Bäume anzusehen, die so alt sind wie das Christentum, rund 2000 Jahre. Die dickste der drei noch vorhandenen Urlärchen hat einen Umfang von 8,20 Meter und eine Höhe von 28 Metern.

Museen

Ultner Talmuseum

Wer wirklich etwas über Land und Leute und die langsam aber sicher untergehende Zeit des alten Südtirol erfahren will, sollte den Weg in das Ultner Talmuseum nicht scheuen. In einem alten Schulhaus hat man die Schätze der alten Zeit untergebracht: Schränke voller Tücher und Trachten (8 m Stoff brauchte eine Ultnerin früher für ein anständiges Kleid), Schubladen mit alten Gebetbüchern und Osterkugeln, Vitrinen mit den kaiserlichen Wanderstiefeln von Sisi, Erinnerungen an Otto von Bismarck, der sich hier in eine Bürgerliche, die schöne Ultner Wirtstochter Josephine, verliebt hatte. Dazwischen ein großartiger Fundus von Küchengeräten wie etwa einem Vorläufer unseres Schnellkochtopfs, gut 100 Jahre alt, der übrigens auch heute noch funktioniert. Aber auch sogenannte »Stierschuhe«: Dieses Kuriosum bekamen die Kühe an die Hufe geschnallt, damit sie bei ihrem Gang zum Stier auf glatten Eisflächen nicht ausrutschen. Prunkstücke sind eine mehr als 300 Jahre alte Madonna mit Echthaar, die auch heute noch bei Prozessionen mitgeführt wird, und das sogenannte »UrbeleWerk«. Diese überdimensionale Spieluhr, ein Wunderwerk einfacher Mechanik, wurde von einem Hirten in jahrelanger Arbeit geschnitzt. Er schuf damit ein kleines bewegliches Universum mit tanzender und sägender und hämmernder bäuerlicher Bevölkerung.

St. Nikolaus 107, St. Nikolaus/Ulten; Tel. 04 73 79 01 47 oder 79 03 74; März, April und Okt. So 10–12 und 15–17 Uhr, Mai–Sept. Di, Fr 11–12 und 15–17 Uhr, So 10–12 und 15–17 Uhr, im Winter nach Voranmeldung

Info

Tourismusverein Ultental

(→ St. Pankraz bzw. St. Walburg, S. 225)

Das Leben am Steilhang bedeutet täglich harte Arbeit.

ST. PANKRAZ

1568 Einwohner, 735 m ü.d.M.

➤ [B 11]

Das erste Dorf im Ultental liegt auf 735 Meter Höhe. Fast dramatisch wirkt die Kulisse mit der Ruine von Schloss Eschenlohe in der Talmitte am Zusammenfluss von Hagenbach und Falschauer. Reste der Ringmauer, die Ecke eines wehrhaften Nebengebäudes und der Bergfried sind noch erhalten. Zu besichtigen ist die Burg nicht, aber sie ist ein begehrtes Fotomotiv. Genauso wie das eigentümliche Haus, das sich bei St. Pankraz, unterhalb von Bad Lad, an einen Felsen klammert: Das »Häusl am Stoan« (Häuschen auf dem Stein) stand bis 1882 noch ganz normal auf einer Wiese am rechten Ufer der Falschauer. Schwere Unwetter und wahre Wasserfluten rissen die umstehenden Häuser und Bäume mit sich und auch den Boden. Nur dieses kleine Häuschen blieb stehen, weil es durch Zufall auf einem riesigen Felsblock errichtet worden war.

Info

Tourismusverein Ultental

39010 St. Pankraz; Tel. 04 73 78 71 71, Fax 04 73 78 55 42; www.ulten-deutschnonsberg.info

ST. WALBURG

2200 Einwohner, 1190 m ü.d.M.

➤ [E 5]

St. Walburg ist der zweite größere Ort im Ultental. Auch hier gibt es etwas Ungewöhnliches: Die Kirche liegt nicht im Dorf, sondern versteckt auf einem Hügel, etwas abseits. Um Mittelpunkt des Dorfes zu werden, hat der Platz nicht gereicht, denn dort, wo das Dorf hätte sein können, breitet sich der Friedhof terrassenartig um die Kirche aus. Weil es bei der Kirche zu eng wurde, siedelten die Lebenden taleinwärts. Noch immer stehen hier einige sehr alte und schöne Holzbauten, auch wenn der Zoggler Stausee in den 1950er-Jahren vieles überschwemmte. Jetzt glitzert er in türkisblauer Schönheit, als hätten ihm nie Häuser geopfert werden müssen. Am Ende des Sees liegen Hof Kuppelwies und St. Moritz (gotische Hügelkirche auf 1640 m), einer der ältesten Gasthöfe und die wohl älteste Kirche des Tals. Hier zogen einst die Pilger, vom Vinschgau kommend, auf ihrem Weg nach Rom vorbei.

Hotels

Gasthof Eggwirt

Unter zwei riesigen Nussbäumen, die Balkone im typischen Holzveranda-Stil der Hotelbauten der Jahrhundertwende gehalten, steht dieser Gasthof mitten in St. Walburg. Aber das Haus ist viel älter: Es ist eines der ältesten im Ultental. Seit 1611 kehren die Gäste hier ein. Die alte getäfelte Gaststube ist wirklich sehenswert, und selbst die Schlafzimmer sind holzgetäfelt.

St. Walburg/Ulten; Tel. 04 73 79 53 19; www.eggwirt.it •• ✉

Info

Tourismusverein Ultental

St. Walburg 154, 39016 Ulten; Tel. 04 73 79 53 87, Fax 04 73 79 50 49; www.ulten-deutschnonsberg.info

UNSERE LIEBE FRAU IM WALDE

786 Einwohner, 1342 m ü.d.M.

➤ [E 5]

Dieser kleine Weiler ist seit dem 12. Jahrhundert ein bekannter Tiroler Wallfahrtsort. Heute liegt er im letzten Zipfel der Autonomen Provinz Bozen. Gleich dahinter beginnt das Trentino. Es ist wohl die älteste Siedlung im Gebiet von Deutschnonsberg; schon 1194 betreute ein Kloster ein kleines Hospiz für Reisende über den Gampenpass. In der gotischen Kirche (15. Jahrhundert) mit geschnitzten Barockaltären gibt es einen verglasten Rokokoschrein auf dem Hochaltar, der das Gnadenbild der Maria mit dem Kinde enthält, das eigentliche Ziel vieler Gläubigen. Ein beliebtes Ausflugsziel ist auch der Laugen, Deutschnonsbergs Hausberg.

Ausflug

Saurierweg »Triassic Parc«

1997 wurden nahe des Gampenpasses, einem bewaldeten Sattel in Deutschnonsberg, zahlreiche Abdrücke prähistorischer Reptilien (Rhyncosauroiden und Thekodontier, darunter bis zu 4 m große »Urzeitlöwen«) gefunden. Der Gampenpass war, als die Alpen noch nicht existierten, vor etwa 235 Millionen Jahren eine große, von Lagunen umschlossene Insel. Die einstigen Bewohner dieses Landstriches säumen nun als große nachgebaute Figuren einen Fußweg.

2 km Fußweg ab Unsere liebe Frau im Walde

Info

Tourismusverein Ultental

(→ St. Pankraz bzw. St. Walburg, S. 225)

TISENS UND PRISSIAN

1800 Einwohner, 635 m ü.d.M. (Tisens)

800 Einwohner, 610 m ü.d.M. (Prissian)

➤ [F 5]

Auf dieser sonnigen Terrasse haben schon die Grafen und Ritter ihre Sommerfrische verbracht. Zwischen dem 12. und 13. Jahrhundert aber gab es hier einen regelrechten Bauboom: Schlösser wie die Fahlburg, Katzenzungen oder die Wehrburg und Ansitze in großer Zahl wurden gebaut. Manche sind heute Ruinen wie Pfeffersburg-Casatsch-, die Zwingenburg oder Schloss Holz, viele aber werden noch heute als Hotels, Tagungszentren oder Ausstellungsorte mit noblem Anstrich genutzt.

Hotels

Hotel Schloss Wehrburg

Mittelalterliche Schlossromantik mit Burgfried, Wehrmauer, Zinnen und Tor – eine Wehrburg wie aus dem Bilderbuch, im Schlossgarten beginnt eine neue, eine verzauberte Welt. Behutsam restauriert und alle modernen Ansprüche erfüllend kann man zwischen Rittersaal und getäfelten Stuben stimmungsvolle Ferien verbringen.

Prissian; Tel. 04 73 92 09 34;
www.wehrburg.com •• CREDIT

Sehenswertes

Schloss Katzenzungen

Einst einer der vornehmsten Adelssitze des Landes, wird dieses Lustschloss der beginnenden Neuzeit heute immer wieder als ausgesucht schöner Raum für moderne Kunst genutzt, die in wechselnden Ausstellungen hier präsentiert wird.

Eintreten und wohlfühlen – die alte Stube im »Gasthof Eggwirt« (S. 225)

Dank seiner großzügigen Raumeinteilung – jedes Stockwerk besitzt eine Fläche von 600 Quadratmetern – und der Möglichkeit, alle Räume zu beheizen, werden hier das ganze Jahr über Kongresse, Seminare, Galadinners etc. veranstaltet. Die schlosseigene Kellerei ist man der alten Rebe schuldig, die zu Füßen der Burgmauer wächst.

Familie Pobitzer, Prissian 11, Tisens/Prissian; Tel. 04 73 9 27 01; www.castel.katzenzungen.com

Ur-Weinrebe

Am Fuße von Schloss Katzenzungen in Prissian bei Tisens wurzelt eine Rebe mit gewaltiger Flächenausdehnung. Sie wird als »die älteste und größte Weinrebe Europas« bezeichnet und bedeckt mit ihren weitreichenden Armen sage und schreibe 350 Quadratmetern Boden. Das Alter der Rebe mit dem baumstarken Stamm wird von Fachleuten auf rund 600 Jahre geschätzt. Sie trägt übrigens immer noch viel: In guten Jahren können 700 Kilogramm Trauben geerntet werden.

Essen und Trinken

Schloss Fahlburg

(→ Der gute Tipp von MERIAN, S. 44)

Info

Tourismusverein Tisens/Prissian

Bäcknhaus 54, 39010 Tisens; Tel. 04 73 92 08 88, Fax 04 73 92 10 10; www.tisens-prissian.com

Zwischen 300 bis auf 3000 Meter kann man im Vinschgau trefflich promenieren, wandern oder klettern.

VINSCHGAU UND NEBENTÄLER

Sonne und Wind prägen das Klima dieses breiten Tales. Die wenigen Niederschläge ergießen sich meist in Form von Gewittern. Wir durchqueren das Tal von Partschins im Osten bis zum Reschensee im Westen.

Wasser ist das Hauptthema im Vinschgau, Wasser ist Leben. Die alten »Lebensadern« sind die »Waale«, Bewässerungsgräben, die den gesamten Vinschgau durchziehen und in ihrer sanften Neigung ein kleines Wunderwerk menschlicher Handwerkskunst sind. Erste Hinweise auf die Waale finden sich um 1290. Das Wasser wurde aus den Bächen höher gelegener Täler abgeleitet, manchmal von hoch über der Waldgrenze, und durch Felsrinnen oder Holzrinnen (»Kandln«) zu den Wiesen und Feldern geleitet. So entstand ein Netz von Bewässerungsgräben, das bis heute das Bild des Vinschgaus prägt. 1939 zählte man 235 größere Waale mit einer Gesamtlänge von 600 Kilometern. Heute sind die meisten durch Hochdruckwasserleitungen ersetzt, aber einige sind noch immer in Betrieb. An ihnen entlang führen schöne alte Höhenwege, einst genutzt vom »Waaler«, der für die Instandhaltung der Waale zuständig war. Noch vor einem Jahrhundert war der Vinschgau das Armenhaus Tirols, was vor allem an der Erbfolge lag, die die einst großen Höfe immer weiter aufteilte. Als »Karrner«, Karrenzieher, werden noch heute fahrende Händler bezeichnet, und es schwingt in diesem Dialektausdruck das »Pack« mit, für das Südtirol verarmte Vinschger Wanderhändler hielt.

Heute hat sich das Blatt gewendet. Der sonnige Vinschgau nennt sich selbst einen Obstgarten – Wein und Äpfel wachsen hier, und die Vinschger Marillen (Aprikosen) werden gerühmt für ihren guten Geschmack. Über allem thront mit seinen 3905 Metern Höhe der Ortler, der König unter den Südtiroler Bergen.

PARTSCHINS

3313 Einwohner, 642 m ü.d.M.

➤ [E 4]

Dieser hübsche kleine Ort liegt oberhalb der Staatsstraße auf einer Terrasse am Fuß des Sonnenberges und ist ein schönes Domizil mit seinen Pensionen und Bauernhäusern und seinen verwinkelten Gassen. Im Ortskern wurde im Zuge der Touristisierung viel gebaut, darunter auch Neubauten in kühner Architektur wie das Museum für den großen Sohn des Ortes, Peter Mitterhofer, den Erfinder der Schreibmaschine.

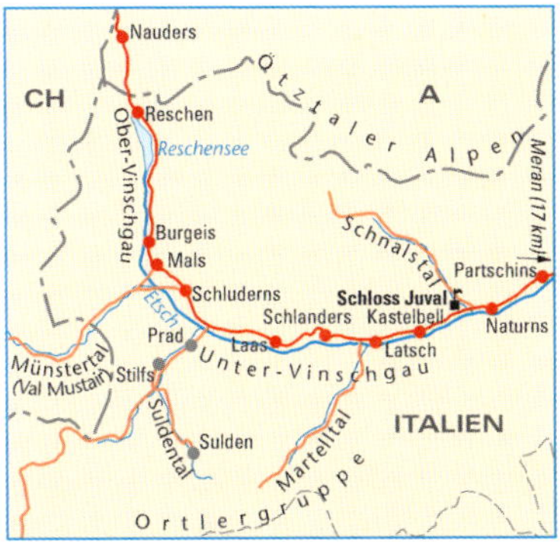

Hotels

Hotel Hanswirt

Ein wahrhaft historischer Ort: Bis in das 8. Jahrhundert lässt sich die Geschichte dieses Gasthofes an der alten Römerstraße zurückverfolgen. Rot-weiße Fensterläden erinnern an die Zeit, als Ritter und Fuhrleute hier vorbeizogen. Aber Fuhrleute steigen hier nicht mehr ab. Aus dem Hanswirt ist ein luxuriöses Hotel mit ruhigem Park und schönem Pool geworden.

Geroldplatz 3, Rabland; Tel. 04 73 96 71 48; www.hanswirt.com ••/••• MASTER VISA

Ausflug

Wasserfall

Ein großartiges Naturschauspiel ist der fast 100 Meter hohe Wasserfall von Partschins.

Von Partschins über den Partschinser Höhenweg zu erreichen, Gehzeit etwa 1 Std.

Museen

Schreibmaschinenmuseum Partschins

Peter Mitterhofer war ein Erfinder und Tüftler, dem Zeit seines Lebens jedoch die Anerkennung versagt blieb, die ihm dieses Museum nun posthum zuerkennt. Zweimal ging Peter Mitterhofer (1822–1893) zu Fuß nach Wien, um dem Kaiser sein Schreibmaschinenmodell vorzuführen. Doch es gelang ihm nicht, den starren Verwaltungsapparat zu durchdringen. In der Zwischenzeit wurden Patente ganz ähnlicher Maschinen in Amerika angemeldet, der Siegeszug der Schreibmaschine begann. In einer wirklich aufsehenerregenden Sammlung werden hier die Etappen der Geschichte des Schreibapparates nachgezeichnet: Es gibt Maschinen mit russischer und hebräischer Schrift und sogar mit chinesischen Schriftzeichen. Es werden Schreibmaschinen gezeigt, die bekannte Schriftsteller benutzen, die ersten Computer, Kinderschreibmaschinen aus den USA, ein frühes Diktiergerät oder die berühmte deutsche Chiffriermaschine »Enigma«, die mit Walzentechnik bis zu eine Milliarden Möglichkeiten der Kodierung hatte. Das wertvollste Stück ist die weltberühmte dänische Schreibkugel, die der Däne Hans Rasmus Malling seit 1865 entwickelte.

Kirchplatz 10; Tel. 04 73 96 75 81; www.schreibmaschinenmuseum.com; 1. April–31. Okt. Mo, Fr 15–18, Di–Do 10–12 und 15–18, Sa 10–12 Uhr, 1. Nov.–31. März Di 10–12 Uhr, Feiertage geschl.; Sonderführungen Juni–Aug. Mo 20.30 Uhr, Sept.–Okt Mo 18 Uhr

Essen und Trinken

Onkel Taa

Vollgestopft mit allerlei Fundstücken bis unter die Decke, nennt Inhaber Karl Platino sein Restaurant ein Museum. Der Hochadel Italiens soll hier verkehren, und ums Haus steht eine skurrilere Kapelle, in der man ausnahmsweise einmal nicht die Hochzeit, sondern die Scheidung feiern kann.

Bahnhofstr. 17, Partschins/Töll; Tel. 04 73 96 73 42 •/•• CREDIT

Info

Tourismusverein Partschins

Spaureggerstr. 10, 39020 Partschins; Tel. 04 73 96 71 57, Fax 04 73 96 77 98; www.partschins.com

MAJESTÄTISCHE GIPFEL

Das schönste architektonische Kunstwerk nannte Le Corbusier die Dolomiten. Ihre Form verdanken sie einer einzigartigen Entstehungsgeschichte.

Wie Kathedralen stehen sie in der Landschaft, die majestätischen Gipfel in den Dolomiten. Langkofel, Sellastock, Peitlerkofel, natürlich auch die Drei Zinnen oder die Dreischusterspitze bei Sexten. Dieses Arrangement aus recht breiten Talböden, weitläufigen Almen und extrem steil aufragenden Felsmassiven macht den besonderen Reiz der Dolomiten aus und fasziniert Millionen von Besuchern. Dahinter steht ein einzigartiges geologisches Phänomen. Es begann vor rund 200 Millionen Jahren, als sich zwischen Europa und Afrika ein riesiges Meer bildete und sich auf dem Meeresboden enorme Mengen an Sedimenten ablagerten. Aufgrund des tropischen Klimas sank der Wasserspiegel, und es kam zum Auftauchen des Bodens, auf dem sich viele Kalkalgenkolonien bildeten. Vulkanische Aktivitäten sorgten dafür, dass an den entstandenen Riffen Lava und Vulkanite entstanden. Diese Erhebungen aus dem Meeresboden wurden über viele Tausende von Jahren durch die Erosion geformt. Während der späteren Eiszeiten überlagerten Gletscher die Landschaft, deren Bewegungen die Topographie beeinflussten und zahlreiche kleine Kare entstehen ließen.

Ihren Namen haben die Dolomiten von dem französischen Forscher Deodat de Dolomieu, der 1789 das Gebirge bereiste und die einzigartige chemische Beschaffenheit des Dolomitengesteins entdeckte. Für die Namensgebung waren andere Forscher später verantwortlich, die so seine wissenschaftliche Pioniertat würdigten.

Gemse und Steinadler – zwei Wildtiere, die geradezu symbolhaft für die Freiheit der Berge und ihrer Bewohner stehen und deren Lebensraum zunehmend durch Erschließungen eingeschränkt wird.

Bildlegenden:

Unten: Das Murmeltier hält sich im Gebirge am liebsten an sonnigen Südhängen auf.

Innenseiten: Panoramablick vom Paternkofel nach Norden. Rechts unterhalb der beiden Bergwanderer ist der Felsklotz des Toblinger Knoten zu sehen. Gerade nicht mehr im Bild: die Dreizinnen-Hütte (aber der Weg dorthin ist gut zu erkennen).

1 Schwalbenkofel 2873 m (Croda dei Ron doi)
2 Südl. Bullkopf 2848 m (Cima Bulla Sud), Nördl. Bullkopf 2817 m (Cima Bulla Nord)
3 Hochebenkofel 2905 m (Cima Piatta Alta)
4 Haunold 2966 m (Rocca dei Baranci)
5 Dreischusterspitze 3152 m (Punta dei Tre Scarperi)
6 Morgenalpenspitze 2891 m (Crodon di San Candido)

Mit der Bildung von Schutzzonen in den Naturparks haben auch die Tiere wesentlich bessere Lebensbedingungen. In talnahen Lagen sind Rotwild und Rehwild zu Hause. Alpenschneehasen und Schneehühnern kann man im Winter begegnen. In den Bergwäldern leben Füchse und Marder, Bunt- und Schwarzspecht, vereinzelt auch Sperlings- und Raufußkauz und Uhus. Andere in den Dolomiten beheimatete Raubvögel sind Bussard, Falke, Habicht und Sperber. Und über allen kreist der König der Lüfte, der Steinadler. Neben dem Adler bauen auch Kolkraben und Dohlen ihre Nester in die zerklüfteten Felswände. Auf den Bergwiesen tummeln sich Murmeltiere, die mit dem typischen lauten Pfeifen ihre Artgenossen vor unwillkommenen Besuchern warnen. Noch weiter oben ist der Lebensraum der Gemsen. In steilen Felsregionen ist auch der Steinbock zu Hause, der vor Jahren wieder in Südtirol angesiedelt wurde. In grauer Vorzeit war oben im Fels auch der berüchtigte Höhlenbär zu Hause. Der ist längst ausgestorben. Eine der letzten Bärenhöhlen kann man am Conturines in Alta Badia besichtigen.

NATURNS

5153 Einwohner, 528 m ü.d.M.

➤ [E 4]

An 315 Tagen im Jahr scheint in Naturns die Sonne, haben findige Meteorologen ausgezählt. Es gibt kaum einen Ort in den Alpen, an dem es so wenig regnet wie hier, im »Apfelgarten« Vinschgau, dessen erster größerer Ort Naturns ist. Hier reifen Feigen und Kiwis am Sonnenberg bis hinauf auf 900 Meter.

Hotels

Hotel Lindenhof

Einzelne Lilien in hohen Vasen, gerade Linien, die Sachlichkeit modernen italienischen Designs prägen dieses Hotel in Naturns, bei dem nicht nur die Fensterläden weißrot sind, sondern das ganze Haus. Alle Tiroler Rustikalität wurde hier ausgetrieben. Mit Kinderbetreuung.

Kirchweg 2; Tel. 04 73 66 62 42; www.lindenhof.it • CREDIT

Ausflug

Schloss Juval

Der Extrembergsteiger Reinhold Messner hat auf seinem Schloss seine Privatsammlung aus dem Fundus der Weltreligionen der Öffentlichkeit zugänglich gemacht. Hierher kommt man am besten über den Tscharser Waalweg, ein wunderschöner Höhenweg, über den man das Schloss von Tschars in etwa anderthalb Stunden erreicht. Denn mit dem Auto darf man nur in Ausnahmefällen herauf. Es gibt auch einen Bus-Shuttle-Dienst, der am Parkplatz Schloss Juval an der Kreuzung zum Schnalstal seine Talstation hat.

Über den Zinnen der mittelalterlichen Burg wehen tibetische Gebetsfahnen, im Renaissancepalas gibt es einen mythisch angehauchten »Tantra-Raum«, aber auch die »Rüstkammer« des Extrembergsteigers selber, der im Keller all die Ausrüstungsgegenstände aufbewahrt, die ihn auf seinen Expeditionen rund um die Welt begleiteten. Es gibt in dem Schloss, in dem Messner selber einige Monate im Jahr wohnt, einen »Saal der tausend Freuden«, eine Bibliothek, einen Meditationsraum, und in einem nur notdürftig restaurierten Teil des Schlosses wurde das »Haus der Gnome und Trolle« eingerichtet: Hier blickt ein gewaltiger Widderschädel in einer Fensteröffnung in die

Tibet trifft Südtirol – ein kleiner Tempel als Tor zu Schloss Juval.

Ferne, und die Symbole der Weltreligionen verteilen sich in den Nischen der Schlossruine. Am Ende des Rundganges befindet sich der »Bilderturm«, in dem Maler des 20. Jahrhunderts ihre Sicht von den Bergen zeigen, von Berühmtheiten wie Gottfried Helnwein bis zu lokalen Künstlergrößen wie Luis Stefan Stecher. Beim Schlosswirt (→ Essen und Trinken, S. 241), ein kultureller Treffpunkt, kann man die Produkte des unterhalb des Schlosses gelegenen Weingutes und des Bio-Bauernhofes genießen.

Wanderung ab Tschars, ca. 1,5 Std.; Juval 3, Kastelbell-Tschars; Tel. 34 84 43 38 71; Palmsonntag–30. Juni, 1. Sept.–Anf. Nov., Do–Di 10–16 Uhr, nur mit Führung

Sehenswertes

St. Prokulus-Kirche

(→ Der gute Tipp von MERIAN, S. 62)

Museen

Naturparkhaus Texelgruppe

Das Haus mit der Blumenwiese auf dem Dach beherbergt das Naturparkhaus Te-

Eine Welt im Einklang – Bauerngarten im Schnalstal (S. 242)

xelgruppe. Das Wasser in all seinen Erscheinungsformen ist das Thema dieser Ausstellung. Das Gebiet der Texelgruppe zieht sich von den steilen, trockenen Südhängen oberhalb von Naturns, mit Flaumeiche und Mannaesche hinauf bis in die Gletscherregionen des Schnalstals, im Norden begrenzt durch die Ötztaler Alpen, im Süden durch Schnalstal, Vinschgau und Passeiertal eingefasst. Zahlreiche hochalpine Gletscherseen und hochgelegene Moore verleihen dieser Landschaft ihren eigenwilligen Reiz. Das Prinzip des Naturparkhauses ist das Erfahren mit allen Sinnen, dazu gibt es ein Mikroskop, eine Tast-Ecke oder Riechstation.

Feldgasse 3; Tel. 04 73 66 82 01; 2. April–31. Okt. Mo–Fr 9–12 und 15–18 Uhr; Juli, Aug. und Sept. auch So

Essen und Trinken

Schlosswirt Juval

Im großen Mansardensaal unter dem Yao-Götterparlament, einer tibetischen Bildersammlung, in der gemütlichen alten Bauernstube und im kleinen Felsengarten isst man nicht nur die hauseigenen Produkte des Biohofes, die in einer sehr ansprechenden Mischung aus einheimischer und mediterraner Küche verarbeitet werden, der Schlosswirt wird auch immer wieder zum Podium für Literatur und Kunst.

Unterhalb von Schloss Juval am Eingang ins Schnalstal, Oberortl, Juval 2; Tel. 04 73 66 80 56 •

Am Abend

Pub zum Hirschen

Der Pub zum Hirschen hat sich mit einem kreativen Team und neuem leichten Innendesign auf zwei Stockwerken zum In-Treff gemausert: Party-Stimmung mit Fruchtcocktails.

Kompatscherstr. 4; Tel. 04 73 66 70 51

Info

Tourismusverein Naturns

Rathausstr. 1, 39025 Naturns; Tel. 04 73 66 60 77, Fax 04 73 66 63 69; www.naturns.it

SCHNALSTAL

1406 Einwohner, 1327 m ü.d.M. (Karthaus)

➤ [C/D 3/4]

Ein wildes Tal mit tiefen Schluchten am Eingang und eisigen Gletscherregionen an seinem Ende. Dazwischen satte Almmatten, sanfte Hügel, uralte Gehöfte und tiefreligiöse Dörfer – so sieht heute das Tal aus, durch das der Ötzi vor 5300 Jahren seinen letzten Weg antrat. Von hier aus kommt man in ein weiteres Seitental, das Pfossental, ein Paradies für Tiere, weil sich außer den Einwohnern eher wenige Menschen in dieses abgelegene Tal verirren. Das Schnalstal selber ist ein Wanderparadies, denn es bietet von allem etwas: Für Kletterer sind die steilen Felswände im Taleingang eine Herausforderung, Bergwanderer lieben die mittleren Regionen, und erfahrene Alpinisten können sich auf den Spuren Ötzis zu den Gletschern hinaufwagen.

Hotels

Berghotel Grawand

In der Schnalstaler Gletscherregion kann man dem Himmel besonders nah sein, im Hotel Grawand auf 3212 Meter Höhe, umringt von Dreitausendern. Über 100 Betten in modern gepflegter Atmosphäre verfügt das Hotel, das in den Sommermonaten seine Türen schließt (1. Mai bis 1. Okt.). Hinauf kommt man mit der Gletscherbahn innerhalb von nur sechs Minuten. Geeignet für Aktivsportler.

Kurzras 111, Tel. 04 73 66 21 18; www.grawand.com ●● MASTER VISA

Ausflug

Gletscherhöhlen

Im Schnalstal mit seinen Gletschern ist es möglich, die Entstehung von Gletscherhöhlen und Gletschermühlen zu erkunden: Mit einem Raupenfahrzeug werden Interessierte zu einer Gletschermühle gefahren. Hier wurde durch das Wasser ein 15 Meter langes Loch in das Eis gegraben. In einer 50 Meter tiefen Gletscherhöhle kann man darüber hinaus beeindruckende Eisformationen besichtigen.

Weitere Auskünfte Berghotel Grawand; Tel. 04 73 66 21 18; www.grawand.com

Sehenswertes

Kloster der Kartäuser

In Karthaus, im Hauptort des Schnalstales, liegt das alte Kloster der Kartäuser, die das Schnalstal im 14. Jahrhundert besiedelten. Zu besichtigen sind von dieser eindrucksvollen alten Klosteranlage noch der Kreuzgang, die Grotte, das Priorhaus und die Klosterküche, die Ringmauer des Klosters, die Kreuzigungsgruppe, die Klosterpforte und die St. Anna Kirche.

Ein Fest für Schau-Lustige – der Waalweg nach Kastelbell

Info

Tourismusverein Schnalstal

Karthaus 42, 39020 Schnals; Tel. 04 73 67 91 48; www.schnalstal.org

KASTELBELL

2341 Einwohner, 587 m ü.d.M.

➤ [D 4]

Nicht nur das Schloss in diesem Dorf ist schön. Auch das Dorf, das sich um den trutzigen Burgfelsen herum angesiedelt hat, macht seinem Namen alle Ehre. Vor allem im Frühling, wenn Kastanienhaine und Obstanlagen in voller Blüte stehen, ist eine Waal-Wanderung hier wie ein Bad in einem Blütenmeer.

Ausflug

Tscharser Waalweg

Die Waalwanderung in Richtung Schloss Juval über den Tscharser Waalweg ist nicht sehr anstrengend, aber umso schöner. Ausgangspunkt ist der Pfraumerhof in Kastelbell.

Gesamtgehzeit ca. 3 Std.

Sehenswertes

Schloss Kastelbell

Diese lange und schmale Burg liegt malerisch auf einem mächtigen Felsblock. Sie wurde 1238 erstmals erwähnt, ist wahrscheinlich aber früheren Ursprungs und wurde von den Herren von Montalban erbaut. Dieses einst mächtige Adelsgeschlecht wurde nach 1200 von den Grafen von Tirol bekämpft. Der enge, etwa 25 Meter lange und winkelige Burghof mit seinen Freitreppen und gedecktem Holzgang reizt zum Umherstreifen. Die Burgküche hat ihr altes Aussehen bewahrt mit ihrem großen, mit Steinplatten belegten Herd. Die Kapelle reicht ins frühe 14. Jahrhundert zurück und ist mit schönen romanischen Fresken ausgestattet. Einen Namen hat sich die Burg heute mit Kunstausstellungen gemacht, die hier ein wunderschönes Ambiente finden.

Schlossweg 1; Tel. 04 73 62 41 93; www.schloss-kastelbell.com; Ostern–31. Okt., Führungen Mitte Juni–Ende Sept. Mi–Sa 14, 15 und 16 Uhr, So und Feiertage 10.30, 14, 15 und 16 Uhr, Ausstellungen Mo–Sa 14–19, So und Feiertage 11–19 Uhr

Essen und Trinken

Gasthof Kuppelrain

Haubenkoch Jörg Trafoier und seine Frau, eine Sommelière, laden hier in ihrem kleinen, schön eingerichteten Restaurant mit festlich gedeckten Tischen zum edlen und hervorragenden Mahl zu moderaten Preisen.

Bahnhofstr. 16; Tel. 04 73 62 41 03; www.kuppelrain.com ●●●● AmEx MASTER VISA

Info

Tourismusverein Kastelbell-Tschars

Staatsstr. 5, 39020 Kastelbell-Tschars; Tel. 04 73 62 41 93, Fax 62 45 59; www.kastelbell-tschars.suedtirol.com

LATSCH

5033 Einwohner, 639 m ü.d.M.

➤ [D 4]

Latsch liegt im Herzen des Vinschgaus und ist eine der burgenreichsten und sonnigsten Gemeinden Südtirols und jener Ort, wo am meisten Obst pro Einwohner angebaut wird.

Ausflug

Egghof

Der Egghof oberhalb von St. Martin im Kofl ist eine typische Jausenstation in extremer Hanglage am Sonnenberg. Mit der Seilbahn von Latsch nach St. Martin sind die 110 Höhenmeter leicht zu überwinden. Von einer Fahrt mit dem Auto ist unerfahrenen Bergfahrern abzuraten. Oben angekommen erreicht man den Egghof auf leichtem, kaum ansteigendem Fußweg. Bei einfacher Tiroler Kost liegt der Vinschgau einem zu Füßen.

Seilbahn ab Latsch, dann 20 Min. zu Fuß; St. Martin im Kofl 19; Tel. 04 73 62 36 28

Sehenswertes

Bichlkirche

Die Kirche Unsere Liebe Frau auf dem Bichl wurde erstmals im Jahre 1020 geweiht und weist gotische bis barocke Stilelemente auf. 1992 wurde bei der Restaurierung ein rund 5000 Jahre alter Zeichenstein aus Marmor entdeckt.

Info beim Tourismusverein Latsch

Denkmal Hans der Sager

Hans der Sager ist bekannt als einziger Minnesänger aus dem Vinschgau, der seine Lieder selbst erdachte. Er hat sich vor allem am Hofe der Grafen Anneberg aufgehalten, deren Schloss, erbaut im 13. Jahrhundert, oberhalb von Goldrain liegt (in Privatbesitz).

An der Kreuzung Haupt-/Bahnhofstraße

Plattermühle

Eine alte, vollständig restaurierte Mühle, wo man lernen kann, wie ehedem Getreide gemahlen wurde.

Führungen beim Tourismusverein Latsch erfragen

Schloss Goldrain

Dieses schöne barocke Schloss mit seinen runden Ecktürmen, einst Wohnsitz der Grafen Hendl, ist inzwischen ein Tagungszentrum und Bildungshaus und bietet vom Tango bis zum Wirtschaftswissen, von der Literatur bis zur Musik ein interessantes Programm.

Schlossstr. 33, Goldrain; Tel. 04 73 74 24 33

Spitalkirche zum Hl. Geist

Ein spätgotischer Altar ist der besondere Schatz dieser Kirche, geschaffen von Jörg Lederer, ein Meisterwerk, das 1517 entstand und noch beinahe vollständig erhalten ist. Gottvater trägt die Krone und hält seinen leidenden Sohn in den Armen, flankiert von Johannes dem Täufer (mit dem Lamm) und dem hl. Wolfgang (mit der Kirche), ganz außen stehen der hl. Georg (mit winzigem Drachen) und der hl. Florian (mit dem Palmwedel), die Schreinwächter. Im Gegensatz zu den realistischeren Tafelbildern wirkt diese geschnitzte Figurengruppe geradezu idyllisch.

Schlüssel im Seniorenheim »Annaberg«

Essen und Trinken

Bierkeller Latsch

Mehr als 100 Jahre Tradition hat der Bierkeller südwestlich von Latsch und ist noch immer ein beliebtes Ausflugsziel. Hier gibt es Schweinshaxen, Rippchen und Hähnchen vom Grill. Man kann ihn mit dem Auto erreichen.

Valtneid 2; Tel. 04 73 62 32 08 • ▭

Einkaufen

Maxx Bike Eldorado

Dies ist kein einfacher Fahrradladen, sondern der Traum eines bikeverrückten Spezialistenteams – Marathonisti, Radhersteller und Bike-Hoteliers –, hier gibt es alles rund ums Rad, selbst den maßgeschneiderten Biker-Urlaub in Südtirol.

Hauptstr. 65 a; Tel. 04 73 72 00 77; www.maxx-bike-eldorado.com

Am Abend

Treindlerhof

Beim Restaurant Treindlerhof gibt es DJ- und Partynächte, zum Abtanzen.

Shaker Club, Bahnhofstr. 7; Tel. 33 97 53 28 20

Blicke ins gemalte Paradies gewährt die Kuppel der Bichlkirche in Latsch.

Info

Tourismusverein Latsch-Martell

Hauptstr. 38/A, 39021 Latsch; Tel. 04 73 62 31 09, Fax 04 73 62 20 42; www.latsch.it

MARTELLTAL

879 Einwohner, 1260 m ü.d.M.

➤ [C 5]

Das Martelltal, im Herzen des Nationalparks Stilfserjoch, ist ein Trockental mit einer beeindruckenden Pflanzen- und Tierwelt und nicht zuletzt bekannt durch die vielen schmackhaften Erdbeeren, die hier bis auf 1800 Meter Höhe angebaut werden. Das Tal führt hinauf bis unter die Kette der höchsten Ortlergipfel. Im Winter lässt es sich hier bestens langlaufen, im Sommer ist es ein Wanderparadies. Die Gletscherregion im Hintermartell bietet anspruchsvolle Touren für Skitourengeher, Eiskletterer und Schneeschuh-Wanderer.

Sehenswertes

Alte Staumauer

Nach schweren Unwettern und einer Überschwemmung im Jahr 1891 wurde diese Talsperre zum Schutz errichtet. Die Mauer besteht aus riesigen Steinblöcken, das Prinzip der Stauung ist denkbar einfach: Ganz unten am Bachgrund ist eine große runde Öffnung, durch die die Plima fließt. Kommt mehr Wasser, so wird es zurückgestaut und kann allmählich ablaufen.

Burg Obermontani in Morter

1228 errichtet von Albert II. von Tirol als Trutzburg gegen die Churer Bischöfe. In dieser Burg wurde im 19. Jahrhundert die zweitälteste Fassung des Nibelungenliedes gefunden, die Original-Handschrift befindet sich heute im Staatsarchiv von Berlin. Gleich in der Nähe liegt die Burg Untermontani aus dem 14. Jahrhundert, eine Ruine, die jedoch mit interessanten Details wie der Zugbrückenanlage, dem Tor und einem kleinen Zwinger aufwarten kann.

Museen

Culturamartell – Nationalparkhaus Trattla

Das neu errichtete Zentrum im Martelltal liegt inmitten einer großzügigen Freizeitanlage samt Kletterhalle und Tennisplatz. In diesem Informationszentrum des Nationalparks Stilfser Joch dreht sich alles um den Menschen. Es werden Geschichten über die Menschen in dieser Region erzählt, früher und heute. Man sieht, womit Kinder hier einst spielten oder wie der Kirchenkalender das Leben bestimmte: Bittgänge und Prozessionen, Wettersegnen, Engelstanzen und Heiratsbräuche strukturierten das Leben. Dabei wurde dem Volk »aufs Maul« geschaut, im direkten Sinne des Wortes: Sie erzählen ihre Geschichte selber in Wort und Bild, ob dies eine der letzten Hausbebammen ist oder ein Bauer.

Trattla 246, Martell; Tel. 04 73 74 50 27; 1. April–31. Okt., in den Weihnachts-, Semester- und Osterferien Di–Fr 9–12, 14.30–18 Uhr, Sa, So 14.30–18 Uhr

Info

Tourismusverein Martell

Dorf 96, 39020 Martell; Tel. 04 73 73 70 30; www.martelltal.info

Wanderer vor der Hintergrathütte am Stilfserjoch (S. 251)

SCHLANDERS

5908 Einwohner, 721 m ü.d.M.

➤ Stadtplan, S. 248 ➤ [C 4]

Schlanders ist der Verwaltungssitz des Tales und das Zentrum des Vinschgaus, ob für Einkauf oder Behördengang. Es ist ein hübscher alter Ort mit einem malerischen Dorfkern abseits der Staatsstraße. Der Stolz des Ortes ist die elegante Geschäftspassage in der Fußgängerzone mit ihrem städtischen Flair. Gesäumt von malerischen Gassen, zahlreichen Bars, Cafés und Restaurants und umgeben von einer Vielzahl von Fachgeschäften jeglicher Art, präsentiert sich diese verkehrsberuhigte Zone im Zentrum von Schlanders. Mit nur knapp 6000 Einwohnern ist der Hauptort des Vinschgaus leicht überschaubar.

Hotels

Vier Jahreszeiten

Dieses Haus mit üppiger Innenarchitektur ist ein First-Class-Hotel, das durch seine opulente Badelandschaft, angesiedelt zwischen Pirateninsel und antiker Ausgrabungsstätte, auf sich aufmerksam macht. Im Angebot: Familienwochen.

➤ Stadtplan, S. 248, [a/b 3] **Andreas-Hofer-Str. 8; Tel. 04 73 62 14 00; www.hotel-vierjahreszeiten.it •••• CREDIT**

Bio Reiterhof Vill

In einem der ältesten Bauwerke von Schlanders, dessen Ursprünge über 1000 Jahre zurückreichen, ist der Reiterhof Vill

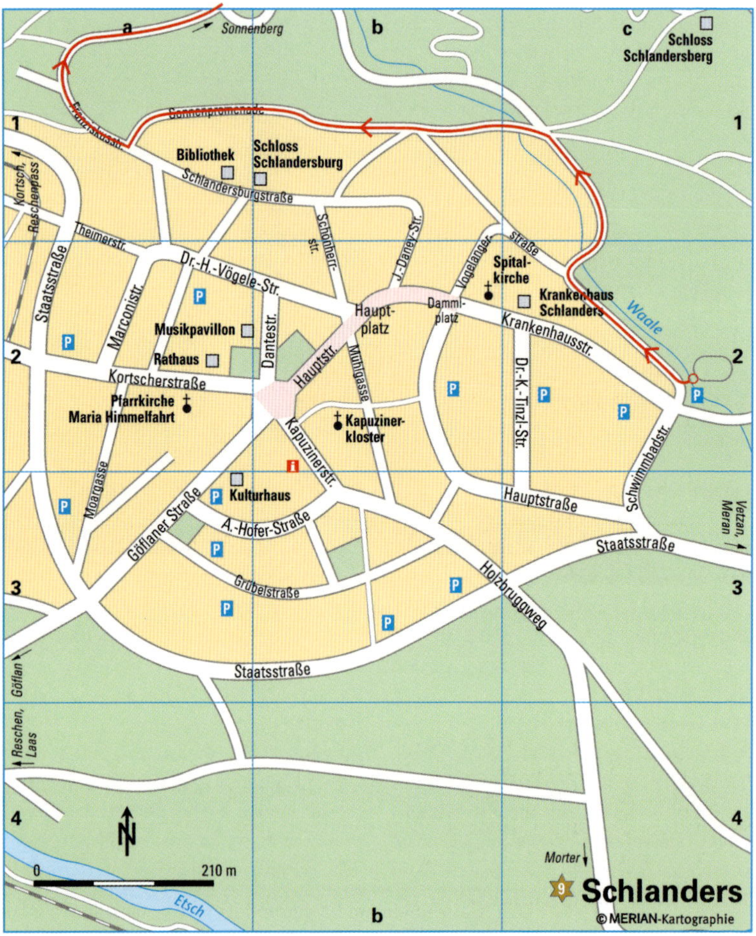

untergebracht. Der ca. sechs Hektar große, familiär geführte Bauernhof wird seit 1989 biologisch-dynamisch bewirtschaftet und bietet in hell eingerichteten gemütlichen Appartements Reiterferien an.

➤ Stadtplan, S. 248, [b 2] **Mühlgasse 13; Tel. 04 73 62 12 67; www.vill.it ••**

Spaziergang

Diese kleine Wanderung über den Ilswaal führt durch lichten Wald vorbei am plätschernden Wasser der Waale bis zum St. Ägidiuskirchlein. Sie beginnt am Sportplatz Schlanders und steigt knapp 110 Höhenmeter auf. Zunächst auf breitem Weg hinauf zur Schlanderser »Sonnenpromenade«. Nun die Promenade entlang bis zum westlichen Ende von Schlanders. Hier eröffnen sich immer wieder wunderbare Blicke auf das Dorf. Nun im leichten Anstieg zum Ilswaal hinauf. Der Waalweg verläuft durch terrassierte Obstgärten und Kastanienhaine bis zum St. Ägidiuskirchlein. Weiter geht es durch den Wald, immer dem Ilswaal entlang, bis in die Schlandraunschlucht. Hier verlässt man den Waal und steigt hinab bis zum Ausgangspunkt der Wanderung (→ Stadtplan, S. 248).

Sehenswertes

Pfarrkirche Maria Himmelfahrt

Die Pfarrkirche wurde nach dem Brand von 1499 wieder aufgebaut und in neubarockem Stil restauriert. Das gewaltige Freskenprogramm aus dem Leben Marias am Gewölbe stammt aus der Mitte des 18. Jahrhunderts. Um 1900 wurde die Kirche im Jugendstil erneuert. Der 97 Meter hohe Kirchturm ist das Wahrzeichen von Schlanders und weist eine Eigentümlichkeit auf: Die Turmspitze ist leicht nach Westen geneigt, wahrscheinlich um dem von der Laaser Höhe herkommenden Wind entgegenzuwirken.

➤ Stadtplan, S. 248, [a 2] **Kortscherstraße**

Schlandersburg

Ein schöner Renaissancebau (1600) mit einem zweigeschossigen Arkadenhof, herrschaftlichem Portal und einer Sonnenuhr. Die Burg wurde sehr schön und innovativ restauriert. Sie ist heute Sitz der öffentlichen Bibliothek.

➤ Stadtplan, S. 248, [b 1]

Essen und Trinken

Café Stainer

Eis in vielen Varianten gibt es in diesem schönen Terrassencafé am alten Ansitz Schlanderegg.

➤ Stadtplan, S. 248, [a/b 2] **Dr.-H.-Vögele-Str. 14**

Einkaufen

Gamper

Künstlerische Kreativität beweist dieser Goldschmied bei seinen Kreationen.

➤ Stadtplan, S. 248, [b 2] **Hauptplatz 82; Tel. 04 73 62 03 50**

Jeans Wear

Ob lang, ob breit – Jeans für alle Körperformen für Mann und Frau. Gute Beratung, freundlicher Service.

➤ Stadtplan, S. 248, [b 2] **Hauptstr. 62; Tel. 04 73 62 04 79**

Graber

Flagge zeigen: Hier bekommt man Fahnen aller Nationen, oder man lässt sich die eigene selber drucken.

➤ Stadtplan, S. 248, [a/b 3] **Andreas-Hofer-Str. 28; Tel. 04 73 73 02 31**

Wochenmarkt

Eine gute Gelegenheit, heimische Produkte wie Obst, Käse, Gemüse, Blumen und Bekleidung günstig zu erwerben.

➤ Stadtplan, S. 248, [b 2] **Stainerplatz nahe dem Hauptplatz; Do 8–13.30 Uhr**

Info

Tourismusverein Schlanders-Laas

Göflanerstr. 27, 390238 Schlanders; Tel. 04 73 73 01 55; www.schlanders-laas.it

LAAS

3771 Einwohner, 868 m ü.d.M.

➤ [C 4]

Wenn man im Vinschgau Laas sagt, denkt man an Marmor. Der ganze Ort ist mit dem weißen Gold gepflastert. Seit dem 15. Jahrhundert wird in den Göflaner Brüchen Marmor gebrochen und in alle Welt exportiert. Aufgrund seiner Reinheit war der weiße Stein aus diesen hoch gelegenen Brüchen besonders in der Habsburgermonarchie sehr geschätzt. Aber wahrscheinlich wurde der Marmor auch in früheren Zeiten genutzt, denn in den Kirchen, Ansitzen und Burgen der Umgebung findet man immer wieder Marmor als Schmuckelement. Die Laaser Steinmetzschule gab es ebenfalls bereits in der k.u.k.-Monarchie.

Ausflug

Wanderung auf den Spuren des weißen Steines

Den Weg des weißen Steines kann man bei einer einfachen, wenn auch anstrengenden Wanderung nachvollziehen: Sie führt in das Laaser Tal hoch auf die Laaser Alm (2047 m). Insgesamt sind bei dieser sieben bis acht Stunden dauernden Tour 1200 Höhenmeter zu bewältigen. Entlang der Schmalspurbahn zum Transport des Marmors bis hin zu den Marmorbrüchen erlebt man auf dieser Wanderung ein Stück lebendiger Industriegeschichte.

Sehenswertes

Marmorführung

Nach einer Einführung durch eine Diaschau wird die Schule für Steinbearbeitung besichtigt, ein Rundgang führt durch Laas und das Laaser Marmorwerk. Die Marmorbrüche selbst können aus Sicherheitsgründen leider nicht besichtigt werden.

Im Juni und Okt. 2007 jeden Sa, vom 29. Juni bis 28. Sept. 2007 jeden Di und Do Treffpunkt um 13.30–17 Uhr im Josefshaus (Parkplatz Feliusstraße), Anmeldung ist nicht erforderlich, ausgenommen für Busgruppen, Tel. 04 73 62 63 42

St. Sisinius Kirchlein

Eine der ältesten Kirchen im Vinschgau überhaupt. Das mit einer Mauer umfriedete Gotteshaus dürfte bereits im 8. Jahrhundert gestanden haben.

Am westlichen Dorfrand von Laas

Medaillenverdächtig – das Hotel des Olympiasiegers Gustav Thöni

Essen und Trinken

Tschenglsburg

Dieses Restaurant wurde in den Kellergewölben der im 11. Jahrhundert erbauten Burganlage eingerichtet. Im oberen Stockwerk eine Kuriosität: lebensgroße, aus Holz geschnitzte Puppen sind dort ausgestellt.

Tschenglsburg Nr. 35, Laas/Tschengls;
Tel. 04 73 73 97 97 •• AmEx MASTER VISA

Info

Tourismusverein Schlanders-Laas

Göflanerstr. 27, 39028 Schlanders;
Tel. 04 73 73 01 55, Fax 04 73 62 16 15;
www.schlanders-laas.it

STILFS

1307 Einwohner, 1300 m ü.d.M.

➤ [B 5]

Dieses kleine Bergdorf an der Straße zum Stilfserjoch hat sich geradezu am Berg festgeklammert: An einem sonnigen Hang wurden die Häuser an- und übereinander gebaut, ein wildromantisches »Haufendorf«, von kleinen Gassen und Treppen durchzogen. Von der einstigen Armut dieses Dorfes ist heute nicht mehr viel zu spüren, denn durch das nahe gelegene Sommer- und Winterskigebiet Sulden ist Stilfs heute ein beliebter Urlaubsort.

Hotels

Hotel Bella Vista

Gustav Thöni, Olympiasieger und ehemaliger Cheftrainer der italienischen Ski-Nationalmannschaft, führt dieses Familienhotel in Trafoi. Der Ortler ragt hoch über diesem kleinen Ort, der schon Berühmtheiten wie Sigmund Freud und Giuseppe Verdi gesehen hat, zu Zeiten, als das Klettern noch einer Elite vorbehalten war. In diesem Hotel wird der Familie alles geboten, vom Babysitter bis zur Animation im Bärenclub, und auch die ersten Versuche mit Skiern kann man vor dem Hotel wagen.

Stilfserjoch-Straße, Trafoi;
Tel. 04 73 61 17 16; www.gustav-thoeni.com ••

Ausflüge

Stilfserjoch-Straße

Europas höchste Passstraße ist die Stilfserjoch-Straße, eine sensationelle Straße, die sich von Trafoi auf 1543 Meter in 48 Kehren auf immerhin 2757 Meter Höhe schlängelt.

7 km von Stilfs nach Trafoi, dann von Trafoi bis zum Pass 14 km

IM SCHWELLENTAKT

Genau 100 Jahre nach der Eröffnung der Eisenbahnlinie nahm die Vinschger Bahn im Mai 2005 ihren Betrieb wieder auf.

15 Jahre hatte sie still gestanden, 15 Jahre lang war der Vinschgau für Pendler, Touristen und Schüler eine endlos lange Karawane von Autos, Bussen, Traktoren und Lastwagen. Dabei hatte alles so gut begonnen, als Anfang des vergangenen Jahrhunderts die erste Lokomotive festlich geschmückt den **Bahnhof Meran** verließ. Diesen schönen Jugendstilbahnhof hatte man sich nämlich ebenfalls zur Eröffnung geleistet. Große Träume waren an diese Bahntrasse geknüpft worden. Schon 1830 kam die Idee erstmals auf, als eines der vordringlichen Ziele Englands die kürzeste Verbindung mit Indien war. Immerhin war die Route über den **Reschenpass** schon seit Jahrhunderten von Menschen genutzt worden, um vom Norden Europas in den Süden zu gelangen. 1895 kam die Strecke noch einmal ins Gerede. Damals plante Adolf Guyer Zeller eine **Engadin-Orient-Bahn** ins Vinschgau, von dort nach Triest und nach Istanbul. Aber aus all diesen Träumen wurde nichts. Sie brachen wie Kartenhäuser zusammen. Stattdessen wurde die **Brennerbahn** gebaut (1867), die **Südbahn** durch das Pustertal (1871), die **Linie Bozen-Meran** wurde 1881 eröffnet, drei Jahre später die **Arlbergbahn** und 1896 auch noch die **Valsuganabahn**. Das Netz der Gleise wurde immer dichter, nur der Vinschgau bekam noch immer nicht seine eigene Bahn.

Neuer Zug auf alter Route: seit 2005 rollt die Vinschgaubahn wieder.

Doch dann, kaum hatte das neue Jahrtausend begonnen, kam die Erlösung aus Wien: Der Kaiser gab bekannt, dass die **Vinschgaubahn** als Lohn für den großen Einsatz der Vinschgauer Bevölkerung gebaut werden soll. Nach nur zweieinhalb Jahren Bauzeit wurde die Strecke eröffnet. Für das Tal brachte die Bahn einen großen wirtschaftlichen Aufschwung. Es entstanden viele Hotels. Die Laaser Marmorwerke konnten die schweren Marmorblöcke auf der Bahn befördern.

Zwei Kriege und ein zentral gelenkter Betrieb, der in die Nebenstrecken wenig investierte, setzten der Bahn zu. 1990 kam schließlich das Aus. Am 9. Juni fuhr der letzte Zug auf der Linie Meran-Mals, dann

Nur Wandern ist schöner – im Panoramawagen durch die Sommerlandschaft

wurde diese Strecke von den italienischen Staatsbahnen stillgelegt.

Die hübschen Bahnhöfe am Streckenverlauf wurden zu langsam zuwachsenden Zeugen einer vergessenen Zeit. Nostalgie schwang mit, wenn im Vinschgau über die »Bahn« geredet wurde. Aber auch die blanke Not. Denn in der Zeit der Hochsaison dauerte der Weg von Mals nach Bozen fast drei Stunden, eine kleine Weltreise.

Seit Mai 2005 fährt der Zug nun wieder, zunächst einmal im Stundentakt, mit Stopps an allen Bahnhöfen auf der Strecke. Mit einer Geschwindigkeit von bis zu 100 km/h braucht diese Verbindung von Mals bis Bozen heute nur noch anderthalb Stunden. Die neuen Waggons sind funktionell und modern, mit der Sehnsucht nach der alten Bimmelbahn hat die neue Strecke nichts mehr zu tun.

Es wurden 57 **Stahlbrücken** mit Spannweiten zwischen drei und 127 Metern ausgetauscht. Die drei Tunnel und der Lawinenschutz am Marlingerberg wurden genauso instand gesetzt wie das Schlanderser Viadukt. Und um die Sicherheit der Bahnlinie zu erhöhen, wurden über 50 Bahnübergänge geschlossen bzw. ersetzt.

Ortler

Der Ortler ist ein mächtiger Kalkbrocken mit einer Eishaube oben drauf, der höchste Berg Südtirols (3905 m), ein lohnendes Gipfelziel für ambitionierte Bergsteiger. Der Normalweg verläuft im Wesentlichen auf dem zum Teil vergletscherten Nordgrat über die Payerhütte als Stützpunkt auf immerhin 3029 Meter, man erreicht sie von St. Gertraud in Sulden über den bezeichneten und gut ausgebauten Weg Nr. 4. Allerdings ist dieser Gipfel nur etwas für erfahrene und trittsichere Berggeher. Er erfordert Sicherheit in Fels und Eis. Blankeispassagen und gähnende Spalten sollten unerfahrene Hobby-Bergsteiger von einem Gipfelsturm abhalten, auch wenn der Ausblick grandios sein soll. Schließlich liegen dem Ortler alle Berge in weitem Umkreis zu Füßen.

Museen

Alpine Curiosa

In einem Raum im »Flohhäuschen« (gegenüber vom Hotel Post) in Sulden hat Extrembergsteiger Reinhold Messner eine Art Reliquiensammlung des Bergsteigens ausgestellt: zum Beispiel ein Splitter aus dem Gipfelkreuz des Mont Aiguille, dem Berg in der Nähe Grenobles, der 1492 erstmals bestiegen wurde, oder den Kletterhammer von Paul Preuss (1886–1913), einem Grenzgänger und Pionier der Berge. In dem kleinen Raum und durch den zur Ausstellung gehörenden Katalog lernt man viel über die Geschichte des Alpinismus.

Flohhäuschen, Sulden; Informationen beim Tourismusverein Sulden; Tel. 04 73 61 30 15; tgl. 9–19 Uhr

Naturatrafoi – Nationalparkhaus Trafoi

In Ton- und Bildinstallationen werden in diesem Nationalparkhaus an der Stilfser Jochstraße die eigentlichen Überlebenskünstler der Gebirge porträtiert: die Pflanzen und Tiere. Wie überlebten Flora und Fauna, als das Eis für Jahrtausende alles bedeckte und nur noch die Bergspitzen aus dem Eismeer herausragten? Wie passen sich die Tiere den extremen Wetterwechseln im Lebensraum Hochgebirge an? Was für Tricks entwickelten Pflanzen, um Hitze und Kälte standzuhalten? Hier lernt man alles über die Vorsicht der Schneehasen, die sich einen Pelz zulegen.

Trafoi 57, Stilfs; Tel. 04 73 61 20 31; 15. Mai–31. Okt. Di–Fr 9–12 und 14.30–18 Uhr, Sa, So und Feiertage 14.30–18 Uhr

Essen und Trinken

Yak und Yeti

Bauernhof und Gastwirtschaft in Sulden mit »Yak-Stube« und »Schneelöwen-Tisch«, Südtirols höchster bio-landwirtschaftlicher Betrieb. Hinter dem Gasthaus, das Reinhold Messner ins Leben gerufen hat, steht die Idee der Verflechtung von Tourismus, Landwirtschaft und Kultur. Auf der Speisekarte stehen u.a. Gerichte mit Yak-Fleisch. Auch diese Yaks hat Reinhold Messner nach Südtirol gebracht. Heute grasen sie ein Stück vom Haus entfernt.

Sulden 55; Tel. 04 73 61 32 66 •• CREDIT

Info

Tourismusverein Sulden

Hauptstraße, 39029 Sulden, Tel. 04 73 73 70 67; www.sulden.com

PRAD

3241 Einwohner, 915 m ü.d.M.

➤ [B 4]

Ein beliebter Ort der Sommerfrische am Beginn der Straße zum Stilfserjoch, mit nostalgischem Kopfsteinpflaster und bäuerlichem Ambiente. Prad liegt auf einer Ebene und ist so vor allem für sportliche Familien ein idealer Ausgangspunkt, denn die weite Ebene lockt mit einem großen Netz an Fahrrad- und Wanderwegen.

Hotels

Hotel Post Hirsch

Hochherrschaftlich wirkt dieses Hotel in Spondinig mit seinen symmetrischen Balkonen im Stil der k.u.k.-Monarchie, umstanden von großen Bäumen. Seit dem Jahr 1826 befindet es sich bereits in Familienbetrieb.

Spondinig 7, Prad; Tel. 04 73 61 60 21; www.hotel.posthirsch.suedtirol.com • VISA

Alles dreht sich ums Wasser im Nationalparkzentrum Aquaprad.

Museen

Aquaprad – Nationalparkhaus Prad

Mit seinen rund 135 000 Hektar ist der Nationalpark Stilfserjoch eines der größten Naturschutzgebiete in Europa. Es reicht von Südtirol über das Trentino bis in die Lombardei hinein. Gleich mehrere Besucherzentren des Nationalparks berichten in Südtirol über Land und Leute, Flora und Fauna. Dabei geht es in »Aquaprad« zwar um das Wasser, aber einmal nicht um die Waale, sondern um die Bäche und Flüsse des Vinschgaus. In zwölf schönen Aquarien leben 30 einheimische Fischarten, einige Schlangenarten, Echsen und sogar Flusskrebse, die ein Indiz für besonders gute Wasserqualität sind. Doch es sind keine normalen Aquarien: In einem nachgestellten Bachlauf (15 m lang) kann man Forellen springen sehen, in einem großen Seeaquarium mit 150 000 Liter Wasser wurde ein Bergsee naturgetreu inszeniert, mitsamt seinen Jägern und Beutefischen. In einer Nische neben diesem großen

Aquarium wurde eine schöne Station zum Verweilen geschaffen: Mit der Musik großer Komponisten rund um das Wasser (nach Wahl) kann man das Unterwassertreiben genießen. In einem Streichelbecken dürfen Kinder einmal ausprobieren, wie sich ein lebender Fisch anfühlt, und schließlich an interaktiven Computerspielen das gerade Erlernte ausprobieren.

Kreuzweg 4/c, Prad; Tel. 04 73 61 82 12; www.aquaprad.com; Di–Fr 9–12 und 14.30–18 Uhr, Sa, So und Feiertage 14.30–18 Uhr, Aug. tgl. 9–18 Uhr, 1. Nov., 24.–26. und 31. Dez., 1. Jan. geschl.

Info

Tourismusverein Prad am Stilfserjoch

Kreuzweg 4 c, 39026 Prad; Tel. 04 73 61 60 34; www.prad.suedtirol.com

SCHLUDERNS

1876 Einwohner, 921 m ü.d.M.

➤ [B 4]

In Schluderns mit seinen pittoresken Winkeln und Gassen, überragt von der Churburg, zeigt sich die Einheit von Dorf und Burg besonders eindrucksvoll. Am Großen Platz steht eine Statue des »Pseyrer Josele«, eigentlich Josef Pichler, Jäger auf der Churburg, der 1804 als Erster den Ortler bestieg. Ein Haflinger-Denkmal gibt es ebenfalls und das aus gutem Grund: Das erste Fohlen dieser Art kam nämlich nicht in Hafling zur Welt, sondern hier, in Schluderns (➤ MERIAN-Spezial, S. 218).

Rüstkammer der Churburg – leicht hatten sie's nicht, die Ritter.

Hotels

Gasthof zur Post

Seit 500 Jahren im Besitz derselben Familie. Von der Halle mit ihrem gotischen Gewölbe gehen die Zimmer ab, mit getäfelten Stuben, alles rücksichtsvoll renoviert – ein Hochgenuss für Liebhaber alter Ansitze.

Flora-Str. 15, Glurns; Tel. 04 73 83 12 08; www.hotel-post-glurns.com • AmEx MASTER VISA

Ausflug

Ganglegg

Das »Ganglegg« ist eine befestigte Höhensiedlung aus der Bronze- und Eisenzeit. Hier, oberhalb von Schluderns, werden seit 1997 archäologische Grabungen durchgeführt, die ein wichtiger Meilenstein in der Erforschung der Frühgeschichte des Vinschgaus waren. Die ausgezeichnet erhaltenen Befestigungsanlagen und Gebäude wurden restauriert und überdacht. Die im Vintschger Museum gezeigten Fundstücke stammen zum großen Teil aus dieser Grabungsstätte. Offensichtlich befand sich hier über Jahrtausende ein wichtiger Siedlungsort, der erst nach der Römerzeit verlassen wurde. Ein wenig abseits der Häuserreste fand man auf einer Kuppe einen Opferplatz für Brandopfer, wo Tausende von Rindern, Schafen und Ziegen geopfert wurden.

Führungen: 18., 25. Juli, 1., 8., 22., 29. Aug. 2007 um 9.30 Uhr, Treffpunkt Vintschger Museum, Meraner Str. 1

Glurns

(→ Der gute Tipp von MERIAN, S. 70)

Sehenswertes

Churburg 10

Die zinnengekrönte Churburg ist die schönste der Südtiroler Burgen, eine der großen Sehenswürdigkeiten des Landes. Wehrhaft und wohnlich zugleich ist sie eine Zeitmaschine. Schon von weitem versetzt sie ihre Besucher in eine andere Epoche. Berühmt ist die Churburg für ihre Rüstkammer, in der sich die größte private Sammlung von Ritterrüstungen überhaupt befindet, darunter Kuriositäten wie die drei Rüstungen ein und desselben Ritters, der mit den Jahren immer größere Ausführungen benötigte, oder die Rüstung, die 1450 für den vorletzten Matscher gefertigt wurde – er war mit 2,10 Meter nicht nur zu seiner Zeit ein wahrer Riese.

Die Burg wurde ab etwa 1250 von Heinrich IV., Bischof von Chur, aus dem Haus Montfort errichtet, mit Bedacht am Eingang zum Matscher Tal. Doch bald schon fiel sie eben diesen Herren von Matsch in die Hände. Als dieses Geschlecht 1504 ausstarb, ging die Burg an die Grafen von Trapp, in deren Besitz sie sich auch heute noch befindet.

In einem herrlichen Arkaden-Innenhof rankt sich in feinster Malerei der Stammbau der beiden Geschlechter rund um den Innenhof, ausgeschmückt mit allerlei Fabelwesen. Die Arkaden werden gestützt von 16 Säulen, von denen nicht eine der anderen gleicht. Ein besonderes Stück ist auch die intarsiengeschmückte Hausorgel, die 1559 in Auftrag gegeben wurde. Weil sie noch immer spielbar ist, werden manchmal Konzerte auf dem wertvollen Instrument gegeben.

Churburg 1, Schluderns; Tel. 04 73 61 52 41; www.churburg.com; 20. März–31. Okt. Di–So 10–12, 14–16.30 Uhr (letzte Führung)

AUTORENTIPP Im Schlagschatten der Churburg finden jedes Jahr die Südtiroler Ritterspiele statt. Zu sehen gibt es spektakuläre Turniere, die nachgestellte »Calvenschlacht«, einen Mittelaltermarkt und jede Menge Gaukler. Ein Wochenende Ende August; Verein Ritterspiele Südtirol, Rathausplatz 1, Schluderns; Tel. 04 73 61 52 22; www.ritterspielesuedtirol.com

Museen

Vintschger Museum

Wer den Vinschgau verstehen möchte, muss dieses Museum besuchen, dessen Parcours die Geschichte des Vinschgaus von den Anfängen bis heute durchmisst. Nicht viel mehr als einen Steinwurf von der Churburg entfernt, haben die Museumsgestalter hier aus einem vermeintlich faden Thema ein äußerst spannendes Museum gestaltet. Natürlich steht auch hier das Wasser im Vordergrund, das Generalthema im Vinschgau. Das Museum zeigt, wie das Wasser das Leben der Menschen bestimmte, ihre Sprache, ihren Tagesablauf, ihre Riten.

Die Besucher erfahren alles über den alten Beruf des »Waalers«, über Wasserrechte im Lauf der Sonne und vorchristliche Verehrung von Wassergottheiten. Sie erfahren aber auch von der Armut des oberen Vinschgaus, von den »Schwabenkindern«, die aus Not vom Vinschgau über die Berge nach Schwaben zogen, um dort zu arbeiten.

Der Parcours führt von rauer Vorzeit (etwa 5000 v. Chr.) über Räter und Römer bis zum Vinschgau des Mittelalters und endet im Hier und Jetzt. In einem rätischen Haus aus der Eisenzeit kann man sich fühlen wie ein Räter – am Ende darf man noch seinen Namen im Stile rätischer Inschriften auf die Wand schreiben. Aber auch die Vinschger Kulte kommen nicht zu kurz. Zum Museum gehört auch ein Waal-Lehrpfad unter dem Motto »WasserWosser«.

Meraner Str. 1; Tel. 04 73 61 55 90; 20. März–31. Okt. Di–So 10–12, 15–18 Uhr; im Winter gegen Voranmeldung im Tourismusverein Schluderns; Tel. 04 73 61 52 58

Info

Tourismusverein Schluderns

Rathausplatz, 39020 Schluderns; Tel. 04 73 61 52 58, Fax 04 73 61 54 44; www.ferienregion-obervinschgau.it

MALS

4950 Einwohner, 1051 m ü.d.M.

➤ [B 4]

Mals ist der sonnige Hauptort des Obervinschgaus, ein Ort, der mit seinen karolingischen und romanischen Kirchen so gar nicht aussieht wie ein Tiroler Bergdorf. Hier glaubt man sich beinahe schon dem alten Rom nahe, von Türmen überragt und von Weizenfeldern umwogt. Fünf markante Türme ragen in den Himmel, drei romanische, ein gotischer und der runde Bergfried von der Fröhlichsburg (12. Jahrhundert).

Ausflüge

Tartscher Bühel

(→ Der gute Tipp von MERIAN, S. 75)

Uinaschlucht

Bei einer Wanderung von dem Dörfchen Schlinig aus, Hauptort eines schönen ursprünglichen Hochtales, kann man in das Schweizer Grenzgebiet wandern zur Uinaschlucht. Schon 1910 wurde der kühne Felsenweg erbaut, der durch die obere Schlucht des Uinatales führt und das Unterengadin unmittelbar mit dem Vinschgau verbindet. Mehr als 1000 Meter Weglänge, bis zu 100 Meter über dem Schluchtgrund, musste der Weg in einer Breite von 130 Zentimetern aus der fast senkrechten Felswand ausgebrochen werden, meist als felsüberdachte Galerie mit zwei Tunneln. Allein im Jahr 1911 zählte die Hütte 600 Besucher, was viel war in damaliger Zeit. Heute ist das Tal vor allem an Wochenenden eher zu meiden, da es ein Besuchermagnet für Wanderer und Biker ist.

Eine schweißtreibende Tagestour, bei der 750 Höhenmeter überwunden werden müssen, insgesamt etwa sechs Stunden Gehzeit. Die wilde tiefe Schlucht aber rechtfertigt alle Mühe. Mit dem Bus kann man übrigens über Martinsbruck und Nauders wieder nach Burgeis zurückkommen oder aber auf dem Hinweg zurück.

13 km von Mals, Hütte Schlinger Alm, Schlinig 24; Tel. 04 73 83 01 52; Juni–Allerheiligen und 1. Dez.–Ostern

Val Müstair

Ein Abstecher in das nahe gelegene »Val Müstair« in Graubünden lohnt sich. Manche halten es für eines der schönsten Bergtäler der Schweiz. Die kleinen Orte mit nur wenigen Hundert Einwohnern wie Tschierv, Fuldera, Lü und Valchava haben ihren ganz eigenen Charme. Weltbekannt ist das Kloster St. Johann aus dem 8. Jahrhundert. Hier findet man einen der größten erhaltenen karolingischen Freskenzyklus, der 1983 von der UNESCO zum Weltkulturerbe erklärt wurde. Der Legende nach hat der Karolinger Karl der Große das Kloster Sankt Johann gegründet. Der Pfalzbau, am Schnittpunkt wichtiger Handels- und Heereswege gelegen, gilt als Symbol fränkischer Verkehrs- und Reichspolitik.

12 km von Mals

Sehenswertes

Kirche St. Benedikt

Diese kleine Kirche am Westrand des Dorfes stammt aus der Zeit um 800. Auch die karolingischen Fresken entstanden um diese Zeit, damit gehören sie wie jene von St. Prokulus in Naturns (→ Der gute Tipp von MERIAN, S. 62) zu den ältesten Fresken im deutschen Sprachraum. Die Malereien gehören dem Stil der »karolingischen Renaissance« an, der am Hof Kaiser Karl des Großen entwickelt wurden: Dargestellt sind Papst Gregor der Große und Christus mit dem Zepter und der Weltkugel, dazwischen die Stifter der Kirche, die ursprünglich zum Benediktinerstift Müstair gehörte.

Info

Tourismusverein Mals

St. Benediktstr. 1, 39024 Mals; Tel. 04 73 83 11 90, Fax 04 73 83 19 01; www.vinschgau-suedtirol.com

BURGEIS

800 Einwohner, 1215 m ü.d.M.

➤ [B 3–4]

Dieser kleine Ort ganz oben im Vinschgau rund um den St. Michaels Brunnen hat trotz seiner bescheidenen Ausmaße doch et-

Steinalt – verschlungenes Ornament im Kirchlein St. Benedikt was Kleinstädtisches mit seinen verwinkelten Gassen, Erkern, Torbögen und Freitreppen: eines der idyllischsten Dörfer des Vinschgaus, mit seinen nur 800 Einwohnern. Besonders reich ist es an mit Fresken verzierten Hausfassaden. Die nahe dem Ort gelegene Fürstenburg wurde im 13. Jahrhundert als Sitz der Fürstbischöfe von Chur erbaut. Heute ist eine Fachschule für Landwirtschaft dort untergebracht.

Sehenswertes

Kloster Marienberg

Wie eine Gottesburg, weiß und mächtig, so erhebt sich dieses Kloster aus dem 12. Jahrhundert über Burgeis, die höchst gelegene Benediktinerabtei der Welt: Kloster Marienberg. Die hohen Mauern wirken wie Festungsmauern, sind in Wirklichkeit aber ein mächtiger Unterbau, um das Kloster in Hanglage abzustützen. Bis heute aber ist das Kloster eine Festung des Glaubens und war über Jahrhunderte hinweg der geistige Mittelpunkt des oberen Vinschgau. Noch immer leben hier Mönche. Die barocke Stiftskirche und vor allem die Krypta sind zu besichtigen: In der 1156 eingeweihten Krypta sind schöne romanische Fresken mit byzantinischem Einfluss: Christus, seine Apostel und Engel bevölkern die Krypta.

Benediktinerabtei Marienberg, Schlinig 1, Mals; Tel. 04 73 83 13 06; www.marienberg.it; 1. Mai–30. Juni und 16. Sept.–30. Okt. Mo–Fr 10.45 und 15 Uhr, Sa 10.45 Uhr, 1. Juli–15. Sept. Mo–Fr 10, 11, 15 und 16 Uhr, Sa 10 und 11 Uhr, 1. Nov.–30. April nur nach Voranmeldung

AUTORENTIPP Auf der Reschner Alm liegt einem der Reschensee zu Füßen – ein wahrhaft grandioser Ausblick. Man fährt von Reschen zur Talstation der Kabinenumlaufbahn Schöneben, weiter über die Rojenstraße bis zur ersten Brücke über den Rojenbach. Dann beginnt eine drei Kilometer lange Schotterstraße. Die Almhütte ist bewirtschaftet und bietet auf 2000 Meter Höhe deftige Hausmannskost. Alice Stecher, Loretweg 7; Tel. 34 91 35 28 31 • ✉

Info

Tourismusbüro Burgeis

Tel. 04 73 73 70 72

RESCHENSEE

(→ Der gute Tipp von MERIAN, S. 65)

Museen

Museum Vinschger Oberland

Das kleine Heimatmuseum der Gemeinde Graun im alten Gemeindehaus neben der Kirche dokumentiert die Stauung des Reschensees und zeigt neben einer alten Stube eine Sammlung sakraler Kunst der Umgebung.

Altes Gemeindehaus, Graun in Vinschgau; Tel. 04 73 63 31 27; Juni–Sept. Mi und Do 15.30–16.30 Uhr, nur mit Führung

Info

Tourismusverein Reschen

39027 Reschen; Tel. 04 73 63 31 01, Fax 04 73 63 31 40; www.reschen.suedtirol.com

Wie eine Festung thront das Kloster Marienberg über dem oberen Vinschgau.

AG
Es lebe die HEIMAT
19

FOKUS

Deutsch-italienische Begegnungen sind in Südtirol traditionell nicht immer ganz einfach. Aber es gibt auch Dinge, über die sich alle einig sind: etwa dass der Lauf der Sonne nirgends schöner dargestellt ist als in den alten Sonnenuhren oder dass eine der aufregendsten Straßen der Erde die Dolomiten quert und dass wir alle nur zu Gast im selben Theater sind – auch wenn hier deutsch und dort italienisch gesprochen wird.

Die wechselvolle Geschichte hat die Heimatverbundenheit eher gestärkt.

Die Zeit und die Sonne bewegen sich außerhalb der Einfluss-Sphäre des Menschen: Sonnenuhr am Kloster Neustift.

VON MYTHEN, BERGEN UND BILDERN

Eine eigene Pferderasse, ein begnadeter Bildschnitzer, ein Architekt, der zum renommierten Filmemacher avancierte, und eine lebendige Kulturszene haben Südtirol auch über die Landesgrenzen hinaus bekannt gemacht.

DIE SPUR DER SONNE

Nirgends ist das Vergehen der Zeit so bildlich fassbar wie in dem Lauf der Sonne von Horizont zu Horizont. Sonnenuhren sind eine Mischung aus Zeitmessung und ästhetischem Genuss. Die Sonnenuhren scheinen die Zeit nicht nur messen, sondern sie gleichzeitig auch in ihrem Wesen darstellen zu wollen.

Es gibt noch viele Sonnenuhren in Südtirol, und eine ist schöner als die andere: Mal wächst der Schattenstab aus dem Gesicht einer lächelnden Sonne heraus, mal wird er von einem Todesboten, einem Skelett etwa, gehalten, mal folgt die Zeiteinteilung dem Faltenwurf eines schwingenden Rockes, den ein tanzendes Mädchen hält, wie an der Südfassade des herrschaftlichen Ansitzes in Dietenheim bei Bruneck, wo heute das Südtiroler Volkskundemuseum untergebracht ist.

In der einfachen Darstellung von Vergänglichkeit liegt die besondere Poesie der alten Sonnenuhren. Wunderschön auf einer ockerfarbenen Hauswand lächelt die Sonne an der Fassade der Schlandersburg, einst Sitz des Gerichtes in Schlanders im Vinschgau, heute ein von Grund auf restauriertes Kulturzentrum. Die lachende Sonne hält den Schattenstab im Mund. Im krassen Gegensatz dazu steht die Sonnenuhr im Kapuzinergang in Meran: Der Sensenmann, als Skelett dargestellt, hält das Ziffernblatt, das sich in komplizierten Linien wie ein Spinnennetz über die Wand zieht, weshalb man dieses Netzwerk früher auch »Arachne« (Spinnennetz) nannte. Dabei wird deutlich, dass die Sonnenuhr nicht einfach nur ein primitiver Zeitmesser ist. Ganz im Gegenteil: Denn das Netz an Linien misst die Zeit nicht nur im Tageslauf, sondern auch im Jahreslauf, die Sonnenuhr ist also auch ein Kalender. Hinter dem komplizierten Liniennetz steht ein aufwändiges System an Erfahrung und Berechnung. Über Jahrhunderte waren die an exponierter Stelle angebrachten Sonnenuhren ein wichtiger Referenzpunkt des Lebens. Als Uhrenmechaniker begannen, die Zeit mit Rädchen und Federn zu messen, wurden ihre Werkstätten gestürmt: Zu frevelhaft schien ihr Tun. Sie könnten den Lauf der Zeit mit ihrem neuen Zauberwerk womöglich gar beeinflussen und lenken, fürchtete man.

Und vielleicht hatten die »Uhrenstürmer« von damals gar nicht so Unrecht. Denn unsere hyperexakte Zeitmessung von heute scheint mit der Zeitbeobachtung von einst nicht mehr viel gemein zu haben. Wir messen statt zu sehen.

Im Jahr 1967 wurde die neue Zeit exakt definiert. Seitdem läuft unsere Zeit in unglaublicher Präzision: Eine Sekunde ist von nun an »das 9.192.631.770-Fache der Periodendauer der dem Übergang zwischen den beiden Hyperfeinstrukturniveaus des Grundzustandes von Atomen des Zäsiumnuklids 133 entsprechenden Strahlung«. Was immer das auch heißen mag – sicher ist: Die Zeit hat spätestens seit dieser Definition ihre Sinnlichkeit verloren.

Die älteste Form der Zeitmessung war der Blick auf den eigenen Schatten. War er kurz, so stand die Sonne hoch am Himmel, war er lang, so wurde es Abend. Auf einem altägyptischen Papyrus fand man eine Liebesbotschaft mit einer heute kurios anmutenden genauen Zeitangabe: »Sobald dein Schatten die Länge von 16 Fuß erreicht haben wird, dann, geliebte Berenike, wird Amasis dich im Olivenhain erwarten.«

Ähnlich rudimentär ist die Zeitbeobachtung, die in einem Südtiroler Dialekt-Wort überliefert ist. Das sogenannte »Stoaß-Loch« ist der tiefste Einschnitt in der Berglandschaft am westlichen Horizont. In Schenna bei Meran ist der Begriff noch geläufig. Zweimal im Jahr, im März und im September, geht die Sonne exakt in dieser Kerbe unter. Für die Bauern ist dies ein bedeutendes Zeichen im Jahreslauf des Säens und Erntens.

Die Sonnenuhr nimmt diese Prinzipien auf: Ihr Stab wirft einen Schlagschatten, der je nach Tageszeit die Richtung ändert und an jedem Tag eine andere Länge hat. So ist die alte Messung der Zeit mit Licht und Schatten in Wirklichkeit eine physikalisch ausgeklügelte Methode, der Stab der meisten Sonnenuhren steht dabei parallel zur Erdachse.

Manche der Sonnenuhren sind schon ganz verblasst, andere sind schön restauriert wie die blaue Uhr an einem Meraner Haus in der Manzonistraße 13, eine der wenigen Südtiroler Sonnenuhren im Jugendstil. Besonders schön ist auch die Darstellung auf einem alten Ansitz in Aufhofen bei Bruneck: Hier hält die Muttergottes als Herrin der Zeit den Schattenstab in der Hand.

Dass die Faszination der Sonnenuhr sich auch heute noch nicht überlebt hat, zeigt eine ganz neue Uhr dieser Art auf dem Rathausplatz in Bruneck. Der Pustertaler Künstler Luis Seiwald hat hier das Ziffernblatt in metallenen Plaketten in den Boden eingelassen. Der Mensch selber ist – wenn er sich an der richtigen Stelle aufstellt – der Schattenstab.

HAFLINGER – PFERDE IN SÜDTIROL

Ihre Mähne schimmert golden im Sonnenlicht, die kräftigen Muskeln zeichnen sich unter dem fuchsfarbenen Fell ab, das Profil ist edel geformt wie das eines Arabers – der Haflinger ist ein Pferd, wie es sich alle wünschen: schön und robust zugleich, kräftig, aber doch elegant, nicht zu groß, so dass sich auch Kinder nicht fürchten, schnell und doch trittsicher. Es ist das ideale Pferd für die Berge, längst ist es zu einem Symbol Südtirols geworden, dabei war der Haflinger lange vor der offiziellen Anerkennung seiner Südtiroler Herkunft bereits das geheime Wappentier des Landes.

Ihren Namen verdankt diese Pferderasse dem Dorf Hafling auf dem Bergrücken zwischen Bozen und Meran. Ihre Ursprünge hatten sie in den Bergen. Pferde waren über Jahrhunderte wichtige Arbeits- und Transporttiere in den Alpen. Der Abt Lampert von Hersfeld etwa berichtet von einer dramatischen Alpenüberquerung, bei der Pferde eine wichtige Rolle spielten:

Heinrich IV. machte sich auf zu seinem berühmt gewordenen Gang nach Canossa. Entweder er söhnte sich mit dem Papsttum aus, oder er verlor seine Herrschaft. »Der Winter war äußerst

Ein Tier wie seine Heimat – schön, stark und nicht unterzukriegen

streng«, berichtet sein Chronist, »und die sich ungeheuer weit hinziehenden und mit ihren Gipfeln fast in die Wolken ragenden Berge, über die der Weg führte, starrten so von ungeheuren Schneemassen und Eis, dass beim Abstieg auf den glatten, steilen Hängen weder Reiter noch Fußgänger ohne Gefahr einen Schritt tun konnte.« Doch Heinrich konnte nicht zurück, er hatte keine Wahl, also ging er vorwärts: »Sie krochen bald auf Händen und Füßen vorwärts, bald stützten sie sich auf die Schultern ihrer Führer, manchmal auch, wenn ihr Fuß auf dem glatten Boden ausglitt, fielen sie hin und rutschten ein ganzes Stück hinunter.« Schließlich kamen sie in der Ebene an. Auch die Herrscherin und ihre Dienerinnen mussten durch den Schnee, viele starben. Viel wichtiger als die Frauen aber waren die Pferde, denen der Chronist wesentlich mehr Platz einräumte als den Frauen im Tross. Man band diesen Pferden die Füße zusammen und schleifte sie hinab ins Tal, aber nur wenige überlebten, eine Tragödie für das weitere Fortkommen.

Dass Heinrich sein Gang nach Canossa trotz dieser Widrigkeiten gelang, ist bekannt. Die Episode aber zeigt, wie wichtig Pferde früher in den Alpen waren. Über Jahrhunderte hinweg stellte die Bergbevölkerung den Durchreisenden kräftige, trittsichere Pferde zur Verfügung. Zu Beginn des 19. Jahrhunderts wurden die Ururugroßeltern des Haflingers durch Kreuzung mit schweren Tieren immer robuster. Sie sollten in der Lage sein, auch schwere Lasten zu ziehen. Doch das Kriegsministerium in Wien schritt höchstselbst ein und stoppte diese Entwicklung im bäuerlichen Tirol, besorgt, die Rasse könne zu schwer werden und deswegen für militärische Einsätze ungeeignet sein.

1873 führte die österreichische Regierung den arabischen Hengst El Bedavi XXII gegen den Widerstand der Bauern ein. Mit einer Stute aus Schluderns, die einem gewissen Josef Folie gehörte, paarte sich der feurige Araber. Einige Monate später kam ein wunderschönes Fohlen zur Welt, das erste Haflinger-Fohlen mit falben Deckhaaren. In diesem Pferd verband sich die Kraft der robusten Bergpferde mit der Eleganz der Araber.

DER BRUNECKER MEISTER DER ALTÄRE

Als Michael Pacher mit seiner Frau Ottilia und seinen Kindern in Bruneck lebte und in der Stadtgasse eine der bedeutendsten Altar-Werkstätten des ausgehenden Mittelalters betrieb, war Bruneck eine noch junge Stadt. Gerade einmal 200 Jahre waren vergangen, seit der Bischof von Brixen den Grundstein zum Schloss gelegt hatte. Die Stadtmauer mit ihren vier Stadttoren war vollendet, geschützt von einem breiten Graben. Die Landstraße durch das Pustertal führte beim unteren Tor in die Stadt auf einen großen Platz, wo die Waren gewogen und verzollt wurden. Nur in einer schmalen Gasse war es den Bürgern Brunecks erlaubt, an der Innenseite der nördlichen Stadtmauer Werkstätten und Lagerhäuser zu errichten, die später zu Wohnhäusern ausgebaut wurden.

Der Pacher-Altar in der Erasmuskapelle von Bozen-Gries zählt zu den großen Kunstschätzen Südtirols.

Die Stadt war klein, die Gasse war schmal, am östlichen Ende der Stadt verließ die Landstraße Bruneck wieder und überquerte dort die einzige befahrbare Brücke der Stadt. Aber in ihrem Inneren schuf der Meister Michael Pacher mit seinen Gesellen, darunter auch seine Söhne, unvergleichliche Altäre. Und das ist auch schon fast alles, was man vom Leben dieses Altarschöpfers weiß, der heute als Hauptmeister der österreichischen Spätgotik geschätzt wird.

Nur wenige Dokumente wie Rechnungen, Verträge und Quittungen geben über sein Leben Auskunft. 1920 schrieb der Kunsthistoriker Josef Garber über Pacher: »Verborgen in nebelhafter Ferne bleibt uns alles Persönliche des Künstlers. Aus den Urkunden, die er unterfertigt hat, tritt er uns als einfacher Bürger und Maler Brunecks entgegen; aus den Zahlungen, die an ihn erfolgen, als Handwerker, ohne ein Wort des Lobes oder Tadels, bekommt er seinen Verdienst wie ein Schlosser, Schuster oder Bäcker. In den Vertragsbriefen für die Bestellungen erscheint er eher als Arbeiter denn als Künstler, dem genau vorgeschrieben wird, wie sein Werk auszusehen hat.« Verändert hat sich an der Quellenlage seitdem nicht viel.

Geblieben aber sind einige seiner Werke, darunter einer der bedeutendsten Flügelaltäre in Mitteleuropa überhaupt, der Hochaltar von Sankt Wolfgang im Salzkammergut (Oberösterreich). Der prächtige Flügelaltar, das Hauptwerk Michael Pachers, entstand zwischen 1471 und 1481. Am Übergang zur Renaissance schuf Pacher hier ein Gesamtkunstwerk aus Architektur, Plastik und Malerei, das in seinen beachtlichen Ausmaßen Zeugnis von einem ganz neuen und monumentalen Verständnis des Raumes ablegt. Vor allem in der Malerei erkennt man die Einflüsse der neuen Zeit: Die Figuren wirken besonders plastisch, dargestellt in lichterfüllten Szenen mit tiefer Perspektive. Hier zeigen sich die Einflüsse der norditalienischen Malschulen, in denen die Renaissance bereits Einzug gehalten hatte. Pacher war diesen Schulen nach seiner Werkstattlehre in der Brunecker Stadtgasse begegnet. Wie damals üblich ging er auf die Wanderschaft – auf die vier Lehrjahre folgten zwei Wanderjahre. Sie führten ihn um 1450 auch nach Padua,

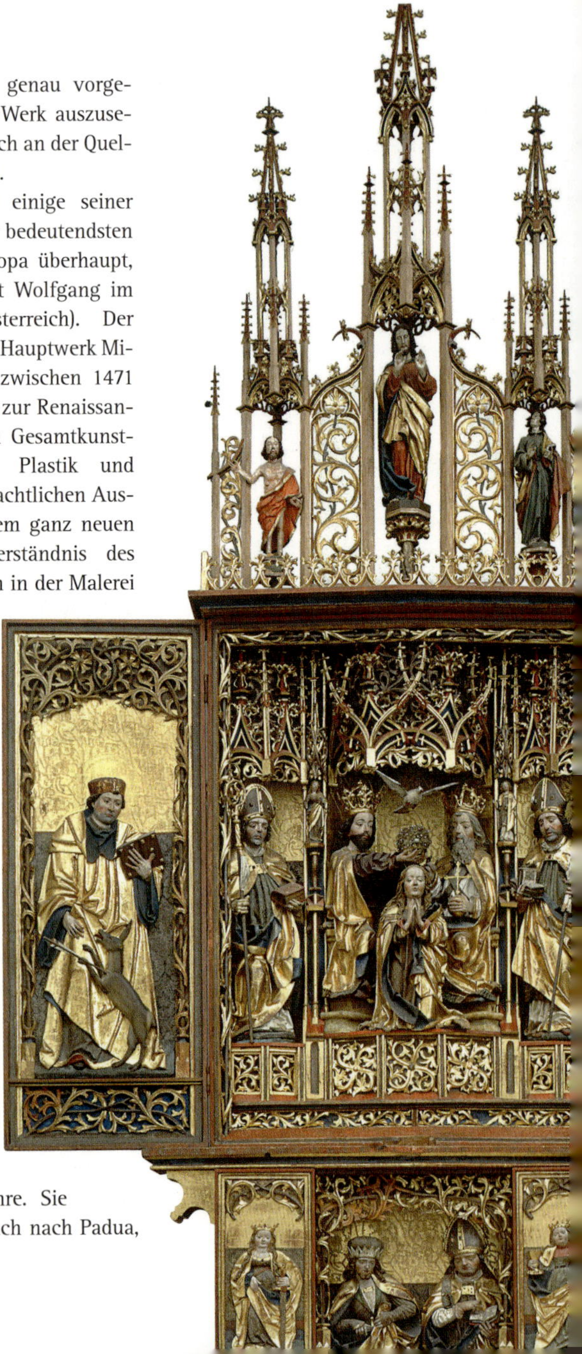

wo er mit dem Künstlerkreis um Jacopo Bellini, Donatello und mit Andrea Mantegna in Berührung kam.

In Südtirol sind nicht mehr viele Werke Pachers zu sehen. Ein großer Altar, der Laurentiusaltar, den Pacher für St. Lorenzen bei Bruneck schuf, ist in Teilen in der Alten Pinakothek in München und in der Österreichischen Galerie Belvedere in Wien zu sehen. Ein faszinierender Rest dieses großen Altars allerdings befindet sich nach wie vor in der Pfarrkirche von St. Lorenzen: »Die Traubenmadonna«. Das Jesuskind sitzt auf dem Schoß seiner schönen, ganz in Gold gewandeten Mutter und isst genüsslich Trauben. Auch der sogenannte »Kirchenväteraltar« in der Gemäldegalerie Neustift bei Brixen ist im Original in der Alten Pinakothek in München, 1809 wurde er auf Befehl des Bayernkönigs Max I. Joseph in die bayrische Landeshauptstadt gebracht und nie wieder zurückgegeben.

In der Alten Pfarrkirche von Bozen-Gries ist ein, wenn auch nicht mehr vollständig erhaltener Altar Pachers in der »Erasmuskapelle« verblieben. Dieser von Pacher 1471 geschaffene Schnitzaltar gehört zu den großen Kunstschätzen Südtirols. Der Schrein zeigt die Krönung Mariens (1. April–Ende Okt. Mo–Fr 10.30–12 und 14.30–16 Uhr). Bruneck selber hat bis auf einen kleinen Engel im Brunecker Stadtmuseum nichts mehr von seinem großen Meister bewahren können. Zumindest weist eine Gedenktafel an dem Haus in der Stadtgasse Nr. 29 darauf hin, dass sich hier einst die Werkstatt des Meisters befand.

Juwel der Spätgotik – Hochaltar der Kirche St. Ingenuin und Albuin

Für sein letztes großes Werk verließ Michael Pacher seine Heimatstadt und zog nach Salzburg, wo er in der Franziskanerkirche von 1495 bis 1498 den Hochaltar vollendete. Im Sommer 1498 starb Pacher in Salzburg.

DIE ALTE DOLOMITENSTRASSE

Der erste anerkennende Blick des Besuchers in Bozen gehört dem Rosengarten, vor allem, wenn diese Bergformation im Norden der Stadt im untergehenden Licht der Sonne rosig glüht. Doch das Reich des Zwergenkönigs Laurin blieb über die Jahrhunderte hinweg ein Märchenland, bevölkert von Zwergen und Riesen und weisen Frauen. Die Städter riskierten kaum mehr als einen Blick, und die Bauern in den Tälern wären im Traum nicht darauf verfallen, diese unwirtliche karge Felslandschaft genauer zu erkunden. Erst im Laufe des 19. Jahrhunderts mit dem aufkommenden Alpinismus änderte sich diese Haltung. Eine der gewagtesten Unternehmungen aber war keine Expedition in die Hochgebirgsregion, sondern der Bau einer Straße, der Bau der alten Dolomitenstraße von Bozen über Cortina bis nach Toblach. Sie ist auch heute noch eine der grandiosesten Bergstraßen der Welt. Damals war sie eine Großtat des Ingenieurswesens.

1909 war dieses kostspielige Bauvorhaben beendet worden. Es war ein waghalsiges und luxuriöses Projekt, da es in jenen Jahren noch kaum Autos gab, die dieses Wunderwerk hätten befahren können. Doch im Hintergrund standen wohl damals schon auch außenpolitische Erwägungen: Im Königreich Italien regte sich seit langem unverhohlen der Anspruch auf die »Terre irredente«, auf das Land in den Bergen, das es zu »erlösen« galt, und die österreichische Monarchie bereitete sich auch mit diesem Straßenbau auf die Verteidigung ihrer Ländereien vor.

Die Passstraßen Südtirols kurven durch einzigartig schöne Bergwelt.

Als die Straße projektiert wurde aber, war dies mehr eine Vorahnung als ein weitsichtiges militärisches Unterfangen. Der große Krieg war noch nichts als ein Schatten am fernen Horizont.

Kaum war sie fertiggestellt, wurde sie erst einmal zum Schauplatz der mondänen Vergnügungen ihrer Zeit. Einer der frühen Filme – einer der ersten überhaupt, die in Tirol gedreht wurden – zeigt die »internationale Alpenfahrt«, so auch der Titel des Streifens, der die Rennfahrt durch die Dolomiten vom 16. bis zum 23. Juni 1912 dokumentiert, eine Art Paris–Dakar des beginnenden 20. Jahrhunderts. Auf der Strecke sieht man Rennwagen mit Nummern zwischen 51 und 92; eine Kurve, ein Stück staubige Straße, die Wagen passieren die Kamera; ein Berghof kommt ins Bild, eine Passstraße wird befahren, weiße Randsteine schießen vorbei. Dann ein leichter Kameraschwenk – und Erzherzog Karl Franz Joseph und Prinz Elias von Parma geraten ins Blickfeld. Das sind die Bilder, die in diesen Jahren die Gemüter bewegen.

Die Dolomitenstraße ist der Eingang in die Welt der bleichen Berge, und sie zog bereits kurz nach ihrer Fertigstellung die Touristen an wie ein Magnet. Bis heute ist die abenteuerliche Straße eine der höchsten Passstraßen Europas. Sie schlängelt sich, über ausgesetzte

Felskanten hinweg und durch Tunnel, die in mühevoller Arbeit in den Stein geschlagen worden waren, unter Wasserfällen hindurch in das Herz der Dolomiten.

»Von Bozen nach Cortina sind es rund 112 km, von Bozen nach Toblach rund 142 km«, schrieb Theodor Christomannos 1909 in einem ersten Führer über dieses außergewöhnliche Bauwerk. Christomannos gilt als der Pionier und als eigentlicher Erschließer der Dolomiten. Er war ein begeisterter Alpinist, der schon einmal aus purem Übermut in Lackschuhen und Frack den Ortler bestieg, und er schrieb seine Erfahrungen in begeisterten Worten nieder. »Die Dolomitenberge Tirols sind eine Eigentümlichkeit dieses Landes, wie sie sich ähnlich kaum noch irgendwo in den Alpen vorfindet. Über sanftgewellte, grüne Almmatten und dunkle Waldbestände ragen die wildzerrissenen Zinnen und Türme riesiger, bleicher Kalkriffe ganz unvermittelt in den blauen Himmel empor, und ein Meer von Sonne und Licht umflutet die lieblichen Hochplateaus, die den gewaltigen Schrofen als breitester Sockel dienen. Wer die weiten, freundlichen Täler und die blumenreichen Pässe dieser Berge besucht, der fühlt sich durch die mächtigen Dolomitenriffe weder bedrückt, noch beängstigt, sondern erfreut sich der lieblichen Landschaft, in der die ›Berge des Lichts‹, die Dolomiten, gleich riesigen, weißen Monumentalbauten die Gegend schmücken.« So der begeisterte Pionier der Dolomiten.

Heute ist die Straße leider nicht mehr in ihrer ganzen Schönheit zu befahren, aber in weiten Teilen ist sie Kurve für Kurve wie einst geblieben. Sie beginnt bei Bozen mit der Einfahrt in das Eggental, wo gleich zu Beginn aus Gründen der Verkehrssicherheit ein neuer Tunnel die alte Straße durch die Eggentaler Schlucht ersetzt. Aber kaum verlässt man diesen Tunnel, beginnt die märchenhafte Welt der Felsen. Über den Karer See und den Karerpass (1753 m) vorbei an dem einst großartigen Grand Hotel geht es weiter nach Campitello und Canazei im Fassatal, von Canazei weiter über das Pordoijoch (2242 m) nach Buchenstein und von Buchenstein über den Faltaregopass (2117 m) nach Cortina d'Ampezzo, von hier führt die Straße bis nach Toblach im Pustertal.

MYTHOS BERG: LUIS TRENKER

Niemand hat den Berg derart zum Mythos erhoben wie der Schauspieler, Regisseur und Schriftsteller Luis Trenker – der Pionier des Bergfilms zwischen Nationalsozialismus und Faschismus.

Mit den Bergen wurde Luis Trenker selbst zum Mythos. Sein Heimatort St. Ulrich in Gröden und sein Grab auf dem dortigen Friedhof sind zur Pilgerstätte der Trenker-Fans geworden. Jahr für Jahr im September ziehen sie über die »Trenker-Promenade«, die seine Heimatgemeinde nach ihm benannte, und zu seinem Grab. Braun gebrannt mit markigem Lächeln ist er der Inbegriff des Bergmenschen. Schon in jungen Jahren wedelte er sich an der Seite von Leni Riefenstahl in die Herzen der Deutschen.

Luis Trenker (1892–1990) war eigentlich ein gelernter Architekt. Gemeinsam mit dem Architekten Clemens Holzmeister, der später berühmt werden sollte, betrieb der Grödner in jungen Jahren ein Büro am Bozner Waltherplatz.

Zum Film kam er, weil er so gut Ski lief. Schon während seiner Grazer Studienzeit war er in einen Bergfilm von Arnold Franck geraten und vollkommen fasziniert von dieser Welt hinter der Welt. Jahre später schlug er Arnold Franck, damals bereits ein einflussreicher Regisseur, einen Film vor, der in den Dolomiten gedreht werden sollte. Er selbst, so Trenkers Vorschlag, könne als Berater fungieren. Das war der eigentliche Start seiner Filmkarriere. Tatsächlich ging der damals berühmteste Bergfilm-Regisseur auf den Vorschlag ein. So wurde Luis Trenker der Mann für die künstlichen Lawinen und alle Fragen des Sports. Mit diesem Auftrag endete Trenkers Laufbahn als Architekt, dafür begann im Jahr 1923 seine filmische Karriere, an deren Ende 25 Spielfilme und 34 Dokumentarfilme stehen sollten.

In den 1920er-Jahren agierte Trenker vor allem vor der Kamera. In etlichen Filmen unter der Regie von Arnold Franck avancierten er und Leni Riefenstahl zum Traumpaar der Berge. Aber bereits sein erster eigener Film »Berge in Flammen«, 1930/31 gedreht, wurde ein Welterfolg. Hatten Francks Filme noch weitgehend dokumentarischen Charakter, so drehte Trenker nun Spielfilme. Das Erfolgsrezept Francks – den Schauplatz Berg – behielt er bei. Aber nun stülpte er diesem Schauplatz opulente Geschichten über. »Berge in Flammen«, sein Filmdebüt, ist ein Kriegsfilm. Er handelt von zwei ehemaligen Bergkameraden, die nun unversehens an verschiedenen Fronten stehen und gegeneinander kämpfen sollen. Wie die meisten Filme Trenkers endet auch dieser Film versöhnlich: Die beiden Freunde treffen sich nach dem Krieg und wandern über eben jene Berge, in denen sie sich im Krieg gegenüberstanden.

Trenkers Erfolg war eng verbunden mit dem dramatischen Schauplatz Berge. Wie zentral die Berge in seinen Filmen sind, wird in seinem wohl künstlerisch wertvollsten Film »Der verlorene Sohn« deutlich. Er wurde 1934 in New York und in den Dolomiten gedreht. Mit diesem Film drehte Trenker Filmgeschichte und wurde sogar zum Vorläufer der Neo-Realisten. Die Handlung ist einfach: Der »verlorene Sohn« flieht aus der Heimat, als sein Freund sich in den Bergen zu Tode stürzt. Doch in der Weltstadt New York ist er nur einer unter Millionen. Arbeitslos und hungernd zieht er durch die Straßen, aus der anfänglichen Faszination wird Ekel und Angst, die Stadt wird zum Moloch, der wahllos seine Opfer sucht. Was diesen Film Trenkers so außergewöhnlich macht, ist seine Kameraführung: Trenker verfolgt den Entwurzelten durch die Straßen New Yorks, die Kamera versteckt, zufällige Passanten werden zu Statisten des Films, eine absolut neue Technik des Filmens. Da Trenker wegen der Schaulustigen kaum eine Szene in New York ohne größeres Polizeiaufgebot hätte drehen können, verfiel er auf die Idee der versteckten Kamera, die unerkannt, meist aus einem Auto heraus, das Leben in den Straßen dokumentierte. Doch Trenker ging noch einen Schritt

»Der Berg ruft« – und der Meister selbst ist Erster am Seil.

weiter: Er machte das innere Geschehen des Umherstreunenden zum äußeren: Vor seinem inneren Auge verklären sich die heimatlichen Berge zum verlorenen Paradies. Trenker nutzte hier wiederum eine gänzlich neue Bildsprache: Er überblendete nämlich die New Yorker Hoch-

Weiter auf S. 278

Szene aus »Sein bester Freund« mit Toni Sailer und Luis Trenker

ITALIA UND GERMANIA

Das Siegesdenkmal und andere Symbole der Macht aus der Vergangenheit und ihre Bedeutung für die Bevölkerung Südtirols.

Zugegeben, es sieht ein wenig aus, wie der kleinere Bruder des Arc de Triomphe in Paris. Nur so lässt es sich erklären, dass sich vor dem **Siegesdenkmal** in Bozen immer wieder ganze deutsche Familien mit breitem Lächeln fotografieren lassen.

Und es muss außerdem damit zu tun haben, dass die lateinische Inschrift nur noch von wenigen verstanden wird. Denn dort steht: »Hic patriae fine siste signa. Hinc ceteros excoluimus lingua legibus artibus.« Übersetzt heißt dies: Hier sind die Grenzen des Vaterlandes, setze die Zeichen. Von hier aus lehrten wir die anderen Sprache, Gesetze und Künste.

Wer die Übersetzung kennt, ahnt längst, wer gemeint ist mit den »anderen«: Es sind natürlich die Deutschen, und Mussolini hat höchstpersönlich dieses Denkmal seines Sieges dort aufstellen lassen.

Und es wurde exakt an der Stelle errichtet, an der im Mai 1917 noch ein Denkmal für die gefallenen Kaiserjäger entstehen sollte, der Sockel war bereits aufgebaut, ein Denkmal für die österreichischen Helden im Kampf gegen die Italianisierung also. Als 1928 das Siegesdenkmal in Anwesenheit von König Vittorio Emanuele III. eingeweiht wurde, protestierten am selben Tag 10000 Menschen dagegen in Innsbruck.

Bis heute ist der faschistische Triumphbogen ein machtvolles Symbol in der Auseinandersetzung zwischen italienischer und deutscher Sprachgruppe in Südtirol.

Sieg versus Frieden – ein kantiges Symbol, das immer wieder alte Wunden aufreißt

Und natürlich wollten seitdem viele dieses Symbol entschärfen.

Vor nicht allzu langer Zeit hieß der Siegesplatz bereits einmal »Friedensplatz«, sogar die Schilder waren schon ummontiert, aber der Frieden dauerte nicht lange. Nur wenige Tage später wurden die Schilder wieder abmontiert. Jetzt darf der Siegesplatz nicht mehr »Friedensplatz« heißen, paradoxerweise um den lieben Frieden nicht zu gefährden: Die Proteste in der italienischsprachigen Volksgruppe in Bozen waren so vehement, dass die Gemeinde die Umbenennung des Platzes wieder rückgängig machte.

Bis heute wird an diesem Siegesdenkmal alljährlich am 4. November ein Kranz niedergelegt zu Ehren der Gefallenen, und kurz darauf marschieren die Schützen durch die Stadtgassen.

Faschistischer Pomp aus steinerner Zeit: »Hier sind die Grenzen des Vaterlandes ...«

Es gibt eine ganze Reihe solcher Symbole in Südtirol, an denen lieber nicht zu stark gerührt wird, denn sie würden die Wunden der Vergangenheit wieder aufreißen. In Bruneck auf dem Kapuzinerplatz beispielsweise steht die steinerne Büste eines Angehörigen der Alpini, eines Soldaten also, der der Gebirgseinheit angehört, und gleich neben seinem Kopf liegen die Reste des Sockels, auf dem er einmal stand. 1938 war dieser steinerne Soldat als überlebensgroße Statue zu Ehren der Opfer des Abessinienfeldzuges errichtet worden. Nach dem Ende des Zweiten Weltkrieges und in der heißen Phase der Auseinandersetzungen um die Autonomie Südtirols wurde er Opfer von Sprengstoffanschlägen. Mehrfach wurde der **Kapuziner-Waschtl**, wie ihn die Bevölkerung respektlos nennt, instand gesetzt, bis er 1979 so stark beschädigt wurde, dass heute nur noch die Büste auf dem Sockel ruht.

Paradoxerweise schwelt der Kampf der Symbole nach wie vor weiter, während von offizieller Seite der Streit der Volksgruppen längst ausgetragen und beigelegt ist. Was für die italienischsprachige Bevölkerung der Siegesplatz oder der »Kapuziner-Waschtl« ist, ist für die deutschsprachige Bevölkerung in Bozen das **Waltherdenkmal** auf dem gleichnamigen Platz oder der **Laurinsbrunnen** vor dem Landhaus der Südtiroler Landesregierung.

1935 wurde die Statue des Walther von der Vogelweide, der »Markwart deutscher Sitte«, nach langen und heftigen Debatten vom Waltherplatz entfernt und kehrte erst 1981 dorthin zurück. Und der Brunnen, der den sagenhaften Sieg Dietrich von Berns über den Zwergenkönig Laurin darstellt, wurde 1933 von Unbekannten zerstört. Ettore Tolomei, der Verwalter der Italianisierung Südtirols, sah in diesem Brunnen den versinnbildlichten Sieg des Germanentums über Italien. Erst im Jahr 1994 wurde er restauriert und wieder in Bozen aufgestellt.

häuser mit den Sella-Türmen der heimatlichen Dolomiten.

Trenkers filmischer Pioniergeist wurde jedoch bald gebremst. Bereits Ende der 1930er-Jahre stockte sein rasanter Aufstieg: Bei den Deutschen in Ungnade gefallen, bekam er immer weniger Filmaufträge, trotz der »Erhabenheit deutscher Größe« und dem »schlichten Heldentum« in seinen Filmen, die ihm von offizieller Stelle bescheinigt wurden. Vor allem Joseph Goebbels war er zu großspurig und zu schwer lenkbar. Möglicherweise hatte diese neue Zurückhaltung des deutschen Propagandaministers auch mit ambitionierten Plänen Trenkers zu tun: Im August 1938 war er im voll versammelten Bozner Stadttheater aufgestanden und hatte auf italienisch eine Rede gehalten, eine freudige Grußbotschaft an den anwesenden italienischen Propagandaminister Alfieri. Hintergrund dieser Annäherung an die faschistischen Machthaber in Südtirol war eine Vision, die den Filmemacher nicht ohne Grund entflammt hatte: Er hoffte darauf, Leiter einer »Cinecittà Bolzano« in der Bozner Industriezone zu werden. Die faschistischen Machthaber hatten ihn mit der Aussicht gelockt, Bozen zu einem Zentrum des internationalen Films werden zu lassen. Umgesetzt wurde diese Idee niemals. Und Trenker, dem sein »empörender« Auftritt immer wieder zum Vorwurf gemacht wurde, entschuldigte sich später mehrfach für sein Verhalten.

EDELWEISS UND ENZIAN

Warum eigentlich muss im Film der verliebte Bergbursche immer auf die höchsten Höhen kraxeln, um seiner Liebsten ein Edelweiß zu brechen? Ganz einfach: Weil das Edelweiß, das in den Talsenken wächst, dummerweise nicht immer wirklich edel und weiß ist. Zwar kann man den Alpenstern, wie ihn die Italiener nennen (»stella alpina«), durchaus zu Hause bei sich im Garten anpflanzen, aber dort bekommt er einen Stich ins Grüne. Weil die Pflanze es nun warm und gemütlich hat, wird sie im Tiefland größer und erscheint wegen der weniger dichten Behaarung grünlich. Und genau diese Eigenschaft hat der Pflanze ihren sagenhaften Ruf ver-

Leontopodium alpinum – ein kleiner Stern mit enormem Symbolwert

Edelweiß und Enzian sind zum Symbol der blütenreichen Almwiesen geworden, zusammen mit Türkenbund, Bergdistel und Sonnenröschen. Durch seine ausgesprochen günstige Lage am Südrand der Alpen nimmt Südtirol eine klimatische Sonderstellung ein. Ein mildes Klima lässt eine äußerst artenreiche Pflanzenwelt gedeihen.

Es gibt nur noch wenige Landschaften auf der Erde, die nicht vom Menschen geschaffen wurden. Die Sehnsucht nach dieser Ursprünglichkeit aber ist ungebrochen. Manche alpine Wiesen, vor allem in der Nähe von Feuchtgebieten, sind noch von dieser ursprünglichen Pracht. Allerdings muss man auch in Südtirol eine solche natürliche Almwiese suchen. Seit Jahrhunderten treiben die Bauern im Sommer ihr Vieh auf die Höhen und verändern so den ursprünglichen Bewuchs.

Die Wiesen Mitteleuropas sind zum größten Teil

schafft: Nur die wirklich Mutigen erringen das edle Weiß, denn je ausgesetzter das Löwenfüßchen, so sein Name in der botanischen Fachsprache (Leontopodium alpinum), dem rauen Klima der hochalpinen Landschaft ist, desto edler ist es. Deswegen wurde es in der NS-Zeit zum Erkennungszeichen der oppositionellen Jugendgruppen der Edelweißpiraten, deswegen tragen es Schweizer Generäle bis heute als Rangabzeichen.

Der Stengellose Enzian zählt zu den prächtigsten Alpenblumen.

vom Menschen geschaffen und von der Bewirtschaftung durch Menschen abhängig. Natürliche Wiesen, die sogenannten Urwiesen, finden sich nur dort, wo keine Bäume oder Sträucher wachsen können, und zwar in regelmäßig überschwemmten Bereichen von Flussniederungen, am Rand von Sumpf- und Moorgebieten und oberhalb der Baumgrenze in den Alpen.

Sind Almwiesen bewirtschaftet, so setzen sich widerstandsfähigere Pflanzen durch. Zunächst verschwinden jene Kräuter und Gräser, die dem Vieh besonders gut munden. Ihre Hufe lassen trittempfindliche Pflanzen nur an wenig zugänglichen Randzonen wachsen. Nicht schmackhafte oder giftige Arten wie Germer, Eisenhut, Arnika, Punktierter Enzian, Wollige und Stachelige Kratzdistel können sich dagegen ausbreiten, denn die regelmäßige Beweidung sorgt auch dafür, dass sich die Pflanzen zu einem bunten üppigen Blütenteppich verbreiten. Dass die Farbenvielfalt immer mehr auch in Südtirol einem einheitlichen Gelb weicht, hat andere Ursachen.

Der Bau von Skipisten mit Beschneiungsanlagen zum Beispiel setzt den Wiesen zu. Durch die Schneekanonen wird der natürliche Wachstumszyklus verkürzt, ist der künstliche Schnee schließlich abgetaut, werden häufig Düngemittel und Saatmischungen eingesetzt, um die Fläche wieder zu begrünen und so einer drohenden Erosion vorzubeugen. Das Düngen aber sondert vor allem jene Pflanzen aus, die einen nährstoffarmen Boden lieben, die Pflanzen also, die für den hochalpinen Raum charakteristisch sind. Die Pflanzen, die diese Bedingungen überleben, reagieren mit verringerter Blütenbildung. Ähnlich ist es mit den bewirtschafteten Wiesen in den Tälern. Werden sie im Frühjahr regelmäßig mit Gülle gedüngt, verschwinden auch hier die Pflanzen, die nährstoffarme Flächen lieben – das Ergebnis sind Wiesen voller Löwenzahn.

Natürliche Bergwiesen muss man also suchen wie das begehrte Edelweiß. Aber es gibt sie nach wie vor. Je unzugäng-

licher ein Ort, desto blütenreicher sind die Wiesen, vor allem in den höheren Gebirgslagen. Und zu den farbenprächtigen Almmatten gesellen sich hier flatternde Farbtupfen. Die Gebirgsrasen und Almwiesen sind ein Paradies für Schmetterlinge, deren Namen so fantasievoll sind wie ihre Musterungen: Perlmutterfalter und Alpenbläuling, Blutströpfchen und Grauer Fleckenbär, Braunscheckauge und Mohrenfalter sind die zarten Bewohner dieser Regionen.

Am besten entdeckt man diese Vielfalt bei geführten Kräuterwanderungen, die von den Tourismusvereinen vor Ort und von spezialisierten Kräuterhöfen angeboten werden.

THEATER IN SÜDTIROL

Es fing mit ein paar Laienschauspielern an, die ihre Theaterbegeisterung nicht mehr in schenkelklopfender Volksbelustigung ausdrücken wollten. Bereits in den 1980er-Jahren wurden in Südtirol die ersten Theatergruppen gegründet, die »hochsprachliches« Theater machten. Damit versuchten die Pioniere der Szene sich gegen das Volkstheater abzusetzen, das landauf landab in den Dörfern fröhliche Theaterabende organisierte. Die ersten »Hochsprachlichen«, die nicht mehr nur aufbauend und unterhaltend sein wollten, gaben sich denn auch den sprechenden Namen »Dekadenz«: Ein Hauch von Dekadenz der großen Metropolen sollte Einzug in Südtirol halten. Bis heute bietet das so benannte Kellertheater in den schmalen Gassen des Brixner Stadtteils Stufels ein anspruchsvolles Theaterprogramm. Der Schwerpunkt liegt bei der deutschsprachigen Kabarett-Szene – fast jeder der großen deutschen Komiker hat schon einmal auf der Bühne der »Brixner Dekadenz« gestanden.

Inzwischen, ein Vierteljahrhundert später, hat jede der größeren Städte Südtirols ein fixes Theater, Bozen hat sogar ein eigenes Haus errichtet mit großer Bühne und Studiotheater. Darüber hinaus werden regelmäßig erstklassige Ensemble aus dem deutschsprachigen und italieni-

Vereinigte Bühnen Bozen: William Shakespeares »Was ihr wollt«

schen Raum eingeladen. Nobelpreisträger Dario Fo und seine Partnerin Franca Rame sind steter Gast, aber auch das Hamburger Thalia Theater oder das Wiener Theater an der Josefstadt kommen mit ihren besten Inszenierungen.

In Bozens Altstadt verfolgt das Kleinkunsttheater »Carambolage« einen ganz ähnlichen Ansatz wie die Dekadenten von Brixen: viel Kabarett, ein wenig Jazz von Nord und Süd, viel Literatur und manche Theaterproduktion aus der Feder hiesiger Autoren. Auch in Meran etablierte sich ein eigenes Theater, das Theater in der Altstadt im ehemaligen Heizraum des Kurhauses. Zunächst schien die Idee absurd. Aber als man sich in der Zuschauer-Arena mit ihren 120 Sitzplätzen mit Geduld und ambitionierten Inszenierungen ein interessiertes Publikum herangezogen hatte, wurde Meran ein wichtiger Anlaufpunkt in der Theaterszene. Zum 10-jährigen Jubiläum im Jahr 2000 blickte man bereits auf rund 100000 Besucher und 1000 Veranstaltungen zurück. Und in Bruneck wurde das Brunecker Stadttheater zu einer ersten Adresse, mit Produktionen, die wegen ihrer Qualität im regen Austausch mit Salzburg, Graz oder Innsbruck stehen.

Das Theaterzentrum aber wurde nach jahrelangen Debatten Bozen, wo man sich einen repräsentativen Theaterbau leistete, als überall sonst in Europa bereits die Häuser in der Provinz zusperrten. Südtirol aber war noch von der Aufbruchstimmung getragen: So bekamen die verschiedenen deutschsprachigen Bühnen und das »Teatro stabile di Bolzano« ein Theater mit 810 Sitzplätzen, einer Bühne von 385 Quadratmetern samt Seiten-, Hebe- und Drehbühne und einem Studiotheater mit 240 Sitzplätzen im Keller. Hier findet nun italienisches und deutsches Theater statt, Oper und Ballett haben in Gastspielen und Festivals einen adäquaten Bühnenraum gefunden. Manche dieser Festivals wie das Sommerfestival »Tanz Bozen« sind inzwischen auch international bekannt.

ADRESSEN Gruppe Dekadenz, Obere Schutzengelgasse 3/a, 39042 Brixen; Tel./Fax Büro 04 72 83 78 45, Kartenvorverkauf Di–Fr 17–19 Uhr, Tel. 04 72 83 63 93; www.dekandenz.it, info@dekadenz.it
Stadttheater Bruneck, Dantestr. 2, 39031 Bruneck; Tel. 04 74 41 21 02; www.stadttheater.com
Theater in der Altstadt, Freiheitsstr. 27, 39012 Meran; Tel. 04 73 21 16 23; www.theater-in-der-altstadt.it
Kleinkunsttheater Carambolage, Silbergasse 19, 39100 Bozen; Büro und Kartenreservierung Tel. 04 71 98 17 90, Abendkasse Tel. 04 71 32 41 29; www.carambolage.org
Vereinigte Bühnen Bozen, Verdiplatz 40, 39100 Bozen; Tel. 04 71 32 79 30, Kartenreservierung Tel. 04 71 30 41 30, Fax Reservierung 04 71 98 03 60
Teatro stabile di Bolzano, Piazza Verdi 40, 39100 Bolzano; Tel. 04 71 30 15 66; www.teatro-bolzano.it
Neues Stadttheater Bozen, Verdiplatz 40, 39100 Bozen; Tel. 04 71 30 41 11; Kartenreservierung Tel. 04 71 30 41 30; www.ntbz.net

Bühnenbild aus Leonard Bernsteins »West Side Story«

GESTERN UND HEUTE

Die Region, die sich heute »Südtirol« nennt – oder amtlich präziser »Autonome Provinz Bozen« –, war schon in der Vergangenheit ein anfälliges Gebiet: Kriegerische Horden fegten darüber hinweg, immer wieder geriet dieser Landstrich zwischen die Mühlsteine der Geschichte. Oft fand sich Südtirol im Brennpunkt der großen politischen Interessen wieder – mehr, als es seinen Bewohnern lieb sein konnte.

Jenseits der Zirbelstuben findet sich auch ein avantgardistisches Wohnhaus im Pustertal.

Hannibals Zug über die Alpen – schon immer haben Menschen die Berge überquert, ob mit oder ohne Mautstellen.

ZWISCHEN NORDEN UND SÜDEN

In dem prosperierenden Südtirol des beginnenden 21. Jahrhunderts leben die Volksgruppen friedlich miteinander. Sie haben einen »modus vivendi« gefunden, mit dem sich auch größere Konflikte lösen lassen.

Südtirol ist heute der Lebensraum für knapp eine halbe Million Menschen. Etwa zwei Drittel davon sprechen deutsch, der überwiegende Rest italienisch, und etwa 25 000 Menschen reden im täglichen Umgang miteinander noch ladinisch, eine alte rätoromanische Sprache, die sich aus dem Volkslatein entwickelt hat, das von den Römern in der Provinz Rätien verbreitet wurde.

Die Wogen vergangener Kämpfe sind mittlerweile geglättet, auch wenn manche meinen, das sei nur oberflächlich. Und aus aller Welt pilgern inzwischen die Angehörigen von Minderheiten nach Südtirol, um sich das »Modell« des Zusammenlebens vorführen zu lassen.

DIE NORD-SÜD-ACHSE

Die Alpen haben seit jeher den Norden gegen den Süden abgeriegelt – oder umgekehrt, je nach Blickwinkel. In alten Zeiten schien dieses Gebirge mit seinen Gletschern und Dreitausendern schier unüberwindlich. Manche hatten sogar Zweifel daran, ob in diesen kargen Regionen überhaupt Menschen leben könnten. Schon vor rund 2000 Jahren schrieb der römische Geschichtsschreiber Titus Livius (59 v. Chr.–17 n. Chr.) gegen diese irrige Meinung an: »Was glaubten sie denn, was die Alpen anderes seien als hohe Berge? Sie sollten sich vorstellen, sie seien höher als die Kämme der Pyrenäen: aber gewiss gebe es kein Land, das den Himmel berühre oder für die Menschen unüberwindlich sei. Die Alpen würden jedenfalls bewohnt und bebaut, brächten lebendige Wesen hervor und ernährten sie.«

Tatsächlich beweist der Fund eines menschlichen Körpers, der mehr als 5000 Jahre alt ist und der in der Welt bald den Spitznamen »Ötzi« bekam, dass die Menschen offensichtlich schon immer selbst die höchsten Alpenpässe überquert haben. Denn der Mann aus dem Eis wurde auf 3210 Meter Meereshöhe in der Schnalstaler Gletscherregion gefunden. Der legendäre Hannibal war also bei weitem nicht der Erste, wenn auch der Wagemutigste, als er im Jahre 218 v. Chr. gegen Rom zog. Der karthagische Feldherr verließ Karthago Nova (heute Cartagena, Spanien) mit einem großen Heer, nachdem er durch mehrere Angriffe auf römische Bastionen in Spanien die Kriegserklärung Roms an Karthago provoziert und somit den zweiten »Punischen Krieg« ausgelöst hatte. Hannibal überquerte die Pyrenäen, zog weiter bis Südfrankreich und soll schließlich auch mit 38 000 Mann, 8000 Reitern und 37 Kriegselefanten die Alpen überquert haben.

In jenen Tagen war Südtirol bereits ein Völkerpool. Bis heute rätselt die Forschung, wer eigentlich die vorrömische

Weiter auf S. 291

GESCHICHTSTABELLE

Die wichtigsten Daten in der Geschichte Südtirols von den ersten Siedlungsformen bis zur Unabhängigkeitserklärung.

➤ Ca. 2200–ca. 1000 v. Chr.
Zahlreiche Brandopferplätze auf Berggipfeln belegen die religiöse Bedeutung des Himmels und der Berge in der Bronzezeit. Die geläufige Siedlungsform dieser Epoche ist die Kuppensiedlung.

➤ 15 v. Chr.
Das keltische Stammesgebiet Norikum, zu dem auch Teile des heutigen Südtirol gehören, wird in das römische Imperium eingegliedert.

➤ 46 n. Chr.
Die Via Claudia Augusta, die Straße von Venedig über den Reschenpass bis ins nördliche Alpenvorland, wird unter Kaiser Claudius fertiggestellt.

➤ 400 bis 1000
Nach dem Untergang des Römischen Reiches machen sich Langobarden, Franken und Baiern die Herrschaft über das Gebiet streitig. Die Bewohner leben in Höhensiedlungen.

➤ Ca. 570
Die Kirche übernimmt die Führungsrolle für die übrig gebliebene Bevölkerung. Säben bei Klausen wird Bischofssitz.

➤ Ab 1027
»Das Land im Gebirge« ist die Brücke zwischen dem germanischen Norden und dem romanischen Süden. Es wird den Bischöfen von Brixen und Trient zum Lehen gegeben.

➤ 1248
Tirol wird erstmals geeint, Herrschaftssitz ist Schloss Tirol bei Meran.

➤ 1258–1295
Meinhard II. macht den Fürstbischöfen die Macht streitig. Er gilt als Schöpfer des Landes Tirol.

➤ 1363
Margarete, die bereits zu Lebzeiten den Beinamen »Maultasch« trug, übergibt Tirol den Habsburgern und begründet damit die Vereinigung Tirols mit Österreich.

➤ 1450
Nikolaus von Kues, lat. Nicolaus Cusanus, wird zum Fürstbischof von Brixen geweiht.

Besiegelte Vereinigung: Übergabe-Urkunde der Margarete von Maultasch

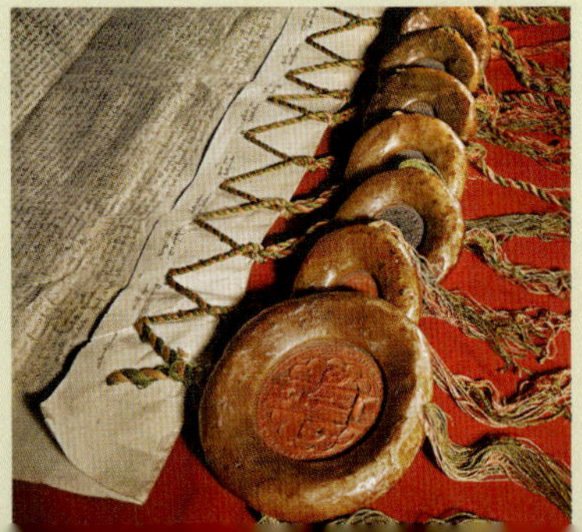

Kämpfer für Recht und Ordnung in der Kirche – Bischof Nikolaus von Kues

➤ 1525
Michael Gaismair führt 1525 in Neustift die Tiroler Bauern an. Nach dem Zusammenbruch des Aufstandes schreibt er mit seiner »Tiroler Landesordnung« den Entwurf einer neuen Staatsordnung.

➤ 1536
Jakob Hutter aus St. Lorenzen, Pustertal, Anführer der urchristlichen Gemeinden von Wiedertäufern, wird als Ketzer auf dem Scheiterhaufen verbrannt.

➤ 1635
Bozen blüht als Handelsstadt auf.

➤ 1805–1810
Andreas Hofer übernimmt die Führung im Tiroler Freiheitskampf gegen die bayerische und französische Herrschaft. 1810 wird er in Mantua hingerichtet.

➤ 1848/49
Die Trentiner Volksvretreter fodern im Österreichischen Reichstag und in der Frankfurter Nationalversammlung die Abtrennung der italienischsprachigen Landesteile Tirols.

➤ 1919
Nach dem Ersten Weltkrieg wird Tirol geteilt: Nord- und Osttirol werden österreichisches Bundesland, Südtirol wird italienisch.

➤ 1921
Die aus den »Fasci di Combattimento« (Terrortruppen Mussolinis) entstehende faschistische Partei PNF »Partito Nazionale Fascista« tritt zum ersten Mal zur Wahl an.

➤ 1922–1943
Die faschistischen Machthaber verbieten deutsche Bräuche, Trachten, Feste und den deutschsprachigen Unterricht.

➤ 1939
Vor dem Hintergrund, dass 1910 noch 97 Prozent der Bevölkerung Südtirols deutsch gesprochen hatten, war in Italien ein Nationalitätenproblem entstanden, die sogenannte Südtirolfrage. Hitler und Mussolini schließen einen Pakt, erklären die Brennergrenze für unantastbar und beschließen die »Option«, die Aussiedelung der Südtiroler. 1939 votieren knapp 90 Prozent der Südtiroler Bevölkerung unter dem Druck der gezielten Italienisierungspolitik Mussolinis für das Deutsche Reich.

➤ 1943
Mussolini wird gestürzt, Südtirol von den Deutschen besetzt, deren Einmarsch wird vielfach mit Jubel begrüßt.

➤ 1947
Das Pariser Abkommen bringt eine Scheinautonomie für Südtirol innerhalb von Italien, Österreich wird zur Schutzmacht bestellt.

➤ Ab 1948
Die Südtiroler Volkspartei, die 1945 gegründete Sammelbewegung der christlich-konservativ orientierten deutsch und ladinisch sprechenden Bevölkerung, forderte das Selbstbestimmungsrecht für Südtirol bzw. eine Volksabstimmung über die Rückgliederung an das österreichische Tirol, worauf die italienische Regierung nicht eingeht. Ständige Spannungen mit Österreich und gewalttätige Proteste Südtiroler Extremisten sind die Folge.

1957
Protestkundgebung gegen die Politik Italiens auf Schloss Sigmundskron bei Bozen mit dem Schlachtruf »Los von Trient«.

1969
Die bilateralen Spannungen zwischen Österreich und Italien können durch die Annahme des sogenannten »Südtirol-Paketes« abgebaut werden. Allen drei Sprachgruppen Südtirols (dt., ital., lad.) wird gleichwertige Behandlung garantiert.

1972
Das »Südtirol-Paket« tritt in Kraft, d.h., dass das neue Autonomiestatut in die italienische Verfassung aufgenommen wird. Seine Bestimmungen haben somit Verfassungsrang, seine Umsetzung allerdings bleibt weiterhin Gegenstand zäher Verhandlungen.

1992
Die österreichische Regierung erklärt nach Absprache mit der Südtiroler Volkspartei den Konflikt mit Italien für völkerrechtlich beendet.

2005
Der Dalai Lama, das geistliche Oberhaupt der Tibeter, erkundigt sich bei einem offiziellen Besuch in Bozen nach der Südtirol-Autonomie.

Treffen zwischen Adolf Hitler und Benito Mussolini am 4. Oktober 1940 am Brenner

Urbevölkerung der östlichen Alpen gewesen sein mag. Als ungelöstes »Räterproblem« kursiert diese Frage vor allem durch die Schriften der Sprachforscher. Wer waren diese Räter, die sich dem Vernehmen nach vor allem entlang des Brennerpasses angesiedelt hatten? Stammten sie von den Etruskern ab, jenem rätselhaften Volk, das Italiens Kultur so stark beeinflusste? Oder sind sie womöglich mit den Kelten oder den Illyrern verwandt? Eine eindeutige Erklärung liegt bis heute nicht vor. Sicher ist nur, dass sich in der Sprache jener Räter die Einflüsse verschiedener Kulturen überlappten. Das zeigen auch die Inschriften auf dem berühmten »Gürtelblech von Lothen«, das heute im Archäologiemuseum in Bozen ausgestellt ist und das 1939/40 bei Straßenarbeiten in der Nähe des heutigen St. Lorenzen im Pustertal gefunden wurde. Dieses Blech aus Bronze – 34 Zentimeter breit und 12,5 Zentimeter hoch – zeigt zwei Hirsche, einen kapitalen 12-Ender und einen kleineren, der das Hinterteil seines Artgenossen beschnüffelt.

Mit den Jahren 16 und 15 v. Chr. wurde auch Südtirol ein Teil des Römischen Reiches. In diesen Jahren besetzten die Stiefsöhne des Kaisers Augustus, Drusus und Tiberius, das gesamte Alpengebiet, das von nun an 500 Jahre lang von den Römern beherrscht werden sollte. Das Erste, was sich die Römer in den eingenommenen Gebieten vornahmen, war der Straßenbau. Um mit ihren Legionen ungehindert durchziehen zu können, befestigten sie die Straßen. Sie waren allerdings nur in kurzen Abschnitten gepflastert. Selbst die Hauptverbindungsrouten nach Italien, wie die von Trient nach Augsburg führende Via Claudia Augusta, besaßen lediglich einen Schotterdamm, der auf einem Holzgerüst auflag. Meilensteine nannten die Entfernung und den Kaiser, unter dem die Straße angelegt oder instand gehalten worden war.

Die 517 Kilometer lange Straße wurde ursprünglich als militärischer Weg genutzt, entwickelte sich aber bald zur wichtigen Handelsroute. Im Mittelalter nahmen die römisch-deutschen Kaiser auf ihren Romzügen oft diesen Weg. Denn gekrönt werden konnten sie nur in Rom. Heute noch sind die Spuren der kaiserlichen Wagen zu sehen.

Die Hauptroute der Via Claudia Augusta verzweigte sich: Bereits damals führte auch eine Straße von Bozen über den Ritten nach Innsbruck und von Aquilea aus, einer der größten und reichsten Städte des frühen Römischen Reiches, über den Plöckenpass durch das Pustertal hindurch in Richtung Norden. An diesen Straßen legten die Römer im Abstand von etwa einer Tagesreise Versorgungsstationen, sogenannte Mansiones, an, aus denen sich schließlich Siedlungen entwickelten.

IM ADLERHORST DER MACHT

Nach dem Untergang des Römischen Reiches machten sich Langobarden, Franken und Baiern die Herrschaft über das Gebiet streitig. Furcht und Zerstörung trieben die Bewohner zeitweilig in Höhensiedlungen. Armut regierte das Land. Nun übernahm die Kirche, die den Untergang des Reiches überlebt hatte, die Führungsrolle. Der Bischofssitz lag wie ein Adlernest hoch über Klausen auf dem Burgberg von Säben, ab 572/577 ist das Bistum Sabiona historisch belegt. Einige Jahrhunderte später wurde der Bischofssitz von der Felsenburg hinab in die Talsenke verlegt, nach Brixen, das es zu diesem Zeitpunkt freilich noch nicht gab.

Dem Schutz der Felsenburg beraubt, bauten die Bischöfe schon in der ersten Hälfte des 11. Jahrhunderts die Stadtmauer mit Wassergraben, Wehrmauern und Zinnen: Der Bischofssitz Brixen wurde zur Stadt, der ältesten im deutschsprachigen Tirol. Zur selben Zeit, im Jahr 1027, erhielt Bischof Hartwig die Grafschaften im Eisacktal und Inntal. Damit war der Grundstein für die weltliche Herrschaft der Bischöfe gelegt. 1179 wurde ihre Macht noch gestärkt, als Kaiser Friedrich I. ihnen die königlichen Hoheitsrechte übertrug. Die Brixner Bischöfe nannten sich seitdem Fürstbischöfe und herrschten in allen Belangen über das Fürstentum. Der Hintergrund für diese Übertragung weltlicher Herrschaft an geistliche Herren war ein machtpolitischer. »Das Land im Gebirge« war von eminenter Bedeutung für die Herrscher des Heiligen Römischen Reiches. Es war das »Scharnier«, das den germanischen Norden mit dem romanischen Süden verband. Da sollte das Gebiet in sicheren Händen liegen. Und Bischöfe hatte einen entscheidenden Vorteil im mittelalterlichen Machtgefüge: Sie hatten keine natürlichen Erben, zumindest keine legitimen.

DIE ENTSTEHUNG TIROLS

Wenige Jahrhunderte später war das Land eine blühende Gegend. Doch die Ruhe war trügerisch. Immer wieder waren die Städte von großen Bränden, Überschwemmungen und der Pest heimgesucht worden. Die Bevölkerung, nach einigen Katastrophen um die Hälfte dezimiert, trug die gesamte Last des Wiederaufbaus. Das selbstbewusste Bürgertum war zwar mit allen Pflichten belegt, aber mit keinerlei Rechten ausgestattet. Hinzu kamen die ständigen kriegerischen Auseinandersetzungen um die Macht zwischen dem Klerus und dem Adel.

Schließlich wurde Tirol im Jahr 1248 ge-

Die Jahrtausendsäule in Brixen wurde 1909 zum Stadtjubiläum errichtet.

eint. Die Grafen von Tirol hatten der Kirche ihre Macht mit allen Mitteln streitig gemacht. Vor allem Meinhard II. (1258–1295) erwies großes politisches Geschick im Umgang mit Macht. Systematisch schmälerte er den Einfluss der Fürstbischöfe, aber auch den seiner adeligen Konkurrenten. Er gilt heute als der eigentliche Schöpfer Tirols. Der Herrschaftssitz des nun groß gewordenen Fürstentums wurde auf Schloss Tirol oberhalb Merans verlegt, nach dem die Grafschaft von nun an »Tirol« hieß.

An der Schwelle zur Neuzeit gehörte Tirol bereits den Habsburgern: Als das Geschlecht der Grafen von Tirol ausstarb, übergab die legendäre Margarethe von Maultasch Tirol ihren Verwandten, den Habsburgern, und begründete so die Vereinigung Tirols mit Österreich.

VOM »SPIEL DER WELT«

Als 1450 ein Schiffersohn von der Mosel, Nikolaus von Kues, in Brixen sein Amt als Bischof antrat, vom Papst mit der Reform der deutschen Lande beauftragt, steckte die Kirche bereits tief in der Krise. Nikolaus von Kues war ein Gelehrter und Kirchenreformer, später auch Kardinal. Sein Kampf galt der Wiederherstellung von Recht und Ordnung in der Kirche. Als großer humanistischer Geist war er berühmt geworden mit Schriften wie jener über das große Spiel der Welt (»de ludo globi«). Er wollte die Kirche stark machen gegen die Anfechtungen seiner Zeit: Entschlossen trat er den Auswüchsen von Heiligenverehrung und Wallfahrtswesen entgegen und versuchte, das Konkubinat der Geistlichen zu unterbinden.

Auch in Südtirol sollte er so Berühmtheit erlangen. Eine streitbare Äbtissin, Vorsteherin des Klosters Sonnenburg bei Bruneck, löste den Streit aus: Verena von Stuben wollte sich die Einmischung in die inneren Belange ihres Klosters nicht gefallen lassen und rief Erzherzog Sigmund um Hilfe an, als der Bischof den Nonnen den Kontakt zur Außenwelt empfindlich beschneiden wollte. Sie verweigerte den Gehorsam, und der Bischof erklärte sie 1455 für abgesetzt und exkommuniziert. Den Bauern wurde untersagt, Lebensmittel an das Kloster zu liefern. Als das Essen knapp wurde, verdingte die Äbtissin eine Söldnertruppe, um den Zehnten mit Gewalt einzutreiben. Doch auch das bischöfliche Gericht schickte seine Truppen. Es kam zu Kämpfen. 50 Bauern, hilflos zwischen die Fronten geraten, sollen damals niedergemacht worden sein. Von Kues aber unterlag schließlich im Machtkampf mit Erzherzog Sigmund um die Rechte auf die Grafschaften im Inntal, Eisacktal und Pustertal. Er floh nach Rom.

Die Episode zeigt, wie explosiv die Stimmung an der Schwelle zur Neuzeit auch in Südtirol war. 1525 brach der Sturm los. 5000 Aufständische unter Führung des bischöflichen Sekretärs Michael Gaismair stürmten die Hofburg. Tirol erlebte die Bauernkriege. Noch heute sind die Spuren der Wut des gemeinen Mannes an den schweren Toren der Brixner Hofburg zu erkennen, die Löcher der Lanzen und Mistgabeln. Auf dem Steckbrief der Innsbrucker Regierung wurde Gaismair als ein »langer, aufgeschossener, hagerer dünner Mann« beschrieben,

Weiter auf S. 296

BAUERNFÜHRER GAISMAIR

Vom Reformer zum Revoluzzer: Noch von Venedig aus versuchte Gaismair, die Habsburger aus Tirol zu vertreiben – vergebens.

»Wissen Sie, wer Michael Gaismair war?«, wurden in Innsbrucks Innenstadt – und zwar exakt in der Gaismair-Straße – Passanten gefragt. Die Vermutungen reichten vom berühmten Kirchenmaler bis zum Kompagnon Andreas Hofers. Sogar als Kapellmeister wäre Gaismair durchgegangen. Wer er in Wirklichkeit war, wusste so gut wie keiner. Dabei war er ohne Frage einer der bedeutendsten Tiroler.

Michael Gaismair war ein Mann, der die Welt verändern wollte, ein Rebell, ein Aufständischer und später einer der meist gesuchten Feinde der Habsburger. Mehr als 100 Anschläge auf sein Leben überlebte er, bis er schließlich im Jahr 1532 auf der Schwelle seines Hauses in Padua an 42 Dolchstößen starb, zugefügt von drei gedungenen Mördern. Auf seinen Kopf waren 1000 Gulden ausgesetzt worden und noch eine Leibrente von 400 Gulden jährlich dazu. Das war bei einem Durchschnittsverdienst von 2,50 Gulden monatlich für einen Zimmermann etwa so viel wie ein Sechser im Lotto heute. Was hat ihn zum meist gehassten Mann der Habsburger gemacht?

Gaismairs Leben ist eng verbunden mit dem **Tiroler Bauernkrieg 1525**. Wie im Süden Deutschlands erhoben sich auch die Bauern in Tirol und nahmen nach kurzem Kampf die Brixner Hofburg ein, Sitz des Fürstbischofs, der von dort auch in weltlichen Belangen herrschte. Gaismair war sein Sekretär. Hier, im Herzen der Macht, erlebte der Sohn eines Sterzinger Bauern und Bergwerksunternehmers die sozialen Missstände besonders eindrücklich. Im Dienste des Fürstbischofs wuchs seine Überzeugung, dass weltliche und geistliche Macht strengstens voneinander getrennt sein sollten.

Als die Bauern sich 1525 in Tirol mit Mistgabeln bewaffneten, schloss er sich ihnen an. Im Mai 1525 wurde er zum Sprecher der oppositionellen Bürgerschaft und dann von den Bauern zu ihrem obersten Feldhauptmann gewählt. Als die Hofburg fiel, übernahm er die Regierung des Fürstentums Brixen. Doch er wurde Opfer seines guten Glaubens.

Dem jungen habsburgischen Landesfürsten Ferdinand schenkten die Aufständischen Vertrauen, sie glaubten, nicht er, sondern seine Räte wären die Urheber der herrschenden Ungerechtigkeit. Ferdinand rief Gaismair unter dem Vorwand von Verhandlungen zu sich nach Innsbruck – und setzte ihn dort umgehend gefangen. In der Zwischenzeit wurde der Aufstand blutig niedergeschlagen.

Doch Gaismair gelang die Flucht. Im Gefängnis war aus dem einstigen Reformer nun ein **Revolutionär** geworden. In der Schweiz fand er Schutz, wo er mit einem Geistesgenossen, mit Ulrich Zwingli, zusammentraf. Hier begann er sein eigentliches Lebenswerk. Er schrieb eine **Tiroler Landesverfassung**. Als tief religiöser Bauernführer waren ihm dabei die Ehre

Gottes und der Gemeinnutz das oberste Gebot. **Thomas Münzer**, ebenfalls ein Seelenverwandter, nannte ihn einmal einen »Knecht Gottes gegen die Gottlosen«.

Gaismair war in seiner Landesordnung seiner Zeit weit voraus: Er nahm demokratische Prinzipien vorweg. Grund und Boden, Handwerksproduktion, Bergbau und Handel sollten zum Eigentum des Landes, sprich zum **Eigentum des Volkes** werden. Dieses wählte sich seine Richter selbst. Und Gaismair trat auch für die Armen und Entrechteten ein, zu einer Zeit, als man für Bettler im Allgemeinen nur Verachtung übrig hatte.

Vieles von dem, was Gaismair in seinem Schweizer Exil unter dem Eindruck von Korruption und Ungerechtigkeit und in der festen Überzeugung, dass das Evangelium die Gleichheit aller fordere, niederschrieb, ist heute Wirklichkeit geworden. Damals reichte es, um seinen Kopf zu fordern.

Doch Gaismair war kein Mann des Wortes, sondern einer der Tat. Bereits als junger Mann im Dienste des Landeshauptmannes von Tirol hatte er das militärische Handwerk erlernt. Jetzt versuchte er seinen Ideen mit Waffengewalt Gehör zu verschaffen. Im Mai 1526 kam er den aufständischen Bauern in Salzburg zu Hilfe, später stürmte er gegen Bruneck, doch mit wenig Glück. So zog er sich zurück und verbündete sich mit **Venedig**. Die Lagunenrepublik war eine alte Feindin der Habsburger und nahm den geächteten Tiroler Bauernführer gerne als Feldherren auf. Mit großem diplomatischen Aufwand arbeitete er an der Vertreibung der Habsburger aus Tirol, vergebens, er kämpfte längst auf verlorenem Posten. Er hatte sich bereits aus dem venezianischen Kriegsdienst zurückgezogen, als er 1532 doch noch einem Mordanschlag erlag.

Tor der Brixner Hofburg, an dem heute noch die Spuren des Aufstandes von 1525 zu sehen sind.

der »einen schwarzbraunfarbenen, dünnen Bart« und »ein schönes, kleines, ziemliches Angesicht« habe. Nach dem Zusammenbruch des Aufstandes floh er in die Schweiz und schrieb mit seiner »Tiroler Landesordnung« den Entwurf einer neuen Staatsordnung.

Carl Justus Ludwig Pescheck: Andreas Hofer und Gefährten vor Schloss Tirol

FÜR GOTT UND VATERLAND

Als Jahrhunderte später Napoleon die europäische Welt in ihren Grundfesten erschütterte, stellte sich ein anderer »kleiner« Mann gegen den Lauf der Geschichte: Der Wirtssohn aus dem Passeiertal, Andreas Hofer, führte die Tiroler in den Kampf gegen die Franzosen und die mit ihnen verbündeten Baiern. Er büßte seine Verwegenheit mit der totalen Vernichtung seiner Truppen und seiner eigenen Hinrichtung in Mantua 1810. Doch er wird später vom Volk gefeiert wie ein Held. Knapp 100 Jahre nach seinem Tod, 1909, ist Andreas Hofer Vaterfigur und Nationalstolz in einem, Symbolbild trotziger Pflichterfüllung gegen allen Wankelmut der Herrschenden und gläubiger Patriot.

Mit dem Mythos »Hofer« im Hinterkopf marschierten die Tiroler im Ersten Weltkrieg in einen bald hoffnungslosen Kampf in den höchsten Gebirgsregionen. Ganze Berge wurden durchlöchert, durchzogen mit Gängen, Lagern und Gefechtsstellungen. Neben den Angriffen der Feinde waren die Schützen vor allem der ständigen Kälte und der Einsamkeit

Napoleonische Kriege – Aufstand in Tirol (Farbdruck nach Aquarell)

UNTER DEM FASCHISMUS

Südtirol im Zweiten Weltkrieg: Während die Welt glaubte, im Zentrum Europas würden sich zwei wesensverwandte Regime langsam einander annähern, fochten diese in Südtirol einen erbitterten Kampf aus. Je näher man sich auf politischem Parkett kam, umso vehementer wurde der ideologische Kampf in einer anderen Arena ausgetragen, der Kultur. Ob Radio oder Kino, Architektur oder Volksmusik – alles war plötzlich Ausdruck dieses Machtkampfes. Das Grenzland Südtirol war in die Zange genommen worden von den Nationalsozialisten im Norden und den Faschisten im Süden.

Seit 1919 gehörte Südtirol zu Italien. Die große Monarchie Österreich war von den Siegern des Ersten Weltkrieges zerschlagen worden. Südtirol gehörte zu den Verlierern. Das wurde jedem spätestens klar, als Mussolini 1922 seinen Siegesmarsch antrat. Für das damals nahezu vollständig deutschsprachige Südtirol bedeutete dies, dass jedem einzelnen seiner Bürger das »Deutschsein« ausgetrieben wurde. Während die »Fasci di Combattimento«, Mussolinis unberechenbare Stoßtrupps, Schrecken unter der einheimischen Bevölkerung verbreiten, verschwand die deutsche Sprache aus den Schulen und Ämtern.

Das Italienisierungsprogramm verlief in drei Etappen. Der erste Schritt war die Entnationalisierung der Südtiroler: Egal ob Theaterverein, Meldeamt oder Blas-

Weiter auf S. 300

ausgesetzt. Es war ein zermürbender Krieg, der das Ende der kaiserlich-königlichen Monarchie Österreich-Ungarn besiegelte, dem großen Vielvölkerstaat im Herzen Europas. Das neue Österreich war ein kleines Land, und auch Tirol wurde geteilt: Nach dem Ersten Weltkrieg wurde im Frieden von Saint-Germain-en-Laye festgelegt, dass Nord- und Osttirol ein österreichisches Bundesland werden, Südtirol wird Italien zugeschlagen.

Seit Mitte des 19. Jahrhunderts hatten immer wieder einflussreiche Kräfte in Italien Gebietsansprüche bis zu den Alpen gestellt. Jetzt waren ihre Visionen Wirklichkeit geworden. Und für die Bevölkerung des damals noch beinahe vollständig deutschsprachigen Gebietes im Süden Tirols war die Teilung ein Trauma.

ANDREAS HOFER

Bis er verraten wurde, kämpfte der Held aus dem Passeiertal gegen die Franzosen und um die Unabhängigkeit Tirols.

Der Jaufenpass mit seinen 2094 Meter Meereshöhe liegt die meiste Zeit des Jahres im Schnee. Er war dennoch die Einfallsschneise der Franzosen. 3000 Soldaten zogen über diesen Pass, als **Andreas Hofer** und die ihm verbliebenen Leute im November 1809 ihre letzte Schlacht in St. Leonhard im Passeiertal fochten. Hier, vor Hofers Heimathaus, wurden sie niedergekämpft, nicht ohne allerdings vorher noch gut 200 Franzosen den Garaus gemacht zu haben. Sie ruhen bis heute auf dem »Franzosenfriedhof« in St. Leonhard. Hofer floh, wurde verraten und 1810 in Mantua hingerichtet. Das Todesurteil unterschrieb Napoleon höchstpersönlich.

Einige Jahrzehnte lang wurde es still um den Bauernführer, der – nach einigen spektakulären Siegen – alles verloren hatte, weil er zwischen die Mühlräder der Geschichte geraten war. Doch bereits in der zweiten Hälfte des 19. Jahrhunderts flammte der Mythos wieder auf: Hofer, der Freiheitsheld, Hofer, der Patriot, Hofer, der überzeugte Christ. Viele Filme wurden gedreht, zuletzt eine aufwändige Fernsehproduktion des Bayerischen Rundfunks mit Tobias Moretti in der Hauptrolle. Mit wenigen Ausnahmen sind die Verfilmungen vom Leben Andreas Hofers Heldenepen. Was macht diesen Mann so interessant?

Karl von Blaas: »Der Kampf auf dem Berge Isel«

Andreas Hofer wurde auf dem **Sandhof** im Passeiertal geboren. Hier konnten Reisende sich stärken oder auch die Pferde wechseln. Wo Hofer einst den Reisenden die Pferde austauschte, im ehemaligen Stall des Sandhofes, ist heute ein Museum untergebracht.

Früh wurde Andreas Hofer Waise. Die Mutter starb, als er drei war, der Vater, als er sieben Jahre alt war. Schon damals gewann der Herz-Jesu-Mythos eine besondere Bedeutung für den Knaben. Regelmäßig zog es ihn zum »Heilig-Blut-Altar« im nahen St. Martin, wo er zu Fuß hin wanderte, um dort zu beten. Später dann, als er die Tiroler Bauern in ihren »Glaubenskrieg« führte, wurde der Eid der Kampfgenossen auf das Heilige Blut Jesu geschworen.

Die Lage war eigentlich von Anfang an aussichtslos: Österreich musste als Folge des Krieges von 1805 Tirol an das mit

Zeitgenössisches Flugblatt: Andreas Hofer am Berg Isel

Napoleon verbündete **Bayern** abtreten. Die Besetzer pressten das Volk aus und ignorierten die Tiroler Landesverfassung, vor allem das in Tirol geltende Privileg, nicht in der Armee dienen zu müssen. Viele Wehrpflichtige flohen in die Berge. Tirol war nun eine Provinz Bayerns, das einst stolze Land mit seinen freiheitlichen Traditionen war aus der politischen Landkarte gestrichen worden. Der Unmut war groß.

Als Österreich 1809 beschloss, einen neuerlichen **Krieg gegen Napoleon** zu wagen, brach in Tirol die Volkserhebung los. Andreas Hofer hatte durch Erzherzog Johann eine verschlüsselte Botschaft des Monarchen bekommen und sammelte nun seine Mannen zum Aufstand: Dreimal errang er am **Berg Isel** bei Innsbruck grandiose Siege gegen die Franzosen und Bayern, die mit 40 000 Mann in Tirol eingezogen waren. Kurzfristig wurde Andreas Hofer sogar zum Regenten Tirols und zog in die Innsbrucker Hofburg ein.

Doch während sich Hofer und seine Mitstreiter noch in der Gunst des Herrscherhauses wähnten, als Retter in der Not, sauste die Weltpolitik bereits über die Köpfe der Tiroler hinweg: Kaiser Franz I. von Österreich schloss Frieden mit Frankreich, und nur ein Jahr später heiratete Napoleon dessen Tochter Marie Louise. Im Oktober 1809 wurde im Vertrag von Schönbrunn Tirol wieder Bayern zugesprochen und von französischen Truppen besetzt. Nun war der Bund zwischen Österreich und Frankreich besiegelt, und Hofer war seinen Häschern ausgeliefert. Noch hätte er aufgeben können.

Aber die **Freiheitskämpfer** wollten die Niederlage nicht wahrhaben, und ein hin und her gerissener Andreas Hofer kämpfte weiter. Selbst die letzte, diesmal verlustreiche Schlacht am Berg Isel konnte ihn nicht mehr zur Umkehr bewegen. Er kämpfte, sich mit dem kleinen verbliebenen Rest seiner Mannen langsam in sein Heimattal Passeier zurückziehend. Dort kämpfte er weiter bis zur absoluten Niederlage – und floh. Er wurde an die Franzosen verraten und vor ein Kriegsgericht gestellt. Am 20. Februar 1810 wurde er in Mantua hingerichtet. Erst 1813, nach der Verbannung Napoleons, kam Tirol wieder zu Österreich.

kapelle, nun wurde italienisch gesprochen, die Festlichkeiten wurden von italienischen Fanfaren begleitet, und selbst die Eigennamen wurden geändert: aus Josef wurde Giuseppe, aus Julia Giuliana. Schon 1923 wurden die italienischen Ortsnamen eingeführt, in den Schulen wurde italienisch unterrichtet, die früheren Lehrer wurden entlassen. Im Jahr 1925 war italienisch schließlich alleinige Amtssprache.

Ettore Tolomei war der Botschafter dieses Prozesses, und er ging in Südtirol mit derartiger Härte vor, dass sein Name noch immer Hass hervorruft. Alles »Gotische« wollte der nationalitalienisch gesinnte Geograph aus dem Trentino, Südtirol austreiben. Er nahm damit Bezug auf eine weit frühere kulturelle Vereinnahmung des Nordens durch den Süden, und zwar den Sieg der Renaissance über die Gotik.

Der zweite Schritt umfasste die Industrialisierung Südtirols durch die Ansiedlung italienischer Arbeiter. In Bozen wurde modernste Industrie angesiedelt, und mit ihr kamen die italienischen Arbeiter aus dem Süden. Aus der bäuerlich geprägten Handelsstadt Bozen wurde ein Industriestandort erster Güte: egal ob Stahl oder Energie, Lastwagen oder Magnesium – hier wurde für das moderne Italien produziert. Der dritte Schritt schließlich war die Aussiedelung der Südtiroler.

Vor dem Hintergrund, dass 1910 noch 97 Prozent der Bevölkerung Südtirols Deutsch gesprochen hatten, war die »Südtirolfrage« von einiger Brisanz für das faschistische Italien. Die Lösung schien in dem Bündnis Hitler-Mussolini zu liegen: Am 22. Juni 1939 wurde in Berlin die sogenannte »Option« beschlos-

Als die Berge wieder Trennlinie waren – Panzersperren am Reschenpass

Umsiedler – die Kleinen müssen den Wahn der »Großen« ausbaden.

sen, die Aussiedlung der deutschsprachigen Südtiroler, heim ins Reich. Mit falschen Versprechungen und unter dem Druck der Italienisierungspolitik Mussolinis stimmten 211 799 Südtiroler für die Abwanderung, das waren 86,08 Prozent, nur 34 237 wollten Haus und Hof auch unter diesen Umständen nicht verlassen.

Eine Episode aus dem Leben des beliebten Filmemachers Luis Trenker zeigt, wie das ganze Land zwischen die Fronten geriet. Als sich Luis Trenker im September 1933 in einem Gasthaus auf der Seiser Alm auf unfeine Weise über die Deutschen ausließ, war sein Schicksal bereits besiegelt. Denn ein zufällig anwesender deutscher Tourist berichtete umgehend der »Reichfachschaft Film« von der Schimpfkanonade Trenkers. Von nun an wurden Trenkers Aktivitäten in Deutschland ohne sein Wissen von Aktennotizen begleitet, die ihm den Stempel »deutschfeindlich« aufdrückten. Der einst geliebte und gefeierte Regisseur und Schauspieler wurde in Deutschland geschnitten, spätestens seit 1940 bekam er für keines seiner Vorhaben mehr Geld.

Der Vorfall war symptomatisch für die Zeit. Selbst ein so gewandter Diplomat wie Luis Trenker saß bald zwischen allen Stühlen. Wollte er filmen, musste er sich mit Italien gut stellen, waren seine Bemühungen im Süden jedoch zu erfolgreich, konnte er vom Norden nichts mehr erwarten. Von zwei Regimen in die Zange genommen, blieb den Südtirolern letztlich nur eine Alternative: Entweder man entschied sich für die eine oder andere Seite, oder aber man begab sich in eine innere Emigration.

Das deutsch-italienische Abkommen zur Umsiedelung war der logische Schlusspunkt dieses Machtkampfes: Hitler sollte die Menschen bekommen, Mussolini das Land. Jeder Südtiroler musste sich entscheiden, ob er deutsch oder italienisch sein wollte. Am 31. Dezember 1939 lief die Optionsfrist ab: Knapp 90 Prozent der Südtiroler wählten das Deutsche Reich. Etwa 75000 wanderten in den kommenden Jahren auch tatsächlich aus. Vor allem die Ärmeren, nicht besitzenden Schichten hatte der Befehl zur Ausreise als Erstes getroffen.

Als Südtirol nach dem Zweiten Weltkrieg neuerlich zu den Verlierern des Krieges gehörte, wurde die Trennung des Landes entgegen aller gehegten Hoffnungen und entgegen aller Proteste aufrecht erhalten.

Studentischer Protestzug 1960 anlässlich des 40. Jahrestags der Abtrennung Südtirols

DIE SÜDTIROLER »FEUERNACHT«

Zu Beginn der 1960er-Jahre war die Situation in Südtirol explosiv geworden. Südtirol war zwar gemeinsam mit dem Trentino als Region 1948 eine gewisse Autonomie zugestanden worden, aber bei genauerem Hinsehen war dies nichts als eine Hinhaltetaktik. Zehn Jahre danach, am 17. November 1957, war die Unzufriedenheit der Südtiroler auf Schloss Sigmundskron kulminiert. Eine wütende Menge hatte sich auf dem Schloss nahe Bozen und den umliegenden Hügeln versammelt. Dicht gedrängt standen die rund 35000 Anwesenden, als ein Mann auf Krücken – sein Bein hatte er im Krieg verloren – die Menge noch einmal beruhigen konnte. Es war die große Stunde des späteren Landeshauptmannes von Südtirol, Silvius Magnago, einem Politiker der Südtiroler Volkspartei. Sein Vorredner, ein Bauer aus Lana, hatte seiner Verbitterung Ausdruck verliehen und in die Menge geschrien: »Wir sind belogen und betrogen worden bis auf den heutigen Tag!« Die Menge raste. Doch Magnago erinnerte sie an ihre Verantwortung, er habe sein »deutsches Wort« gegeben, dass an diesem Tag nichts als das vorgesehene Programm der Kundgebung passiere. Die Parole des Tages, das »Los von Trient«, wurde zur Marschrichtung der kommenden Jahre.

Die Südtiroler waren 1957 mit Recht aufgebracht. Am Rande der Pariser Friedenskonferenz 1946 war auf Drängen der Westmächte ein Schutzvertrag für Südtirol ausgehandelt worden: Die Südtiroler Bürger sollten ein Recht auf Unterricht in der eigenen Sprache haben, das Deutsche sollte dem Italienischen gleichgestellt werden, bei der Einstellung in den öffentlichen Dienst sollten Deutschsprachige gleichberechtigt behandelt werden. Doch auch zehn Jahre nach diesem Abkommen waren wesentliche Forderungen der Südtiroler uner-

füllt geblieben. Die Selbstverwaltung lag in den Händen der italienischen Mehrheit des Trentino.

Während die Politiker verhandelten, schlug die Stimmung im Volk mehr und mehr um. Immerhin 155000 Südtiroler hatten 1946 für die Selbstbestimmung votiert und ihre Unterschriften dem damaligen österreichischen Bundeskanzler Leopold Figl übergeben. Doch nun stellte sich heraus, dass ihre Hoffnungen trügerisch waren. Zwar gelang Österreich im Oktober 1960 mit einer UNO-Resolution eine neuerliche Internationalisierung der »Südtirol-Frage«, aber Italien mauerte. Da verließ eine Gruppe von Desillusionierten unter Berufung auf Andreas Hofer das politische Mehrheitslager und bildete unter dem Namen »Befreiungsausschuss Südtirol«, kurz BAS genannt, eine Aktivistengruppe außerhalb der Legalität. Schon im Januar, Februar, März und April 1961 war es zu Sprengstoffanschlägen gekommen, am 30. Januar etwa auf den »Aluminium-Duce« bei Waidbruck, ein Reiterstandbild des Diktators, am 27. März auf ein Volkswohnhaus in der Bozner Reschenstraße. Als in der Herz-Jesu-Nacht, der Nacht vom 12. auf den 13. Juni 1961, in einer konzentrierten Aktion im ganzen Land die Hochspannungsmasten flogen, war die Stromversorgung in Teilen Norditaliens gestört. 40 Explosionen wurden in dieser Nacht registriert, die später als die »Feuernacht« in die Südtiroler Geschichte einging. Der große Schlag war ein Akt der Verzweiflung, Ausdruck eines »volkstumspolitischen und sozialen Notstands«. Die Ziele waren zu diesem Zeitpunkt symbolisch, es waren die Insignien der italienischen Macht, nicht die Menschen. Die Gewalt war gegen die Dinge gerichtet, Rohbauten, Energieversorgungs-Schnittstellen, Denkmäler. Die Polizeikampagne, die folgte, nennen manche Historiker heute den zweiten »Sündenfall des Staates« gegenüber Südtirol. Italien ging mit aller Härte und nicht immer mit Mitteln des Rechtsstaates gegen die Attentäter vor. Erst 1972 erfüllten sich die Hoffnungen der Südtiroler in einem neuen Autonomiestatut.

Südtirols Autonomie gilt heute als Vorzeigeprojekt. Von überall auf der Welt kommen Politiker und Vertreter von

Minderheiten, um sich in Südtirol anzusehen, wie das Zusammenleben unterschiedlicher Volksgruppen – Italiener, Deutsche und Ladiner – funktionieren kann. Sogar der Dalai Lama erkundigte sich bei einem offiziellen Besuch 2005 eingehend nach der Südtirol-Autonomie. Zwar wurden die Spannungen zwischen den Volksgruppen nie ganz überwunden, und immer wieder lodern Feuer an (erwarteter und unerwarteter) Stelle auf, doch die Feuer heute sind meist verbaler Natur. Die Zeit der »Bumser«, wie die Südtirol-Aktivisten der 1960er-Jahre salopp genannt werden, scheint im 21. Jahrhundert endgültig vorbei zu sein.

Das sogenannte »Paket«, in dem die Südtirol-Autonomie verschnürt wurde, hat nicht nur die verhärteten Fronten von einst aufgeweicht, sondern auch Wohlstand, Modernität und Demokratiebewusstsein in das Land gebracht. Kerngedanke der Südtirol-Autonomie sind das gleichberechtigte Nebeneinander der Sprachen und der sogenannte »Proporz«. Alle öffentlichen Zuwendungen, ob dies Wohnungen aus dem öffentlichen Wohnbauprogramm sind oder Stellen bei Verwaltung oder Bahn, werden nach »Proporz« vergeben, das heißt, es müssen exakt so viele Stellen an Deutsche, Ladiner oder Italiener vergeben werden, wie in dem jeweiligen Gebiet leben. Sind beispielsweise 53 Prozent der Bewohner eines Ortes italienischer Muttersprache, so werden entsprechend viele Posten in der Gemeindeverwaltung an italienische Südtiroler vergeben usw. Alle Angestellten in öffentlichen Diensten müssen darüber hinaus eine Zweisprachigkeitsprüfung ablegen, je nach Dienstgrad auf einem höheren oder niedrigeren Level. So muss die Amtsdirektorin eine schwierigere Prüfung bestehen als der Raumpfleger im Krankenhaus, zweisprachig aber müssen sie beide sein.

Vor Gericht dürfen Südtiroler ihre Aussagen in ihrer Muttersprache machen, die Verhandlungssprache wird vorab festgelegt, und in der Schule lernen die Kinder in der eigenen Sprache. Zwar bekommt ein deutscher Volksschüler bereits mit der ersten Klasse Unterricht in der zweiten Sprache, also italienisch, aber alle anderen Fächer von Mathematik bis zur Religion erlernt er in seiner Muttersprache. Auch heute noch lehnt die Schulpolitik Südtirols die Methode der »Immersion« ab, es sei denn in einigen wenigen Experimenten. Die »Durchmischung« der Unterrichtssprachen quer durch die Fächer, wie sie in manchen Ländern zum besseren Erlernen der anderen Sprache praktiziert wird, stößt in Südtirol nach wie vor auf Ablehnung.

Südtirols Autonomie umfasst aber auch weitreichende Gesetzgebungskompetenzen, ähnlich denen in Deutschland. Doch im Gegensatz zur Bundesrepublik ist Italien kein föderalistischer Staat, sondern ein zentraler. Die Unabhängigkeit Südtirols von Rom in der Gesetzgebung etwa in Fragen der Schule, der Jagd- und Fischerei oder des Kommunikations- und Transportwesens beinhaltet eine ausgesprochene Sonderstellung innerhalb der Länder Italiens.

Der lange Weg in die Autonomie – Protestzug 1956

DIE SAAR IST FREI! WANN SÜ
GERECHTIGKEIT-FÜR SÜDTIROL
Tirol

SAD

REISE-SERVICE

Südtirol kompakt: Wo man am besten parkt, wenn alle zum Weihnachtsmarkt wollen; wo man erfährt, ob Schnee liegt oder die Polizei Radarfallen gestellt hat; wo man hingeht, wenn es einem nicht gut geht, und was die Südtiroler meinen, wenn sie etwas als »schkifös« bezeichnen. Die wichtigsten Adressen, Internetseiten und Telefonnummern auf einen Blick.

Von 1907 bis 1966 ruckelte die Rittner Bahn (S. 187) vom Zentrum der Stadt Bozen auf den Ritten.

WISSENSWERTES VON A–Z

ALLGEMEINES

Einwohner: 482 650

Fläche: 7400 qkm

Religion: 98 % der Bevölkerung sind katholisch, evangelische Gemeinden in Meran und Bozen, russisch-orthodoxe Gemeinde in Meran, jüdische Synagoge in Meran.

Sprache: In Südtirol sind Deutsch, Italienisch und Ladinisch gleichberechtigte Sprachen. Laut Volkszählung 2001 sprechen 69,15 % deutsch, 26,47 % italienisch, 4,37 % ladinisch. Außerdem werden landesweit über 40 verschiedene Dialekte des Südbairischen, umgangssprachlich »Südtirolerisch«, gesprochen. Amtssprachen sind Deutsch und Italienisch, in den Geschäften und Restaurants kann man davon ausgehen, dass deutsch gesprochen wird, nur im ladinischen Gadertal und im Grödnertal und im italienischen Teil Bozens stößt man hin und wieder auf jemanden, der kein Deutsch versteht.

Städte und Gemeinden: Das Land Südtirol hat 116 Gemeinden. Die flächenmäßig größte Gemeinde in Südtirol ist die Gemeinde Sarntal mit 302,50 qkm, die kleinste ist die Gemeinde Kuens mit 1,66 qkm. Am meisten Einwohner hat die Stadtgemeinde Bozen mit 97 232 Einwohnern, am wenigsten die Gemeinde Waidbruck mit 180 Einwohnern.

Fünf Gemeinden haben eine italienische Bevölkerungsmehrheit (Bozen, Leifers, Salurn, Branzoll und Pfatten), in den acht Gemeinden in den ladinischen Tälern (Gröden- und Gadertal) stellen die Ladiner die Mehrheit, alle übrigen 103 Gemeinden haben eine deutsche Bevölkerungsmehrheit.

Verwaltung: Südtirol ist eine Provinz Italiens mit Sonderstatut, d. h., Südtirol verfügt über besondere Autonomierechte. Während Steuerwesen, Militär und Polizei zentral von Rom verwaltet werden, werden verschiedene Bereiche wie Schule, Gerichte oder die Sanität von Südtirol aus verwaltet. Auch gesetzgeberisch verfügt Südtirol aufgrund seiner besonderen Geschichte über eine größere Autonomie als andere Provinzen Italiens. Das Land Südtirol umfasst 116 Gemeinden. Regiert wird es von den Gemeinderäten und -ausschüssen, den Bürgermeister/innen, der Landesregierung mit Sitz in Bozen, der ein Landeshauptmann vorsteht.

Wirtschaft: Die Landwirtschaft ist längst nicht mehr der wichtigste Erwerbszweig in Südtirol. Inzwischen spielen Tourismus, Gewerbe und Industrie eine ebenso große

Weltweit ein Qualitätsbegriff – Äpfel aus Südtirol

Rolle. Am Stichtag, dem 22. Oktober 2001, existierten in Südtirol 51 207 Arbeitsstätten mit insgesamt 207 380 Mitarbeitern. Dies ist ein Zuwachs von 27 300 oder 15,2 % im Vergleich zu 1991. Die Arbeitslosenquote lag 2005 bei 2,2 % der Männer und bei 3,3 % der Frauen. Es herrscht somit Vollbeschäftigung. Südtirol besteht zu 42 % aus Waldflächen: Forstwesen, Holzverarbeitung und Möbelbau sind wesentliche Wirtschaftsfaktoren. Südtirol produziert auf 18 000 Hektar etwa 10 % der in der EU angebauten Äpfel. Das entspricht 2 % der Weltproduktion. In den letzten Jahren haben sich darüber hinaus viele international agierende Unternehmen etabliert, sie exportieren ihre Produkte in alle Welt, von der Seilbahn bis zum Speck. Großer Wert wird auf die Umwelt gelegt: Biomasse, Wasserkraft und Solaranlagen sowie eine Vorreiterrolle in der Gebäudeisolierung führen zu besonders umweltfreundlichen Wirtschafts- und Wohnräumen. Forschungs- und Bildungseinrichtungen wie die Universität und die Europäische Akademie in Bozen sollen auch in Zukunft dafür sorgen, dass Innovationen eine zentrale Rolle spielen.

ANREISE

Mit dem Auto

Von Deutschland aus führt die schnellste Route über die Autobahn München–Salzburg, in Rosenheim Abzweig nach Innsbruck (A 12 Inntalautobahn, mautpflichtig), weiter zum Brenner (A 13/A 22 Brennerautobahn, mautpflichtig) - Autobahnausfahrt Brixen/Vahrn (Weiterfahrt ins Pustertal, Staatsstraße 49) - Bozen (Bozen Nord, Bozen Süd, Neumarkt). Die Weiterfahrt nach Meran geht über die MEBO-Schnellstraße, Einfahrt bei der Brennerautobahnausfahrt Bozen Süd.

Für die Autobahn in Österreich benötigt man eine sogenannte »Vignette«, sie ist an allen Autobahn-Servicestellen erhältlich. Der kürzeste Zeitraum (10 Tage) kostet 7,60 € und berechtigt zur Fahrt auf allen Autobahnen Österreichs, mit Ausnahme der Brennerautobahn. Sie kostet für den PKW noch einmal 8 € Maut. Die italienische Brennerstrecke bis nach Bozen kostet 4,60 € (Stand 2006).

Der Brenner ist der meist befahrene Pass der Alpen, und zu manchen Ferienzeiten wird er zum Nadelöhr. Ausweichen kann man über die alte Brennerstaatsstraße (Nr. 12), eine kurvenreiche Straße, die durch die Ortschaften von Innsbruck bis zum Brenner führt.

Von Westen führt die zweite große Reiseroute nach Südtirol von Ulm über Kempten, Füssen, den Fernpass, Imst, Landeck und schließlich zum Reschenpass (1504 m) (Staatsstraße 40 und 38) oder aber noch weiter westlich von Bregenz über Feldkirch, Arlberg und Landeck bis zum Reschenpass (Staatsstraße 40 und 38). Durch das Vinschgau führt die Straße direkt bis nach Meran. Landschaftlich sind diese Routen reizvoll, aber vor allem in Südtirol muss man ein wenig Geduld mitbringen, da sich auf der Strecke zwischen dem Reschenpass und Meran der Transitverkehr mit den Traktoren der Apfelbauern, dem touristischen Tagesverkehr und dem Pendlerverkehr des Vinschgaus kreuzt.

Von Osten kann man Südtirol über Lienz erreichen, über Innichen durch das Pustertal bis nach Brixen (Staatsstraße 49).
Weitere Pässe, um nach Südtirol zu gelangen, sind das hoch gelegene Timmelsjoch (2478 m, nur im Sommer), das das österreichische Ötztal mit dem Passeiertal verbindet. Die gewundene Straße, die demnächst mautpflichtig werden soll, führt schließlich nach Meran. Auch von Sterzing gelangt man über den Jaufenpass nach Meran (im Winter nur teilweise befahrbar). Auf der Brennerautobahn gilt bis Bozen die Höchstgeschwindigkeit von 110 km/h, auf den Staatsstraßen 90 km/h, in den geschlossenen Ortschaften, wenn nicht anders angegeben, 50 km/h. Auf allen ortsverbindenden Strecken gilt Lichtpflicht auch tagsüber, innerhalb der Ortschaften darf ohne Licht gefahren werden. Für Wohnmobile über 3,5 t gilt außerhalb der Ortschaften 80 km/h, auf Autobahnen 100 km/h. PKW mit Anhänger dürfen außerhalb der Ortschaften höchstens 70 km/h und auf Autobahnen 80 km/h fahren.
Übertretungen der Geschwindigkeitsbegrenzungen können teuer werden: Bereits 10 km/h zu viel kosten etwa 100 €.

Straßenzustandsbericht
Südtiroler Verkehrsmeldezentrale Bozen
Tel. 04 71 20 01 98
A 22 Brennerautobahn
kostenlose Tel. (nur in Italien) 8 00 27 99 40, aus D/A/NL Tel. 0 08 00 22 02 20 22; www.autobrennero.it
Unter www.provinz.bz.it/vmz/report/index_d.asp findet man alle aktuellen Informationen zur Straßenlage vom Verkehrsbericht über die Befahrbarkeit der Passstraßen bis zur Radarkontrolle.

Mit dem Bus
Zahlreiche Reiseunternehmen bieten pauschale Bustouren übers Wochenende oder für längere Aufenthalte an.
Info: www.sii.bz.it

Mit dem Flugzeug
Seit einigen Jahren verfügt Bozen über einen kleinen Flughafen, der von einigen Städten auch direkt angeflogen wird, etwa ab Köln/Bonn und Zürich. In maximal zwei Stunden landet man ohne Zwischenstopp in Bozen, der Landeshauptstadt Südtirols. Informationen und Buchung online oder bei Alps Fly Reservation, E-Mail: alps-fly-reservation@suedtirol.info
Flughafen Bozen
Tel. 00 39/04 71 25 52 55;
www.abd-airport.it
Flughafen Innsbruck
Tel. 00 43/0 51 22 25 25-161;
www.flughafen-innsbruck.at
Flughafen Verona
Tel. 00 39/04 58 09 56 66;
www.aeroportoverona.it
Flughafen Treviso
Tel. 00 39/04 22 31 52 11

Mit dem Motorrad
Südtirol ist ein Paradies für Biker. Zahlreiche Pässe laden ein, durch eine atemberaubende alpine Landschaft zu kurven. Am beliebtesten sind das Penser Joch, das von Sterzing erreicht werden kann. Die Straße führt nach

Sarnthein und von dort weiter bis nach Bozen. Österreicher reisen gerne über den Staller Sattel ins Antholzer Tal. Die alte Dolomitenstraße von Bozen bis nach Cortina oder das Würzjoch, die Verbindung von Eisacktal und Gadertal, und natürlich die Sella-Runde sind vor allem im Frühling beliebte Ziele. Allerdings haben es die Straßen in sich: Unübersichtliche Kurven, plötzlich wechselnde Straßenbeläge, schaulustige Touristen und unverbesserliche Raser auf den Straßen haben schon manchem Motorradfahrer das Leben gekostet. 2005 schrieb Südtirol die traurigste Bilanz in der Geschichte des Motorrad-Tourismus: In nur wenigen Monaten gab es 580 Motorradunfälle, 28 davon verliefen tödlich. Der überwiegende Teil der Verunglückten verbrachte seinen Urlaub in Südtirol.

Mit dem Zug

Mit der Deutschen Bahn beginnt der Urlaub bereits bei der Anreise nach Südtirol. Entspannt und ohne Hektik bringen der DB AutoZug und der UrlaubsExpress von zahlreichen deutschen Bahnhöfen die Gäste nach Bozen. Es gibt auch den DB NachtZug mit neuen Komfortschlafwägen. Buchungen und Information beim Servicetelefon: DB AutoZug 0 18 05/24 12 24, UrlaubsExpress 0 18 05/14 15 14 - Anruf je 12 Cent/Minute aus dem deutschen Festnetz.

Von Deutschland führt die Hauptstrecke von München über Innsbruck und den Brenner bis nach Bozen. Vor allem in der Hauptreisezeit sind Reservierungen nötig. Von Österreich führen zwei Strecken nach Südtirol: einmal von Wien über Klagenfurt und Lienz durch das Pustertal bis nach Brixen und Bozen, zum anderen über Linz, Salzburg, Innsbruck über den Brenner nach Bozen. Aus der Schweiz führt die Strecke von Zürich nach Innsbruck über den Brenner nach Bozen.

Regionalverbindungen gibt es von Bozen nach Meran und weiter mit der neuen Vinschger Bahn bis nach Mals im Stundentakt, und im Osten führt die Strecke von Franzensfeste über Bruneck und Winnebach bis ins österreichische Lienz.

Auskünfte über Fahrpläne: kostenlose (nur in Italien) Tel. 8 00 84 60 47;
kostenlose Nummer Italienische Staatsbahnen (nur in Italien) Tel. 89 20 21;
FS online: www.trenitalia.com
Deutsche Bahn: www.bahn.de
ÖBB: www.oedd.at
Sbb: www.sbb.ch

AUSKUNFT

Staatliches italienisches Fremdenverkehrsamt (ENIT)

In Deutschland

- Kaiserstr. 65, 60329 Frankfurt; Tel. 0 69/23 74 34 (Information), 25 91 26 (Presseabteilung), (0 08 00) 00 48 25 42 (gebührenfreie Nummer für den Prospektversand), Fax 0 69/23 28 94; www.enit.it, www.enit-italia.de
- Karl-Liebknecht-Str. 34, 10178 Berlin; Tel. 0 30/2 47 83 97-8, Fax 0 30/2 47 83 99; E-Mail: Enit-berlin@t-online.de
- Lenbachplatz 2, 80333 München; Tel. 0 89/53 13 17, Fax 0 89/53 45 27; E-Mail: enit-muenchen@t-online.de

In Österreich
- Kärntnerring 4, 1010 Wien; Tel. 01 5 05 16 39, Fax 5 05 02 48; kostenlose Prospektbestellung unter Tel. 0 08 00 00 48 25 42; E-Mail: delegation.wien@enit.at; www.enit.at

In der Schweiz
- Uraniastr. 32, 8001 Zürich, Tel. 0 43 466 40 40, (0 08 00) 00 48 25 42 (gebührenfreie Nummer für den Prospektversand, Fax 0 43 4 66 40 41; E-Mail: info@enit.ch, www.enit.it oder www.enit.ch

AUTOVERMIETUNG

Mietwagen gibt es in den Städten und größeren Orten. Maggiore, der führende Autovermieter in Italien, bietet auch in Südtirol neue und interessante Möglichkeiten, im Mietwagen durch Südtirol zu kurven. Außerdem bietet die ADAC-Autovermietung für Mitglieder günstigere Bedingungen. Buchungen über die ADAC-Geschäftsstellen oder unter Tel. 0 18 05/ 31 81 81 (0,123 €/Min.).

Schloss Kastelbell – aus jedem Blickwinkel eine Augenweide (S. 243)

BADEN

Inzwischen verfügt fast jede Ferienregion über Hallenbäder, viele davon sind aufwändige Spiel- und Spaßbäder mit Wellness-Bereich, Monsterrutschen, künstlichen Wasserfällen und Ähnlichem. Die größten Schwimmbäder sind in Innichen, Reischach (bei Bruneck), Brixen, Klausen, Bozen, Meran und Naturns. Daneben gibt es schöne Badeseen, wie den Kalterer See und den Montiggler See im Südtiroler Unterland, den Völser Weiher und den Vahrner See im Raum Brixen, und den Issinger Weiher (bei Pfalzen) und das Naturteichbad in Sand in Taufers im Pustertal.

BERGE UND TÄLER

Eine Auswahl der berühmtesten Berge zu treffen ist in einem bergigen Land wie Südtirol nicht einfach. Der Ortler ist mit 3905 m der höchste Berg Südtirols. Der Schlern ist das Wahrzeichen des Landes, zusammen mit dem Rosengarten, von Bozen zu sehen, ist er Symbolbild der Südtiroler Bergwelt, ebenso wie die Drei Zinnen im Osten des Landes. Die Haupttäler sind das Eisacktal, das Etschtal und das Pustertal.

BERGFÜHRUNGEN

Wer richtige Bergtouren unternehmen möchte, sollte sich führen lassen. In Südtirol gibt es bestens ausgebildete Berg- und Wanderführer, aber auch für eine Mountainbike-Tour oder eine Schneewanderung kann man professionelle Begleitung bekommen. Der Südtiroler Bergführerverband ist im Jahre 1980 gegründet worden. Derzeit sind 168 Bergführer ins Berufsalbum eingeschrieben. Die Südtiroler Bergführerausbildung genießt international einen sehr guten Ruf. Aus kaum einem anderen Land sind so viele Bergführer in den verschiedenen Gebirgen der Welt mit ihren Gästen unterwegs. Aber auch im eigenen Land kennen sie sich bestens aus: **Zentrale Auskunftsstelle:** Verband der Südtiroler Berg- und Skiführer, Weintraubengasse 9, 3900 Bozen; Tel. 04 71 97 63 57.

BUCHTIPPS

Brauchtum in Südtirol, H. Grießmair, G. Mangold, Athesia Verlag 2006. Ein dicker und schöner Bildband über alte Bräuche, wie sie heute noch gelebt werden.

Wie's halt so kommt, Paul Flora, Diogenes-Verlag 2007. Felizitas von Schönborn sprach schon mit dem Dalai Lama, mit Eugen Drewermann oder Peter Ustinov. Jetzt interviewte sie Südtirols großen Zeichner Paul Flora. Ausführlich erzählt der tiefsinnige Zeichner, was ihm auf seinem ungewöhnlichen Lebensweg an Merkwürdigem, an Heiterem und Tiefgründigem geschehen ist.

Landgasthöfe in Südtirol, Oswald Stimpfl, Folio Verlag 2006. Oswald Stimpfl ist ein altgedienter Südtirol-Kenner und Verfasser vieler Wanderbücher. Hier sammelt er die schönsten Landgasthöfe, kitzelt den Gaumen und macht Vorfreude auf die Natur. Daneben gibt es Wander- und Kulturtipps.

Europa erlesen. Südtirol, hrsg. von Ludwig Paulmichl, Wieser Verlag 2006. Der Südtiroler Verleger Ludwig Paulmichl unternimmt hier einen lesenswerten Spaziergang durch die literarische Landschaft des Landes von Oswald von Wolkenstein bis zur Gegenwart. In ungewöhnlich kleinem Format passt dieses Buch in jede Handtasche und ist ein guter Begleiter für die Erkundung des Landes.

CAMPING

In Südtirol gibt es nicht sehr viele Campingplätze, die wenigen aber sind sehr gut. Die Region besitzt insgesamt 40 Plätze, teils in herrlicher Umgebung. Alle entsprechen mindestens den internationalen Standards bzw. übertreffen sie deutlich. Die meisten Campingplätze befinden sich im Vinschgau und im Südtiroler Unterland in der Nähe der großen Badeseen. Die Südtirol Marketing Gesellschaft, Moritzinger Weg 83, 39100 Bozen, verschickt das komplette Angebot (»Camping-Führer«) unter www.suedtirol.info oder unter www.campingsuedtirol.com; E-Mail: info@campingsuedtirol.com.

CARABINIERI UND POLIZEI

Die Carabinieri sind in Italien für Straftatsbestände zuständig, hier werden also Diebstähle und Ähnliches gemeldet. Für alle Fragen des Verkehrs, verlorene Gegenstände und kleinere Auffälligkeiten ist die Stadt- oder Gemeindepolizei des Ortes zuständig.

DIPLOMATISCHE VERTRETUNGEN

Honorarkonsul der Bundesrepublik Deutschland, Dr. Streiter-Gasse 12, 39100 Bozen; Tel. 04 71 97 21 18, Fax 04 71 97 57 79; E-Mail: info@brandstaetter.it

Österreichisches Generalkonsulat, Via Tranquillo Cremona 27, 20145 Mailand; Tel. 0 24 81 20 66

Schweizerisches Generalkonsulat, Via Palastro 2, 20121 Mailand; Tel. 0 27 77 91 81

FAHRRADVERLEIH

In allen Südtiroler Städten und in vielen Gemeinden gibt es einen Fahrradverleih, manchmal ist er sogar kostenlos wie in Meran. Vom 10. April bis 31. Okt. können Mountainbikes, Damen-, Herren- oder Kinderfahrräder ausgeliehen werden, außerdem Kindersitze und Fahrradhelme. Als Pfand muss der Personalausweis und eine Kaution von 5 € hinterlegt werden. Wird das Rad heil zurückgebracht, bekommt man beides zurück (von 9 bis 19 Uhr in der Galileistraße, der Tennisstraße und am Meraner Bahnhof). In Bozen gibt es die Räder beinahe kostenlos an der Bahnhofsallee und am Grieserplatz vom 4. April bis zum 31. Okt. (außer So) von 7.30 bis 20 Uhr (im Okt. bis 19 Uhr) für 1 € die ersten 6 Stunden und für 2 € für mehr als 6 Stunden. Die Kaution beträgt 10 €. In Bruneck kann man am Bahnhof gegen Gebühr Fahrräder leihen, bei Kronplatzbike in St. Georgen, Ahrntaler Str. 19, kann man zum Fahrrad auch einen Radführer mieten (Tel. 34 86 71 60 22), in Brixen gibt es einen Fahrradverleih beim Erlebnisbad Acquarena, Altenmarktgasse; Tel. 04 72 82 36 70.

FERNSEHEN UND RUNDFUNK

Der öffentlich rechtliche Sender RAI bietet deutsch-, italienisch- und ladinischsprachige Sendungen in Radio und Fernsehen. Auch der ORF hat eine Außenstelle des Landesstudios Tirol in Bozen. Zusätzlich gibt es eine lokale Fernsehanstalt und zahlreiche lokale Radiostationen.

Jenseits vom Landhausstil: Echte Tracht kennt keine Moden.

FOTOGRAFIEREN

Grundsätzlich darf man überall fotografieren, dennoch ist vor allem bei kirchlichen Festen und Prozessionen ein wenig Diskretion erwünscht.

GELD

Wie in Deutschland und Österreich gilt auch in Italien seit dem 1. Jan. 2002 der Euro als alleiniges gesetzliches Zahlungsmittel. Banken haben Mo-Fr 9-13 Uhr geöffnet, viele Filialen bedienen zusätzlich 15-16 Uhr. Mit

NEBENKOSTEN
(Angaben in Euro)

1 Cappuccino	1,80
1 Bier	1,60-3,20
1 Cola/Softdrink	1,50
1 panino (belegtes Brot)	3,00
1 Schachtel Zigaretten	4,10
1 Liter Benzin	1,20-1,25
Fahrt mit dem Bus (Einzelfahrt)	1,00
Mietwagen am Tag	55,00-65,00

Stand: Februar 2007

einer EC-Karte kann man problemlos an allen Geldautomaten rund um die Uhr Geld bekommen.

HAUSTIERE

Auch wenn sich inzwischen eine ganze Reihe von Betrieben tierfreundlich nennt, sind in vielen Gastbetrieben und Schwimmbädern Vierbeiner nicht erlaubt, auch in die Museen dürfen sie nur im Ausnahmefall. Sie müssten also bei Unternehmungen allein im Zimmer bleiben: Ratsam ist es, vorher genau zu planen und dem Gastbetrieb von vorneherein die Absicht mitzuteilen, ein Haustier mitzubringen.
Es haben sich in der letzten Zeit aber viele Betriebe auf Hunde eingestellt: Sie bieten dem reisenden Vierbeiner alles, was er braucht, allerdings nicht unbedingt umsonst. Auch für den Hund muss man für Kost und Logis zahlen, je nach Service pauschal oder auch täglich. Informationen über tierfreundliche Gastbetriebe gibt es z. B. unter www.suedtirolerland.it.

INTERNET

www.suedtirol.info
Das große Südtirolportal mit Web-Kameras, Routenplaner, Verkehrs - und Wetterberichten, Hotelbuchung und vielen anderen Informationen mehr.
www.suedtirolerland.it
Südtirols Geschichte, Land und Leute samt topaktuellem Veranstaltungskalender und nützlichen Links in die Regionen.
www.stol.it
Die lokale Nachrichtenredaktion im Internet bringt täglich News aus Politik, Kultur, Sport etc. mit Schwerpunkt auf der Region Südtirol, Nordtirol und Trentino. Dazu Veranstaltungen, Webcams, Kinoprogramm etc.
www.roterhahn.it
Urlaub auf dem Bauernhof - das offizielle Portal wenn man einen wirklichen Landurlaub verbringen will mit über tausend angeschlossenen familienfreundlichen Höfen.

KONFEKTIONSGRÖSSEN

Wer plötzlich nicht mehr in seine alte Kleidergröße passt, braucht nicht zu erschrecken, denn in Italien gelten andere Maße:

deutsch	italienisch	deutsch	italienisch
34	40	44	50
36	42	46	52
38	44	48	54
40	46	50	56
42	48	52	58

In den Boutiquen werden die Konfektionsgrößen (italienisch) von 40 bis 46 geführt, in Einzelstücken auch bis 48. In den Bekleidungsgeschäften mit Berg- und Sportausstattung sowie Damen- und Herrenkonfektion bekommt man auch Größe 50 und 52. Größere Größen sind nur sehr sporadisch zu erhalten, sie werden im Regelfall nur in Spezialgeschäften oder auf Bestellung gehandelt.

MEDIZINISCHE VERSORGUNG

In Südtirol besteht eine gute, allen Standards entsprechende medizinische Versorgung. Vor Reisebeginn sollte man sich bei seiner Krankenkasse das Formular E 111

besorgen, den Nachfolger des früheren Auslandskrankenscheins. Wird eine Behandlung notwendig, ist es am einfachsten, die Behandlungskosten gegen Quittung auszulegen und sich die Ausgaben zu Hause von der Krankenkasse ganz oder teilweise erstatten zu lassen.
Das System der Gesundheitsversorgung in Südtirol sieht vor, dass man sich bei Unfällen, Unwohlsein oder anderen akuten Gesundheitsstörungen an die jeweiligen Notfalldienste der Krankenhäuser wendet, »Erste Hilfe« genannt (auf italienisch »Pronto soccorso«).

Die wichtigsten Krankenhäuser:
Krankenhaus Bozen
Lorenz-Böhler-Str. 5, 39100 Bozen;
Tel. 04 71 90 81 11
Krankenhaus Brixen
Dantestr. 51, 39042 Brixen;
Tel. 04 72 81 21 11
Krankenhaus Bruneck
39031 Bruneck, Spitalstraße 11;
Tel. 04 74 58 11 11
Krankenhaus Meran
Rossinistr. 5, 39012 Meran;
Tel. 04 73 26 33 33

Erste Hilfe/Pronto Soccorso:
Krankenhaus Bozen: Tel. 04 71/90 83 30
Krankenhaus Meran: Tel. 04 73/26 30 29
Krankenhaus Schlanders:
Tel. 04 73/73 82 69
Krankenhaus Brixen: Tel. 04 72/81 24 44
Krankenhaus Sterzing: Tel. 04 72/72 03 51
Krankenhaus Bruneck: Tel. 0474/58 12 00
Krankenhaus Innichen: Tel. 0474/91 71 40

NOTRUF

ACI-Abschleppdienst: Tel. 116
Bergrettungsdienst: 04 71 98 19 81
Carabinieri Tel. 112
Feuerwehr Tel. 115
Polizei Tel. 113
Rettungsdienste Tel. 118
Apothekennachtdienst: Die jeweils zuständige Apotheke für den Nachteinsatz ist in der Tageszeitung »Dolomiten« nachzulesen oder unter Tel. 192 zu erfragen.

PARKEN

In den Städten und größeren Orten ist das Parken generell nur an den dafür vorgesehenen Stellen erlaubt. Für Fahrzeuge ohne Sondergenehmigung gelten die blau umrandeten Abstellplätze oder aber eigene Parkplätze. Beide sind kostenpflichtig. Für die blau umrandeten Stellplätze am Straßenrand wurden in der Nähe Parkautomaten aufgestellt. Aber Achtung: In Bozen oder Meran gelten je nach Zone und Zentrumsnähe unterschiedliche Tarife. Man kann also nicht mit einem Parkzettel durch die Stadt reisen.
In allen Ortschaften, egal ob größere oder kleinere, ist es deshalb nicht anzuraten, in das Stadtzentrum zu fahren, um sich dort einen Parkplatz auf eigene Faust zu suchen. Freie Parkplätze im Innenraum gibt es selbst in Dörfern kaum noch. Aber in vielen Orten sind außerhalb kostenlose Parkplätze ausgewiesen (mit Busshuttle/Park & Ride, P & R). Will man dennoch näher ins Zentrum, so ist in Bozen der Parkplatz »Mitte« anzuraten, er ist nicht nur halb so teuer wie andere, sondern es wird auch ein kostenloser

Mittelwert	JAN	FEB	MÄR	APR	MAI	JUN	JUL	AUG	SEP	OKT	NOV	DEZ
Tagestemperatur	11	13	16	19	23	28	31	31	27	21	16	12
Nachttemperatur	4	5	7	10	13	17	20	20	17	13	9	5
Sonnenstunden	4	5	6	7	9	9	11	10	8	7	4	4
Regentage pro Monat	8	9	8	8	7	4	2	2	5	8	10	10

Quelle: Deutscher Wetterdienst, Offenbach

Fahrradverleih geboten. In Meran sind die Parkplätze »Karl Wolf«, die Tiefgarage »Algunder Weinkellerei« (beide in Nähe des Vinschger Tors) und die Thermentiefgarage »art drive in« besonders zentral, in Brixen parkt man zentrumsnah im Parkhaus Brixen (direkt an der Hauptdurchfahrtsstraße) und in Bruneck im Parkhaus unter dem Rathausplatz.

POST

Briefmarken bekommt man in Postämtern und in Tabak- und Zeitungsläden, genannt »tabacchi«, Postkarten nach Deutschland, Österreich und in die Schweiz sind mit 0,35 € zu frankieren. Die Postämter in den größeren Städten sind durchgehend geöffnet, Sa nur vormittags. Achtung: Seit die Post in Italien privatisiert ist, wird in den Sommermonaten auf Sparflamme gearbeitet. Die Schalter sind in vielen, auch größeren Gemeinden nur bis 12.30 Uhr geöffnet. In den kleineren Gemeinden sind die Postämter im Allgemeinen von 8-12.30 Uhr geöffnet.

PROMILLE

Die Promillegrenze in Italien liegt bei 0,5.

RAUCHEN

Das Rauchen ist in Italiens Gastbetrieben nicht mehr erlaubt. Nur wenige Lokale verfügen über einen Raucherraum, da diese unter strengen Vorschriften der Luftreinigung eingerichtet werden müssen. Geraucht wird draußen unterm Sonnenschirm. Im Winter gibt es an vielen Orten mit Heizstrahlern beheizte Remisen oder Zeltdächer, unter denen die Raucher fröstelnd Zuflucht suchen.

REISEDOKUMENTE

Reisende aus Deutschland, Österreich und der Schweiz brauchen bei einem Aufenthalt bis zu drei Monaten einen gültigen Personalausweis oder Reisepass.

REISEKNIGGE

Die Essenszeiten werden in Südtirol streng eingehalten. Mittags ist die Küche von 12-14 Uhr geöffnet, am Abend von 18-22 Uhr. Danach gibt es meist nur noch Pizza (bis Mitternacht). Pizza gibt es außerdem in den meisten Fällen nur abends. Ist dies anders, so verweist häufig ein Schild vor dem Lokal darauf. Essen zwischen den Zeiten gibt es nur aus der kalten Küche oder in den Städten in

Brunch-Bars oder Imbissen. Gern gesehen wird, wenn nicht jeder einzeln zahlt, sondern alle am Tisch »zusammenwerfen«.
Gehen Sie, wenn es sich vermeiden lässt, nicht in der Bergsteigerkluft zum Essen. Und wer für Städtereisen nach Südtirol kommt, kann ruhig die gute Garderobe mit einpacken. Südtiroler legen großen Wert auf ihre Kleidung, egal ob lässig oder elegant. »Overdressed« kann man in diesem Land kaum sein, auch wenn sich inzwischen die Designerjeans neben dem Abendkleid behaupten können.
In Lokalen und bei Taxifahrten sind 5-10 % Trinkgeld angebracht. In Hotels und Pensionen wird die Zufriedenheit mit dem Service am besten mit einem Obolus an das Personal direkt gezeigt.
Ruhetage: Sind in der Regel innerhalb der Woche, viele Bars und Lokale, vor allem jene, die von Einheimischen besucht werden, haben sonntags oder am Sonntag Abend geschlossen. Im Mai/Juni schließen viele Familienbetriebe für zwei Wochen, um selbst in die wohlverdiente »Sommerfrische« gehen zu können.

SKIGEBIETE

Mit 1220 km Piste und 450 Aufstiegsanlagen rühmt sich **Dolomiti Superski**, der Zusammenschluss von Skigebieten in der östlichen Landeshälfte von Obereggen über Gröden und das Gadertal bis zum Kronplatz in Bruneck und kleineren angeschlossenen Skigebieten wie etwa Gitschberg oder Prags im Pustertal, das größte Skigebiet der Welt zu sein. Wochen- oder Saisonskipässe gelten im gesamten Bereich des Skikarussells.

Dolomiti Superski, Cir Straße 8, 39048 Wolkenstein; Tel. 0471 79 53 97; E-Mail: info@dolomitisuperski.com, www.dolomitisuperski.com
Nächstgrößte Skiarena ist der Westen Südtirols, die **Ortler-Skiarena**, mit 300 Pistenkilometern und 70 Aufstiegsanlagen vom Vinschgau bis nach Meran.
Ortler Skiarena, Hauptstr., 39020 Gomagoi; Tel. 04 71 99 99 22, Fax 04 71 99 99 95; E-Mail: info@ortlerskiarena.com, www.ortlerskiarena.com
Das **Wipptal** und das **Ahrntal** sind kleinere Skiregionen mit jeweils drei bzw. zwei angeschlossenen Skigebieten.
Die Skigebiete öffnen ihren Betrieb dank Schneekanonen im Allgemeinen Anfang Dezember und bleiben bis Mitte April geöffnet. Seit Januar 2005 sind Kinder auf Südtirols Pisten noch sicherer, denn es besteht Helmpflicht für Kinder unter 14 Jahren. Südtirols Skischulen und -verleihe haben sich auf die **Helmpflicht** eingestellt. Helme in allen Grö-

Ein Platz an der Sonne ist fast immer mit Bergblick verbunden.

ßen und Farben stehen für die Skizwerge bereit. Und beim Ausleihen der Skiausrüstung gibt es den Helm oft kostenlos dazu.

TAXI

Taxis stehen in den Städten und den größeren Orten zur Verfügung. Praktisch sind auch Gruppentaxis, mit denen man sich nach Vereinbarung auch in größeren Gruppen vom Berg holen lassen kann. Aber Achtung: Wer nachts um 22 Uhr noch schnell ein Taxi für den innerstädtischen Verkehr braucht, wird enttäuscht: Nachtfahrten müssen, mit Ausnahme von Bozen und Meran, vorher vereinbart werden.

Bozen
Funk Taxi 24 h, Perathonerstr. 4;
Tel. 04 71 98 11 11
Bahnhofplatz; Tel. 04 71 97 33 33

Brixen
Taxi Kastlunger; Tel. 04 72 83 32 52
Auto Priska; Tel. 04 72 83 23 05, 33 56 62 90 90 oder 33 55 32 00 03
Süd Cab – Taxizentrale; Tel. 04 72 97 79 77

Bruneck
Süd Cab – Taxizentrale; Tel. 04 74 53 05 30

Deutschnofen
Hofer Paul Taxi und Bike Service, Egeregg Nr. 22; Tel. 04 71 61 63 38 und 34 92 82 19 27

Eppan
Ebner Dieter; Tel. 33 33 32 10 09

Kaltern
Taxi Walter; Tel. 33 86 93 55 39
Taxi Renner; Tel. 04 71 96 45 95

Meran
Bahnhof; Tel. 04 73 44 77 00
Theaterplatz; Tel. 04 73 23 70 97 ab 21 Uhr Nachtdienst
Sandplatz; Tel. 04 73 23 71 33
Brunnenplatz, Funktaxi; Tel. 04 73 21 20 13 (4 Linien)

Franzensfeste
Taxi Pollini; Tel. 04 72 45 86 87

Sarntal
Sarner Reisen; Tel. 04 71 62 24 99
Jakob Gross, Nordheim; Tel. 33 58 24 36 67
Franz Rauch, Nordheim; Tel. 04 71 62 32 43

Vahrn
Leitner, Tel. 04 72 83 37 52

TELEFON

Seit der Erfindung des Mobiltelefons sind öffentliche Fernsprecher rar geworden. Sie finden sich noch in Bars, die mit einem Telefonschild am Eingang gekennzeichnet sind., Auch an den zentralen Plätzen der Orte gibt es öffentliche Fernsprechkabinen. Nur bei wenigen kann noch mit Münzen telefoniert werden, die meisten sind Kartentelefone. Telefonkarten bekommt man in den Tabakläden, der Post oder an Autobahntankstellen.

Vorwahl

I → D: 0049
I → A: 0043
I → CH: 0041
D, A, CH → I: 0039

Achtung: Seit 1998 muss man bei allen Gesprächen von Italien ins Ausland die Null vor der Ortskennzahl wählen, und auch bei innerstädtischen Gesprächen wird die Null mitgewählt!

Nützliche Telefonnummern

Alpenverein Südtirol AVS Tel. 04 71 97 81 41
Alpine Auskünfte Tel. 04 71 99 99 55
Arbeitsgemeinschaft für Vogelkunde und -schutz Tel. 04 73 23 23 86
Europäisches Verbraucherzentrum Tel. 04 71 98 09 39
Legambiente/Umweltbund Tel. 04 71 27 26 60
Ökoinstitut Tel. 04 71 98 00 48
Südtirol-Marketing Gesellschaft Tel. 04 71 99 98 88
Südtiroler Tierfreundeverein Tel. 04 73 66 00 77
Südtiroler Tierschutzring Tel. 04 71 91 65 18
Touristische Auskünfte Tel. 04 71 99 99 99
Verbraucherzentrale Tel. 04 71 97 55 97
World Wildlife Found WWF Tel. 04 71 27 14 44

WETTER

Beim Wetter zeigt sich, dass hier bereits der Süden beginnt: Südtirol ist deutlich wärmer als Nordtirol, seiner Lage im Talkessel verdankt es die Landeshauptstadt Bozen, dass sie immer wieder einmal zur wärmsten Stadt Italiens aufsteigt. Der Frühling beginnt in Bozen und Meran bereits Ende Februar. Die Obstblüte ist meist Anfang/Mitte April. Der Vinschgau ist ein sonnenreiches überaus niederschlagsarmes Tal, während das Pustertal – das grüne Tal – kühler und feuchter ist. Im Südtiroler Unterland am Montiggler und Kalterer See bis zur Salurner Klause herrschen geradezu mediterrane Wetterverhältnisse.

Immer mit der Ruhe – Tourismus und bäuerliche Kultur kommen gut miteinander aus.

Hauptreisezeiten sind für ganz Südtirol Mai bis Juli/August, die Törggelezeit im September bis in den frühen November hinein und die Wintermonate von Dezember bis März. Wer schnell wissen will, wie das Wetter ist, informiert sich am besten auf dem Südtirolportal www.suedtirol.info mit dem Wetter heute und morgen, dem Bergwetter, Klimatabellen, Schneeberichten, Dreitagesprognosen und dem Satellitenbild.

Wetterdienst (automat. Durchsage): Tel. 04 71 27 11 77

Alpenverein-Wetterdienst: www.alpenverein.at/portal/wetter

Lawinenlagebericht: www.provincia.bz.it/lawinen/lawinen_d.htm

Lawinenwarndienst: Tel. 04 71 41 47 62

Pollenflugbericht: wöchentlich aktualisiert unter www.provinz.bz.it/umweltagentur/2909/pollen

Pollenwarndienst: Tel. 04 71 90 96 12

ZIGARETTEN

Zigaretten werden ausschließlich in den sogenannten »Tabak-Trafiken« verkauft, man erkennt sie an den schwarzen Schildern mit der Aufschrift »tabacchi«. In der Regel geht der Tabak-Verkauf einher mit dem Zeitungshandel. Seltener hängen diese Schilder auch über Bars. So gut wie nie kann man Zigaretten in Supermärkten oder an Tankstellen kaufen (Ausnahme: Autobahntankstellen). Zigarettenautomaten gibt es ausschließlich in den Städten, und dann meist nur einen oder zwei davon im ganzen Stadtgebiet. Wer doch einmal am Samstag Nachmittag oder am Sonntag Zigaretten braucht, dem bleibt nur der Gang zum Bahnhofskiosk.

ZEITUNGEN UND ZEITSCHRIFTEN

Die älteste und am meisten verbreitete Tageszeitung ist die deutschsprachige »Dolomiten«, gefolgt von der italienischsprachigen »Alto Adige« und der kleineren »Neuen Südtiroler Tageszeitung«. Unter den Wochenblättern sind die »FF-Südtiroler Illustrierte«, das »Katholische Sonntagsblatt« und die »Südtiroler Wirtschaftzeitung« zu nennen. Der »Usc di Ladins« (Stimme der Ladiner) ist eine wöchentlich erscheinende Zeitschrift in ladinischer Sprache.

ZOLL

An den Binnengrenzen der Europäischen Union gibt es seit Januar 1993 keine Zollkontrollen mehr, Sicherheitskontrollen werden allerdings durchgeführt. Die ausgeführten Waren dürfen nur für den Privatgebrauch sein, ansonsten müssen sie versteuert werden. Weitere Auskünfte unter www.zoll.de, www.bmf.gv.at/zoll und www.zoll.ch.

GLOSSAR

Alto Adige
Der italienische Begriff für Südtirol. Er wurde in den 1920ern nach französischem Vorbild geschaffen: Provinz am Oberlauf der Etsch – Hochetsch. Wegen der faschistischen Besetzung des Begriffs wurde die Bezeichnung Alto Adige vor allem in den 1970er- und 1980er-Jahren von der italienischsprachigen Linken durch »Sudtirolo« ersetzt.

Barrique
Die Bezeichnung für ein kleines Eichenfass, das zum Ausbau von Rot- und Weißwein dient. Ursprünglich war der Begriff ein französisches Weinmaß (barrique = Fass), das in der Regel 225 Liter fasst. Die Reifung in Barriques erfordert viel Erfahrung, Wissen und Sorgfalt.

Bozner Schule
Der Bilderzyklus in der Johanneskapelle der Bozner Dominikanerkirche ist das früheste und zugleich bedeutendste Freskenwerk der Bozner Schule. Dieser Begriff meint nicht eine bestimmte Werkstatt, sondern einen Stil, der sich von der Malweise der Bilder in der Kapelle ableitet. Kunsthistoriker vermuten drei bis fünf Wandermaler als Meister der um 1330/40 entstandenen Fresken. Sie werden aus jenem Kreis in Padua gekommen sein, der sich um Giotto di Bondone (um 1267–1337) gebildet hatte.

Brennende Lieb
So heißen rote Geranien, die viele Höfe und Häuser in Südtirol im Sommer schmücken; zu Zeiten der Option (1939-1943) zu Propagandazwecken verwendet.

Cusanus (1401-1464)
Nikolaus von Kues, Fürstbischof von Brixen, Kardinal und Universalgelehrter. Gilt als der bedeutendste Philosoph und einer der bedeutendsten Mathematiker des 15. Jahrhunderts.

Federkielstickerei
Eine Volkskunst, bei der mit Federkielen kunstvolle Muster in Leder gestickt werden. Vor allem im Sarntal ein noch immer ausgeübtes Handwerk.

Fresko
Eine Form der Wandmalerei, bei der die Farben in den frischen Putz aufgetragen werden, wobei sie sich unlöslich mit dem Untergrund verbinden (»al fresco«).

Gletschermühle
Unter dem Gletscher entstehen durch Blockaden des abfließenden Schmelzwassers Wirbel. Darin dreht sich das Wasser mit großer Gewalt, und mit ihm drehen sich kleine Steine, die ein Loch in den Felsen schleifen. Das Loch wird dabei nicht mit Steinen angefüllt, denn der Wasserstrom ist so stark, dass er alle kleinen Steine wieder mit ausschwemmt. Zurück bleiben kreisrunde, manchmal mehrere Meter tiefe Löcher im Felsen.

Hofer, Andreas (1767-1810)
Wirt, Viehhändler und ein Tiroler Freiheitskämpfer aus dem Passeier Tal, der die Tiroler Bauern gegen die Franzosen und Bayern am Bergisel (Innsbruck) in die Schlacht führte und zunächst siegte. Kurzfristig residierte er sogar in der Hofburg und regierte Tirol als Oberkommandant. 1810 wurde er in Mantua hingerichtet.

Keschtn
Die mundartliche Bezeichnung für Kastanien, die früher zu den Hauptnahrungsmitteln der Südtiroler Bevölkerung gehörten.

Klöppeln
Handwerkstechnik, bei der mithilfe eines Klöppelkissens und den Klöppeln (meist aus Holz gefertigte Spindeln) Spitzen entstehen. Beim Klöppeln werden die Fäden von bis zu 200 Klöppeln durch Kreuzen und Drehen der Klöppel miteinander und ineinander verflochten. Während die Klöppelarbeit entsteht, wird sie mit Stecknadeln auf dem Klöppelkissen fixiert. Benutzt wird meist Leingarn.

Landeshauptmann
Der Landeshauptmann ist in Südtirol (auch in Österreich) der Vorsitzende der Landesregierung. Er vertritt das Land nach außen und nach innen. Nach langer Debatte ist in Südtirol inzwischen entschieden: Sollte eine Frau »Landeshauptmann« werden, heißt sie »Landeshauptfrau«. Andernorts wird darüber noch debattiert.

Ladinisch
Dritte Landessprache in Südtirol. Das Adjektiv bezieht sich auf das Volk der Ladiner und auf deren Sprache, eine rätoromanische Sprache. Die Ladiner stellen knapp vier Prozent der Südtiroler Bevölkerung.

Maultasch, Margarete (1318–1369)
Lenkte als einzige Frau die Geschicke Tirols. Sie übergab die Grafschaft Tirol an die Habsburger, weil sie verhindern wollte, sie in die Hände der Familien ihrer ungeliebten Ehegatten fallen zu lassen. Nach dem Tod ihres zweiten Gemahls, Ludwig des Brandenburgers, und ihres Sohnes Meinhard III. übertrug Margarete Tirol ihren nächsten Verwandten, den Habsburgern Rudolf IV. und Albrecht III., und begründete damit die Vereinigung Tirols mit Österreich.

Nationalpark
Mit seinen rund 135000 Hektar ist der Nationalpark Stilfser Joch eines der größten Naturschutzgebiete in Europa. Es reicht von Südtirol über das Trentino bis in die Lombardei hinein. Gleich vier Besucherzentren des Nationalparks berichten in Südtirol über Land und Leute, Flora und Fauna im Einzugsgebiet des Nationalparks. Im Nationalpark gelten noch strengere Regeln des Naturschutzes und des Nichteingreifens in die natürlichen Abläufe als in den Naturparks. Im Nationalpark darf auch die Forst- und Almwirtschaft in der traditionellen Form nicht ausgeübt werden.

Naturpark
Reservate der Natur: Hier darf nicht gebaut werden (außer Anlagen für die Land- und Forstwirtschaft), hier dürfen keine Freileitungen hindurchgezogen werden, kein Bergbau

Margarete Maultasch, Gräfin von Tirol – keine Schönheit, aber eine kluge Frau und kein Schotterabbau betrieben werden, und die Wasser der Naturparks dürfen weder fürs Stromerzeugen noch für Industrieanlagen benutzt werden. Sieben Naturparks wurden mittlerweile in Südtirol gegründet, rund um den Schlern, die Texelgruppe, den Puez und den Geisler, das Trudner Horn und die Sextner Dolomiten, im Gebiet »Fanes-Sennes-Prags« und im Gebiet »Riesenferner-Ahrn«. Ein weiterer Naturpark ist in den Sarner Alpen geplant. Damit stehen 17 Prozent der Südtiroler Landesfläche unter dem Schutz des Naturparkkonzeptes, in absoluten Zahlen sind das 123000 Hektar.

Michael Pacher aus Bruneck schuf bedeutende sakrale Kunstwerke.

Ötzi

Populäre Bezeichnung für den Mann, dessen Mumie 1991 am Tisenjoch nahe dem Hauslabjoch in den Ötztaler Alpen am Rande eines Gletschers gefunden wurde. Der Mann aus dem Eis ist 5000 Jahre alt, sein Körper ist nahezu unversehrt und erzählt den Wissenschaftlern bis heute Geschichten aus der Vorzeit. Seit 1998 ist er im Südtiroler Archäologiemuseum in Bozen zu sehen.

Option

Als »Option« bezeichnet man die erzwungene Entscheidung der deutschsprachigen und ladinischen Südtiroler für die Auswanderung ins Deutsche Reich oder für das »Dableiben«. Am 31. Oktober 1939 hatten Hitler und Mussolini einen Pakt zur Umsiedlung der Menschen in Südtirol geschlossen. Eine Propagandamaschinerie wurde in Gang gesetzt, um den etwa 250000 deutschsprachigen Südtirolern und Ladinern die »Option für Deutschland« nahe zu legen. Wer in Italien bleiben wollte, musste die Italienisierung bis hin zur Aufgabe der Muttersprache in Kauf nehmen. Bis zum Stichtag am 31. Dezember 1939 votierten 166488 Südtiroler für die deutsche Staatsbürgerschaft sowie 16572 Wähler in den Nachbarprovinzen Trient, Belluno und Udine. Samt ihren Kindern betraf das 213000 Südtiroler, wovon aber bis 1943 nur 75000 tatsächlich auswanderten.

Pacher, Michael (um 1435–1498)

Brunecker Maler und Bildschnitzer. Er gehört zu den wichtigsten Meistern der österreichischen Spätgotik.

Paket

Das zweite Autonomie-Statut – oder auch das Südtirolpaket genannt – ist nach zähen Verhandlungen zwischen der österreichischen und der italienischen Regierung am 20. Januar

1972 in Kraft getreten. Die darin enthaltenen Regelungen garantieren Südtirol eine relative Autonomie im italienischen Staat, die Rechte reichen vom Unterricht in der Muttersprache bis zur Verwendung der eigenen Sprache vor Gericht, vom Gesundheitswesen über die Jagd bis zu Rundfunk und Fernsehen.

Proporz

Der ethnische Proporz dient dazu, die gleichberechtigte Stellenvergabe von öffentlichen Ämtern an die drei Volksgruppen Südtirols zu sichern. Durch eine »Sprachgruppenzugehörigkeitserklärung« gibt jeder Einwohner Südtirols an, zu welcher Sprachgruppe er sich zugehörig fühlt. Die Ämter und Stellen werden entsprechend der prozentualen Bevölkerungsanteile vergeben.

Tolomei, Ettore (1865–1952)

Tolomei machte sich einen Namen als Vertreter der Italianisierungspolitik im Südtirol der 1920er- und 1930er-Jahre. Von ihm stammen die italienischen Ortsnamen Südtirols. Sein Programm zur Assimilierung der deutschsprachigen Südtiroler Bevölkerung reichte vom Schleifen typisch »deutscher« Turmbauten (etwa jenen vom Stadtmuseum Bozen) bis zum Verbot der deutschen Schule und der Italianisierung deutscher Namen. Bereits kurz nach Kriegsende begann er als Leiter des Commissariato Lingua e Cultura per l'Alto Adige. 1943, nach dem Einmarsch der deutschen Truppen, wurde er von der deutschen Wehrmacht verhaftet und kam in ein Lager im Thüringer Wald. Er starb 1952, Italien erwies ihm zum Begräbnis alle Ehre.

Torggl

Die Weinpresse – die Kelter – heißt in Südtirol Torggl. In der Baumkelter wird die Maische mithilfe eines schweren Balkens, der zusätzlich durch einen Stein beschwert wird, gepresst.

Vogelweide, Walther von der (um 1170–1230)

Der bedeutendste Lyriker des deutschen Mittelalters, bekanntester unter den Minnesängern. Seine Herkunft blieb bis heute ungeklärt. Ende des 19. Jahrhunderts glaubte man in Südtirol unwiderlegbare Beweise für seine Südtiroler Herkunft zu haben. Schon damals wurde er zur Symbolfigur des deutschen Bürgertums in Südtirol. In der Zeit des Faschismus wurde sein Denkmal deswegen vom Bozner Waltherplatz in den Roseggerpark verbannt. Erst 1981 wurde es wieder an seinem ursprünglich Standort aufgestellt.

Waale

Altes Bewässerungssystem. Der Begriff ist wahrscheinlich vom lateinischen Wort »aquale« oder aus dem keltischen Wort »buol« abgeleitet. Die meisten Waale befinden sich auf den Südhängen des Vinschgaus. 1939 wurde eine Zählung der wichtigsten Waale im Vinschgau vorgenommen: Es gab damals 225 dieser künstlichen Wasseradern mit einer Länge von insgesamt 600 Kilometern. Heute hat man viele durch Beregnungsanlagen ersetzt, aber einige erfüllen noch immer ihre Aufgabe. Die Wege an ihnen entlang gehören zu den schönsten Wanderwegen Südtirols.

Wolkenstein, Oswald von (um 1377–1445)

Sänger, Dichter und Komponist sowie ein mehr als nur regional bedeutender Politiker und Diplomat in Diensten des deutschen Kaisers Sigismund I. Seine oft humorvolle, lebensfrohe aber auch derbe Lyrik in frühneuhochdeutscher Sprache stand bereits an der Schwelle zur Renaissance.

SÜDTIROLERISCH

Die drei Dimensionen

aföre – *draußen* (i. Sinne von: vor dem Haus, davor)
after – *nach*
ainer oder inner – *herein*
amerscht – *vorher, zuerst*
aui (auch: onnen) – *hinauf*
außi – *heraus, von zu Hause weg*
enten – *hinten*
inner (aini) – *nach Hause (bei Talbewohnern)*
ninderscht – *nirgends*
oi (auch: ochn) – *hinunter*

männlich und weiblich

Bauchribler (auch Lento) – *dicht aneinander tanzen*
Bissgur(n) – *bissige, unhöfliche Frau*
Bua – *Junge*
Fallot – *Halunke*
Fakl – *Schmutzfink, Ferkel*
a Gache – *eine zornige, aufbrausende Frau*
Gitsch – *Mädchen*
a fesche Gitsch – *ein hübsches Mädchen* (politisch korrekt)
Haiter – *meist armer, bemitleidenswerter Mensch*
Hias – *Blödmann*
a gaile Henn – *ein hübsches Mädchen* (politisch unkorrekt)
Karpf – *Polizist, von* carabiniere *(italien. Staatspolizei), für Unfälle und strafrechtl. Vorgänge*
Kloaze – *Nonne, auch Dörrbirne*
Knoschpn – *grober Kerl*
Letze/r – *Kleine/r*
Mamme – *Mutter, Mama*
Mander – *Männer*
Putz (auch: **Dorf-/oder Stadtputz)** – *Polizist in den Gemeinden, Ordnungshüter, für zivilrechtliche Vergehen zuständig*
Schnatterbix – *Plappermaul*
Tatta – *Vater, Papa*
Teite – *Taufpate*
Todl – *bemitleidenswerter, gutmütiger Mensch, Dummkopf*
Tolm – *dummer Mensch, Dummkopf*
Tosch – *Blödfrau*
Toute – *Taufpatin*
Urschl – *unbeholfene, dumme Frau*

Eigenschaften

antrisch – *unheimlich, gruselig*
bärig (bèrig) – *toll, schön*
baff (auch **paff)** – *erstaunt*
blecket – *blank, entblößt, z.B. der blekete Arsch*
fetzgeil – *obergeil*
furbo – (ital.) *schlau aufgeweckt* (eher männl.)
kaif – *fest, drall*
kommot – *bequem*
kotto – *von* cotto (ital.) *gekocht, im übertragenen Sinne: fix und fertig*
marod – *schlecht, krank*
nutz – *fleißig, brav*
schkifös – *von* fa scifo (ital.), *eklig, sauschlecht*
trolpet – *ungeschickt, dumm*
wiff – *schlau, aufgeweckt* (eher weibl.)
zach – *zäh, schwierig*

wichtige Tätigkeiten

audeitschen – *erklären*
auhausn – *in Konkurs gehen*
audrahnen – *sich aufregen*
aulousn – *zuhören*
awanti! – *vorwärts (ital.* avanti*)*
beißn – *jucken*
bemsen – *drängen*
betaggln – *übers Ohr hauen*
buggln – *schuften*
brunzen (auch: **schiffen)** – *pinkeln* (männlich)
wischln (auch: **fetzn)** – *pinkeln* (weiblich)
derkuglen (auch: **derschnellen)** – *sich kringeln vor lachen (platzen vor lachen)*
derloadn – *ertragen, erleiden*
glaggln – *vernachlässigen, verschludern*
hutschn – *schaukeln, wippen*
pfnuttern – *lachen, kichern*
plattern – *Hintern versohlen*
schnaufn – *atmen*
schpeibm – *erbrechen*
sekkieren (auch: **tratzn**) – *jmdn. ärgern*

sumsn – *quengeln*
zwitschern – *trinken*

Was alle ständig sagen und der Fremde nie versteht

akrat – *ausgerechnet jetzt*
brum – *warum*
dai! – *los, mach weiter, oder auch: erzähl mir nichts*
decht – *doch*
dechtersch – *trotzdem*
epper gor? – *etwa schon?, weit verbreitet*
et (oder: **ette**) – *nein, nicht (Pustertal)*
lai – *nur*
magari – *vielleicht (ital.)*
ma dai? (Bozner Gegend)– *mach Sachen, wirklich?*
oder? (Meran, Nordtirol) – *tatsächlich?*
sell – *dies, das*
se wö (Arntal) – *tatsächlich, wie die Engländer »isn't it« sagen*
stuff sein – *genervt sein, etwas nicht mehr ertragen*
vellig – *fast*

Dinge des Lebens

Banko (auch: **Pudl**) – *Theke, Tresen*
Brennete Liab – *rote Geranie*
Bugganagga (oder auch **Puka naka**) – *Huckepack*
Bus(ch)tapaga – (ital.) *Lohntüte*
Finta – *(ital.) Trick, Finte*
Fiate – *blaue Arbeitsschürze*
Fregatura (auch: Einileger) – (ital.) *Betrug, Reinfall, jmd. wird fregiert*
Grant – *Zorn, schlechte Laune*
Grint – *Stirn, Trotzkopf*
Watschn – *Ohrfeige*
Hearische – *Städter, Fremde*
Knottn – *Steine, Felsen, Berg*
Krampus – *Teufel*
Kopratter – *Kaplan, Hilfspriester*
Materl – *Gedenktafel, die am Straßenrand an einen Unfall erinnert, auch Bildstock*
Panzn – *dicker Bauch*
Patent – *von* (ital.) patente, *Führerschein*
Patentino – (ital.) *Zweisprachigkeitsnachweis, erhält man nach einer Prüfung in drei verschiedenen Schwierigkeitsstufen*
Patschn – *Hausschuhe, Platten bei Reifen, di Patschn austelln (sterben)*
Pfoat – *Trachtenhemd*
Pimpr – *Penis*
Pippm (auch: **Pipp**) – *Wasserhahn*
Raatscherle – *Gespräch auf der Straße, Plauderei, Raatschkattl* (Frau, die tratscht)
Solder – *Balkon*
Tscherini – *von* cerini *(ital.) Wachsstreichhölzer*
Tschigg – *von* sigaretta (ital.) *Zigarette, tschiggn* (rauchen)
Tschurtschen – *Tannenzapfen*
Tuttn – *Euter, weibl. Brust, Tuttenkrags (Büstenhalter)*
Ziachorgel – *Ziehharmonika*

Tiere

Grischer – *kleiner Esel*
Muina – *Kosename für eine Katze*
Murmele – *Murmeltier*
Pisele – *Küken*
Wialschger – *Maulwurf*

Flüche

Interessanterweise fluchen Südtiroler auf italienisch, vielleicht weil sie glauben, Gott verstehe sie dann nicht
Katzo! – *von* cazzo (ital., ugs. Penis), *etwa wie Scheiße!*
Kawolo! – *von* cavolo (ital.) *Kohl, etwa wie Käse!*
Madoja – *Ausruf des Erstaunens, gerade noch einmal die Kurve gekriegt und das Fluchwort* Madonna*!* (ital.) *für die Jungfrau Maria abgewendet.*
ostia! – *von* ostia (ital.) *Hostie, etwa wie verdammt!*
puttana ewa – *von* putana eva (ital.) *die Hure Eva*
ke kulo – *von* che culo (ital.) *wörtl.: was für ein Arsch, Glück gehabt*
Oschpele! – (iatl.) *Ausruf des Erstaunens*
Oubacht! – *Achtung! von Obacht, aufpassen*

Hier finden Sie alphabetisch aufgeführt alle in diesem Band beschriebenen Orte und Ziele, Hotels und Restaurants. Bei einzelnen Nennungen stehen jeweils dazugehörige Orte in Klammern, bei manchen die Nummer einer Tourenkarte, wenn diese dort hinführt, z. B. (Tour 1). Außerdem enthält das Register wichtige Stichworte aus den SPEZIALS sowie dem Kapitel »Der gute Tipp von MERIAN«. Wird ein Begriff mehrfach aufgeführt, verweist die **fett** gedruckte Zahl auf die Hauptnennung, eine *kursive* Zahl auf ein Foto.

Bildnachweis:
Cover: Arco Images

akg-images (12) /Archiv S.167, 275, 286, 290, 296, 296/297, 298, 299, 323, /Cameraphoto 270/271, /Erich Lessing S. 288, /Schedel Weltchronik S. 289; Richard Amont (1) S. 58; Anzenberger (6) /Franz Aberham S. 24/25, /Udo Bernhart S. 22/23, 32, 95, 146/147, 198; Athesia (9) /Lorenz Fischnaller S.132/133, /Norbert Innerhofer S. 218, /Benjamin Obkircher S. 300, /AG Tappeiner S. 118, 156, 212/213, 219, 245, 259; Udo Bernhart (6) S. 81,120, 128/129, 141, 160, 202; Bilderberg (5) /Frieder Blickle S. 10/11,130, /Markus Kirchgessner S. 278/279, /Berthold Steinhilber S. 239, 306/307; Bildagentur Huber (9) /Udo Bernhart 60/61, 199, 242/243, /Cogoli Franco S. 7, 92/93, 131, /Johanna Huber S.142, /Angeli Nicola 231 (Altarfalz vorne), /Fantuz Olimpio S. 196/197; Ralf Gantzhorn (2) S. 28/29, 68; F1/Alois Weber (1) S. 6; Fan&Mross (1) S.70; Rainer Jahns (1) S.12; K3photo/Marco Milani (1) Altarfalz innen; laif (22) /Max Galli S. 6/7, 7, 112/113, 125, 240/241, /Ralf Kreuels S. 30/31, /Hartmut Krinitz S. 57, 98, 105, 164/165, 168, 256, /Iris Kürschner S. 122/123,150, /Gregor Lengler S. 106, 247, /Jörg Modrow S. 7, /Conrad Piepenburg S. 101, /Stephan Sahm S. 42/43, /Gerhard Westrich S. 84,172, /H.D. Zinn S. 56; Look (8) /Hauke Dressler S.191, /Engel & Gielen S. 111, /Peter von Felbert S. 276, /Martin Kreutzer S. 148/149, /Rainer Martini S. 64, 108/109, 223, /Konrad Wothe Altarfalz außen;
Guido Mangold (8) S. 14/15, 20/21, 38/39, 86/87, 178, 185, 204, 314; Mauritius (4) /Steffen Beuthan S. 209, /Fritz Breig 261, /Thonig S. 114, /Klaus Scholz S. 228; New Image (1) /G. Carfagna S. 63; ÖNB Bildarchiv (1) S. 302/303; Erhard Pansegrau (5) S. 40, 262/263, 308, 312, 320/321; Picture-alliance (2) /Bildagentur Huber/C. Dörr S. 238 (Altarfalz hinten), /dpa/dpaweb S. 275;
Südtirolfoto (32) /Udo Bernhart S. 75, 264, 272, 277, 284/285, 324, /Franz Brugger S. 166, /Othmar Seehauser S. 19, 44, 47, 49, 50, 52/53, 54, 69, 78/79, 82/83, 102, 176/177, 188/189, 218, 269, 292, 294, /Helmuth Rier S. 37, 73, 100, 190, 252, 253, 266/267, 279; Südtirol Marketing (4) /Frieder Blickle S. 90, /Milanesio S. 224, /Helmuth Rier S.318, /Othmar Seehauser S. 16/17; Touriseum Meran (1) S. 163; Ullstein (2) /Archiv S. 301, 305; Vereinigte Bühnen Bozen (2) /Hermann Maria Gasser S. 280/281, 283; Waldhäusl (1) /Arco Digital Images/P. Frischknecht S. 170/171; Ernst Wrba (2) S. 26/27, 195

Umschlag hinten: Holzner & Lengnick (2)

Text »Majestätische Gipfel«: Georg Weindl

Liebe Leserinnen und Leser,

wir freuen uns, dass Sie sich für einen Titel aus unserer Reihe MERIAN *Reiseführer* entschieden haben. Damit werden Sie sich an Ihrem Reiseziel wie ein Kenner fühlen können.

Alle Angaben in diesem Reiseführer sind gewissenhaft geprüft. Der Verlag übernimmt jedoch für evtl. Fehler keine Haftung. Preise, Öffnungszeiten usw. sind schnelllebig. Änderungen, die nach Drucklegung entstehen können, sind daher nie auszuschließen.

Schließlich interessiert uns noch Ihre Meinung. Bitte schreiben Sie uns, wenn Sie Berichtigungen und Ergänzungen haben - und natürlich auch, wenn Ihnen etwas ganz besonders gefällt:

TRAVEL HOUSE MEDIA
Redaktion MERIAN *Reiseführer*
Berg-am-Laim-Str. 47
D-81673 München
merian-reisefuehrer@travel-house-media.de

Bei Interesse an Karten aus MERIAN Reiseführern schreiben Sie bitte an:
iPUBLISH, geomatics
Berg-am-Laim-Str. 47
D-81673 München
geomatics@ipublish.de

TRAVEL HOUSE MEDIA

100 JAHRE
GANSKE VERLAGSGRUPPE

PROJEKTKOORDINATION
Birgit Chlupacek

REDAKTION
Birgit Chlupacek, Martina Gorgas

REDAKTIONSASSISTENZ
Gabriele Fitschen

LEKTORAT
Kerstin Seydel-Franz

SCHLUSSREDAKTION
Ulla Thomsen

ART DIREKTION/REIHENGESTALTUNG
Helinä Markkanen, München

SATZ/GESTALTUNG
BUCHFLINK Rüdiger Wagner, Nördlingen

BILDREDAKTION
Alexandra Dimitrijevic (Ltg.)
Constanze Lindner, Kathrin Schäfer, Uwe Tenerowic

UMSCHLAGGESTALTUNG
Heuer & Sachse, Hamburg

KARTEN
MERIAN-Kartographie, München

PRODUKTION
Renate Hutt

DRUCKVORSTUFE
Repro Ludwig, Zell am See

DRUCK UND BINDUNG
Printer Trento, Italien

GEDRUCKT AUF
Nopacoat Edition von der Papier Union

1. Auflage, ISBN 978-3-8342-0025-9